2013年度国家出版基金项目

中國文化發展史

隋唐卷

李岩 主编

山東教育出版社

目　录

导论

关于隋唐文化

一、隋唐文化的界定

隋唐五代的时空界域，时间从581年隋立国，至960年北宋建立新的王朝共380年的历史时段；空间上隋代兴盛时，东、南皆至于海，西至且末（治所今新疆且末县），北至五原（治所今内蒙五原县南）①，到唐代，又有所拓展，按《新唐书·地理志》的说法："举唐之盛时，开元、天宝之际，东至安东（指安东都护府，治所在平壤），西至安西（指安西都护府，治所在库车），南至日南（指安南都护府，治所在河内），北至单于府（指单于都护府，治所在内蒙古

① 《地理志上》，见《隋书》卷二九，北京，中华书局，1975。

的和林格尔西北)，盖南北如汉之盛，东不及而西过之。”① 本卷就在这样一个时空范围内对隋唐尤其是唐代文化史的重要问题进行初步的探讨。

隋唐文化是封建时代的高峰文化，既有中外文化融合、物态变迁的时代特征，又有继承古老传统以通变求新意的民族特质。以诗歌为表征，李白所代表的恢宏激昂的盛唐之音，高、岑壮志酬国的边塞诗和王维等诗画融于自然的田园山水诗派，奏起了时代的最强音。史地的发达、艺术形式的多样化发展、代表民间文化的传奇变文俗讲百戏，以及具有起承转合功能的科学技术的发展，都是不可或缺的音符。唐代是佛教文化渐趋融入并中国化的时间流程，也是唐人对古今中外各种学问大加总结提炼的时期，大量综合性著述的出现反映了唐人总体文化水平。我们不妨改变旧有的观照支点，从新的方位审视唐代文化的总貌和深层结构，这对于今天重新认识唐代文化在中国乃至世界文化史上的地位，了解它的形成机制和社会功能，进而更好地认识现实，都不无裨益。

玄宗开元天宝间（713—755）为历代史家所称颂的“盛世”，这不仅表现在经济发展超过前期，政治上实行多样化的较开明的统治，而且在文化的各个层面上也表现了诸多高峰时代的特征。另一方面，玄宗朝长达四十余年的统治，并不是一马平川的发展过程，而是有着跌宕、蹭蹬和起伏的，特别是天宝十四载（744 年）的“安史之乱”，像是一块界标，标示着时代内容的分野和这种转折所带来的变异特征，由于加速度的发展，越到后代越为明显。然而在与这一事件切近或同时，在文化的发展中就已有了这种变化的端倪。下文即试图在前贤已做过的对于政治经济变化的探讨的基础上，对文化现象的诸多变异特征进行探析，进而算是对笼统谈论盛唐文化忽略其时代差异的研究现象的一种反拨。

隋代重新统一中国，为唐代中央集权政治的巩固和社会经济的发展提供了前提。隋末农民大起义给予唐统治者以深刻的教训，唐初杰出政治家李世民以隋亡为殷鉴，容纳各种批语和建议，广罗人才，实行较开明的统治。同时在农民起义的冲击下，社会关系发生变化，打破了门阀士族对权力的垄断，广开科举，使得一般庶族地主大量参政，他们作为新起的政治力量，具有明显的革新

---

① 另见《通典》卷一七二：“（天宝初）其地东至安东都护府，西至安西都护府，南至日南郡，北至单于都护府。南北如前汉之盛，东则不及，西则过之。”

精神。劳动者身份地位的变化和人身依附关系的减弱，以及相对安定的社会环境，为社会经济的发展创造了条件①。

“能使时平四十春，开元圣主得贤臣”②。玄宗朝臣的励精图治和一系列方针政策的制定也是盛世出现的一个致因。针对社会现实问题，整顿统治机构，定额官员编制，提高行政效率，改用雇佣兵制，设节度使，加强财政，改革漕运，提倡节俭，减官员、裁汰僧尼等，又令史官条奏每月所应行事，严禁诬谤，令百官在廷中进状或争议。大力发展科举制，采取相应和缓的民族政策和对外关系中的进取政策。通过一系列社会政策的实施，出现了“开元天宝盛世”的社会景象。与当时强盛的法兰克、拜占庭和阿拉伯等国相比较而独立，成为亚洲经济文化交流的中心。

玄宗统治后期，“风俗奢靡，宴席以喧哗沉湎为乐”③。统治者纵情声色，奢侈浪费，不理朝政。李林甫、杨国忠相继执政，排斥异己，徇私枉法。民族矛盾激化，哥舒翰、安禄山、杨国忠等率军征伐先后败北，前期所隐伏的各种社会矛盾都通过“安史之乱”表现出来，使唐代社会出现了大跌荡，由此造成唐代社会发展的转折和封建社会前后期的分野。由北魏沿袭下来的均田制遭破坏，大土地私有制的地主庄园逐渐成为主要占有形式，两税法取代了租庸调④，对唐代社会产生了深刻的影响。在中央集权的统治机构中，贵族体制逐渐为官僚体制所替代。科举制巩固后，科举出身的官僚在政权中的地位更重要了，大批翰林学士、承旨学士得到重用，改变了政权结构。代表着庶族地主和一般仕阶官僚的文化开始有了大发展。人们在对社会的认识逐渐深化的过程中也调整着与社会的关系，反映在人们的哲学思想、价值取向、宗教信仰、法律关系和文学艺术所表现的主题上，都有着显微不等的时代差异，下面就具体考察这种种差异。

隋唐关中门阀为首的政治势力统一中国，重演了各政治力量消长变化的过程。重婚姻门第的山东旧族被重官阶爵禄的关中军功贵族所取代。随之而来

---

① 参见吴枫：《“开元天宝盛世”初探》，吉林师范大学社会科学丛书第一辑《中国古代史论文集》。

② 李涉：《题温泉》，见《全唐诗》卷四七七，北京，中华书局，1979。

③《穆宗纪》，见《旧唐书》卷一六，北京，中华书局，1975。

④ 田泽滨：《唐中叶前后土地所有制关系的变化》，载《吉林师范大学学报》，1980（1）。

的，是选官制度上的变化，科举取士，增广了一般地主阶级知识分子的仕途之路①，在现实的秩序中突破了门阀士族的权力垄断②，强化了广大知识分子入仕参政的愿望。他们带着不懈的热情去建功立业，去实现自己的人生理想。文学是反映现实最敏感最直接的情感表达方式，诗歌更是先声夺人，边塞诗成为最早反映现实内容的心音。初盛唐诗人几乎大部分都曾出入边塞、习武知兵，高适、岑参、王昌龄为其突出代表。一种为国立功的荣誉感和英雄主义精神成为时代的价值取向，大漠孤寒在诗人的笔下被渲染成一幅壮丽恢宏的场面，而优美宁静的田园山水则成为王维、孟浩然等诗人吟咏的主题，写尽自然之美。盛唐之音的最强音要算是李白的浪漫主义诗章了。总观盛唐诗歌，更多的是对现实人生的乐观感受和充满青春昂扬热力的执著。带着这种情感去观照自然，同时便是一种移情于自然、歌颂自然的强烈情绪体验，它少有一种沉重的现实内容，更多是一种抒发内心欢快、充满健康生活情趣的审美感受，这是盛唐诗歌的主要艺术特色和美学风格③。这是将内在本质力量与优美的自然景象，自由地转化为美的艺术形式，来表现刚健的时代精神，这是先秦以来天人合一、人与自然相融的传统文化精神的体现，这是《诗经》以来比兴手法的圆熟运用，是南朝诗歌韵律形式的极致发展，是极盛的时代精神所显现的生命力的外化和对象化，是民族强盛时社会心理的最佳表达方式。我们还可以从外国学者的眼中观照这一历史时段。英国韦尔斯《世界史纲》："在整个七、八、九世纪中，中国是世界上最安定最文明的国家……当西方的心灵为神学所缠迷而处于蒙昧黑暗之中，中国人的思想却是开放的、兼收并蓄而好探求的"④。美国费正清《中国：传统与变革》："在六朝和唐代前期，中国充满了文化宽容的精神"⑤。法国谢和耐《中国社会史》："这个时代的中国文明是世界性的"⑥。

---

① "进士之科虽设于隋代，而其特见尊重，以为全国人民出仕之唯一正途，实始于唐高宗之代，即武曌专政之时。及至玄宗，其局势遂成凝定，迄于后代，因而不改。""以诗赋举进士，致身卿相为社会心理群趋之鹄的。"见陈寅恪：《唐代政治史述论稿》上篇，21、25页，上海古籍出版社，1997。

② 唐宰相369名，庶族地主出身为244名，占2/3。参见乌廷玉：《唐代士族地主和庶族地主的历史地位》，载《中国史研究》，1980（1）。另参附表一：唐诸朝宰相科举出身表。

③ 参见李泽厚：《盛唐之音》，见《美的历程》，北京，中国社会科学出版社，1984。

④ 韦尔斯：《世界史纲》，吴文藻等译，476页，北京，人民出版社，1982。

⑤ 费正清：《中国：传统与变革》，陈仲丹等译，112页，南京，江苏人民出版社，1996。

⑥ 谢和耐：《中国社会史》，耿昇译，238页，南京，江苏人民出版社，1997。

与这盛唐之音同一气象，反映同一时代风貌的便是草书、音乐、舞蹈的盛行。书法作为“达其情性，形其哀乐”的艺术手段，借助草书特别是狂草的盛行，而达到了与诗歌并行、与自然同美的艺术境地。张旭、贺知章、怀素等人的草书，流走飞逸，迅疾骇人，将人生的喜怒哀乐痛快淋漓地倾注于笔墨之间，成为当时书法的时代风貌。唐代的民族大融合和中外文化交流，都达到了空前的规模，长安已成为国际的大都会，不同区域的音乐、舞蹈、绘画、雕塑、服饰等纷纷涌来，在长安这个中心舞台上表演展现。“人民具有不至于为异族奴隶的自信心，或者竟未想到，凡取用外来事物的时候，就如将彼俘来一样，自由驱使，绝不介怀”①。在这样一种时代氛围中，唐人广泛吸收了古今中外文化精华，予以再现和创造。玄宗朝，由于前代的积累和玄宗本人的好尚，音乐、舞蹈格外发达。广泛吸收各族乐曲和乐器，并设左右教坊和梨园，掌乐舞之事。当时乐师（音声人）有一万另二十七人，散乐艺人也有一千余人②。我们从《七德舞》、《九功舞》、《上元舞》三大舞所表现内容的变化可以看出唐代由创业到巩固政权和安定的享乐、歌舞升平的变化。多样化的舞姿和群舞的盛行表达出欢快喜悦的心境，而少有伤感哀艳、失落悲愤的愁绪。

至于唐代的绘画艺术，“亦一变陈、隋、初唐细润之风尚，以成雄浑正大之盛唐风格，而见空前之伟观”③。玄宗本人擅以墨色画竹，也为一时之胜。盛唐绘画特点有二：一是佛教绘画，脱去外来影响，渐具民族风格，以“吴带当风”为其代表，偏重写实，向风俗画发展；二是山水画法渐独立，且分南北两派，分别以王维和李思训父子为代表，王维的南派融解禅意渐发展为后代的文人画。值得注意的是，唐人诗画中关于马的题材甚众，如曹霸、韩干、陈闳、韦偃等皆是画马能手。诗人杜甫更与几位画家过从甚密，画家们每有新作必请他鉴赏题诗，留下了多首咏马之作，如《房兵曹胡马》、《丹青引赠曹将军霸》等。这主要是由于唐代开拓边土对外战争的需要，十分重视马匹的蓄养，开元初年御厩马二十四万匹，开元十三年增至四十三万匹④。正是这种开拓疆

---

① 鲁迅：《坟·看镜有感》，见《鲁迅全集》第1卷，198页，北京，人民文学出版社，1981。

② 沈知白：《中国音乐史纲要》，70页，上海文艺出版社，1982。

③ 潘天寿：《中国绘画史》，第三编第一章《唐代之绘画》，上海人民美术出版社，1983。

④《兵志》，见《新唐书》卷五〇，北京，中华书局，1975。

士、边塞立功的现实需要，才有诗画题材大量地反映这一时代内容的现象。

综上所述，盛唐时各种艺术形式由于时代的需要，每一种都得到了极致的发展，且大都表现和反映着大致相同的时代内容：这就是讴歌自然，状写人生，感叹人世间的欢乐、伤感和憧憬，借各种艺术形式表达内心的情感和现实体验，构成一幅浑厚雄壮的艺术画面和充满壮美的艺术意境。

在这样一种经济繁荣、国力强盛的社会大发展中，在科举制盛行而带来的广大知识分子的仕进愿望十分强烈的社会氛围中，唐人的心理状态、精神风貌和价值观念都发生了深刻的变化。在与客观外界接触时，产生了一种主体本身的需要和对客体价值的一种新的积极的肯定判断，这表现在盛唐人们大都把帝国的命运同自身的前途作为一个同构体来看待，普遍地眷恋世俗生活。《太平广记》中有关李林甫不愿放弃富贵享受去学仙道①，秀才李俊二十余年未曾及第仍不肯放弃仕禄追求②的例子随处可见。“仕”、“婚”成为唐代知识分子的两种主要的人生追求。《太平广记》及唐人各种笔记小说，为我们展示了唐代文人和一般百姓世俗生活的宏观场面和多幕剧，诸如嗜酒、挟妓歌咏、交游远行、击鞠下棋、占卜相面、品茗赏花、杂耍百戏等不胜枚举。与这种对现实生活的依恋相关联的是唐人重信用和忠义的行为准则，少有魏晋时那种人生无常、世事多变的感喟，这是由于对现实的满足而引发出的对人事交往的重视和肯定。这与强盛时汉朝人的一般心理颇相契合，唐人也总爱自比于汉人，以汉代的贤主名臣来比附当朝或者对比切近的人生经验和行为方式。这里有深刻的社会背景。唐代是关陇贵族建立的政权，自西而东自北而南建立一统王朝，南方自东晋始就一直被看作同时也被认为是华夏汉文化的正统。唐统一中国后，极需标榜正统，因此，一方面推出老子为远祖，同时文化上承继南方，唐初一切制诰文体皆用四六文，使人们承认自己是汉文化的正统继承人。这是一种深层的归属心理，同时亦是民族自尊的表现。古文运动反对宗教迷信，去豪华见真淳，汲引西汉乃至先秦文辞，变革儒学，以道统与佛学抗争；由四六文而古文，更由形式到内容，正反映唐人对民族自尊认识的深化。这种变化客体以认同自我的心态正是唐人逐渐确定了的价值观念。

---

①《太平广记》卷一九，神仙类，北京，中华书局，1985。

②《太平广记》卷三四一，鬼类，北京，中华书局，1985。

前期唐人的婚嫁观念也有变化，不似南北朝重门第，离婚再嫁之事屡有发生①。尤其在公主的婚姻上反映最为明显。唐嫡亲公主 211 人，代宗以前 99 人，其中三嫁者 4 人，再嫁者 23 人，占四分之一强。民间改嫁离婚之事笔不胜书，而且由女方提出离异的也不在少数。这都说明唐皇室是西北胡化较深的贵族，统一中原后一时又未尽汉化。他们抑制山东士族，对婚姻礼法观念也产生了影响。同时各族间融合十分频繁，也难有统一严格的规定，因而造成前期在婚姻关系上较为开放，少有约束。

二、隋唐文化：传承与发展

魏晋南北朝时期是中国历史上社会黑暗、政治动乱的年代，同时也是精神解放、个性张扬的时代。它对前此以往的中国文化的批判和改造使中国文化呈现出光耀一时的多元化的面貌。它使西汉中期以来的以经学为主干、以儒学独尊为内核的文化发展的刻板模式走向瓦解，代之以生动活泼的文化多元化局面②。朱和平、白贵一概括出这一时段的文化特征有三：其一，相对独立的区域文化格局；其二，传统文化改造与新文化创造相结合；其三，外来文化对中国文化产生了深远的影响。这些特征的形成和发展，不仅改造了传统文化固有的颓废，创造了文化新精神，而且使中国文化呈现多样性和丰富性，在文化发展中缓和民族地域纷争和敌对，出现了统一的要求③。

唐前期继承北朝关陇贵族集团的传统，形成了西北特有的风气，秉承汉代以来章句义疏的治学传统，又杂以谶纬，有佛道遗风，家学礼法浓重，有尚武精神。《隋书·儒林传》："南学约简，得其英华；北学深芜，穷其枝叶"。南人受玄学影响大，重义理诠解；北人守汉人传统，重章句名物。到了中期，"安史之乱"爆发，长达八年的战争破坏了生产力与社会生活，同时唐代社会政治经济的一系列变化，也影响到文化的发展。"安史之乱"像一个清洗剂，使许

---

① 牛志平：《从离婚与再嫁看唐代妇女的贞节观》，载《陕西师范大学学报》，1985（4）。

② 周建平：《浅析魏晋南北朝文化的多元化》，载《南京理工大学学报》（社科版），2000（2）。

③ 朱和平、白贵一：《魏晋南北朝时期的文化特征及其历史影响》，载《许昌师专学报》，1998（4）。

多变化变得清晰了，表现出与前期不同的文化内容。

如果说，唐前期文学艺术所表现的时代精神风貌是对空前高涨的社会繁荣的乐观展望，那么，经此大动乱，则发展为相对深刻的揭露抨击现实的内容。它打破了诗人们乐观的期望与理想，而变为对现实、人生的重新审视。中晚唐经历了由中兴热望到有感于社会矛盾的激化和政权没落的哀感。带有伤感的审美情趣，使诗歌的直接性和哲理性向纵深发展，到宋代诗歌更以思想深邃、富有哲理见长。中唐的大历十才子，已不像盛唐人着重总体感受的抒发，而偏重细腻的心态描写；山水诗也不多以雄伟奇险取胜，而以境界淡远深冷见长；偏重于工整精炼的艺术技巧和形式①。反映社会现实最为深刻的当为诗史杜甫。其诗歌艺术形式规范有加，对诗律要求更严。一种规范和秩序的强调，颜字、杜诗、韩文成为这一时代要求在文学艺术上的代表。韩愈、白居易、元稹、李商隐、杜牧、皮日休、陆龟蒙等皆崇杜学杜②，元稹评李杜优劣，即认为杜甫博采古今、涵孕各体，无人能超；而对李白则极尽贬斥，“自后属文者，以稹论为是”③。这可代表中唐以后一般文人的审美观。如果说唐前期诗缘情论占上风，此时则言志论重新抬头，注重诗的社会功能，而忽略对审美规律、审美特征的探求，到宋代更发展了美善相兼的功能诗评。传统的儒家诗教重新取得了文学理论中的统治地位。

中唐绘画，以笔墨神趣为主的南宗山水画有所发展，出现了韦偃、王宰、张璪、王洽等画家。题材由盛唐的宗教百图，发展到仕女牛马，山水花鸟渐趋成熟，世俗人物画也突破了单纯对封建伦常的宣传，出现反映仕女一般日常活动的张萱、周昉的画。再如韩滉，《宣和画谱》所录三十六件作品大多是描写农村生产生活情况的，这比盛唐的总体直观感受进了一层。安史之乱后，宫廷乐工流放各地，大型乐舞的规模很难恢复，只在宫廷中还存有一些规模很小的单人、双人舞，盛极一时的音乐舞蹈随着帝国的衰败已不复振作。

平定“安史之乱”之后，肃宗、代宗渐次加强了对社会关系的调整和社会文化的控制。儒家思想作为一种有利的统治思想重新被肯定。咸通中，进士皮

---

① 丁放：《大历十才子诗歌的艺术特征》，载《安徽师范大学学报》，1985（3）。

② 许总：《唐人论杜述评》，见《唐代文学论丛》总第5辑，西安，陕西人民出版社，1984。

③《文苑下》，见《旧唐书》卷一九〇下，北京，中华书局，1975。

日休上书请立孟子，表明了这一趋势，出现了经学更新运动。唐初从经学的分立到统一，孔颖达《五经正义》是其标志。由唐前期对孔子和经典的怀疑（如刘知几等），到后期重新确定孔孟在思想文化上的统治地位，这种变化是以社会动荡后统治者要求调整生产和社会关系，加强社会控制为背景的。中唐是学术思想发生重大变化的时期。韩愈则是“唐代文化学术史上承先启后转旧为新关捩点之人物”①。韩是复兴孔孟儒学传统的倡导者和奠基人，他创立的道统论对宋朝理学的形成起着重要的先导作用。与官方思想控制相反而作为互补，是中经动乱后，士大夫们都在寻求填补心灵空白的填充剂，退守独善其身的人生哲学，兼济的热情和仕进的愿望让位于对宗教神灵的信仰。同时，佛学本身的发展也走过与儒学殊途同归的历程，完成了中国化的演进过程。前期的天台宗、唯识宗等由于过分拘泥于印度宗教的形式，在中唐便相继消陨，而继起的华严宗特别是禅宗，由于变异为中国式的宗教因而得以有长足的发展。宋明理学正是以传统儒学为主体吸收禅宗精神和道家思想，成为封建社会后期思想的主流。

唐后期政权中山东士族等官员成分增加，同时大批新的官僚出现，要求一种新的秩序来保障其地位的稳固。礼法观念重新反映到整个社会，帝王开始提倡守节操，宣宗规定：“夫妇，教化之端，其公主、县主有子而寡，不得复嫁。”② 公主如此，社会自不待言。宋明理学家们更重贞节，反对再嫁。可以说唐后期是宋明理学重振纲常伦理的前奏，忠孝节义为后期士子们遵从的主要行为规范和价值原则。

这些深刻的社会变化，也反映到人的最高关系即法律关系上，统治阶级恃其居于统治地位，以强制性手段对危害其利益者予以惩罚。后期法制具有过渡性质。唐政府放弃了对整个帝国实行统一法律的原则，也不再有一部像初唐实行的具有绝对权威的行政法。据刘俊文先生研究，唐朝前期十六次立法活动，除一次外，其余十五次皆以修律、令、格、式为主要内容，频繁调整，以适应统治需要；而后期七次重大立法活动，主要是编撰格后敕和刑律统类等有较大灵活性的法律形式，以应付迭相动荡不断变化的局势。同时，后期法律也日趋

---

① 陈寅恪：《论韩愈》，见《金明馆丛稿初编》，上海古籍出版社，1982。

②《诸帝公主传》，见《新唐书》卷八三，北京，中华书局，1975。

保守，对祖宗之法难议刊改①。从法律条文制敕内容上的诸多变化和增改上，可以照察后期藩镇割据、宦官专权、法出多门、政局混乱等时代内容。

明代宋濂讲："自秦以下，文莫盛于宋"。宋继唐后，各体文学的发展与成就占有突出地位。唐宋八大家，宋居其六，逐步确立了平易自然的文章风格。宋诗的创作数量大大超过唐代，反映社会视野和切入生活力度有所深化，形成了不同的表现风格。宋词强化了娱乐性和传播力，拥有众多的接受群体，开创了新的文体形式，成为有宋一代文学的辉煌代表。承继中唐以后的疑古风气，新经学和理学尤为出色。火药的发明，指南针的应用，天文学和医药学的演进，成为宋代科学文化高峰的表征。上述这些都是在对隋唐文化的继承基础上的新发展，是时代文化的演进过程。

隋唐五代时期作为一个封建王朝的时代有着与前后代大不相同的时代特点，昭示着它的个性特征，但另一方面该时代又是历史长河中一个点，一个链环，它承接着相邻的上下两个历史时段，处处显露出时代分野的不同，在继承与发展中给后来的研究者提供观察的视角和学术发现的欣喜。对此李泽厚先生有一段精辟的概括："开始于中唐社会的主要变化是均田制不再实行，租庸调废止，代之缴纳货币；南北经济交流，贸易发达；科举制度确立；非身份性的世俗地主势力大增，并逐步掌握或参预各级政权。在社会上，中上层广泛追求豪华、欢乐、奢侈、享受。中国封建社会开始走向它的后期。到北宋，这一历史变化完成了。"②

李约瑟《中国科学技术史》第一卷中说："唐代是人文主义的，而宋代则较着重于科学技术方面。"唐代是历史上对古今中外各种学问知识信仰进行融汇、总结、归纳、整理、输出输入最繁盛的时期，因而从文化意义上说，更多地具有转变时期的特点。让我们立足于 7 到 10 世纪的时间轴，从五个方位做跨越时空的追踪考察。

(1) 唐代文化发展，同封建经济在唐中叶的变化同频共振，走完了由封建前期向后期的过渡历程。唐前期政治开明，经济繁荣，文化上较为开放，广泛吸收中外优秀文化成果，更多承继南北朝以来玄学思潮，佛教影响愈演愈烈，

---

① 刘俊文：《论唐后期法律的变化》，载《北京大学学报》，1986 (2)。

② 李泽厚：《美的历程》，120 页，北京，中国社会科学出版社，1984。

广大民众的价值选择较为自主，从而创造了封建时代丰富多彩的高峰文化。后期迭经动荡和统治阶级对经济和社会关系的调整，一种对秩序的要求，传统儒学生命力再度显现，逐步上升为压倒其他思想力量、占统治地位的价值取向，并向宋明理学过渡，补充了儒家哲学的传统命题和范畴，与后期中国封建专制集权制度的高度发展并步齐趋，构成双驾马车，加强了封建的统治。

（2）唐代再经南北文化的融汇时期，并且完成了南北文化的合流。先秦时百家争鸣，老庄及屈原等代表的南方楚文化，主要与北方以孔孟为代表的齐鲁文化形成对峙局面。秦汉时国家的统一，南北文化也加快合流步伐，汉文化更多地表现出南方楚文化的特征。东汉特别是魏晋，北方文化有所发展，曹魏时的文学为其代表。西晋末年战乱，文人纷纷南迁，北方多被落后少数民族统治，南方文化发展迅速，并从总体上超过北方。以致当时无论南北都认南方文化为华夏正统。隋炀帝由北方统一南方，仍大力推崇南方文学。唐初一切公私文书，皆用四六文。后来古文运动渐起，北方文风取得优势。《五经正义》的编撰，正表明经学上的南北统一，且多用南朝人义疏。外来佛教文化的冲击，也加速了本土地方文化的合流过程。

（3）唐代也是文化创造传播者身份地位发生变化，分层文化明显化的时期。官方的文化垄断不断被打破，民间文化有了大发展（特别是后期）。汉代的经术取士，使文化创造传播更多地为累世家学和博士所掌握，魏晋时的高门世族同时也是文化正统继承者和垄断人。文人学者的社会地位只决定于他的门第和官爵，而不在于学问本身。因此他们对于后来研究者观察时的影响是：时代的差异多于个性的差异。反映的大致是相同的社会阶层和地位的人们的思想、观念和行为方式，因而反映文化层面必然较少。唐以科举取士，寒素文人知识分子皆可凭其文才学问近似平等地取得政治社会地位，改变了政权结构。大量代表知识分子阶层的文化出现，学派的产生、人才群体的涌现便是明证。同时市民文化中的不同层次内容，颇具个性明显的特征，使文学艺术流派纷呈，颇为繁茂。

（4）唐代又是传统学术文化不均衡发展的极致表现时期和科学文化的转折过渡期。中国传统的重人文、重文学艺术，轻科学的文化特征，唐代有充分表现。文学艺术史学高度发达，自然科学较前后代相对落后。李约瑟认为：唐代是人文主义的，宋代则较着重于科学技术方面，到宋代，“深奥的散文代替了抒情诗。哲学的探讨和科学的描述代替了宗教信仰。在技术上，宋代把唐代所设想的许多东西都变成为现实”①。以数学为例，唐代数学著作仅三四种，宋代多达五十多种，唐以前几何学为中心内容向宋元代数学的过渡，唐代是一个转折。唐代人文学科的片面深化，缺乏哲学和科学技术的相应成比例发展，因此从文化总体发展水平看，唐代文化似不如宋代。“华夏民族之文化，历数千载之演进，造极于赵宋之世。”②

（5）唐代文化作为创造主体除了对前代的文化加以继承、诠释、理解，依时代的需要和统治的要求进行创造性的转化，使其具有显明的个性特征外，还对各种外来文化进行融汇、消化，并弘扬以为己用，使之成为中国文化的一部分，这是唐代文化发展的另一重要特征。唐初是中外文化交通频繁、来往最密切的时代，并且每次往来都多少与文化有关。以宗教为例，除佛教外，还有多种宗教传入。贞观九年景教僧阿罗本由波斯来到中国，于长安义宁坊立大秦寺，是为景教传入之始，德宗建中二年（781 年）景净撰立《大秦景教流行中国碑颂并序》。永徽二年（651 年）唐正式与大食通使，伊斯兰教随商人传入，到贞元十四年（798 年）止大食国遣使至唐达三十七次之多。祆教，先传入今新疆内的于阗、焉耆、疏勒、高昌，武德时在长安布政坊西南隅建胡祆祠，贞观时崇化、礼泉、普宁、靖恭诸坊都立祆寺。武后延载元年（694 年）波斯有拂多诞持《二宗经》来朝，为摩尼教传入长安第一人，大历三年（768 年）准许回鹘在长安建摩尼教寺。这几种宗教，皆与佛教一同在“会昌法难”中遭到禁毁。

从唐代的中外文化交流情况看，每个文化主体多是立足于主体的需要，依本体的文化结构有选择地吸收外来文化，具有较强的实用性。唐对日本、朝鲜、越南等国输出的多是佛教伦理、儒学思想、经学、史地、文学艺术、教育制度乃至政治制度，对印度输出的多是药物、纸张、炼丹术、陶瓷制造技术、医学中的脉学等等，而对外来文化吸收的多是乐舞、宗教、医学、天文、历

---

①《中国科学技术史》第一卷第一分册，284 页，北京，科学出版社，1975。

② 陈寅恪：《邓广铭〈宋史·职官志考正〉序》，见《金明馆丛稿二编》，245 页，上海古籍出版社，1982。

隋文帝杨坚像

唐太宗李世民像

彩绘舞乐俑
隋
高17～19厘米
河南安阳张盛墓出土
现藏河南博物院

白釉束腰盖罐
隋
通高16.5厘米　口径9.3厘米
底径12.4厘米
1954年陕西西安郭家滩姬威墓出土
现藏中国国家博物馆

《步辇图》
唐
纵38.5厘米 横129.5厘米
现藏北京故宫博物院

局部

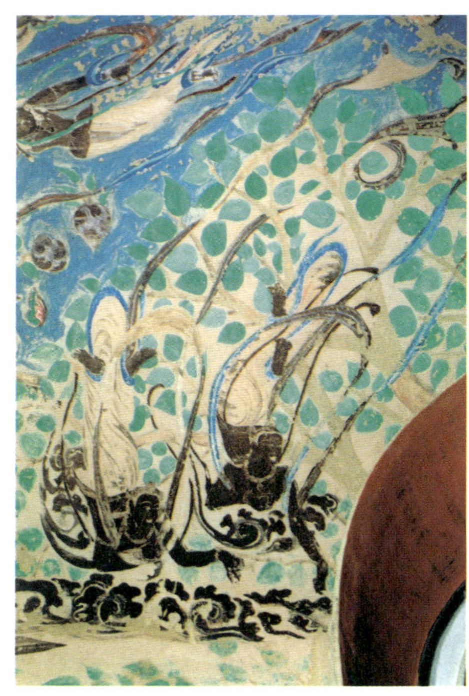

《双飞天》 初唐 莫高窟321窟 西壁龛顶

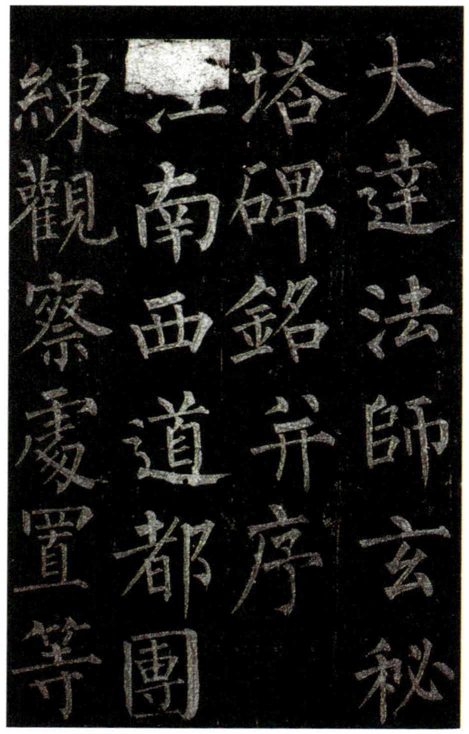

大達法師玄秘
塔碑銘并序
南西道都團
練觀察處置等

《玄秘塔碑》拓本

法、算术、珍宝器皿、饮食、建筑雕刻等内容。具有选择性互补式的特点，总体上与自身学术文化发展的轻重比例相协调。

与唐处于同时代，尚有几个较大的文明区。周围的附属性小国，从属于这个大的文化系统。它们有着不同的认知、价值、规范和审美系统，使其各具有不同特点，对它们各自的文化内容和相互影响的研究，可以完成对中古世界文明的总体把握和认识，从而更清楚地认识唐代文化的地位。

南亚的印度文化圈，文化的中心内容是佛教和婆罗门教。所有的专门学术都由神学发展而来①。梵文文学有所发展，梵文戏剧有十余种之多。数学与天文学关系密切，代数学有较高发展。天文学家和数学家圣使（亚雅巴达）提出了地球绕地轴自转的主张，并对日月蚀现象有近似科学的解释②。当时唐代对印度文化的吸收重在佛教和天文、数学、医学知识等内容。

阿拉伯地区以其优越的地理方位，吸收了中国、印度、希腊的文化遗产，从 7 世纪到 13 世纪创造了高度发达的科学文化，在世界科学史上起着继往开来的重要作用，其主要成就表现在天文学、医学、数学、化学、物理学和地理学等方面，为当时世界上科学发展的高峰。此外哲学、文学、史学也有相应的发展。阿拉伯商人把乳香、木香等药物、药方带入唐朝。但有唐一代对其发达的科学文化却少有吸收，不能不说是一件憾事。

中世纪西欧政治上的分裂局面，使基督教以教皇为中心取得了至高无上的地位。世俗学术哲学、科学、文学等都成了神学的附庸。自然科学只有在它是一种启发的工具，可以证明教会的教义与《圣经》的章节时，才被重视③。教育纯为教会服务，但所开文法、修辞、逻辑（初等三科）、算术、几何、天文、音乐（高等四科）七门课程，却有利于文化的延续、普及。当世俗学校大量建立后，出现了知识的复兴。西欧与唐的交往很少，基督教的一支景教在唐时传入，但影响很小。

当时的唐朝作为与这三大文明区并列的东方文化中心，深深影响着周边各

---

① ［英］麦唐纳：《印度文化史》，111 页，上海，中华书局，1948。

② 朱寰：《世界中古史》，328 页，长春，吉林人民出版社，1981。

③ ［英］丹皮尔：《科学史——及其与哲学和宗教的关系》，116 页，北京，商务印书馆，1975。

国的政治制度和文化的发展。像当时日本、朝鲜的学校教育从课程到考试内容和教材，都与唐代相同。日本当代史学家井上清在《日本文化》一书中颇为中肯地写道："唐代的文化是与印度、阿拉伯和以此为媒介甚至和西欧的文化都有交流的世界性文化，所以学习唐朝也就间接地学习了世界文化。"中国文化由于其大陆性的特点，自发性独创性较大，因而封闭性也较明显。古代中国只有唐代受外来文化的冲击最大，与外界接触最多，从某种意义上说也最具有开放性。20 世纪 30 年代，鲁迅先生在构思《杨贵妃》剧本时曾有如下的想法："唐代的文化观念，很可以做我们现代的参考。那时我们的祖先们，对于自己的文化抱有极坚强的把握，决不轻易动摇他们的自信力；同时对于别系的文化抱有极恢廓的胸襟与极精严的抉择，决不轻易的崇拜或轻易的唾弃。这正是我们目前急切需要的态度。"①

三、历代研究史简述

当隋朝的兴亡成为既往的历史，"殷忧"不远的唐太宗即指令臣下开始编修前朝文献，并为本朝留下历史记录。魏征、长孙无忌等撰 85 卷《隋书》于贞观十年（636 年）修成，二十年后又补成十志合为一书。《唐律》、《大唐开元礼》、《大唐六典》、《通典》皆完成于有唐一代。宋代追述前朝的《两唐书》、《资治通鉴》、《唐会要》、《唐大诏令集》、《唐文粹》及几部大型类书的修撰完成，对于今人研究探寻隋唐时代文化发展的轨迹颇有裨益。清代学者辑佚整理的《全唐文》、《全唐诗》、《登科记考》等集成性著作及各位史学家的考辨订正类著作对于厘正历来研究中的讹误，认识那一时段文化全貌有着不可低估的重要作用。隋唐典制和社会史的研究的真正突破和划时代的著作成果的出现是在 20 世纪。20 世纪以来隋唐文化史的研究从侧重于史料的收集整理和考证排比、钩稽特定的历史现象，逐步向宏观角度展开并运用系统论、社会学、人类社会史观等学科理论，同时运用了系统观察、社会调查、定量分析等方法，社会风俗、心理等研究领域有所深入。特别是敦煌吐鲁番文书等考古资料的对勘使

① 孙伏园：《鲁迅先生二三事・杨贵妃》，上海，作家书屋，1945。

用，拓展了视野和研究领域，也取得了较丰硕的成果。应该说地下出土文献的大量问世佐证了对历史文献的各种研究。敦煌学的兴起和蔚然成为“显学”已成为研究隋唐历史文化不可或缺的内容，学术史上的很多突破是由敦煌学研究人员完成的。对于隋唐文化史研究最具里程碑意义的学者主要是两位：陈寅恪和向达。当代学者的大量研究成果多与此两位史学名家有直接或间接的师承关系。陈寅恪先生着力从隋唐文化制度的角度去研究其渊源流变发展，以诗证史扩大了唐史研究的内容范围。《隋唐制度渊源略论稿》、《唐代政治史述论稿》、《元白诗笺证稿》、《论韩愈》为其代表作。向达先生则对于唐代较明显区别于其他朝代的文化的开放性论列甚详，《唐代长安与西域文明》为其代表作。而20世纪还有一位学者的著作曾被人所忽视，即罗香林先生40年代出版的《唐代文化史研究》一书，对唐代典籍、宗教史实的特征、中外交通史实考证、学术文化的论析、唐代民俗与社会生活的描述与考订等均有所创获，特别是对唐代文化史的通识，认为唐代文化是具有开创性的文化、是具有世界性的文化、是具有适应性的文化，学识令人叹服①。他如岑仲勉先生对隋唐史事的研究及文献整理、杨廷福先生对唐代法律文书的研究、史念海先生对历史地理与区域文化的研究，王仲荦、唐长孺、韩国磐、杨志玖诸先生对新时期唐史学科的建设和隋唐五代史研究领域的拓展等都具有较高的学术价值。

港台及海外学者的研究同样丰富了隋唐文化史研究的内涵。如严耕望先生对唐代政权结构和尚书省职能的考辨研究，顾炎辉先生对唐代法制的探讨，以及傅乐成、章群、林天蔚等学者的断代史著作都对文化史进行了条分缕析的探求。日本汉学家那波利贞《唐代社会文化史研究》、道端良秀《唐代佛教史研究》、仁井田陞《唐令拾遗》《唐宋法律文书研究》、平冈武夫主持的“唐史入门”等著述九种，还有栗原益男、布目潮沨、堀敏一、谷川道雄、砺波护、周藤吉之、日野开三郎、池田温等一代史学名家对唐代史料史学的精深研究。

近二十年来，海内外隋唐文化史的研究更是逐步深入，并有大量成果问世②。具有重要学术价值的著作主要有岑仲勉《隋唐史》（中华书局1982年

---

① 李岩：《罗香林唐代文化史研究述略》，载《中国史研究动态》，1991。

② 详参［日］山根幸夫主编：《中国史研究入门》，第五章《隋唐时代》，北京，社会科学文献出版社，2000；张国刚主编：《隋唐五代史研究概要》，天津教育出版社，1996。

版)、傅乐成《唐人的生活》(台北联经出版事业公司1977年版)、熊铁基《汉唐文化史》(湖南出版社1992年版)、赵文润《隋唐文化史》(陕西师范大学出版社1998年版)、(美)谢弗《唐代的外来文明》(中国社会科学出版社1995年版)、张弓《汉唐佛寺文化史》(中国社会科学出版社1997年版)、黎虎《汉唐饮食文化史》(北京师范大学出版社1998年版)、蔡鸿生《唐代九姓胡与突厥文化》(中华书局1998年版)、李斌城等《隋唐五代社会生活史》(中国社会科学出版社1998年版)、黄正建《唐代衣食住行研究》(首都师范大学出版社1998年版)、任爽《唐代礼制研究》(东北师范大学出版社1999年版)等。中国唐史学会先后组织出版了《隋唐历史文化丛书》、《唐代历史文化丛书》等20余种出版物,罗杰伟先生资助出版了《唐研究》年刊(荣新江主编)和《唐研究基金会丛书》等。近年来隋唐五代文化史研究总的趋向是更侧重礼制、民俗和社会生活,同时出现大量个案研究。这也预示着具有通识的文化史著作即将面世,使唐代文化史的研究进一步深入开掘,从而带来更多的学术繁荣。

第一章 文化的区域发展

导论中我们从时间流程上考察了盛唐时代文化的总貌及前后期的深刻变化，本章试图从空间上鸟瞰盛唐文化的区域概貌，以期能对盛唐文化有一个总体的把握和认识。我们将重点放在对两京文化生活的描述和认识上。各地文化发展程度上的差异，加上封建文人记载时详略失当，都影响着对这一课题的研究。

文化地理学是 19 世纪末 20 世纪初在美德等国发展起来的一门边缘学科。它主要研究人类文化事物和现象的起源、分布、变动及其同自然环境和社会制度间的联系。如文化区（cultural region）或文化区域（cultural area）、文化景观（cultural landscape）、文化与生态的关系、人类的文化进化，以及逐渐独立的语言、民族、宗教、艺术、聚落等分支地理学，本章试图应用这一学科的理论进行初步的研究。

一、文化的区域辐射

地理及自然生态环境所界定的文化属性和所造成的文化隔离机制，文化初始起源上的微异而致后来文化特性中排异力量的增大，因文化传播而出现的先后传承关系和加速发展，以及社会经济发展对文化变迁的制约影响，都造成文化的地区差异。

从文化生态结构和文化形态特点去分析，中国的文化构造大体可分为中原京畿文化、江浙沿海文化、闽粤岭南文化、江汉楚文化、四川巴蜀文化、陕西陇右文化、关东文化以及边疆各少数民族文化。开元二十一年（733 年）改贞观十道为十五道，下辖 328 州，1573 县。主要依据贞观所划十道，将关内道析出京畿，河南道分出都畿，山南道别为东、西，江南道一分为东、西、黔中三道。结合唐代历史和疆域，旁涉羁縻州和都护府所辖区域，可将盛唐文化界定为十大区域：中原、关陇、江南、江楚、巴蜀、西域、渤海、南诏、吐蕃、回纥。盛唐文化大抵是以两京为中心向外辐射的有地区差异的文化复合体。不唯南北，每一区域都有着显微不等的差异。下面从户口、物产、饮食文化、文化景观、习俗、学术发展几个方面加以粗略考察。

《通典·食货典》记载了天宝十四年即“安史之乱”前唐代极盛时期户口分布情况。① 黄盛璋先生由此分析认为：（1）黄河中下游仍为经济重心，户口分布最密；（2）江南道开发渐和黄河流域相伯仲；（3）汉时最盛的关中地区已渐趋衰落；（4）南方沿海地区，尚未尽开发，岭南户口不多。② 此后情势稍变，黄河中下游户口骤减，沿海港市户口激增。经济开发区的扩大带来人口的迁徙，而人口与人文的兴盛成正比，教育与文学及其他学术形成连锁效应。文化的发展，人口不为主要因素。但因人口分布变化所带来的教育、人才资源、知识阶层的分布比例却在某种程度上影响并制约文化的发展规模。

各地自然地理环境和气候差异，产生不同的植被区和物产。不同程度的生产技术手段和工艺水准也使得轻工、手工制品和产品加工迥然有别，由此带来

① 见附表二：天宝十四载诸道户口分等表。

② 黄盛璋：《唐代户口的分布与变迁》，载《历史研究》，1980（6）。

饮食文化上的地区差异。李吉甫《元和郡县图志》中专门列举了开元和元和间十道的特产（贡赋），极便我们考察。不同的物产带来不同的饮食、服饰、生产、游艺、祭祀等习尚，这些行为迁沿日久，共同传承为一定规约。这些心理信仰和传袭力量将大量生活事象转化为渐趋稳定的观念，制约规范着人们的行为，浸染为一种普遍的社会文化现象。

饮食文化上的中外交流，唐可与汉相提并举，主要是西域地区的饆饠、烧饼、胡饼以及菠菜、芒果、浑提葱等的传入。饮茶品茗，为唐代时尚。南方人好饮，开元中渐传至北方①。因风俗贵茶，茶的名目颇多，诸如世称第一的剑南蒙顶石花、湖州的紫笋、江陵南木、蕲州团黄等。酒的名目亦如之。饮酒而行酒令，更为一时盛事②。这些饮食习俗发展而来的烹调工艺、饮食习惯、饮食行业的行规俗约等，都是最具民族特色的地方风物。

文化景观是区域文化差异和时代变迁的恒常界标，是自然文化的明显标志。前代留存及唐代新建的各种寺庙观宇楼台及牌坊、仪具、雕塑等建筑样式千姿百态。除去诏令统一规定的孔庙、玄元皇帝庙及各式佛教建筑外，还有因各地风俗习尚及信仰神灵的不同而出现的迥然有别的建制，构成林林总总、万千姿态的文化景观。诸如关内道的阿房宫、柏梁台、马祖坛；河南道的中岳庙、启母祠；河东道舜祠、伯夷墓；河北道的郊坛、恒岳下庙；剑南的张道陵祠等③。作为文化的物化形态，内里充盈布列了人类生命活动的痕迹，含蕴着十分丰富的文化内容。对这些建筑形制、色彩、图案以及山川寺庙掌故传说的研究会使我们更全面地理解古代文化中潜文化层面的意义和价值。

社会习俗是最具地方性和民族性的，是变化最慢的一种潜文化，它反映了不同地区和时代人们的经济生活、宗教情感和习惯性行为方式。作为文化的地区民族性差异的绝好证明，它同时也往往成为发展人类共同文化的障碍。忽视对各种地方习尚的研究会导致认同传统文化的浮浅和片面，而各种习俗的相容性特点又使得今天从整体上把握传统文化特征成为可能，从而使对现实的思考

① 封演：《封氏闻见记》卷六："自邹、齐、沧、棣渐至京邑，城市多开店铺煎茶卖之。不问道俗，投钱取饮。"

②《唐语林》卷八，引白乐天诗："鞍马呼教住，骰槃喝遣输，长驱波卷白，连掷采盛卢。"

③《元和郡县图志》论列甚详。

不致落空，而带有深沉的内容。对唐代地域性习俗的考察有益于对传统文化历史变迁的理解。中唐宰相杜佑就对各地风俗进行了历史的直观描述：像关陇道之多尚武节；荆河之善贾趋利；山东之人性缓尚儒仗气任侠；山西人之勤俭；河东文学之兴盛；扬州人性轻扬而尚鬼好祀；以及岭南不知教义、以富为雄等等①。此外从大量的地方志、地理书和笔记中还可查到更丰富的例证以供考察这种习俗的地区差异。

当然，还应看到，各地区学术发展也因信息传输的强弱、人才分布上的特点以及文化累积程度上的差异而产生不均衡的发展状况。大体上，两京因系政治经济文化中心，人才最集中，图书收藏宏富，因而著述也多，文人学者间的交流和往来也较为频繁，此皆有利于学术发展。诚如谭其骧先生所言：多出卿相、名儒、文人学者的地方，一般当然就是儒术礼教最昌盛的地方②。地处文化边缘的南海数十州，多不立文宣王庙，而刺史也不识宣尼、亚圣为何人，闹出种种笑话。吐蕃、渤海等地，向往中原文化，玄宗曾命有司抄写《毛诗》、《礼记》、《左传》、《文选》各一部赐给远嫁吐蕃的金城公主；渤海也曾遣使求写唐礼及《三国志》、《晋书》、《三十国春秋》，玄宗又令其生徒入国子学学习。这些措施都缩短了中心文化与边缘文化的差距。此外，我们对唐代最著名的各学科学者及文学艺术家165人，进行典型的抽样分析③，从其地理分布上较易考察各地学术差别。粗计结果：165人中，为今陕西省37人，河南29人，江苏、河北各19人，浙江16人，山西15人，湖北8人，山东7人，四川、甘肃各5人，新疆4人，湖南2人，广东、江西、北京各1人。可见，属于中原京畿地区人数最多，其次为江南地区，陇右西域一带地处中外交流之要津，学术也有发展。从基本趋向看，学术文化发展是以两京为中心轴，向外呈辐射状。离中心文化区越远，与正统文化的差异就越大。

文化发展中的地区差异，说明了文化发展中的排异性与变异性的关系，两者的矛盾统一代表了文化发展的规律和趋势。文化的地区特点，进而存在着民

---

① 杜佑：《通典·州郡典》，影印本，北京，中华书局，1984。

② 谭其骧：《中国文化的时代差异和地区差异》，载《复旦大学学报》，1986（2）。

③ 主要参考《中国历史人物辞典》《世界著名文史学家辞典》。籍贯两可者从通说，未明者从略。

族特质，使人们较易区别不同类型的文化。由于自然地理环境，加上人们的生活方式的不同所带来的加权作用，产生了文化传播、演进的分野，使民族特性加大，各自依不同的文化模式向前发展。过分强调统一模式和社会趋同，将不利于对文化的民族特性的认识，也无益于民族文化的发展。越古老的民族之间，文化差异越大，因而趋同更加困难。对于社会总体，应区别政治、经济、文化等不同侧面，对于文化内部，也应区分发展中的不同层次，而采取各具不同的方案和道路，以推进社会的发展。这其中，文化主体的自主选择尤为重要，无论就国家、民族，还是文化中的个人来讲，在开放的结构中寻求多元模式并强化其主体意识，是文化真正振兴之路。

观察唐代文化的地区差异和剖析京都文化的不同层次类型，可使我们更清晰、更深入地认识三种文化形态的存在及相互关系。“统治阶级的思想在每一时代都是占统治地位的思想”①。这句经典式的断语，标明统治阶级所提倡的文化模式，作为一个时代的主导文化，决定着文化发展的总方向和目标。这其中，有与统治者个人和统治集团利益攸关的一整套礼仪制度、法律规定、狭隘的宫廷文化及以官方书面形式流传下来的传统，这种传统得到上层统治集团的支持。与这种官方正统文化相对应，便是与一般民众的生产、生活密切相关，反映民众的思想观念、社会心理和一般需求的文化。主要包括散乐、百戏、歌舞、实物造型、图案等形象文化；说话、变文、俗讲、传奇、歌辞、词文、俗赋等实体文化；习俗、信仰、乡土名胜、风物传说等传承文化。这就是民俗学，“它是普通民众始终保存的、未受当代知识和宗教影响的、以片断的、变动的或较为稳固的形式继续存在至今的传统信仰、迷信、生活方式、习惯及仪式的总称”②。介乎官方正统文化与民俗文化之间的是真正代表一个国家或民族以及一个时代文化发展的最高层次和水平的，由文人学者们所创造的精英文化，它们以大量的流传久远的著述体现它的成果，以留存的物质和精神的成果作为载体，表明其社会文化的发展过程，学术文化为其突出代表。

---

① 马克思、恩格斯：《德意志意识形态》，见《马克思恩格斯选集》第1卷，98页，北京，人民出版社，1995。

② 此处所采的“民俗学”定义取自《大英百科全书》。

法国年鉴史学家从双向交流过程的角度论证了精英文化与大众文化的关系①。精英文化不断吸收提取大众文化，代表着时代文化的总方向；后者作为接受主体，也按主体的需要对前者加以变异和发展，反过来又被精英文化所接受、同化。大众文化标志着文化发展的规模，并在一定程度上影响着对时代文化的总体估价。社会底层的民众掌握文化的数量和质量越高，则该社会文化程度也就越高。欧洲自文艺复兴以后，日本在江户时代，中国则自唐代传奇、变文、俗讲，特别是宋元话本、戏曲等市井文学发达后，表明了文化的早熟特征。

另一方面，在一个高度集权的社会里，文化的层次结构特点往往表现为上层建筑对意识形态和社会心理的强化控制上，无论是统治者个人抑或是统治集团的些微举动，会导致一种学术或一种文化活动的兴衰起落。精英文化的学术活动和民众的行为观念等皆被纳入一个统一的文化模式中，学术发展更缺乏独立，对社会变迁的影响也较小。唐代创造文化的群体和学术派别的出现以及市民文化的兴起多少打破了官方的垄断，这是一个值得注意的现象。

特定历史时代的文化是一个整体，各层次之间不存在绝对的差异，确认唐代文化中的三种形态只是为了考量总体文化时更清晰明了，其中涉及的理论问题，尚需进一步探讨。

二、两京中心文化区

长安是当时世界上最大最繁华的国际城市之一，据严耕望先生估测鼎盛时有 170 万人，若放宽作估，则近 200 万②。据现代考古发现与勘察探测，长安平面为规整的长方形，由外郭城、皇城、宫城、街坊和东西两市等构成，面积约 84 平方公里。郭城又名罗城，东西长 9221 米，南北长 8651.7 米。宫城在郭城北部，南为皇城，北为禁苑。宫城平面也是长方形，东西宽 2820.3 米，南北长 1492.1 米。据记载皇城内有东西向街道 7 条，南北向街道 5 条。郭城

① 姚蒙：《文化·心态·长时段——当代法国文化史研究一瞥》，载《读书》，1986 (8)。

② 参见《第二届唐代文化研讨会论文集》(台湾学生书局 1995 年版) 中严耕望《唐代长安人口数量之估测》一文。

内有东西向街道 14 条，南北向街道 11 条，将全城划为 110 个坊（一说 108 坊）。有东西两市。史载“（东）市内货财二百二十行”（《长安志》卷八），见于记载的有笔行、铁行、肉行、凶肆、绸缎行以及赁驴人、弹琵琶名手、杂戏等。西市行业比东市要多，据宿白先生统计，有大衣行、杂糅货卖之所、鱼店、酒肆、鞦辔行、卜者、卖药人、药行、油靛店、法烛店、蒸饼䭔子店、秤行、柜枋、食店张家楼、贩粥者、帛肆、绢行、麸行、衣肆、凶肆、烧炭曝布商、收宝物的胡商、波斯邸等①。

作为唐朝两大都城之一的洛阳，其地位仅次于长安，在全国位居第二；而就其人口而言，洛阳有一百多万人口，也是唐朝的第二大城市。

到了 11 世纪时，洛阳就发展成了中国最辉煌、最美丽的城市，而唐代的洛阳则正朝着这个方向顺利发展。洛阳有宫殿、亭园和大批官员。洛阳还以它特有的新鲜的水果、美丽的花卉、带着彩色图案的锦缎、精美的丝绉布以及各式各样的陶瓷制品而著称于世。南市是洛阳的一个巨大的市场，占地面积达两个街区（即“坊”）。在这个市场里，有 120 个分类经营商品的集市或街，整个市场包括数千家单独的商店和货栈。

两京特别是长安，是唐代的文化中心，每年的士子应试、朝颁大典、接待外宾、大型文化活动的所在地，也是中外文化交流融汇的集中点。唐政府的各种文化机构设施和多样化政策，反映着时代的需要和统治的要求。大批优秀的知识分子均集于此，创造着代表时代文化发展最高层次水平的“精英文化”，它影响制约着唐代文化总的进程和倾向。下面就通过对唐代文化的中心文化区——长安的五种文化类型的描述，来窥视京都文化的总貌②。

京都文化主要有五大类型：

（1）唐政府的文化机构和各种文化活动。唐承隋制，但文化管理机构也有

---

① 详见张国刚主编：《隋唐五代史研究概要》，661～663 页，天津教育出版社，1996。

② 两京之制，始自高宗显庆二年（657 年）定洛阳为东都。至玄宗时东都百司齐备。（参《元河南志》卷四东都皇城条）安史之乱后，东都地位骤落。唐于东京也置各官署，只规模人数少于西京。皇帝东幸时大批官僚随从，办事机构也随迁。唐官员也多在两京分别置宅。但从唐代文化政策的制定实施、中外文化交流的情况以及中心地位的时间顺序来看，严格地说，长安为真正的中心。

自己的特点，概分为教育、研究和服务性机构三类①。其中翰林院职能偏大，由于参与内政地位显要，非文化机构所能包容。唐政府的各种文化活动正是通过这些机构得以实施。

各种朝庆礼仪活动主要有皇帝诞辰纪念。如玄宗的千秋节（八月五日），届时休假三天，百姓先赛白帝报田神，然后坐饮，玄宗御花萼楼赋诗并大宴群臣，举国同庆。此后诸帝也于各自的诞生日赐物、斋度或命三教论衡，群臣及各节度使则进献百物，十分奢华。还有将士凯旋、进士及第、边塞出使、渡过灾异等，都要举行规模不等的庆贺活动。各种散乐、百戏、大型歌舞更是炫耀文治武功的必要点缀。武德间设立的教坊，专管雅乐以外的音乐歌舞百戏的教习、排练、演出，两京分设。当时长安教坊有散乐 382 人，仗内散乐 1000 人，音声人 10027 人②，最盛时达数万人。百戏主要分两类：一类是乐舞，有大面、钵头、踏摇娘、苏中郎、排闼戏、参军戏、傀儡戏等；一类是杂技，有武术、幻术和一些体育性节目。百戏多在民间节日、宴群臣和接待外宾时进行③。此外，唐代的各种礼仪制度更是繁缛杂冗，诸如封禅、后土、南郊、明堂、社稷、籍田、九宫贵神、岳渎山川、杂祀、宗庙、祧迁、省侍、服纪、陵寝、谥议、国忌之礼等，不一而足。

上述文化活动皆属官方举办，系历代正史及典志体史书记述的主要内容，颇能反映时代的内容和统治阶级的现实需要，并受政治环境、经济实力和文化发展程度的制约。

（2）文人士大夫的文事活动。许多文人学者，都在长安居留过。像杜甫在城南少陵原下；陈子昂住宣阳坊；阎立本、李思训分别住延寿坊、通义坊；褚遂良、欧阳询分住平康、敦化坊等。他们的一系列活动成为京都文化的一部分。唐文人多能饮酒，嗜酒者甚众。胡楚宾每饮酒半酣而后操笔，高宗每令作文，必以金杯盛酒以待。苏颋，性疏俊嗜酒，尝醉呕殿下，酒醒草制书立就。他如李白、卢照邻、张祜的嗜酒更擅盛名。文人书法，著名者不论，他如杨师道之草隶、卢鸿一的籀篆楷隶、贺知章的草隶、张廷珪的八分书、徐浩的楷隶

① 详见附表三：唐代文化管理机构简表。

② 崔令钦撰，任半塘笺订：《教坊记笺订》，上海，中华书局，1962。

③《册府元龟》卷九七二载：宣宗大中七年，大陈“百戏”以招待日本王子。

等皆为一时之秀。围棋高手如顾师言、王叔文、王倚、张贾等的出现也标志着一代风尚的流行。文人的其他活动如游历、占卜相面、挟妓歌舞、吹笛鼓琴、击鞠、看斗牛等。更有趣的是蔡文姬的《胡笳十八拍》，盛行于世，“儿童妇女，咸悉诵之”①。加上当时科举取士，招引天下文士竞相赴京赶考，围绕科举而进行的行卷、温卷、闲谈歌赋、以诗文会友，曲江饮宴、雁塔题名等盛事佳话，更成为京都文化的重要内容。此外学者们参加政府组织的学术活动以及居家和在任所的著述和学术交流等，都是具有较高层次和水平的。

(3) 一般市民百姓的民间俗文化。有关节日习俗中，唐代最盛的是元宵、上巳和寒食节。元宵节及前后各一日，正式成为国家法定例假日，各官署都停止办公，这三夜“敕许金吾弛禁，以看灯”②。玄宗时曾大开宫门，燃灯五万盏，又命宫女千数及长安少女少妇千余人“于灯轮下踏歌三日夜”③。长安城内大街小巷灯火通明。寒食上墓拜扫，玄宗时更编入五礼中。每至寒食日，人们互以鸡鹅鸭子相馈送，渐成习俗，对此政府曾加禁断。上巳节则盛行斗鸡，玄宗置鸡坊于两宫间，得雄鸡千只，选六军小儿五百人驯养，贾昌为其首领。许多人因斗鸡而至倾家荡产，胜者成为一时的殊荣。时有民谣称“生儿不用识文字，斗鸡走马胜读书”④，正为真实写照。

唐代民众主要娱乐活动有：围棋、投壶、博、蹴鞠、角抵、象戏、杂技、斗鸡走马养鹰等。唐时尚赌博，上自天子，下及庶人，不以为讳。武则天自置九胜博局，令文武官分朋为此戏，杨国忠以善樗蒱得入供奉。李翱著《五木经》专记其事。

唐时饮宴之风亦盛。长安市里风俗，每岁至元日后，互以饮食相邀，号为“传坐”⑤。此外，都人士女，每至春时，各乘车跨马，供帐于园圃或郊野，名为探春之宴。长安平康坊，妓女所居，多有豪少聚此饮宴，而新进士也多游谒其中，也为一时风尚。此外，长安城内许多寺庙经常有讲经活动，市民们徜徉

---

①《太平广记》卷四六，神仙类，北京，中华书局，1985。

②《两京新记》卷三。另初唐诗人苏味道有诗为证：“金吾不禁夜，玉漏莫相催。”（五律《正月十五夜》）

③《朝野佥载》卷三，见《唐五代笔记小说大观》，上海古籍出版社，2000。

④ 杜文澜辑：《古谣谚》卷一八，北京，中华书局，1985。

⑤《太平广记》卷一三四，报应类，赵太条，北京，中华书局，1985。

其中，出现了“街东街西讲佛经，撞钟吹螺闹宫廷”（韩愈《华山女》诗）的盛况。讲唱者也不局限于俗讲僧，同时出现以转变为职业的民间艺人，这种俗讲、变文、话本、俗赋、词文等民间说唱文学的出现，代表了民间文化的精华。

婚姻丧葬，更为代表性习俗。唐世婚礼纳采，有合欢、嘉禾、阿胶、九子蒲、朱苇、双石、绵絮、长命缕、干漆九事。即今日所谓定婚过礼。男方遣媒人送礼到女家，纳采后，女家即不得移改，此俗约颇有法律效力。从议婚到迎娶，礼节十分繁冗，对此，赵守俨先生有详悉考证，可便参考①。丧葬礼仪，以服丧三年为通制。各品级官员的服纪、死亡称谓皆有严格规定。皇族高官下葬并有鼓吹仪。但是民间多争相厚葬，以偶人象马，雕饰如生为殉葬品，下层庶民，致有倾家荡产者②。

（4）宗教情感与信仰习俗。宗教作为一种颠倒了的世界观和对现实世界的虚幻反映，以其满足民众的安全、归属和价值实现的需要，以补偿由苦难、灾异和面对自然的无力而造成的失落感，得到了深广的传播。外来佛教教义宣传对唐人心理发生作用。如吕文展专心持诵《金刚经》至三万余遍，张无是则日诵四十九遍便可逢灾无险，刘公信妻入地狱口备受苦痛，求其女抄写《法华经》一部乃转生他处。“百官家多以僧尼道士等为门徒往还，妻子等无所避忌”③。作为基本读物的《涅槃经》、《维摩经》、《楞伽经》、《法华经》等更为士大夫所选读。白居易明言：“佩服世教，栖心空门。外为君子儒，内修菩萨行。”④ 颇能代表唐代士大夫的心态和价值选择。至于“两京城内，寺宇相望”，“坊巷之内，开铺写经，公然铸佛”，更为开元二年前后的社会现状⑤，以至玄宗不得不明令禁断。宋敏求《长安志》记载，天宝以前有僧寺 64 所，尼寺 27 所，合计 91 所；日僧圆仁记载武宗朝“长安城里坊内佛堂三百余所”

① 赵守俨：《唐代婚姻礼俗考略》，载《文史》，1963（3）。

② 王溥：《唐会要》卷三八：“长庆三年十二月，浙西观察使李德裕奏：‘缘百姓厚葬，及于道途盛设祭奠、兼置音乐等。……或结社相资，或息利自办，生业以之皆空，习以为常，不敢自废。人户贫破，抑此之由。’”北京，中华书局，1955。

③《禁百官与僧道往还制》，见《全唐文》卷二一，影印本，北京，中华书局，1983。

④《祭中书韦相公文》，见《白氏长庆集》卷六〇，上海古籍出版社，1994。

⑤《断书经及铸佛像敕》，见《唐大诏令集》卷一一三，北京，商务印书馆，1959；《禁坊市铸佛写经诏》，见《全唐文》卷二六，影印本，北京，中华书局，1983。

(《入唐求法巡礼行记》卷四);《唐两京城坊考》中列出长安寺院105所。孙昌武先生认为长安城及近郊有一定规模的佛寺就应有200所以上，此外，还有大量不知名的山寺、野寺、佛堂、僧舍、兰若等，兴盛时期僧侣当有数万之众。田广林主编《中国传统文化概论》(高等教育出版社1999年版）中认为隋代有寺院3985所，僧尼23.6万人，唐代有寺院近5万所，僧尼30多万人。

道教更多地在民间乃至统治阶级上层发生影响，它的长生不老的观念和对丹药的炼制颇能迎合人们求生的欲望。唐政府优崇道士，令民众习道家书籍，并作为考试内容。并且令士庶家藏一本老子《道德经》，百官卿士，各须详读。由此掀起崇道热潮。许多大臣多请舍本宅为道观，长安城中道观有30多所。此外，还有与宗教活动有关的一些文化活动。如岁时节日在寺院里的俗讲，又有化俗法师游行村落，向民众说教。有时也由寺院发起组织社邑，定期斋会诵经，使社僧为大众说法。还有与佛教信仰相结合的“七七祭”，死者家属隔七日须供佛念经，追荐亡魂为期四十九天，名为“中阴”，后来发展为“烧七”。

与民众生产活动密切相关的占卜迷信、崇拜神灵活动也颇为盛行。开元间早已有把钟馗画像赐给大臣们作为新年礼物的惯例，民间信鬼和捉鬼之风犹盛。六朝巫觋至唐又奉为神明，称之为天神，医病、祈福、升迁诸事均须请之。至于民间对雷神、风伯、雨师、门神、灶神、药王等等民间诸神的信仰更为复杂多样，此不赘述。

(5) 中外人士在长安的文化交往。在长安一百余万总人口中，各国侨民和外籍居民约占总数的百分之二，加上突厥后裔，其数当在百分之五左右。各类的外国人士主要有来往使臣、流寓长安的外国王侯、在长安供职的外国官员、外国留学生、学问僧和求法僧、乐工和舞士、西域商贾等。各民族和各国人士汇集长安，展开广泛的多样化的文化交流。长安作为一个国际性的大都会，各种民族，各种宗教，无不可于长安得之；长安胡化盛极一时，服饰、饮食、宫室、乐舞、绘画等方面都深受西域的影响。如于阗画家尉迟跋质那、尉迟乙僧父子，传入印度画法，小尉迟更与阎立本在长安齐名。曹、米两家是长安城内有名的乐舞能手，康昆仑在玄宗时住长安街东，琵琶号称第一手。唐代燕乐都以琵琶为主，琵琶曲一时左右长安乐坛。这从敦煌壁画和唐诗中可以得到印证。从波斯传来的波罗毬戏在长安城中已成为一种不分贵贱，上自帝王，下至平民百姓都普遍爱好的体育竞技。佛教文化的传播更为今人所知悉，不唯佛教，伊斯兰教、祆教、摩尼教、景教等都有程度不同的传播。

各国使团中有许多学者和专门人才，他们在长安和中国僧侣、官员及文人相互切磋往来，长安国学也是各少数民族和高丽、新罗、百济、日本等国留学生学习的场所。日本留学生在长安学习，归国后往往携带大批汉文经史书籍回国。而且这些留学生多擅写汉诗，日本天平胜宝三年编成《怀风藻》，收日本作者 64 人的汉诗 120 篇。他们在长安时则与唐朝诗人们切磋诗艺，如晁衡与李白、王维等相友善。此外还有历数家与医学家之间的学术交流，这些都构成了文化交往的一部分。

长安这个国际都会和文化交流的大舞台，成为七八世纪世界各国文化传播转化发展创造的集结地和中心点。每一种文化都在这里得到了效法、继承、发扬和光大，这是京都文化中最具流动性、变迁最快的一种。

三、以扬州为代表的商业文化

在长安、洛阳这一类政治、文化中心以外，还分布着许多规模不等的商业城市，都是构成唐代文化风貌和区域文化特征的一个重要侧面。最享盛名的大都会无过于位于淮南的扬州和西蜀的成都（益州），当时有所谓“扬一益二”的称誉。其他重要的商埠和都会还有广州、泉州、杭州、登州、明州等沿海城市。唐代中期以后，城市的社会功能开始转化，京、洛由单纯的政治中心向经济和商业城市转化，而后期城市功能的转化也为一些中小城市提供了契机①，南方商品经济的兴盛与交通的便利为扬州等中小城市的繁荣奠定了基础。

“今之扬州，春秋时属吴……（汉）景帝更名江都国，武帝更名广陵国。”② 殷芸《小说》中讲到“腰缠十万贯，骑鹤上扬州”③。

扬州城的勘察与发掘表明，唐代扬州分两个部分，子城在全城的西北角，

① 参见李鸿宾：《隋唐的家庭与社区聚焦》，载《光明日报》1997 年 5 月 13 日。

② 杜佑：《通典・州郡・广陵郡》，影印本，北京，中华书局，1984。

③ 周楞枷辑注：《殷芸小说》卷六，上海古籍出版社，1984。

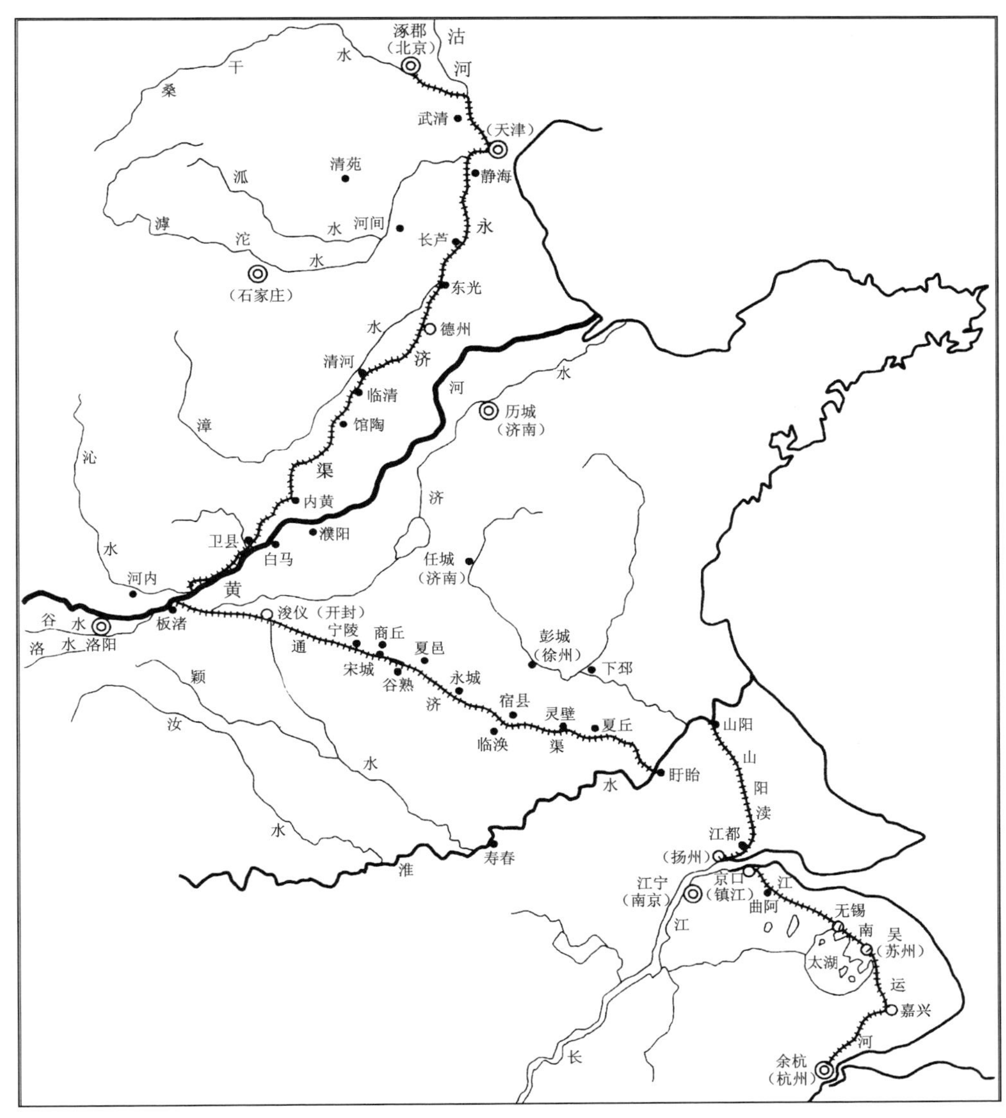

隋代运河图（选自《中国运河文化史》，安作璋主编，山东教育出版社2006年版）

洛阳龙门石窟造像
卢舍那大佛高17.14米，端坐正中

莫高窟112窟 反弹琵琶 中唐

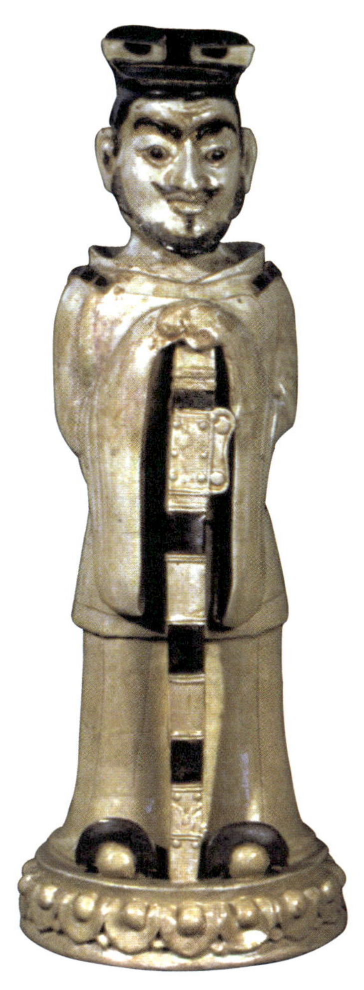

隋　白釉黑彩侍吏俑

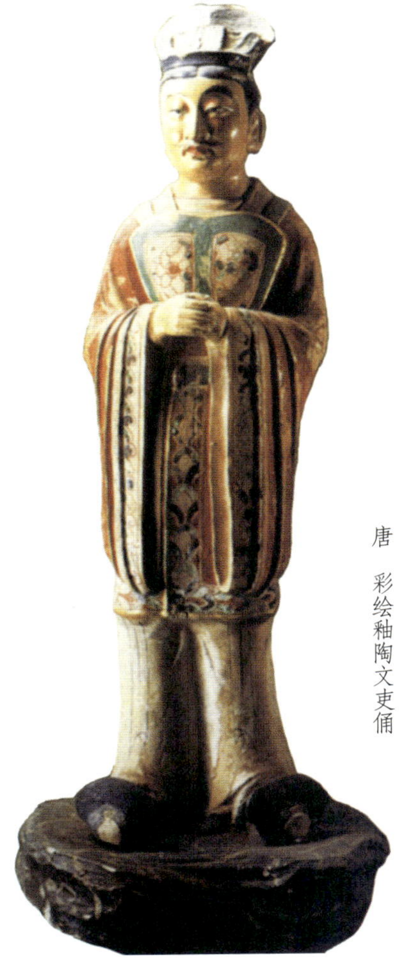

唐　彩绘釉陶文吏俑

松赞干布传（唐卡）

整座城南北长 6030 米，东西宽 3120 米。罗城建于中晚唐，废于五代末①。

扬州的真正兴盛则是在隋炀帝开凿运河、久居江都之后。运河北通长安，南通杭州。当时的淮南地处盐铁漕运的枢纽，整个东南地区的贡赋财货，均经由此地西运或北上，一定程度上掌握着唐王朝的经济命脉。扬州又是唐中央财政大臣盐铁转运使的驻地，而且也是对外贸易的重要口岸。到 8 世纪时，扬州是中国的一颗明珠。扬州的富庶与壮美，首先要归功于它处于长江与大运河的结合部的优越地理位置②。

扬州是唐代庞大的水路运输网络的中枢，唐朝各地和外国商船的各种货物都要在扬州换船，装入北上的运河船，所以这里也是亚洲各地商贾的聚集之所。作为重要的商业集散地的居民，扬州人的生活在当时也很富足③。

到了 10 世纪中叶，后周入侵南唐，扬州毁于兵燹。

正是由于扬州地处这样一个特殊的地理位置和交通要津，商贸发达，也影响到市民的心理与习尚。杜佑《通典》卷 181、182 列述古扬州历史，并称“扬州人性轻扬，而尚鬼好祀”，又因僻处海隅，“难以德抚”，同时受南迁文士影响，喜好艺文儒术和诗文唱和。在以农业社会为主要特征的传统中国，“江淮俗尚商贾，不事农业”④，很显然会被传统社会视为末技，而性轻扬了。这是一个城市中商业行为繁多而必然呈现的社会现象。扬州不但许多当地人不事农桑，以商贾为业，而且云集着来自全国各地乃至西域、海外的商人。据史料记载，肃宗上元元年（760 年）扬州发生一场战乱，“商胡大食、波斯等商旅，死者数千人”⑤。可见外地商人聚居扬州之众。本地与外地、外国商人构成了扬州庞大的商人阶层，他们的习俗与文化对社会各阶层有着深刻的影响，讲求物质享受与文化消费的奢靡倾向。与长安洛阳实行宵禁不同的是，扬州的夜市是一大风俗景观。王建《夜看扬州市》、李绅《宿扬州》以及张祜、杜牧、赵嘏等人的大量诗作都有形象的描绘。大诗人李白在《上安州裴长史书》中写道：“曩昔东游维扬，不逾一年，散金三十万，有落魄公子，悉皆济之。”可见

---

①《扬州城考古工作简报》，载《考古》，1990（1）。

②［美］谢弗：《唐代的外来文明》，30 页，北京，中国社会科学出版社，1995。

③［美］谢弗：《唐代的外来文明》，31 页，北京，中国社会科学出版社，1995。

④ 刘肃：《大唐新语》卷三，北京，中华书局，1984。

⑤《邓景山传》，见《旧唐书》卷一一〇，北京，中华书局，1975。

当时扬州是一个高消费的地区。这种追求享乐、鼓励消费、作风豪侈以及充满对财富和财富拥有者的羡慕心理，代表了当时市民的心理倾向。这是从某一局部对传统的轻商观念的动摇，是个性思想和主体意识的张扬，也对唐人健康自信、充满向上的心理状态有所影响。只可惜这一局部很快因战乱和朝代更迭而止步了，在宋朝儒学重振的强压下喘息挣扎。

另一方面，扬州特殊的地理位置和商业文化的繁荣，也使得两京政治中心势压下宽松文化政策不易出台而转向扬州滋生发展。鉴真几次东渡传播文化选择了扬州，景教、早期犹太教也在扬州有所发展，而丰富的商业文化、市民阶层的文娱活动、商贸往来，也为后来的说唱文学提供了更多的素材。

四、周边各少数民族文化

隋唐五代时期是我国历史上多民族国家进一步融合发展的又一个重要时段。以汉族为主体，突厥、回纥、吐蕃、吐谷浑、南诏、靺鞨、契丹等少数民族竞相登场，上演着一幕幕多民族文化融合演进的历史剧，从而在总体上构成了多民族周边文化繁荣发展的新局面。唐代时期，我国边疆地区各少数民族与中央政府之间，通过以长安为中心的友好交往活动，密切了政治经济文化的联系和交流，促进了我国统一多民族国家的发展。

这一时段民族政策最突出的是和亲政策和羁縻政策。前者兴起汉代，汉唐两代共同构成和亲的主流，前辈学者对此多有论列①。如唐太宗以弘化公主出嫁吐谷浑拨勤豆可汗诺曷钵，以文成公主出嫁吐蕃赞普松赞干布；中宗以金城公主出嫁吐蕃赞普弃隶蹜赞等。通过这些政治联姻进一步密切了民族关系，促进了民族之间经济文化的交流。如文成公主入藏时，从长安带去了大量的金银、绸帛、珍宝、农作物、蚕种、经典史籍及能工巧匠，同时，吐蕃地区的药材、马、玛瑙杯、羚羊衫缎等也传入内地。羁縻政策是唐政府在少数民族地区实行的一种自治性较强的开明统治方法，在一定程度上促进了少数民族地区的经济与文化发展。当时散处在唐朝周边的各少数民族一方面延续着种族繁衍，

---

① 散篇文章较多，可参见崔明德《汉唐和亲研究》一书，青岛海洋大学出版社，1991。

一方面通过与汉民族以及各少数民族之间频繁的交往、融合以及在抵抗自然生态变化和规避战争威胁所发生的不断迁徙，丰富着隋唐五代文化的内涵。唐朝对各少数民族首领及其上层人物多有封赠：有的留职长安，带刀宿卫，担负着都城与宫廷的防卫重任；有的随部族内附而入居长安；有的因传布宗教而来长安；有的向往唐朝文化，派子弟至长安入国学学习；还有的来长安经商。上述多种原因，促进了各民族文化交流发展。当时少数民族的一些生活器物如胡衫、胡帽、胡饼、西域酒等也在长安一带流行，反映出各民族文化交流在民族融合中的重要作用。同样地，各周边地区的文化也折射着唐代中原文化方方面面的影响。

突厥族主要活动于北方，兴起于 6 世纪中叶，而其最后的形成，是阿史那氏与高车、铁勒结为一体的产物。对于该民族历史文化的辨析、描述无过于蔡鸿生先生的《唐代九姓胡与突厥文化》一书，书中循着中国文献与粟特文物互证的原则，分家庭、婚姻、丧葬、居室、服饰、饮食、岁时、节庆、兴贩和胡名十项，逐项考释，力求对唐代九姓胡礼俗作出比较条理的论证。

回纥，8 世纪后期曾改称“回鹘”，即今日新疆维吾尔族祖先。他们通过与唐朝之间的贸易往来使财富增加，又因地处东西交通要地，文化传播较为迅速广泛。敦煌文书中蕴藏着丰富的关于西迁回鹘的原始资料和甘州回鹘的史实记载。9 世纪中叶，迁往西域的回鹘与早先居住那里的先祖高车，同族乌护，近族葛逻禄、样磨等汇合在一起，其中一支以高昌为中心建立了高昌回鹘政权；另一支则在今新疆南部和中亚一带建立了喀喇汗王朝。

铁勒是分布在从蒙古高原到中亚草原广大地域的游牧部落，《隋书》中载其种姓有契苾、薛延陀、仆骨、同罗、思结等四十余部。近年来，随着吐鲁番文书的整理、刊布，许多学者利用文书中的资料结合传世文献开展了对铁勒历史的研究。

吐谷浑是十六国时期出现在西北地区的一个少数民族政权，是鲜卑族慕容部的一支，原居于青山（今辽宁义县），西晋末年迁至今青海地区，立国三百多年，隋唐时开始走向衰亡。内附的吐谷浑被融合同化于汉民族之中，其经济、风俗、宗教、语言等带有被同化的特征；并入吐蕃的则同化于吐蕃族，成为今日藏族的一部分。

吐蕃在西域统治百余年之久，所行各项制度有效地维护了其对西域各族人民的统治，保障了社会的安定与西域文明的存在发展，也加强了青藏高原与天山南部两大区域人民之间的经济文化交流。文成与金城公主下嫁，分别带去大量的汉族经典文献，包括儒家经典、宗教书籍、卜筮、营造工技、医学论著等，唐初乐舞也随之传入。

东北地区的奚、契丹、室韦和靺鞨等族，同属于东胡族系统。奚族原称库莫奚，位于辽水上游、柳城（今辽宁朝阳）西北，隋朝建立后与之关系密切。隋朝契丹号称十部，活动于辽河流域，东西亘五百里，南北三百里，其时大量内迁。室韦位于契丹以北黑龙江上游两岸及额尔古纳河一带，内分五部，隋朝时贡方物。唐朝在此设室韦都督府。靺鞨是满族祖先，古称肃慎，分七部，以黑水、粟末最大，唐也在此设都督府。

地处东北亚中心地带的渤海国，其政治制度、政权组织形式、职官制度基本沿袭唐朝，并根据自己统治需要加以变通更改，说明了唐代文化对渤海地方政权的影响，当时渤海大兴儒学，弘扬佛教，兴建寺院，成为渤海学习吸收唐朝文化的重要内容。渤海国久负盛名的“海东文化”也吸引一些学者进行了深入的研究。

位于西南边陲的南诏，向达、方国瑜等史学名家对其史实进行了缜密考订，使后人大致了解了南诏历史概貌。当时唐朝为了遏制吐蕃势力发展，也有意扶持该族的强大。中原文化在南诏的社会生活和各个方面都有着深刻的烙印，而南诏文化之影响也及于唐朝。流传至今的《南诏德化碑》更是唐与南诏文化交流的实证。

第二章 三教争衡与学术思潮

隋唐四百余年间，特别是唐贞观至开元年间，是我国历史上相对稳定发展的时期，社会安定，经济繁荣，统治集团内部矛盾趋于缓和，为学术文化的发展提供了良好条件。隋唐的统治者为利用宗教加强思想统治，实行了调和儒佛道思想的“三教并用”政策，从而使外传佛教、道教、儒学都得到了相当程度的发展，出现了历史上特有的三教争衡局面，对后世学术文化的发展产生了深远的影响。

一、佛学的兴盛

隋唐是中国佛教的隆盛时期。在这个时期，佛教赢得了国家权力不同程度的支持和从普通百姓、士大夫阶层到帝王的广泛、众多的崇奉者。隋唐历代皇帝大都崇佛，寺院的发展与佛教管理体制的逐步完善，佛教经籍的大量翻译和广泛传播，佛教各宗派的发展和以禅宗兴起为标志的佛教中国化，反映了这一时期佛教的繁荣昌盛和主要特点。

（一）隋唐王朝对佛教的崇尚

隋唐王朝崇尚佛教的一个突出现象，就是除唐武宗等个别人外，几乎所有皇帝都不同程度地信佛。他们在位时期都不同程度地采取了一些积极扶植和利用佛教为封建统治服务的政策，因此，这一时期统治者崇尚佛教的许多重大措施都能够以皇帝诏令的形式在全国顺利推行。隋唐佛教的繁荣，与隋唐最高统治者的崇佛政策是紧密联系在一起的。

1. 隋代皇帝狂热崇佛

隋文帝杨坚出生于华州（今陕西大荔县）般若尼寺①，自幼受智仙尼抚养，并在庵中度过了他的童年和少年时代，直到 13 岁离开般若尼寺入太学学习。少时所受佛教环境的熏陶，显然对杨坚日后对佛教的态度和认识产生了很大的影响。公元 581 年二月，杨坚接受北周静帝禅位，即皇帝位于临光殿，改国号为隋。他在即位当年便接受昙延请兴复佛教的建议，下令恢复北周武帝毁废的寺院，各地民户按人头出钱营造经像，允许人们自由出家；令京师（长安）及并州、相州、洛州等大都邑由官府出资缮写一切经，分别收藏在寺院及秘阁之内，彻底改变了北周武帝以来毁灭佛法的政策。

隋文帝一生醉心宗教，他即位后通过各种措施广建寺塔，广度僧尼，大力造像写经，大兴佛教教育和研究，为佛教的隆兴予以多方面的政策支持。

一是运用政府力量把修建佛寺作为官方事业大力推行。据《历代三宝记》卷一二载，隋文帝登上皇帝宝座的当年，即开皇元年（581 年），曾分别于二月、闰三月、七月和八月，四次颁布兴建佛寺的诏令。他改周宣帝所建立的陟岵寺为大兴善寺；令在五岳各建佛寺一所，诸州县建立僧、尼寺各一所，并在

---

①《隋书·高祖本纪》："皇妣吕氏，以大统七年六月癸丑夜，生高祖于冯翊般若寺。"道宣《集古今佛道论衡》卷乙、《续高僧传》卷 26 等唐代佛教文献记载隋文帝出生于"同州般若寺"。据韩昇《隋文帝传》：《隋书》和佛教典籍均以后来的地名记载，冯翊、同州都在今陕西省大荔县附近，实为一地，隋文帝诞生时，其地名为"华州"。参看韩昇：《隋文帝传》，28 页，注①，北京，人民出版社，1998。

他所经历的45州各创设大兴善寺，又建延兴、光明、净影、胜光及禅定等寺。仁寿年间，隋文帝先后三次下诏在全国113个州，共建造舍利塔113座。第一次是仁寿元年（601年），在他60岁的生日六月十三那天，令全国30州立塔，请名僧童真、昙迁等30人分道送舍利前往安置。第二次是仁寿二年（602年），在佛诞日，请名僧智教、明芬等分送舍利至全国53州入函立塔。第三次是仁寿四年（604年），也是在佛诞日，令在30州增设宝塔，请名僧法显、静琳等分送舍利。

二是积极鼓励民间修建寺塔。开皇三年（1583年），隋文帝迁都大兴城时，下制免除关于兴建伽蓝必须向官方申请寺额、缴纳一定费用的规定，鼓励民间立寺。开皇十一年（591年），下诏取消营建佛寺的公私区别："自今已后，凡是营建功德，普天之内，混同施造，随其意愿，勿生分别"①。开皇十四年，进一步取消寺额限制，明令"率土之内，但有山寺一僧已上，皆听给额。私度附贯"②。

三是开放对度僧与出家的限制。开皇元年，隋文帝即普诏天下，听任百姓出家。但那时出家尚需申请，不履行申请手续者为"私度"，实际上出家仍受到一定的限制。开皇十年（590年），鉴于民间"私度"者众多，隋文帝经征询昙迁意见，采纳了昙迁对于以前私度的僧尼皆予承认的建议，"因下敕曰：自十年四月已前，诸有僧尼私度者，并听出家。故率土蒙度数十万人"③；同时，"敕僚庶等，有乐出家者，并听"，完全开放度僧出家的限制④。

四是从经济上大力支持佛事活动。除前述隋文帝即位当年便明令京师（长安）及并州、相州、洛州等大都邑由官府出资缮写一切经外，隋文帝多次下令在全国修建寺塔，建造和维持这些寺庙的费用大都由国家承担。《续高僧传》卷一七《昙崇传》载："（昙崇）以佛法颓毁，私愿早隆，谨造一寺，用光末法，因以奏上。帝乃立九寺以副崇愿，皆国家供给，终于文世"，就说明了这一点。隋文帝还经常通过赏赐，增强佛寺的经济实力。开皇十二年（592年），隋文帝敕赐宣州稽亭山妙显寺"水田二顷五十亩，将充永业。寺侧近封五十户

---

① 费长房：《历代三宝记》卷一二，见《大藏经》史传部一，大正影印本（简称"大正藏"），台北，台湾新文丰出版公司1983。

②③《昙迁传》，见《续高僧传》卷一八，影印本，上海古籍出版社，1991。

④《靖嵩传》，见《续高僧传》卷一〇，影印本，上海古籍出版社，1991。

民，以充洒扫”①。开皇十三年，诏令五岳及名山各置僧寺一所，并赐予田庄。有的时候，隋文帝还自掏腰包捐助佛事。开皇十三年春，隋文帝巡狩岐州，见南山破窑中残存着不少北周灭佛时毁坏的佛像，回京后即诏令各地“诸有破故佛像，仰所在官司，精加检括，运送随近寺内。率土苍生口施一文，委州县官人检校庄饰”②。年末，又与皇后各施绢十二万匹，修缮北周时毁损的佛像和经书。由于他倡导，百官和京畿百姓为此捐款至百万。

五是运用法律保护佛教设施。开皇二十年（600 年），隋文帝下令：“敢有毁坏偷盗佛及天尊像、岳镇海渎神形者，以不道论”③；“沙门道士坏佛像天尊，百姓坏岳渎神像，皆以恶逆论”④。把破坏佛道塑像列入“十恶”重罪之中，给予宗教以最高等级的法律保护。

六是由政府组织佛教教育与研究。隋文帝当上皇帝后便开始延揽天下名僧入京，以长安为中心逐步建立了佛教教育与研究系统。京城的大兴善寺，寺殿崇广，“号曰大兴佛殿，制度与大庙同”⑤，便是隋文帝有意创建的全国佛教中心。开皇十二年（592 年），隋文帝延选当时各学派著名高僧，在京师建立了“五众”和“二十五众”两个组织。“五众”是专门的僧人教育组织，按佛学经、律、论分为涅槃众、地论众、大论众、讲律众、十地众，每众立一众主，领导教学，均系该方面出类拔萃的名僧。“二十五众”是由二十五名“三学（戒、定、慧）”优长的高僧组成的弘扬佛法的僧众传教组织，主要任务是向一般百姓传授戒、定、慧三学和大乘佛法。二十五名高僧分布于长安各寺，依托各自住寺，收徒授业，弘扬佛法，传教民众。“二十五众”设众主、第一摩诃衍匠和教读经法主等职。“五众”和“二十五众”的人选及其负责人，皆由隋文帝敕任，受到官方的保护和资助。“五众”和“二十五众”作为政府出面组织的、向社会和僧界全面系统地进行佛法教育的佛教专门教育组织，对于佛学的继承、发扬和研究，推动佛教教育，培养佛教人才都具有重要意义。这两个组织的设立，同时也表明了隋文帝在宗教政策上对佛教的倾斜。

---

①《宣州稽亭山妙显寺碑铭》，见《全隋文》卷二八，北京，商务印书馆，1999。

②《昙迁传》，见《续高僧传》卷一八，影印本，上海古籍出版社，1991。

③《刑法志》，见《隋书》卷二五，北京，中华书局，1973。

④《高祖纪下》，见《隋书》卷二，北京，中华书局，1973。

⑤《靖善坊》，见《长安志》卷七，台北，成文出版社，1970。

由于隋文帝的积极倡导，隋王朝上层统治者大都崇信佛教。隋文帝夫妇及诸子笃好佛法，朝廷大臣亦多信佛，宰相高颎、苏威、虞庆则、杨素等人尤为虔诚，重臣元勋为诸寺檀越的，不胜枚举。君臣上下皆崇信佛教，使隋文帝一系列崇佛政策得以顺利推行。据《法苑珠林》卷一〇〇《传记篇》载："隋高祖文皇帝开皇三年，周朝废寺咸乃兴立之。名山之下，各立为寺。一百余州，立舍利塔。度僧尼二十三万人，立寺三千七百九十二所，写经四十六藏，一十三万二千八十六卷，修故经三千八百五十三部，造像十万六千五百八十躯。自余别造不可具知之。"从以上数据可以看到在隋文帝崇佛政策的支持下佛教走向昌隆的盛况。

隋炀帝杨广与其父文帝一样崇信佛法。开皇十一年（591 年），当时为晋王的杨广任扬州总管，便曾迎请天台宗名僧智顗到扬州，设"千僧斋"，受"菩萨戒"，并尊智顗为"智者"。开皇十五年春，杨广又再次请智顗到扬州讲经。由此可见杨广对佛教的笃好。杨广即位之后，曾多次钦令大兴佛教，虽然其政策并无出隋文帝右者，但他造寺、治经、铸像、度僧的举措，据法琳《辩正论》卷三记载，亦蔚为可观："大业元年，为文皇帝造西禅寺，式规大壮，备准宏模。……又于高阳造隆圣寺。又于道场设无遮大会，度清信士女百二十人。奉为文皇帝敬造金铜释迦坐像一躯，七尺二寸。……又于并州造弘善寺。傍龙山作弥陀坐像，高一百三十尺。扬州造慧日道场，京师造清禅寺、日严寺、香台寺。又九宫为九寺，于泰陵、庄陵二所，并各造寺。平陈之后，于扬州装补故经，并写新本，合六百一十二藏，二万九千一百七十三部，九十万三千五百八十卷。修治故像一十万一千躯，铸刻新像三千八百五十躯。所度僧尼一万六千二百人。"此外，炀帝还在洛阳林园内创设翻经馆，罗致译人，四时供给，开展译经事业。这些措施，都不同程度促进了佛教的兴盛。

2. 唐代诸帝对佛教的优容和利用

唐代诸帝除武宗李炎外，大多崇信佛教，有的如唐高祖李渊、唐太宗李世民等，虽然在位期间对佛教的态度有所变化，或非真心信佛①，但出于政治上

---

① 汤用彤先生认为："唐朝的皇帝，却有的不信佛教。高祖仅仅因某种关系而中止毁灭佛教。唐太宗也不信佛教……玄宗虽信佛教，可是信的是密宗，密宗似道教，实际上信道教才信佛教。"详见汤用彤：《隋唐佛学之特点》、《唐太宗与佛教》，《汤用彤学术论文集》，5～16 页，北京，中华书局，1983。

的考虑，对待佛教仍基本采取优容和利用的政策取向。

公元618年，李渊乘隋末大起义之势推翻隋王朝，登上皇帝宝座。唐高祖李渊未做皇帝以前就信佛教，据《旧唐书·张仲方传》，李世民9岁那年，李渊为荥阳太守，他曾为患病的李世民“祁福”，后于大海佛寺“造石佛一躯”以志之。晋阳起兵军次华阴时，李渊又临佛寺祁福，称帝后建寺还愿，设斋弘法。因此，唐高祖即位之初，仍推行崇佛政策。武德七年（624年），太史令傅奕数上排佛奏疏，多少使唐高祖改变了崇佛的政策，并于武德九年（626年）下令裁减寺观与沙汰僧道，限定“京城留寺三所，观二所。其余天下诸州，各留寺一所。余悉罢之”①，意在限制佛教势力的过分膨胀。但是，唐高祖的这一决定因皇子争位和玄武门之变的发生“事竟不行”，没有得到有效的实施。

唐太宗对待佛教的态度，可从他与傅奕的一次对话中充分体现出来。贞观元年（626年），太宗尝临朝谓傅奕曰：“佛道玄妙，圣迹可师。且报应显然，屡有征验。卿独不悟其理，何也?”② 当他听了傅奕关于“佛是胡中桀黠，欺诳夷狄。初止西域，渐流中国。遵尚其教，皆是邪僻小人，模写庄、老玄言，文饰妖幻之教耳。于百姓无补，于国家有害”的一番话后，“颇然之”。由此可见，唐太宗虽然尊佛，却并不信佛。或许正是基于这种思想基础，唐太宗对待佛教的态度比较平和，既有优容利用的一面，也有抑制的一面。据传，李世民在武德四年（621年）与王世充决战于河南之时，曾得到少林寺僧兵的帮助，后来他在《告柏谷坞少林寺上座书》中称赞少林“法师等并能深悟机变，早识妙因，克建嘉猷，同归福地，擒彼凶孽，廓兹净土”的同时，曾许诺攻克东都后，将使僧俗“各安旧业”③。李世民继位后，曾多次下诏对佛教表示热忱。如他于贞观初的《度僧于天下诏》中，赞扬佛教“慈悲为主，流智慧之海；膏泽群生，翦烦恼之林”，并下令“其天下诸州有寺之处，宜令度人为僧尼”④。后来，他又两度下诏，令全国各地普度僧尼。贞观三年，唐太宗为报“母恩”，

---

①《高祖本纪》，见《旧唐书》卷一，北京，中华书局，1975。

②《傅奕传》，见《旧唐书》卷七九，北京，中华书局，1975。

③《告柏谷坞少林寺上座书》，见《全唐文》卷一〇，影印本，北京，中华书局，1983。

④《度僧于天下诏》，见《全唐文》卷五，影印本，北京，中华书局，1983。

下诏舍通义宫为尼寺，并自称是“菩萨戒弟子”，表示要皈依三宝①。同年闰十一月，他又在《为殒身戎阵者立寺刹诏》中，要求在当年各战阵之处，修建寺庙，以“超度”阵亡将士②。这些举措，在实际上纠正或否定了武德九年唐高祖李渊沙汰佛、道的政策，为佛教的发展开辟了道路。贞观十九年，玄奘历尽艰辛赴印度求法回到长安，唐太宗很快接见了他，并对他设立译场讲坛、翻译经书给予必要的关心，有的时候以至“手诏绸缪，中使经路”。同时，唐太宗还乐于接见东亚各国赴唐求法的名僧，并对他们在唐的学习与生活提供各种方便。当然，唐太宗对佛教的优容，常常是同某种政治利益的需要联系在一起的，而且十分注意佛、道势力的平衡。

在唐代，真正把佛教发展推向一个新高潮的是女皇武则天。武氏 14 岁那年被唐太宗选入宫中做“才人”。太宗去世后，武氏入感业寺为尼。武则天后来在《三藏圣教序》中自称“朕幼崇释教，夙慕归依”，大概也与此有关。大约在永徽二年（651 年），武氏被唐高宗李治召进宫中③，并很快当上了皇后。载初元年（689 年），武则天利用沙门伪造《大云经疏》，所谓“太后乃弥勒佛下生，当代唐为阎浮提主”的“佛意”④，“革唐命，改国号为周。改元为天授”⑤，正式称帝。第二年，武则天下诏“令释教在道法之上，僧、尼处道士、女冠之前”⑥，正式提升了佛教的社会地位。武则天在崇佛方面做了几件颇有影响的事：一是亲自组织《华严经》的翻译。证圣元年（695 年），由武则天派人不远千里去于阗取回的梵文全本《华严经》，在武则天的组织和支持下，由于阗僧人实叉难陀为主译，菩提流志、义净等人为助译，在洛阳大遍空寺开始翻译，到圣历二年（699 年）译完，凡八十卷。武则天为其御制的序文自称曾“亲受笔削，敬译斯经”⑦。这部唐译《华严经》在中国佛教史上有很大的影响。二是请著名禅僧神秀到京师。武则天十分仰慕著名禅僧神秀。据说在神

① 《舍旧宅造兴圣寺诏》，见《全唐文》卷九，影印本，北京，中华书局，1983。

② 《为殒身戎阵者立寺刹诏》，见《唐大诏令集》卷一一三，北京，商务印书馆，1959。

③ 关于武氏第二次入宫的具体时间，史无明确记载。此据任爽著《唐高宗》推断。详见任爽：《唐高宗》，162 页，长春，吉林文史出版社，1995。

④ 《资治通鉴》卷二〇四，天授元年，北京，中华书局，1956。

⑤⑥ 《则天皇后本纪》，见《旧唐书》卷六，北京，中华书局，1975。

⑦ 《大周新译〈大方广佛华严经〉序》，见《全唐文》卷九七，影印本，北京，中华书局，1983。

秀 95 岁那年，她终于将神秀请到了京师。神秀“肩舆上殿”，武则天“亲加跪礼”“时时问道”。“王公已下，京邑士庶，竟至礼谒，望尘拜伏，日有万计”①。同时，武则天敕令在神秀曾经住过的湖北当阳山修建一所度门寺，“以旗其德”。后来，武则天还一再邀请“禅宗六祖”慧能，慧能“托病不出”，武则天就把他的一件“传信袈裟”弄到京师，“于内道场供养”②。由于武则天崇佛，佛教势力在武周时期得到很大发展，“铸浮屠，立庙塔，役无虚岁”③，以至“公私田宅，多为僧有”④。

唐玄宗李隆基（685—762）思想倾向的主要方面应当说比较尊崇儒、道，在位期间他一方面认为“僧尼数多，逾滥不少”，曾下诏“括检僧尼”⑤，对于佛教实行过不少限制性措施。但同时，他对佛教也采取积极利用的政策。开元元年（713 年），玄宗敕令用他的寝殿材料，修建安国寺的弥勒佛殿。开元四年、开元八年，他先后以很高的礼遇接待印度僧人善无畏、金刚智，并尊善无畏为“教主”，促成了密宗的形成。天宝五年（746 年），他请印僧不空进宫授“灌顶法”，使自己成了“菩萨戒弟子”。玄宗还酷好《金刚经》，“心有所得，辄复疏之”⑥，并于开元二十四年（736 年）把他的《御注金刚般若经》“颁行天下”，亲自宣传佛教教义。开元二十九年，他敕旨宜依河南采访使、汴州刺史齐浣奏请：僧、尼、道士、女冠等，有犯罪的，应按教规处理，“所由州、县官，不得擅行决罚，如有违越，请依法科罪！”⑦ 这无异于依允僧、尼、道士、女冠等享有凌驾于法律之上的特权。正是在玄宗的纵容下，开元年间佛教发展达于极盛，寺院之数较唐初几乎增加一半。

唐宪宗李纯（806—820）迎佛骨，可谓唐代君王崇佛的极致。元和十三年（818 年）十一月，“功德使上言：‘凤翔法门寺塔有佛骨，相传三十年一开，开则岁丰人安。来年应开，请迎之。’”唐宪宗闻讯，即于当年十二月“遣中使

---

①《神秀传》，见《宋高僧传》卷八，北京，中华书局，1987。

②《历代法宝记》，见《大正藏》卷一一，影印本，184 页台北，台湾新文丰出版公司，1983。

③《苏环传》，见欧阳修：《新唐书》卷一二五，北京，中华书局，1975。

④《资治通鉴》卷二〇五，则天后天册万岁元年，北京，中华书局，1956。

⑤《括检僧尼诏》，见《全唐文》卷三〇，影印本，北京，中华书局，1983。

⑥《答张九龄等贺御注〈金刚经〉手诏》，见《全唐文》卷三〇，影印本，北京，中华书局，1983。

⑦《尊崇道教》，见王溥：《唐会要》卷五〇，北京，中华书局，1955。

帅僧众迎之"[①]。元和十四年正月，"中使迎佛骨至京师，上留禁中三日，乃历送诸寺，王公士民瞻奉舍施，惟恐弗及，有竭产充施者，有然香臂顶供养者"[②]。唐宪宗迎佛骨在全国煽起了一股异乎寻常的崇佛情绪。

以上列举了唐室君王尊崇佛教的几个影响较大、较有代表性的典型，实际上有唐一代 21 个皇帝（包括武则天）除唐武宗李炎（841—846）坚决反佛、唐哀帝年幼无所作为外，都不同程度有崇佛、甚至佞佛的表现。这是唐代佛教所以兴盛的一个重要背景。

（二）佛教文化在隋唐的进一步发展

由于隋唐统治阶级的尊崇和提倡，佛教文化在隋唐时期得到进一步发展，成为中国历史上佛教文化发展的一个高峰。

1. 寺院的发展

隋文帝当政时，就特别重视寺院的建筑。史籍中关于隋文帝建寺的记载颇多，如道宣《集古今佛道论衡》（卷乙）载："帝昔龙潜，所经四十州，及登极后，皆悉同时起大兴国寺。"[③]《续高僧传》卷一五《总论》载："隋高祖荷负在躬，专弘佛教；开皇伊始，广树仁祠，有僧行处，皆为立寺。"[④] 唐法琳《辩正论》（卷三）和道宣《大唐内典录》（卷五）分别统计了隋文帝时期寺院建筑的数字，据法琳《辩正论》（卷三）："自开皇之初，终于仁寿之末……海内诸寺，三千七百九十二所。"[⑤] 据道宣《大唐内典录》卷五：开皇、仁寿间，"崇缉培养宇，微量有五千"[⑥]。两处统计虽有出入，但足见隋文帝期间寺院建筑之多。隋文帝还特别重视寺塔的修建。他在位期间先后三次下诏，在全国修建舍利塔。第一次是仁寿元年（601 年）六月十三日，在他 60 岁生日时，令全国 30 州立塔，请名僧童真、昙迁等 30 人分道送舍利前往安置；第二次是仁寿二年，在佛诞日，请名僧智教、明芬等分送舍利到全国 53 州入函立塔；第

---

① 《资治通鉴》卷二四〇，宪宗元和十三年，北京，中华书局，1956。
② 《资治通鉴》卷二四〇，宪宗元和十四年，北京，中华书局，1956。
③ 《大正藏》卷五〇，影印本，213 页，台北，台湾新文丰出版公司，1983。
④ 《大正藏》卷五〇，影印本，549 页，台北，台湾新文丰出版公司，1983。
⑤ 《大正藏》卷五二，影印本，509 页，台北，台湾新文丰出版公司，1983。
⑥ 《大正藏》卷五五，影印本，274 页，台北，台湾新文丰出版公司，1983。

三次是在仁寿四年的佛诞日，令在 30 州增设宝塔，请名僧法显、静琳等分送舍利。先后在 113 州，修建了 113 座舍利塔①。

唐代寺院的建造也十分可观。唐太宗曾下《为殒身戎阵者立寺刹诏》。武则天曾“制颁于天下，令诸州各置大云寺”②，影响所及，以至于安西、疏勒、碎叶等边陲都修建了大云寺。唐玄宗不仅重视建寺，而且重视造像，曾于开元二十六年（738 年），敕天下诸郡立龙兴、开元两寺，并于天宝四年（744 年），敕两京、天下州郡，取官物铸金铜天尊及佛像各一躯，分送开元观、开元寺。唐代寺院建造的规模从会昌五年（845 年）四月，唐武宗为灭佛作准备，而对佛教寺、僧所进行调查统计的数字了解到大概的情况。据祠部检括的结果，全国共有大、中寺院 4600 所，小的庙宇（招提、兰若）40000 所。这说明，唐代寺院无论从规模还是数量来看，确是比隋代有了更大的发展。

2. 佛教经籍的译编

大批佛教经籍被翻译成汉文并得到广泛传播，这是隋唐佛教兴盛的一个重要标志。

由于隋王朝的重视，隋代有专设的国家译馆，有组织地从事佛经的翻译。隋文帝开皇元年（581 年），僧人宝暹、道邃、智周、僧威等 10 人携梵本经籍至长安，文帝在长安大兴善寺开设译馆，广召中外义学僧人，翻译佛经。遣使延请原在北周译经的北印度名僧阇那崛多为译馆馆主，高僧彦琮、明穆等担纲校勘，整理文义，共译出《佛本行集经》、《大方等大集护经》、《大威德陀罗尼经》等共 39 部、192 卷。隋代另一处著名译馆是由隋炀帝设立的洛阳上林园，由名僧达摩笈多任馆主，共译出《药师如来本愿经》、《起世因本经》、《金刚般若经》、《菩提资粮论》等佛经 9 部、46 卷。隋代著名译师还有北天竺乌场国名僧那连提耶舍。他原在北齐译经，隋兴后，他应隋文帝之请，住长安大兴善寺，译出《大庄严法门经》等 8 部、23 卷。北天竺乌场国沙门毗尼多流支译《大乘方广总持经》、《象头精舍经》。中天竺婆罗尼斯优婆塞达磨阇那译《业报差别经》1 卷。以上 5 人共译经论 59 部、262 卷。隋朝立国时间不长，佛经翻译不仅数量可观，而且很讲究翻译的律例。曾参与达摩阇那、达摩笈多等译事

① 参看郭朋：《隋唐佛教》，16 页，济南，齐鲁书社，1980。
②《则天皇后本纪》，见《旧唐书》卷六，北京，中华书局，1975。

的隋代僧人彦琮在总结实践经验的基础上提出了“十条”、“八备”的主张，其中“八备”即：(1) 诚心爱法，志愿益人，不惮久时；(2) 将践觉场，先牢戒足，不染讥恶；(3) 筌晓三藏，义贯两乘，不若闇滞；(4) 旁涉坟史，工缀典词，不过鲁拙；(5) 襟抱平恕，器量虚融，不好专执；(6) 耽于道术，淡于名利，不欲高炫；(7) 要识梵言，乃闲正译，不坠彼学；(8) 薄阅苍雅，粗谙篆隶，不昧此文。彦琮认为必须把经籍翻译同译者个人的道德素质、佛学修养与对梵汉文字的理解统一起来，才能实现译文的完善。他的这一见解，显然对于今后佛经的翻译具有积极的影响。

唐代经籍的翻译也基本由国家主持，而且在数量和质量方面均取得了超越前代的成绩，其中玄奘、义净、不空等成绩尤为突出。玄奘（602—664），俗姓陈，本名祎，洛州缑氏（今河南省偃师县缑氏镇）人。他于贞观三年（629年）从凉州出玉门关西行赴天竺，在那烂陀寺从戒贤受学，后游学天竺各地17年。贞观十九年，玄奘取经回到长安后，唐太宗在洛阳会见了他，希望他留住长安弘福寺译经，并要宰相房玄龄为他在人力、物力等各方面提供良好条件。在朝廷的大力支持下，玄奘组织起了规模完备的译场，并延请各地名僧20余人相助，分任证义、缀文、正字、证梵等职，开始有计划有系统地翻译经论。从贞观十九年到唐高宗麟德元年（664年）的二十年间，共译出经论75部、总计1335卷。玄奘译经不仅数量多，而且质量高，由于他长期游学天竺，对梵文造诣精深，主译的译籍，笔法严谨，文义贯练，凝练而精美，既保持着原著的文采风貌，又表现出汉文的典雅明畅，把中国的佛经翻译推向了一个新阶段。此外，玄奘还于贞观二十年（646年）撰写了一部《大唐西域记》。义净（635—713），俗姓张，名文明，唐齐州（今山东历城）人。14岁出家，即仰慕法显、玄奘西行求法高风。唐高宗咸亨二年（671年），他从广州搭乘波斯商船泛海南行，经苏门答腊于咸亨四年辗转到达东印度耽摩梨底国，并在那里学习梵语一年。其后往来各地参学，留印25年，历30余国。武周证圣元年（695年）回到洛阳，受到盛大欢迎。久视元年（700年），他组织译场，自主译事，至睿宗景云二年（711年），共译述经典61部、239卷。不空（705—774），名智藏，狮子国（今斯里兰卡）人，幼年出家，14岁在阇婆罗（今印度尼西亚爪哇）遇见金刚智三藏，随来中国，先后译述经典110部、共143卷。除以上三位大师外，戒贤、菩提仙、达摩栖那、宝云、满月、智慧轮、达摩伽那、法成等，也从事佛经的翻译。唐代译出的佛经总数达372部、2157卷，其分量是空前的。

隋唐时期对佛经的整理编录也颇有成绩。隋文帝在开皇十四年（594年），曾令大兴善寺参与译经的沙门法经等20人整理所译经籍，撰《众经目录》（又称《法经录》）7卷。开皇十七年（597年），译经学士费长房撰《历代三宝记》（又称《隋开皇三宝录》、《长房录》）15卷。仁寿二年（602年），彦琮等奉命更撰《众经目录》5卷。唐代则有贞观初年玄瑛编撰的德兴、延兴二寺《写经目录》，共收720部、2690卷。龙朔三年（663年）静泰编撰的《东京大敬爱寺一切经论目录》，共收816部，4066卷。麟德元年（664年），道宣编撰的《大唐内典录》10卷、靖迈编撰的《古今译经图记》4卷，武周天册万岁元年（695年）明佺等编撰的《大周刊定众经目录》15卷，开元十八年（730年）智升编撰的《开元释教录》20卷，等等。

二、道教的繁荣

道教在隋唐时期得到了蓬勃发展，特别是在唐代，由于皇室的推崇，道教被尊为国教，一度出现十分兴隆的景象。道教的社会地位大为提高，道士人数大增，道士宫观遍布全国，规模日益宏大。在道教理论建设方面，通过汲取儒、释的一些思想，教理教义和修炼方术有了全面的发展。特别是经重玄派和其他道教思想家的阐发，道教思想更为思辨化，更富哲理性。

（一）隋唐皇室对道教的推崇

隋文帝杨坚醉心佛教，但并不排斥道教，而且“雅好符瑞”①，“素信鬼神”②。杨坚在篡夺北周政权时，就曾利用道士张宾、焦子顺、董子华等编造

①《万宝常传》，见《隋书》卷七八，北京，中华书局，1973。

②《刑法》，见《隋书》卷二五，北京，中华书局，1973。

“受命之符”制造舆论，并为他的新王朝起了一个道教的年号：“开皇”①。隋文帝即位后，重用张宾、焦子顺等，据《隋书·律历志中》：“时高祖作辅，方行禅代之事，欲以符命曜于天下。道士张宾，揣知上意，自云玄相，洞晓星历，因盛言有代谢之征，又称上仪表非人臣相。由是大被知遇，恒在幕府。及受禅之初，擢宾为华州刺史。”《唐会要》卷五〇《尊崇道教》：“道士焦子顺能役鬼神，告隋文受命之符，及立，隋授子顺开府柱国，辞不受。常咨谋军国，帝恐往来疲困，每遣近宫置观，以五通为名，旌其神异也，号焦天师。”文帝不仅重用道士，而且对道教的发展予以有力扶持。开皇三年（583 年），“迁都于龙首原，号大兴城，乃于都下畿内造观三十六所，名曰玄坛，度道士二千人”②。开皇年间，“诏两京及诸州各置玄元皇帝庙”，在全国范围修复或建置老子庙。文帝在位期间，曾亲自到楼观台宗圣观沐芳礼谒，度道士 102 人；经常征召有名望的道士到京城讲论玄理，并在京城安善坊立玄都观，延请楼观道“田谷十老”之一的王延为观主，使这里成为全国的道教学术中心。开皇二十年（600 年），专门下诏禁止毁坏佛、道等神像，违者“以不道论”或“以恶逆论”，反映了他对佛、道二教的关心和护持。正是由于文帝的尊重和推崇，“至隋室，道教复振”③。隋炀帝杨广同样既喜好佛教，又尊崇道教。大业七年（611 年），他以帝王之尊，对茅山宗的宗师著名道士王远知“亲执弟子之礼”，并敕令于都城起五清玄坛以处之。据《历代崇道记》称：“炀帝迁都洛阳，复于城内及畿甸造观二十四所，度道士一千一百人。”炀帝还迷信金丹和长生不死之说。

唐代是道教的鼎盛时期，这与李唐皇室的推崇是密不可分的。李唐皇室所以尊崇道教，一方面是李渊在起兵反隋前后曾得到道士舆论和资粮的支持，另一方面是企图在门阀士族传统势力仍十分强大的唐初，利用道教所奉的教主老子姓李、唐皇室也姓李的关系，尊老子叙为始祖，以便于提高李氏门第，神化李唐统治。早在隋末，楼台观道士歧晖和茅山宗领袖王远知就“尝密传符

---

① 参看韩昇：《隋文帝传》，117～118 页，北京，人民出版社，1998。

② 杜光庭：《历代崇道记》，见《道藏》第 11 册，影印本，1 页，北京，文物出版社；上海书店；天津古籍出版社，1988。

③ 赵道一：《历世真仙体道通鉴》卷三〇“严达”，见《道藏》第 8 册，影印本，北京，文物出版社；上海书店；天津古籍出版社，1988。

命”①，称“天道将改，当有老君子孙治世，此后吾教大兴”，为高祖起兵造舆论。大业十三年（617 年），当李渊起义兵于晋阳，歧晖极为兴奋地说：“此真君来也，必平定四方矣”，“尽以观中资粮给其军”②。李渊兵至蒲津关时，歧晖“乃改名平定以应之，仍发道士八十余人，向关接应”③，受到李渊的赞赏。李渊称帝后，于武德二年（619 年）五月，敕令楼观鼎新修营老君殿、天尊堂及尹尊人庙，凡观内屋宇务令宽博，称其瞻仰，并以隋尚书苏威庄田二百赐观，仍于观测立监，置官检校修造，即以歧平定主观事。武德八年，李渊颁布《先老后释诏》：“老教孔教，此土先宗，释教后兴，宜崇客礼，令老先、孔次、末后释宗。”④ 明确规定道教在佛教之上，奠定了有唐一代奉道教为皇家宗教的崇道政策基础。唐太宗平王世充时，也曾“微服”访问过著名道士王远知，“远知迎谓曰：‘此中有圣人，得非秦王乎’?”⑤ 太宗即位后三教并用，但于道、佛间则明显崇重道教。贞观十一年（637 年）二月，颁《道士女冠在僧尼之上诏》，宣布：“自今已后，斋供行法，至于称谓，道士女冠可在僧尼之前，庶敦本之俗，畅于九有；尊祖之风，贻诸万叶。”⑥ 继李渊后，再次下诏明令提高道教地位。同年七月，修老子庙于亳州，给祭祀二十户。贞观十二年，诏颁《氏族志》，太宗欣然承认吉善行所传老君为唐室李氏族祖的说法。贞观十五年，唐太宗驾幸弘福寺为太穆皇后行香时对寺主道懿等说：“彼道士者，止是师习先宗，故位在前；今李家据国，李老在前，若释家治化，则释门居上。”⑦ 这里，太宗把唐皇室尊崇道教的理由说得再明白不过了。李唐集团在隋末战乱中崛起，并最终夺取天下。太宗深知“可以马上得天下，而不能马上治天下”的道理。他即位后，既要利用道教“无为”思想治天下，也要利用认老子这祖宗以提高李唐皇室的门第和权威，当然其中也不排除有平衡佛道、调和社会矛盾的考虑。此后唐室历代君王对于道教大都效法唐太宗，被尊为道教

---

①《王远知传》，见《旧唐书》卷一九二，北京，中华书局，1975。

②③《混元圣记》卷八，见《道藏》第 17 册，北京，文物出版社；上海书店；天津古籍出版社，1988。

④《释慧乘传》，见《续高僧传》，台北，文殊出版社，1984。

⑤《王远知传》，见《旧唐书》卷一九二，北京，中华书局，1975。

⑥《道士女冠在僧尼之上诏》，见《唐大诏令集》卷一一三，北京，商务印书馆，1959。

⑦《集古今佛道论衡》卷丙，转引自李养正：《道教概说》，112 页，北京，中华书局，1989。

始祖的老子在唐代的地位也日益提高。

唐高宗李治在位期间，也曾采取了一些很有影响的崇道措施。乾封元年(666年)二月，他亲到亳州参拜老君庙，追加老君尊号为“太上玄元皇帝”①，创造祠堂；为其庙置令、丞各一员，并改阳谷县为真源县，县内宗姓特免除徭役一年。高宗崇道做的另一件重要的事，是将老子《道德经》作为科举取士的考试内容。上元元年(674年)，天后上表以为国家圣绪出自玄元皇帝，“请王公百僚皆习《老子》，每岁明经一准《孝经》、《论语》例试于有司”②。上元二年，高宗下诏：“加试贡士《老子》策，明经二条，进士三条。”③ 从用人制度上，把《道德经》摆到了与《论语》同样重要的地位。

道教在唐代发展的全盛时期，是唐玄宗年间。玄宗当政时间长，他推行的一系列崇道政策，对于提高道教地位，促进道教发展，产生了重要影响。一是神化“玄元皇帝”。玄宗在位期间，一再要求各地普遍建立玄元皇帝庙，多次“亲谒”、“亲享”、“亲祀”玄元皇帝庙，并不断提高老子封号，鼓动对老子的宗教崇拜。开元十年(722年)，诏令两京及诸州各置玄元皇帝庙一所。开元十九年五月，令五岳备置老君庙。开元二十九年正月，再诏令两京及诸州各置玄元皇帝庙一所。又多次下令给玄元庙改名称，如西京改太清宫，东京改太微宫，诸州改紫极宫。天宝元年(742年)，令“两京玄元庙改为太上玄元皇帝宫，天下准此”④。玄宗年间，全国各地都兴建了玄元庙，建筑极其富丽堂皇，两京及天下诸州开元观均以金铜铸玄元等身天尊，太清宫于太白山采白玉为玄元圣容。对老子的封号也不断升级，天宝二年追尊为“大圣祖玄元皇帝”，天宝八年又尊为“大圣祖大道玄元皇帝”，天宝十三载再次尊为“大圣高上大道金阙玄元天皇帝”。同时，玄宗还追号庄子为南华真人、文子为通玄真人、列子为冲虚真人、庚桑子为洞虚真人，其四子所著书改称为真经。二是提高《道德经》的地位。开元二十一年正月，“制令士庶家藏《老子》一本，每年贡举

---

①《高宗本纪下》，见《旧唐书》卷五，影印本，北京，中华书局，1975。

②《高宗本纪下》，见《旧唐书》卷五，影印本，北京，中华书局，1975。

③《选举志上》，见《新唐书》卷四四，影印本，北京，中华书局，1975。

④《玄宗本纪下》，见《旧唐书》卷九，影印本，北京，中华书局，1975。

人量减《尚书》、《论语》两条策，加《老子策》”①。为了表示重视，玄宗还亲自为《道德经》作注，修《义疏》，并于天宝十四载十月正式颁布《御注老子》及《义疏》，令学者习之。开元二十九年正月十五日，“于玄元皇帝庙置崇玄学，令习《道德经》、《庄子》、《文子》、《列子》，待习成后，第年随举人例送名至省，准明经考试，通者准及第人处分，其博士置一员”②。为了突出《道德经》的地位，玄宗于天宝四载十月二十三日下诏，明确规定：“其坟籍中有载玄元皇帝及南华真人旧号者，并宜改正。其余编录经义等书，宜以《道德经》在诸经之首，南华等经，不宜编列子书。”③ 从以上诏令的内容可见，玄宗十分重视运用政府的力量，来提高《道德经》的地位。三是优礼道徒。为提高道教的社会地位，玄宗从政策法律上给予道徒特殊待遇。开元二十五年正月，敕“道士女冠并隶宗正寺”④，并于同年二月将“掌观及道士女冠簿籍斋醮之事”隶宗玄署⑤，由掌四方宾客及凶仪事的鸿胪寺划归掌李氏皇族属籍的宗正寺。开元二十九年正月，玄宗批准河南采访使汴州刺史齐浣的奏议，规定凡道士女冠有犯法者，准予按道格处分，州县官吏一律不得擅行决罚，违者处罪，以维护道教的尊严。玄宗还经常给予道士以很高的礼遇。开元九年，玄宗遣使迎天台道士司马承祯入京，亲受道教法，使自己成为了一名道士皇帝，对司马承祯赏赐甚厚。开元十年，司马还天台山，玄宗赋诗赠别。开元十五年，玄宗又召司马承祯至都，令他于王屋山自选形胜，建阳台观，并为他亲自题额，赐绢三百匹以充药饵之用，又令玉真公主及光禄卿韦缙至其所居修金箓斋，复加赠赐。对其弟子李含光也甚尊宠。此外，玄宗对道士吴筠、张果、叶法善、李含光等都给予了很高的礼遇。四是保护道教习俗。玄宗在位期间曾多次下诏，以行政命令规定诸州均得遵守道教节日制度，维护道教的宗教生活习俗。开元二十二年十月十三日诏曰：“道家三元，诚有科戒，朕尝精意久矣，而物未蒙福。今月十五日是下元斋日，禁都城内屠宰，自今已后，两都及天下

① 《玄宗本纪上》，见《旧唐书》卷八，影印本，北京，中华书局，1975。
② 《贡举下·崇玄生》，见王溥：《唐会要》卷七七，北京，中华书局，1955。
③ 《尊崇道教·杂记》，见王溥：《唐会要》卷五〇，北京，中华书局，1955。
④ 《宗正寺》，见王溥：《唐会要》卷六五，北京，中华书局，1955。
⑤ 《职官七·宗正卿》，见杜佑：《通典》卷二五，影印本，北京，中华书局，1984。

诸州，每年正月、七月、十月三元日，起十三日至十五日并宜禁断屠宰。”① 开元二十五年又下令规定：每年道教教主玄元皇帝降生日，天下诸州皆须设祭祀。五是组织整理道教典籍。先天元年至二年（712—713），玄宗敕太清观主史崇玄及昭文馆、崇文馆学士崔湜、卢藏用、员半千、薛稷等修《一切道经音义》及《妙门由起》等共约150卷，玄宗亲自为《一切道经音义》作序。开元中，又发使搜求道经，编纂成《三洞琼纲》，总3744卷（一说5700卷），这是历史上第一部道教经书总集，又称《开元道藏》。

唐武宗李炎也醉心道教，他以会昌五年（845年）接受道士赵归真等人的“拆寺之请”②，给佛教以沉重打击，而在历史上著名。据《旧唐书·武宗本纪》：“帝在藩时，颇好道术修摄之事”。开成五年（840年）二月，武宗刚即位，便“敕二月十五日玄元皇帝降生日宜为降圣节，休假一日”③，令两京及天下诸州府设斋行道作乐，赐大酺三日，军期急速亦不在此限，永为常式。同年秋，召道士赵归真等81人入禁中，于三殿修金箓道场，武宗亲至三殿，于九天坛亲受法。会昌元年（841年）六月，以衡山道士刘玄靖为银青光禄大夫，充崇玄馆学士，赐号广成先生，令与道士赵归真于禁中修法箓。会昌四年（844年）三月，以赵归真为左右街道门教授先生。会昌五年正月，武宗在赵归真和衡山道士刘玄靖、罗浮道士邓元起等人的煽动下，发动了历史上有名的会昌毁佛事件，显然是扶持道教目的。会昌六年，武宗服食金丹，中毒身亡。

除上所述外，唐五代帝王中尊崇道教的还有不少，如唐中宗李显、唐睿宗李旦复位后大修道观，并令两个公主为女冠；唐肃宗李亨、唐代宗李豫、唐德宗李适都信奉道家方术，唐宪宗李纯、唐穆宗李恒、唐敬宗李昂、唐宣宗李忱和武宗一样，都是服食金丹而死。五代时后唐李存勖、后晋石敬瑭、后周柴荣、闽主王审知、前蜀王建父子、吴王杨行密和吴越王钱镠也都崇信道教。

（二）隋唐道教理论的发展

隋唐王朝尊崇道教，特别是唐皇室在政策和经济上有意加以扶持，道教文

① 《尊崇道教·杂记》，见王溥：《唐会要》卷五〇，北京，中华书局，1955。

②③ 《武宗本纪》，见《旧唐书》卷一八上，北京，中华书局，1975。

化在隋唐时期得到进一步发展。一方面，道观和道士大幅度增多①，道教经戒法箓传授制度日趋完善，科仪日益严整健全；另一方面，在道教理论建设方面也出现了新的面貌，唐代道教学者在儒、释思想的影响下，或援佛入道，或融儒入道，对道教的教理、教义和修炼方术作了全面发展，为宋、元道教理论的拓展创造了条件。

唐代道教理论建设方面的成就，是同这一时期涌现出了许多著名道教学者分不开的，像孙思邈（581—682）、成玄英（生卒年不详）、王玄览（626—697）、司马承祯（647或655—735）、吴筠（？—778）、李筌（生卒年不详）和唐末五代时的杜光庭（850—933）等，对当时和以后的道教理论的发展都有很大影响。

唐代道教理论建设的一个重要特点，是对老、庄学说的重视。此前，中国道教自汉代从民间兴起的符水道教到逐步变为上层的金丹道教，均与老、庄思想没有直接关系。唐代道教学者则十分注重从老、庄言论中提出问题，将道教理论推向一个高层次。特别是老子被尊为教祖，《道德经》被尊为道教的圣经后，注疏《道德经》几乎成风。仅就杜光庭《道德真经广圣义序》所记，隋唐五代为《道德经》作注疏的就有31家之多。道士讲经说法，也大抵以《老子》为本，次讲《庄子》《灵宝经》《升玄内教经》等。

唐代道教理论在向老、庄复归的同时，又着力吸纳儒、佛思想，在义理化和思辨性上使道教从低层次的粗俗的宗教形态向高层次发展，重玄理论的成熟就是这方面的一个标志。“重玄”出自《老子》第一章：“道可道，非常道；名可名，非常名；无名天地之始，有名万物之母。故常无欲以观其妙，常有欲以观其徼。此两者同出而异名，同谓之玄。玄之又玄，众妙之门。”解释《道德经》“以重玄为宗”②，发端于晋道士孙登，而后明重玄之义者甚众，到唐代则形成了成熟的重玄理论。其中以成玄英疏解《老子》《庄子》、李荣《道德真经注》、王玄览的《玄珠录》、杜光庭的《道德真经广圣义》较为著名。唐玄宗的

---

① 据杜光庭《历代崇道记》载，唐代共有道教宫观1900余所，道士15000余人。这个数字虽然不能和唐代佛教寺院和僧尼的数量相比，但相对于唐以前各朝代，唐代道教的发展确实是空前的。

② 成玄英：《道德经开题序诀义疏》，见《无求备斋老子集成初编》，台北，台湾艺文印书馆，1965。

《御注道德真经》，亦采“重玄”之说。重玄派用思辨的方式阐释和发挥老子学说，它的一大特征是援佛学入《老子》。如，成玄英说：“玄者，深远之义，亦是不滞之名。”“有欲之人，唯滞于有；无欲之士，又滞于无，故说一玄，以遣双执。又恐行者，滞于此玄。今说又玄，更祛后病。既而非但不滞于滞，亦乃不滞于不滞，此则遣之又遣，故曰玄之又玄。”① 按照这种诠释，“玄”是破无与有之执，而达到“不滞”（“遣双执”）；“又玄”是破“不滞”之执（“遣之又遣”）。显然，这是一种智慧。这种以“双遣”释“重玄”的理论智慧，其思维的逻辑途径、观念内容都是来自佛学《中论》理论的“三是”，是一种“般若”智慧②。同时，重玄派也给佛教思想以影响，如佛教三论宗著作中即多次提到“重玄”的概念。经重玄派和其他道教思想家的阐发，唐代道教思想更为思辨化，更富哲理性。“重玄”哲学将本体论、认识论、辩证思维融会贯通，相当细致，为后世心性论哲学和内丹学的完善打下理论基础，使道教哲学发展到一个新层次。重玄派阐释《老子》的一些哲学范畴如“理”“心”“性”等对宋明理学的形成具有相当的影响。

司马承祯的“坐忘论”在唐代道教理论发展中也有着相当的影响。司马承祯之学以老庄思想为主体，吸收佛教止观、禅定之学以及儒家正心诚意学说，主张养生修真的理论和“安心坐忘”的修炼方法。他认为人心“以道为本”，“人之所贵者，生也；生之所贵者，道也。人之有道，如鱼之有水”③。但是，“心神被染，蒙蔽渐深……遂与道隔”，所以需要修道，以净除心垢。在修真的方法上，他提出了“一曰斋戒，二曰安处，三曰存思，四曰坐忘，五曰神解”的所谓“五渐之门”④。而其中的关键则是静心坐忘。正如他在《坐忘论》中指出：“夫心者，一身之主，百神之帅。静则生慧，动则成昏。……学道之初，要须安坐，收心离境，住无所有，不著一物，自入虚无，心乃合道。”司马承祯自认为他的坐忘理论来自于《庄子·大宗师》：“如人有闻坐忘法，信是修道之要，敬仰尊重，决定无疑者，加之勤行，得道必矣。故庄周云：‘隳肢体，

---

① 成玄英：《道德经开题序诀义疏》卷一，见《无求备斋老子集成初编》，台北，台湾艺文印书馆，1965。

② 参看崔大华：《儒学引论》，384～385 页，北京，人民出版社，2001。

③ 司马承祯：《坐忘论》，见《诸子集成全编》宗教类，成都，四川人民出版社，1998。

④ 司马承祯：《天隐子》，见《诸子集成全编》宗教类，成都，四川人民出版社，1998。

黜聪明，离形去智，同于大道，是谓坐忘。’夫坐忘者，何所不忘哉！内不觉其一身，外不知乎宇宙，与道冥一，万虑皆遗。”① 这种静心坐忘的理论，一直为后世清修派遵循，到五代时，进而与模拟自然的金丹（外丹）理论相结合，演变为钟吕金丹（内丹）道。

与道教理论发展的同时，道教科仪在唐代也得到进一步的规范和完善。随着大量宫观的兴建和道士人数的增多，道教戒律的传授也越来越受重视。唐玄宗时，道士张万福和大致同时的朱法满，都曾继南朝陆修静（406—477）编撰过科仪、戒律方面的著作，而唐末五代的杜光庭则是集大成者。他认为道法科教，自陆修静以降，岁月绵邈，几将废坠。他在考订真伪、条列始末、将以往道教各派斋醮仪式分门别类的基础上，编著《道门科范大全集》八七卷，将道教主要道派的斋醮仪式加以统一并使之规范化；将其表奏、词章、疏启、颂赞、咒、愿等宗教文词，加以文饰并对各种仪式敷衍以艺术内容。因此，他不仅是集唐代道教斋醮科仪之大全，而且是中国道教斋醮仪式的完成者。杜光庭对斋醮科仪的修订，把传统的斋戒思想与道门戒律结合起来，设立道场戒约，以约束参与道场的道士，保证了道场斋仪的神圣性，是对道教建设的一大贡献。南宋吕太古在《道门通教必用集》卷一《历代宗师略传·杜天师传》指出：“道门科教，自汉天师、陆修静撰集以来，岁久废坠。……（杜光庭）乃考真伪，条列始末，故天下羽褐，至今遵行。”李养正先生认为：“《礼·礼器》曰：‘义理，礼之文也。’故杜光庭的整理斋醮，也是向义理化发展的内容。”② 从不同角度肯定了杜光庭在隋唐五代道教发展史上的重要作用。

隋唐五代在道教教义方面对后世影响最大的发展，是钟吕内丹道的兴起。隋唐时期由于帝王和贵族的喜好，外丹黄白之术无论在理论上还是在炼丹的器物和方法上，都得到很大发展。但是，外丹道是需要当世兑现的，人们对于服食金丹能否成仙是可以直接观察到的，而其结果大抵是于外丹道不利的。包括帝王如唐太宗、宪宗、穆宗、敬宗、武宗、宣宗、后梁太祖、南唐烈祖，大臣如杜伏威、李道古、李抱真等在内的许多人热衷此道，而幻求长生的人中毒致死的严酷事实，必然导致外丹道的危机，于是以重内修为主要特点的内丹道就

① 司马承祯：《坐忘论》，见《诸子集成全编》宗教类，成都，四川人民出版社，1998。

② 李养正：《道教概说》，129页，北京，中华书局，1989。

在这种情况下兴起并得到迅速发展。所谓“内丹”，据李养正《道教概说》：“即将人体比作‘炉鼎’，以体内之精、气为药物，运用‘神’去烧炼，认为可使精、气、神凝为‘圣胎’，‘圣胎’可以离开躯体而为身外之身，永世长存。这个所谓‘圣胎’，或称神丹，或称为内丹。”① 钟吕内丹道系托名钟离权、吕洞宾所倡导的内丹修炼术，但钟、吕为传说八仙中的二人，史家一般认为隋代道士苏元朗为内丹道正式创立者。《道藏源流考》载：“至隋代，有青霞子苏元朗。《罗浮山志》曰：‘隋开皇中，来居罗浮’。‘乃著《旨道篇》示之。自此道徒始知内丹矣’。盖自此始有内丹之称，而葛洪之金丹，乃称外丹。内丹书籍，行文隐秘，疑亦始自青霞子。”五代时号“华阳真人”道士施肩吾所撰《钟吕传道集》，则代表着隋唐五代时期内丹道的理论水平。牟钟鉴先生认为，《钟吕传道集》“正式提出了心肾交媾、抽铅填汞的原理，和炼形炼气炼神的基本步骤，内丹学于是初步形成”②。隋唐五代出现的内丹道，后经五代宋初道士陈抟到北宋道士张伯端，更为系统，逐步成为道教发展的主流。

三、汉学与宋学的中继

适应隋唐政治上统一的需要，儒家经学从魏晋南北朝到隋唐也经历了一场大的转变，正如皮锡瑞所说：经学乃从分立时代进入了统一时代，以孔颖达《五经正义》为标志，开始了经学发展的新阶段，经学再度被确认为全国统一的官方指导思想。同时，一些学者在前代经学资料积累和社会思潮发展的基础上，通过对先秦以后出现的儒学理论形态如汉代天人之学、魏晋玄学等的批判性反思，对东晋南北朝以来广泛融入社会生活的佛道思想的批判性辨析，推动了隋唐儒学的复兴和更新，为宋明理学的出现作了理论上的准备。

（一）隋唐王朝对儒学的提倡

公元 581 年二月，北周静帝宇文阐“以众望有归”③，下诏禅位于隋。隋

① 李养正：《道教概说》，130 页，北京，中华书局，1989。
② 参看牟钟鉴、张践：《中国宗教通史》上册，567 页，北京，社会科学文献出版社，2000。
③《高祖上》，见《隋书》卷一，北京，中华书局，1973。

王杨坚在百官的劝进声中，欣然接受了册书和玺绂，改服高顶白纱帽、黄袍，入御临光殿，重演了一场名之为“禅让”的儒家素来称道的不流血革命，建立了隋王朝。

隋文帝杨坚出生于般若尼寺，并在那里度过了幼年和童年时代，对于佛教有着难以割舍的感情，这是他后来对佛教采取鼓励政策的一个重要思想渊源。然而，这并没有影响隋王朝选择儒学为维护和巩固自身政权的第一位的统治思想。

隋王朝刚建立不久，开皇三年（583 年）四月十八日，隋文帝鉴于魏晋以来的长期动乱造成社会风气的败坏，采纳潞州刺史柳昂建议，下诏号召天下“劝学行礼”，诏曰：“建国重道，莫先于学；尊主庇民，莫先于礼。……人禀五常，性灵不一，有礼则阴阳合德，无礼则禽兽其心。治国立身，非礼不可。……始自京师，爰及州郡，宜祗朕意，劝学行礼。”“自是天下州县皆置博士习礼焉。”① 同年，文帝为秘书监牛弘关于“经邦立政，在于典谟”的议论所动②，批准他关于开献书之路的请求，下诏遣使收购散落民间的图书典籍，献书一册，赍缣一匹。开皇初，文帝还多次诏征“天下名儒硕学之士”，“延之于博士之位”③，为儒学的发展创造条件。据《隋书·儒林传序》：“高祖膺期纂历，平一寰宇，顿天网以掩之，贲旌帛以礼之，设好爵以縻之，于是四海九州强学待问之士靡不毕集焉。天子乃整万乘，率百僚，遵问道之仪，观释奠之礼。博士罄悬河之辩，侍中竭重席之奥，考正亡逸，研核异同，积滞君疑，涣然冰释。于是超擢奇隽，厚赏诸儒，京邑达乎四方，皆启黉校。齐、鲁、赵、魏，学者尤多。负笈追师，不远千里，讲诵之声，道路不绝。中州儒雅之盛，自汉、魏以来，一时而已。”④ 由此可见隋初儒学之盛况。仁寿元年（600 年）六月，文帝鉴于当时设学过滥，天下学校生徒多而不精，决定关闭一些学校，汰减在校生徒，诏曰：“儒学之道，训教生人，识父子君臣之义，知尊卑长幼之序，升之于朝，任之以职，故能赞理时务，弘益风范。朕抚临天下，思弘德

---

①《柳机传附柳昂传》，见《隋书》卷四七，北京，中华书局，1973。

②《牛弘传》，见《隋书》卷四九，北京，中华书局，1973。

③《张文诩传》，见《隋书》卷七七，北京，中华书局，1973。

④《儒林传序》，见《隋书》卷七五，北京，中华书局，1973。

教，延集学徒，崇建庠序，开进仕之路，伫贤隽之人。而国学胄子，垂将千数，州县诸生，咸亦不少。徒有名录，空度岁时，未有德为代范，才任国用。良由设学之理，多而未精。今宜简省，明加奖励。”执行结果，“国子学唯留学生七十人，太学、四门及州县学并废”①。对此，自古以来论者大都认为这是文帝晚年“废儒”的表现。然而，从此诏文帝对于儒学的认识，对于自己即位之后弘德教、集学徒、建庠序、开进仕之路、伫贤隽之才等一系列作为的津津乐道，以及其对于“简省”的目的在于“明加奖励”的说明，我们很难看出他的“废儒”动机和对儒学态度有什么根本的转变，而似可把它看作是一种为提高教学质量的整顿措施和执行过程中的“矫枉过正”。

隋炀帝即位后，继续实行鼓励儒学的政策。他首先纠正朝廷在执行“简省”措施中的过正行为，“复开庠序，国子、郡县之学，盛于开皇之初。征辟儒生，远近毕至，使相与讲论得失于东都之下”②。同时，他在文帝实行科举取士的基础上，“始建进士科”③，以经学取士，使读经成为普通知识分子跻身于统治阶层的阶梯，为确立儒学在社会意识形态中的主导地位提供了制度上的保证。隋炀帝还十分重视图书经籍的收藏和整理，他曾派秘书监柳言在长安嘉则殿组织了一次前所未有的藏书校写和编目活动，借鉴并发展了前人按经、史、子、集分类管理藏书的做法，并使它作为我国古籍主要分类法的地位得到了确定。虽然隋炀帝在位期间一度推重儒学并做了几件很有开创性意义的事，但由于他“恃才矜己”，“淫荒无度”④，“空有建学之名，而无弘道之实”⑤，因而，儒学在隋代的发展是十分有限的。

唐开国初期的君王唐高祖、唐太宗都是具有远大战略眼光的杰出政治家。他们在注意发挥佛、道二教作用的同时，都十分重视儒学在巩固唐王朝政权中的重要作用，正是由于他们的尊崇，儒家思想的正宗地位在唐代得到了重新确认。

据《旧唐书·儒学传序》：“高祖建义太原，初定京邑，虽得之马上，而颇

---

①《高祖下》，见《隋书》卷二，北京，中华书局，1973。

②⑤《儒林传序》，见《隋书》卷七五，北京，中华书局，1973。

③《选举二·历代制中》，见杜佑：《通典》卷一四，影印本，北京，中华书局，1984。

④《炀帝下》，见《隋书》卷四，北京，中华书局，1973 年。

好儒臣。”① 武德元年（618年），全国初定，高祖便置经学博士，诏诸州以明经入贡。同年还诏令在秘书省另立小学，教皇族子孙及功臣子弟学习经学。府、州、县学，亦以儒学经典教授生徒。武德七年二月，高祖敕曰：“自古为政，莫不以学为先。学则仁、义、礼、智、信，五者俱备，故能为利深博。朕今欲敦本息末，崇尚儒宗，开后生之耳目，行先王之典训。”② 公开宣布以儒家思想治理国家。

唐太宗李世民还是秦王时，早在武德三年，以海内渐平，就开始考虑偃武修文，“乃锐意经籍，于秦府开文学馆，广引文学之士”③。贞观元年（627年），太宗正式即位，便明确表示“朕虽以武功定天下，终当以文德绥海内。文武之道，各随其时”④。贞观二年，太宗又宣称：“朕所好者，惟尧、舜、周、孔之道。以为如鸟有翼，如鱼有水，失之则死，不可暂无耳”⑤。太宗在位期间采取了一系列尊崇儒学的政策，把儒学的地位提升到了相当高的程度。他高度重视儒学在治国中的作用，一旦登上帝位，便于正殿之左置弘文学馆，精选天下文儒之士，各以本官兼署学士，轮流在馆内日夜值班，处理完政务之后，便请他们到内殿，“讲论经义，商略政事，或至夜分乃罢”⑥。又诏令勋贤三品以上子孙为弘文馆学生，为他们学习儒学提供良好条件。贞观二年，始立孔子庙堂于国学，以宣父为先圣，颜子为先师。大征天下儒士以为学官。太宗多次亲临国学，令国子祭酒、博士讲论经义，并不时赐以束帛。学生能通一经以上者，都授予官职。又于国学增筑学舍1200间，太学、四门学增置生员。当时，“四方儒士，多抱负典籍，云会京师”⑦。高丽、百济、新罗、高昌、吐蕃等诸国酋长，亦遣子弟请入于国学之内。“鼓箧而升讲筵者，八千余人，济济洋洋焉。儒学之盛，古昔未之有也”⑧。

唐太宗提升儒学地位还做了一项了不起的事，就是在他的倡导和组织下，实现了官方对经学的统一。据《旧唐书·儒学传序》：“太宗又以经籍去圣久远，文字多讹谬，诏前中书侍郎颜师古考定《五经》，颁于天下，命学者习焉。

①③⑥⑦⑧《儒学传序》，见《旧唐书》卷一八九上，北京，中华书局，1975。
②《兴学敕》，见《唐大诏令集》卷一〇五，北京，商务印书馆，1959。
④《音乐志一》，见《旧唐书》卷二八，北京，中华书局，1975。
⑤《资治通鉴》卷一九二太宗贞观二年，北京，中华书局，1956。

又以儒学多门，章句繁杂，诏国子祭酒孔颖达与诸儒撰定《五经》义疏，凡一百七十卷，名曰《五经正义》，令天下传习。”① 贞观年间官方进行统一经学的工作，其直接目的原是为科举考试提供统一的标准。发展和完善于唐初的科举取士制度，考试的主要科目是进士和明经，这二科都要考儒家经典，特别是明经科，必须熟读并能背诵儒家经典，包括其注疏。因此，无论是校刊统一的《五经》文字定本，还是编撰统一的《五经》义疏，都是供士子们学习考试之用。然而，唐太宗所领导的对儒家经典的整理工作，其意义却远不止于此。南北朝以来，儒家经学“师说多门，章句繁杂”②，难免造成思想上和理论上的歧异，不仅无法为学校提供统一的教材，为科考提供统一的答案，而且也不能适应封建王朝政治上统一的需要。隋统一天下后，就试图统一南北经学，并作了积极的努力，但未能完成。唐王朝官方对经学的统一，不仅真正结束了南北经学义例的分歧，在版本和经义两个方面达到形式上的统一，而且也因这项工作是由政府主导进行，能更好地贯彻官方的意图，整理后的经典便容易最大限度地满足意识形态的需要。

唐太宗主持对经学的统一，确立儒学作为官方指导思想的地位，用儒家的标准作为封建国家取士用人的依据和统一人们思想的最高准则，对于养成重经尊儒的社会心理和社会风气具有重要导向作用。范文澜先生认为，这一举措“对儒学的影响，与汉武帝罢黜百家独尊儒学有同样重大的意义”③。此后，唐王朝历代君主三教并用，儒、佛、道势力互有消长，而儒学在与佛、道相抗衡中，始终保持了其官方正统学术思想的地位。

（二）隋唐儒学的复兴

魏晋南北朝时期，由于玄学的兴起和佛教、道教的盛行，给思想文化领域带来强烈的冲击，在两汉占据统治地位的儒学，渐趋式微，失去了往日独尊的优势。隋唐王朝的建立，政治上的大一统，迫切需要统治思想的统一，于是儒学的复兴便成为维护和巩固统一的封建国家的政治需要，成为政府和富有政治

---

①《儒学传序》，见《旧唐书》卷一八九上，北京，中华书局，1975。

②《资治通鉴》卷一九五，太宗贞观十四年，北京，中华书局，1956。

③ 范文澜：《中国通史》第 4 册，北京，人民出版社，1965。

责任感的知识分子共同关心的问题。在这个过程中，王通的“三教可一”思想、孔颖达的《五经正义》和韩愈的“道统论”作出了重要贡献。

1. 王通的新经学

在隋唐学术文化史中，王通最早提出“三教可一”思想，是试图通过吸收佛、道的可取之处来弥补儒学的不足，使儒学得以改进、更新和提高的先驱。

王通（584—617），字仲淹，门人私谥文中子，绛州龙门（今山西河津）人。隋仁寿三年（603年），他曾上《太平策》，不见用，退隐河、汾之间，聚徒讲学，著书立说。其著作流传下来的有《中说》（又名《文中子》）10卷。

王通经学的一个显著特点，是调和儒学与佛、道的矛盾，试图通过改进经学来振兴儒学。魏晋南北朝以来，佛、道思想流行，儒、佛、道三教为争夺意识形态主导权，互相攻讦。王通深感“政恶多门久矣”①，主张国家指导思想的统一。但是，王通不赞成企图废除佛、道二教的极端思想，他以“真君、建德之事，适足推波助澜，纵风止燎尔”为例②，认为思想认识问题，只能通过改变思想认识来解决，强力压制将适得其反。在他看来，儒、佛、道三教作为一种学说，当然可以对政治发生相当的影响，但并不必然地决定政治的进程和结果，关键是人们怎样解释和利用它。他说：“诗书盛而秦世灭，非仲尼之罪也。虚玄长而晋室乱，非老庄之罪也。斋戒修而梁国亡，非释迦之罪也。《易》不云乎：‘苟非其人，道不虚行。’”③ 在1400多年前，王通这种认识是很有见地的。在这种认识基础上，王通提出了“三教于是乎可一矣”④。其目的是以儒学为主，吸取佛、道二教之长，构成一个统一的思想体系。

---

①④ 王通：《问易篇》，见《中说》卷五，台北，广文书局，1975。

② 王通：《问易篇》，见《中说》卷五，台北，广文书局，1975。关于“真君、建德之事”，《魏书》卷四下《世祖太武帝纪》：太平真君七年（466年）三月，北魏太武帝拓跋焘“诏诸州坑沙门，毁诸佛像”。又，《魏书》卷一一四《释老志》：“帝既忿沙门非法……诏诛长安沙门，焚破佛像，敕留台下四方，令一依长安行事。”又诏曰：“自今以后，敢有事胡神及造形象泥人、铜人者，门诛。……诸有佛图形像及胡经，尽皆击破焚烧，沙门无少长悉坑之。”《北史》卷一〇《周本纪·高祖武帝纪》：建德三年（574年）五月，北周高祖武帝宇文邕“初断佛、道二教，经像悉毁，罢沙门、道士，并令还俗。并禁诸淫祀，非祀典所载者，尽除之”。又，《续高僧传》卷二三：“至建德三年，岁在甲午，五月十七日，乃普灭佛、道二宗。”“《禹贡》八州，见成寺庙出四十千，并赐王公充为第宅，三方释子减三百万，皆复军民，还归编户。”王通认为这两次废佛未能达到目的。不久，佛教便在嗣君的支持下重新发展起来。

③ 王通：《周公篇》，见《中说》卷四，台北，广文书局，1975。

王通提出“三教可一”，其超过以往以及与他同时代的经学家的地方，在于他站在儒家立场上，于三教激烈争斗中能够超越意识形态的歧见，注意到三教独立存在的价值，注意到儒、佛、道的相通之处，注意到佛、道的有些内容可以用来补充和改进儒学。这就为儒学融化并吸收佛、道的思想因素，得以更新和重振提供了理论指导。

2. **孔颖达和《五经正义》**

隋唐是经学发展由汉学向宋学过渡的重要阶段，在这一时期担负起清理和总结汉以来经学成就的任务，为经学新阶段的到来作准备的，是孔颖达的《五经正义》。

孔颖达（574—648），字冲远，冀州衡水（今河北衡水）人。隋大业（605—616）初，举明经高第，授河内郡博士。唐太宗平王世充，引为秦王府文学馆学士，历任国子博士、国子司业、国子祭酒等职。

贞观十四年（640年），孔颖达受诏与颜师古、司马才章等诸儒撰定《五经》义疏时，虽年已耄老，但从他分别为各经《正义》写的序言和《新唐书·艺文志》提供的各经修撰人员名单看，孔颖达是总揽全书，并始终参与其事的。

《五经》义疏撰成，定名为《五经正义》，共180卷，唐高宗永徽四年（653年）颁行天下。《五经正义》注本采用全国颁行的标准本，用陆德明的《经典释文》，颜师古订正的《五经》原文。参加《五经正义》编撰的都是当代著名学者，他们重视前人的经学研究成果，或“去其华而取其实，欲使信而有征”①，或“览古人之传记，质近代之异同，存其是而去其非，削其繁而增其简”②，治学态度严谨。《五经正义》的编撰，对汉以来的经学作了总结，结束了经学内部不同宗派的纷争，使经学获得了前所未有的高度统一。因此，一经颁行，东汉以来诸家解说归于一家，经学的南北之争、宗派之争也偃旗息鼓了。正如马宗霍先生所说：“自《五经》定本出，而后经籍无异文；自《五经正义》出，而后经义无异说。……天下士民，奉为圭臬。盖自汉以来，经学统

① 孔颖达：《周易正义序》，见《十三经注疏》，影印本，北京，中华书局，1980。
② 孔颖达：《尚书正义序》，见《十三经注疏》，影印本，北京，中华书局，1980。

一，未有若斯之专且久也。”[①]《五经正义》的颁行，是儒学在唐代复兴的一个标志。

3. 韩愈的道统论和李翱的复性论

钱穆先生说：治宋学“必始于唐，而昌黎韩氏为之率”[②]。充分肯定了韩愈在传统儒学由两汉经学向宋明理学的转变过程中所发挥的承上启下作用。

韩愈（768—824），字退之，河南河阳（今河南孟县南）人，自谓郡望昌黎，世称韩昌黎。出身寒微，贞元八年（792年）进士，曾任监察御史、国子祭酒和吏部侍郎，是唐代著名文学家、哲学家和古文运动的重要倡导者。《原道》、《原性》、《谏迎佛骨表》等较集中地反映了他的政治、哲学思想，有《韩昌黎集》传世。

韩愈生活的时代佛教兴盛，社会上下信佛佞僧，承流相化，特别是唐德宗、宪宗年间，迎佛骨置禁中、诸寺，尊佛之风达到高潮，给儒学思想以极大的冲击。这时，毕生“以兴起名教弘奖仁义为事”的韩愈，挺身而出，为重振儒学对佛教进行了严厉的批判。他上表宪宗，谏迎佛骨，痛切陈言：“伏以佛者，夷狄之一法耳。自后汉时流入中国，上古未尝有也。……今闻陛下令群僧迎佛骨于凤翔，御楼以观，舁入大内，又令诸寺递迎供养。……伤风败俗，传笑四方，非细事也。……夫佛者本夷狄之人，与中国言语不通，衣服殊制，口不言先王之法言，身不服先王之法服，不知君臣之义，父子之情。……古之诸侯，行吊于其国，尚令巫祝先以挑罵，祓除不祥，然后进吊。今无故取朽秽之物，亲临观之，巫祝不先，桃茢不用，群臣不言其非，御史不举其失，臣实耻之！”[③] 显然，韩愈是站在儒家正统观念的立场去批判佛教的。

韩愈的反对佛、道与重振儒学的目的是统一的。他的思想理论的核心是道统论，“道”指儒家的正统学说，“统”指这一学说的传承关系。韩愈认为，儒家的这个道统是从尧开始的，经过舜、禹、汤、文、武、周公，传到孔子发展最为完善，孔子传孟子，孟子死后，这个道统就没有人继承了。韩愈的愿望，就是要将这中断了的道统重新发扬光大起来。在韩愈看来，佛、道二教之道，

---

① 马宗霍：《中国经学史》，94页，影印本，北京，商务印书馆，1998。

② 钱穆：《中国近三百年学术史》，1页，北京，中华书局，1987。

③《论佛骨表》，见《韩愈集》，408～409页，长沙，岳麓书社，2000。

唐 佛坐像
砂岩
高109.5厘米
美国哈佛大学福格艺术馆藏

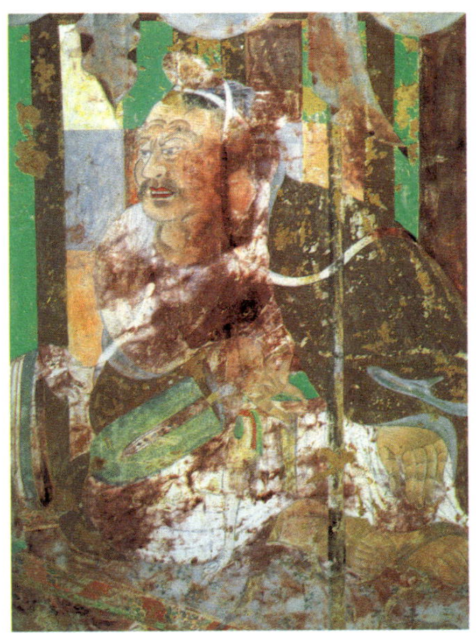

《维摩变》
唐
纵75厘米 横74厘米
甘肃敦煌莫高窟103窟

敦煌彩塑菩萨

《二祖调心图》
五代·宋初
纵35.5厘米 横129厘米
现藏日本国立东京博物馆

老子道德經古本集註上 宜齋郯氏
前玉隆萬壽宮掌教 南岳壽寧觀長講果山范應元集註直解
道可道章第一
常久之道自然而然万物得之以生而
不知老氏應運説經垂世立教始與標
名故以道可道章爲首
道可道非常道
道者自然之理万物之所由也 傅奕 云大
也通也 韓康伯 云无不通也○可道者謂
可言也常者久也道一而已有體用焉

宋刻本《道德经》

孔颖达像

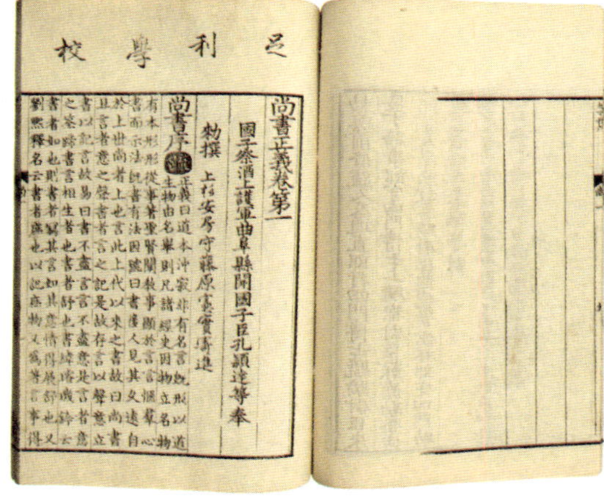

足利學校

尚書正義卷第一

國子祭酒上護軍曲阜縣開國子臣孔穎達等奉

勑撰 上杉安房守藤原憲實寄進

尚書序

《尚书正义》

韩愈像

是不可与儒家这个道相提并论的，儒家之道不仅从传承关系上，源远流长，居中国文化之正统，而且从内容上，也是封建统治最好的思想工具。在《原道》中，韩愈以赞美的笔调对儒家的道作了如下概括：“夫所谓先王之教者，何也？博爱之谓仁，行而宜之谓义，由是而之焉之谓道，足乎己无待于外之谓德。其文《诗》、《书》、《易》、《春秋》，其法礼、乐、刑、政，其民士、农、工、贾，其位君臣、父子、师友、宾主、昆弟、夫妇，其服麻丝，其居宫室，其食粟米、果蔬、鱼肉，其为道易明，而其为教易行也。是故以之为己，则顺而祥；以之为人，则爱而公；以之为心，则和而平；以之为天下国家，无所处而不当。”① 韩愈认为，儒家道的基本精神和原则，是仁义，体现在儒家的经典中，也贯穿于社会政治法律制度、社会分工、伦理秩序、人们的日常生活等社会生活的各个方面。它简明易行，无论对于指导个人行为和修养，还是对于调整人际关系和治理国家，都“无所处而不当”。韩愈的道统论，首次提出了抗衡佛、道祖师“法统”的儒家道统观念，显示了维护和重振儒学的理论眼光，对理学的形成有直接启发，成为宋明儒学与佛、道进行斗争的有力武器。

为了倡行儒家道的精神，韩愈在总结孟子、荀子、扬雄等人关于心性问题的理论得失的基础上，明确提出了“性三品”说。人性就是人的本质。韩愈在《原性》中认为，“性也者与生俱也”，是先天性的。人性的善恶在于人性中所含仁、义、礼、智、信五种儒家道德的多少，以在具有不同性品的人身上五德的搭配及其所发挥作用的不同，人性有上中下三品之分，上者为善，下者为恶，中者可以为善，也可以为恶。与性相联系的情，是人对事物所产生的喜、怒、哀、惧、爱、恶、欲七种情感，是性的外化。情也可分为三品，上者即便随心所欲，也能“动而得其中”；下者“直情而行”，只是听从情的放纵；中者时有过，时有不及，“然而求合其中者也”。教化的根本任务，就在于指出性与情的内在关联，引导人们根据各自的情况通过修养，使性、情合乎仁义道德，合乎道，达到“动而得其中”的上品的境界。

韩愈的道统论和性三品说深深地影响了他的学生李翱。在此基础上，李翱引进子思著作《中庸》中“诚”的概念，融摄佛道之性，建立以儒家德性为主

---

①《韩愈集》，147 页，长沙，岳麓书社，2000。

体，以性命为中心的“天人合一”的伦理价值体系，这就是有名的“复性论”。

李翱（772—841），字习之，陇西（今甘肃武威一带）人，贞元十四年（798年）登进士第，曾任国子博士、史馆编修，官至山南东道节度使。谥文，著有《李文公集》。

李翱追随韩愈，和韩愈一样以传继道统为己任。他的复性论是在韩愈性三品说基础上发挥而成的。复性即恢复人的纯正本性。李翱在《复性书》中认为：“人之所以为圣人者，性也；人之所以惑其性者，情也。喜、怒、哀、惧、爱、恶、欲七者，皆情之所为也。情既昏，性斯匿矣。非性之过也。七者循环而交来，故性不能充也。”这就是说，人性天生是善的，性的善恶只与情相关，就人性的本质来说，人人都可为善，只是因为情的遮蔽，于是有人为善，有人为恶。从这个意义上说，“百姓之性与圣人之性弗差也”，“凡人之性犹圣人之性，故曰桀纣之性，犹尧舜之性也。其所以不睹其性者，嗜欲好恶之所昏也，非性之罪也”。他认为，一个人能不为情欲所诱惑，发挥了先天的善性，便是圣人；被情欲所诱惑，失去了善性，便是凡人甚至恶人。情欲中最能诱惑人的是嗜欲，排除嗜欲的诱惑，回复到先天纯善的本性中去，这便是复性。那么如何排除嗜欲的诱惑和蒙蔽呢？李翱提出了用“至诚”、“正思”消灭邪恶的情，达到“复性”为“圣人”的途径。他引《中庸》的话说：“唯天下至诚为能尽其性，能尽其性则能尽人之性。”他说：“是故诚者，圣人之性也。寂然不动，广大清明，照乎天地，感而遂通天下之故，行止语默无不处于极也。复其性者，贤人循之而不已者也，不已则能归其源矣。”同时，他还认为，人的情感是由思虑产生的，要灭情，就应该“正思”。他说：“弗虑弗思，情则不生；情既不生，乃为正思。正思者，无虑无思也。”“心寂不动，邪思自息。惟性明照，邪何所生?”李翱的复性论不满足于韩愈的性三品说，重新回到了孟子的性善论，在理论上肯定人人可以为尧舜的可能，为道德说教留下了地盘，也为儒家的心性论真正能与佛教人人可以成佛的佛性论相抗衡提供了理论上的可能。他以复归于清静不动的人性为修养的目标，在人的本质属性问题上明显接受了佛教佛性说的影响，健全和完善了儒学的心性理论，代表了儒、佛思想的合流，它为宋明理学的发展起到了不可低估的开启作用。因此，李翱的复性论在中国儒学史上具有极其重要的转折意义。

四、三教争衡始末与文化影响

隋唐时期儒、佛、道三教都得到很大发展，除社会稳定、政治统一和经济发展外，学术上“三教可一”理论的提出和隋唐政府三教并用政策的实施，为三教的发展和并立创造良好条件。在这一时期，一方面儒、佛、道三种思想体系之间的冲突始终或暗或明地进行着，另一方面三种思想体系之间的相互借鉴也十分明显。儒、佛、道三教的冲突和融合形成了隋唐文化史上的一个重要现象，成为一个新的推动中国文化思想向前发展、引起中国文化思想结构发生变动的理论契机或动力，对中国多元文化格局的形成产生重要影响。

（一）学者的三教可一理论和政府的三教并用政策

儒、佛、道三教的斗争，使有识者认识到三教虽各有利弊，但谁也很难吃掉谁，相反三教在斗争中相互渗透、相互吸收却是明显倾向，于是从理论上企图调和三教的观点就出现了。早在南北朝时，梁朝王褒就以较为平常的心情看待三教特点，并明确表示自己“既崇周孔之教，兼循老释之谈”①。北周道安更是明确认为，“三教虽殊，劝善义一，途迹诚异，理会则同”②，肯定三教在劝善化俗上所具有的不可否认的功能。而到了隋唐时期，学者则明确提出了“三教可一”理论，政府三教并用的政策也更加鲜明。

隋初学者中，内史颜之推所著《颜氏家训》一书，就表现了明显的融合儒、佛、道三教的思想倾向。颜之推和《颜氏家训》的基本思想体系显然是儒学，然而，他却能够心平气和地对待佛、道二教。关于佛教，颜之推认为佛教在义理方面就有儒学无法企及地方，“原夫四尘五荫，剖析形有；六舟三驾，运载群生；万行归空，千门入善，辩才智惠，岂徒《七经》、百氏之博哉？明非尧、舜、周、孔所及也”③。他还以儒家的“五常”（仁、义、礼、智、信）

---

①《王规传附王褒传》，见《梁书》卷四一，北京，中华书局，1987。

② 道安：《二教论》，见《广弘明集》卷八，影印本，上海古籍出版社，1991。

③ 颜之推：《颜氏家训·归心第十六》，北京，中华书局，1993。“四尘”，指色、香、味、触。“五荫”，即“五阴”、“五蕴”，指色、受、想、行、识。“六舟”，即“六波罗蜜多”、“六到彼岸”，指六种从此岸（生死）到达彼岸（涅）的方法或途径，有：布施（檀那），持戒（尸罗），忍（羼提），精进（毗梨耶），定（禅那），智慧（般若）。“三驾”，即“三乘”，即引导众生达到解脱的三种方法或教说，一般称“声闻乘”（以羊车喻），“缘觉乘”（以鹿车喻），“菩萨乘”（以生车喻）。

与佛教的“五戒”（不杀生、不偷盗、不邪淫、不妄语、不饮酒）相比较，认为“皆与之符”。他甚至认为儒、佛两教“本为一体”①。关于道教，颜之推认为“神仙之事，未可全诬。但性命在天，或难钟值。人生居世……而望遁迹山林，超然尘滓，千万不遇一尔。加以金玉之费，炉器所须，益非贫士所办”②。虽然如此，他认为道教的养生说颇有可取之处，“若其爱养神明，调护气息，慎节起卧，均适寒暄，禁忌食饮，将饵药物，遂其所禀，不为夭折者，吾无间然”③。《四库全书总目提要》谓《颜氏家训》“大抵于世故人情深明利害，而能文之以经训。故唐志宋志俱列之儒家。然其中《归心》等篇，深明因果，不出当时好佛之习。”说明他对儒、佛二教有很深的造诣。实际上，颜之推对于儒、佛、道三家学说都有相当的研究，并能在知世论事、辨正时俗中融会运用。

隋唐学者中明确提出“三教可一”思想，并对后世产生较大影响的是王通。王通当然是反对佛、道二教流行的，但是，当他从历史上几次灭佛的教训和当代三教激烈争斗的事实中，清醒地认识到消灭佛、道二教是不可能的事，他便能以平和的心态对待各教的存在，在更高层次上，提出圆融、调和三教的主张：“三教于是乎可一矣。”④ 同时，他借赞扬司马谈兼容十家九流，“史谈善述九流，知其不可废而知其各有弊也，安得长者之言哉？子曰：通其变，天下无弊法；执其方，天下无善教。故曰：存乎其人”。肯定三教各有利弊，寄托了安得“圆机之士”，安得“皇极之主”、“共言九流”、“共叙九畴”的理想⑤。显然，王通“三教可一”的思想是站在儒家的立场上提出的。隋唐时期，也有站在佛教或道教立场提出调和、融合三教观点的。如李士谦就是站在佛家立场调和三教关系的，据元刘谧《三教平心论》，李士谦论三教优劣，比喻佛为日，道为月，儒为五星，认为“岂非三光在天，缺一不可，而三教在地，亦缺一不可？虽其优劣不同，要不容于偏废欤？”⑥ 华严宗五祖宗密（780—841）也曾经提出三教合一论，企图以佛教融合儒、道。他在《原人论》

---

① 颜之推：《颜氏家训·归心第十六》，北京，中华书局，1993。

②③ 颜之推：《颜氏家训·养生第十五》，北京，中华书局，1993。

④ 王通：《问易篇》，见《中说》卷五，台北，广文书局，1975。

⑤ 王通：《周公篇》，见《中说》卷四，台北，广文书局，1975。

⑥ 转引自任继愈主编：《中国哲学发展史》（隋唐），50页，北京，人民出版社，1994。

中说："孔、老、释迦，皆是至圣，随时应物；设教殊途，内外相资，共利群庶"，并用《周易》的"四德"（元、亨、利、贞）配佛身的"四德"（常、乐、我、净），以儒家"五常"配佛教的"五戒"①。在道教方面，隋唐道教一些著名思想家如成玄英、王玄览、司马承祯等，其学说皆援佛入道，而杜光庭及唐后期兴起的钟吕金丹道则明显援儒入道。杜光庭认为："凡学仙之士，若悟真理，则不以西竺东土为名分别，六合之内，天上地下，道化一也。若悟解之者，亦不以至道为尊，亦不以象教为异，亦不以儒宗为别也。三教圣人，所说各异，其理一也。"② 这可谓是以道教融合佛、儒的典型论调。

思想界三教融合观点的流行，与隋唐政府的三教并用政策是互相呼应的。隋取得全国政权后，隋文帝适应政治上统一的需要，便基本采取三教并用政策。虽然隋文帝认识"建国重道，莫先于学；尊主庇民，莫先于礼"③，"《孝经》一卷，足以立身治国"④，但是，于三教关系上，他是主张"法无内外，万善同归；教有深浅，殊途共致"的⑤，并明确表示"朕伏膺道化，念好清静，慕释氏不二之门，贵老庄得一之义"⑥。因此，他对于佛教、道教也同样积极扶植和利用。开皇二十年（600 年），文帝正式宣布了他对于佛、道二教的态度以及国家坚决保护佛教、道教和传统山川之神的政策："佛法深妙，道教虚融，咸降大慈，济度群品。凡在含识，皆蒙复护。所以雕铸灵相，图写真形，率土瞻仰，用申诚敬。其五岳四镇，节宣云雨，江、河、淮、海，浸润区域，并生养万物，利益兆人，故建庙立祀，以时恭敬。敢有毁坏偷盗佛及天尊像、岳镇海渎神形者，以不道论"⑦，从而奠定了隋王朝三教并用政策的基础。隋炀帝即位后，一方面以儒学为立国之本，采取了"复开庠序"、"建进士科"等一系列尊崇儒学的措施，但同时他也崇信佛、道，无论居两都还是出游时，身边总有僧、尼、道士、女冠随从，称为四道场。

---

① 转引自牟钟鉴、张践：《中国宗教通史》，472 页，北京，社会科学文献出版社，2000。

② 杜光庭：《太上老君说常清静经》注（序），转引自《中国隋唐五代宗教史》，45 页，北京，人民出版社，1994。

③《柳机附柳昂传》，见《隋书》卷四七，北京，中华书局，1973。

④《资治通鉴》卷一七五，宣帝太建十三年，北京，中华书局，1956。

⑤⑥ 费长房：《历代三宝记》卷一二，见《大藏经》，大正影印本，台北，台湾新文丰出版公司，1983。

⑦《高祖纪下》，见《隋书》卷二，北京，中华书局，1973。

唐王朝建立后，对于儒、佛、道三教，总体上是采取以儒学为主，调和佛、道的政策。唐高祖李渊于武德八年（625年）虽然曾作出沙汰佛、道的决定，但是并未及实施，就被继位的唐太宗李世民纠正。唐太宗是一位成熟的政治家，他对于儒、佛、道三教的认识，能真正摆脱了个人好恶，一切从是否有利于国家政治需要考虑问题。正是在他执政时期，三教并用始真正成为唐王朝的国策。唐太宗的思想倾向十分鲜明，他公然宣称自己好儒学而不信佛、道，表现了个人信仰的坚定性。对于儒学，他充满感情地说："朕所好者，惟尧、舜、周、孔之道。以为如鸟有翼，如鱼有水，失之则死，不可暂无耳。"① 对于佛教，他明确表示："至于佛教，非意所遵。虽有国之常经，固弊俗之虚术。何则？求其道者，未验福于将来；修其教者，翻受辜于既往。至若梁武穷心于释氏，简文锐意于法门……子孙覆亡而不暇，社稷俄顷而为墟，报施之徵，何其谬也!"② 对于道教，他认为"神仙事本虚妄，空有其名。秦始皇非分爱好，遂为方士所诈……汉武帝为求仙，乃将女嫁道术人，事既无验，便行诛戮。据此二事，神仙不烦妄求也"③，毫不掩饰自己对其基本信仰的不以为然。长孙皇后曾说过："道、释异端之教，蠹国病民，皆上素所不为。"④ 可谓对唐太宗的思想知之甚深。然而，唐太宗对佛、道二教思想体系的不信奉，却并不影响他在政治实践中对于二教的优礼和利用。事实上，唐太宗尊崇佛教的各项举措，如设斋行香、造寺慰灵、译经度僧、礼敬玄奘等等，以及他尊崇道教的各项举措，如推尊老子、抬高道士女冠的社会地位等等，都是着眼于佛、道二教的社会功能，为了安定社会人心，强化李唐王朝的政治统治。即使在与僧人论及佛道先后时，唐太宗也有意避开意识形态问题，纯从政治上的原因加以解释："今李家据国，李老在前；若释家治化，则释门居上。"⑤ 唐太宗在宗教政策上这种超越个人信仰的政策，表现了一个政治家了不起的胸怀和处理艺术。其实不独对佛、道二教如此，唐王朝对其他宗教也大体是这个方针，极力将各种宗教、教派纳入为本朝服务的轨道。

---

①《资治通鉴》卷一九二太宗贞观二年，北京，中华书局，1956。

②《萧瑀传》，见《旧唐书》卷六三，北京，中华书局，1975。

③《太宗本纪上》，见《旧唐书》卷二，北京，中华书局，1975。

④《资治通鉴》卷一九四太宗贞观十年，北京，中华书局，1956。

⑤《集古今佛道论衡》卷丙，转引自李养正：《道教概说》，112页，北京，中华书局，1989。

唐初三教并用的政策在有唐一代得到了较好的贯彻，后代皇帝，虽然在对待佛、道二教态度上有所偏重，如武后更重视佛教，玄宗、武宗更热衷于道教，但除唐武宗时外，政府的基本政策是三教兼容、三教并用的。

（二）三教的冲突与融合

隋唐五代时期，思想界关于儒、佛、道三教融合的各种理论和政府为适应政治上统一需要实行三教并用的政策，逐步带来了社会上儒、佛、道三教并立的局面。然而，儒、佛、道毕竟是不同的思想文化体系，因此三者之间文化观念的冲突也就不可避免地会通过各种不同形式表现出来。而且，三教并立之中，佛、道还有一个谁先谁后的问题，儒家虽然始终被统治集团视为正统，但并非独尊，也需要不断地为巩固和强化自身的地位而斗争。由于这种冲突和斗争都是在政府三教并用的政策下展开的，各方在指责驳诘对方的同时，也十分注意吸取对方的长处来加强和完善自己，从而又进一步促进了三教之间的融合。

隋唐时期三教之间的冲突表现为多种形式，其中表现为激烈冲突和斗争以至引起或几乎引起朝廷宗教政策倾斜的有以下四次：

第一次是唐初围绕傅奕上疏灭佛而引起的斗争。傅奕（555—639），相州邺（今河北省临章县西南）人，精天文历数，唐初任太史令。高祖武德四年(621年)，傅奕上《请废省佛僧表》。武德七年，又上疏“请除去释教”①。据史载，他为反对佛法，先后“上疏十一首，词甚切直”②。傅奕认为“佛在西域，言妖路远，汉译胡书，恣其假托。故使不忠不孝，削发而揖君亲；游手游食，易服以逃租赋。演其妖书，述其邪法，伪启三途，谬张六道，恐吓愚夫，诈欺庸品。……其为害政，良可悲矣”③。同时，他对寺院“剥削民财，割截国贮”，“寺多僧众，损费为甚”，“军民逃役，剃发隐中”等危害进行了尖锐揭露④。傅奕的反佛主张，造成了很大影响。唐高祖曾将傅奕的奏疏“付群官详

---

①②③《傅奕传》，见《旧唐书》卷七九，北京，中华书局，1975。

④《辨惑篇·太史令傅奕上减省寺塔废僧尼事》，见《广弘明集》卷一一，影印本，上海古籍出版社，1991。

议”①，从而引发了大臣中关于这一问题的争论。道教中人士也乘机与傅奕一起指斥佛教，清虚观道士李仲卿著《十异九迷论》，道士刘进喜著《显正论》，直接参与对佛教的抨击。而佛教中人士则纷纷著论予以反击，法琳撰《辩正论》，释明撰《决对论》，李师政撰《内德论》，对傅奕、李仲卿等加以批驳。傅奕引发的这场儒、佛、道的论战，尽管“高祖将从奕言”②，但朝廷大臣意见不一，皇太子反对废佛，后来高祖下诏同时沙汰佛、道，但由于玄武门事变和传位太宗，未能施行。

第二次是武则天当政时，为借重佛教而改变唐太宗时确定的“道士女冠可在僧尼之前”的成例，引发的一场冲突。载初元年（689 年），“有沙门十人伪撰《大云经》，表上之，盛言神皇受命之事”③，“言太后乃弥勒佛下生，当代唐为阎浮提主”④，为武则天称帝制造舆论。武则天见后，即“制颁于天下”⑤。两个月后，武则天在包括佛教在内的支持势力的拥戴下，“革唐命，改国号为周，改元为天授”⑥，登上了皇帝的宝座。天授二年（690 年）四月，“制以释教开革命之阶（胡三省注：谓《大云经》也），升于道教之上”⑦，“僧尼处道士女冠之前”⑧。武则天极力抬高佛教地位，在社会上造成很大影响，以至于出现了有的道徒背叛本教，撰文贬斥道教，称颂佛法，由武氏诏许剃度为僧的情况。佛教势力的陡升，激起了一些士大夫的不满。圣历三年（700 年），武则天又将造大佛像，“用功数百万，令天下僧尼每日人出一钱，以助成之”，内史狄仁杰上疏切谏，他说：“为政之本，必先人事”，“今之伽蓝，制过宫阙，穷奢极壮”，而近几年来，“风尘屡扰，水旱不节，征役稍繁”，在这种情况下，“伏惟圣朝，功德无量，何必要营大像，而以劳费为名”。同时，他还进一步引证佛教教义说：“臣今思惟，兼采众议，咸以为如来设教，以慈悲为主，下济群品，应是本心，岂欲劳人，以存虚饰。”⑨ 狄仁杰为官以敢于直言著称，且深得武则天信任。由于他的这番陈词既突出以国家利益为重，又符合佛门慈悲济人的教旨，武则天只好接受他的劝谏，“乃罢其役”⑩，取消了造大

①②《傅奕传》，见《旧唐书》卷七九，北京，中华书局，1975。

③⑤⑥⑧《则天皇后本纪》，见《旧唐书》卷六，北京，中华书局，1975。

④⑦《资治通鉴》卷二〇四，北京，中华书局，1956。

⑨⑩《狄仁杰传》，见《旧唐书》卷八九，北京，中华书局，1975。

佛像的初衷。而武则天偏重佛教的政策取向，直到唐玄宗即位后才有所调整。

第三次是元和十四年（819 年）韩愈上《论佛骨表》，谏迎佛骨。唐宪宗李纯遣中使帅僧众至凤翔法门寺迎佛骨，先在宫中供奉三日，然后历送诸寺供僧俗礼敬。百姓见皇帝如此敬信佛教，惟恐弗及，从而在全国激起了新一轮崇佛宗教狂热。韩愈“素不喜佛”，上表切谏，以为：“佛本夷狄之人，与中国言语不通，衣服殊制，口不道先王之法言，身不服先王之法服，不知君臣之义，父子之情。假如其身尚在，奉其国命，来朝京师，陛下容而接之，不过宣政一见，礼宾一设，赐衣一袭，卫而出之于境，不令惑于众也。况其身死已久，枯朽之骨，凶秽之余，岂宜以入宫禁！……群臣不言其非，御史不举其失，臣实耻之！乞以此骨付之水火，永绝根本，断天下之疑，绝后代之惑。”① 同时，他表示，“佛如有灵，能作祸福，凡有殃咎，宜加臣身”②。韩愈这篇奏表，从根本上否定了佛法，而且说得斩钉截铁，不留余地，特别是他在表中还举梁武帝例说“事佛求福，乃更得祸”，更是触犯忌讳，使唐宪宗日后仍耿耿于怀地认为他“不当言人主事佛乃年促也”③。宪宗得表大怒，准备处韩愈以极刑，后虽有裴度、崔群等说情，仍坚持将他贬为潮州刺史。韩愈《论佛骨表》对于佛教的指责，虽然在思想理论上并没有提出新的内容，但他在斗争中态度坚决，气势雄壮，在当时和今后的历史上产生了很大影响。

第四次是唐武宗会昌毁佛。唐武宗李炎热衷于道教，史称：“时帝志学神仙，师归真。归真乘宠，每对，排毁释氏，言非中国之教，蠹耗生灵，尽宜除之，帝颇信之。”④ 会昌五年（845 年）七月，武宗在赵归真和衡山道士刘玄靖、罗浮道士邓元起等人的煽动下，加以宰相李德裕的赞同，“敕并省天下佛寺”⑤，这就是历史上有名的会昌灭佛事件。结果“天下所拆寺四千六百余所，还俗僧尼二十六万五百人，收充两税户，拆招提、兰若四万余所，收膏腴上田数千万顷，收奴婢为两税户十五万人”⑥。武宗灭佛，给发展势头正盛的佛教以沉重打击，其原因当然不能排除由于当时佛教盛行，僧徒日众，佛寺日崇，免役免税人口太多，聚财占地太多，妨碍了李唐皇室和国家利益的因素，然

---

①③《韩愈传》，见《旧唐书》卷一六〇，北京，中华书局，1975。

②《资治通鉴》卷二四〇宪宗元和十四年，北京，中华书局，1956。

④⑤⑥《武宗本纪》，见《旧唐书》卷一八上，北京，中华书局，1975。

而，企图“惩千古之蠹源，成百王之典法，……自此清净训人，慕无为之理；简易齐政，成一俗之功。将使六合黔黎，同归皇化”①，也是他的一种夙愿。

隋唐时期儒、佛、道三教之间的冲突和斗争，一般来说，主要发生在佛、道和儒、佛之间，儒学和道教没有发生直接的冲突。其原因除了佛教系外传宗教，它与儒学和道教之间都有一个夷夏之分外，与道教在理论和实践上基本上认同、接受儒家的道德规范有很大关系。道教与佛教的冲突，主要围绕着谁先谁后的问题，即是道先佛后还是佛先道后，冲突的形式常常表现十分激烈，在发生于会昌五年的武宗毁佛事件中，道教人士的暗中鼓动和推波助澜作用显然是不可低估的。即使是在朝廷上佛、道两家代表人物的“讲论”，也不免唇枪舌剑，互相攻谩。在儒、佛冲突中，儒家往往直斥佛教对社会政治经济和伦理制度的破坏性，进而否定佛教。而佛教的态度则比较温和，大都采用申辩方式努力化解、消弭与儒学的对立。唐初傅奕指责佛教使人“不忠不孝”，李师政便极力辩解说：“佛之为教也，劝臣以忠，劝子以孝，劝国以治，劝家以和，弘善示天堂之乐，惩非显地狱之苦。”② 这一现象，无疑与隋唐时期儒家处于正统地位，佛、道二教虽互相攻击，互相贬损，但是都不敢冒险非议儒学，而且都力图靠拢儒学来取胜对方，有极大关系。

隋唐时期无论是佛、道还是儒、佛之间的冲突和斗争，又都是与它们之间的相互渗透，相互吸收，相互融合交织在一起的，而且由于三教自身发展的需要和隋唐历朝皇帝（武宗毁佛例外）基本实行三教并用、调和三教的政策，这种在冲突和斗争中的调和与融合应该说是隋唐三教发展的主要潮流。唐初傅奕上疏废佛引发的那场儒、佛、道之间的思想交锋十分激烈，著名僧徒法琳正是因为在这场辩论中为驳斥道士李仲卿撰写了《辩正论》一书，十多年后，被道士秦世英密奏此书攻击老子，讪谤皇帝的祖宗，有罔上之罪，以致法琳被流放益州，第二年病死于途中。而在唐高宗显庆年间和龙朔年间的几次内殿僧道辩论中，佛、道双方敌意就已经不明显了，僧人和道士探讨两教义理的短长，论题选自佛经或道经，态度从容而平和。到了唐德宗贞元十二年（796 年），“上降诞日，命沙门、道士加文儒官讨论三教，上大悦”，则是一派令人高兴的气

---

①《武宗本纪》，见《旧唐书》卷一八上，北京，中华书局，1975。

②《内德论・辨惑》，见《广弘明集》卷一五，影印本，上海古籍出版社，1991。

氛了。宋人钱易《南部新书》记载唐代三教讲论，“初若矛盾相向，后类江海同归”①，正反映了三教融合的这种趋势。

（三）三教争衡的文化影响

隋唐五代时期儒、佛、道三教争衡，既相互斗争又相互借鉴融合的局面，促进了三教自身的发展、改进和更新，同时对社会思想文化各个方面产生了深远影响。

首先，儒、佛、道作为社会意识形态，共同被封建统治当局所承认和采用，成为中国封建统治思想的一个组成部分。隋唐两朝排佛者虽代有其人，甚至发生了武宗毁佛事，但是在通常情况下，三教的合法地位和功能价值是被当局所认可的。前面我们在叙述隋唐政府的三教并用政策时，曾介绍唐太宗在处理三教关系、发挥三教治化功能方面所表现的成熟的政治家胸怀和高超的处理艺术，实际上，有唐一代能老练处理三教关系的帝王并不乏其人。唐玄宗时期，社会相对安定，学术文化昌明，意识形态领域儒、佛、道三家基本处于良性调谐状态，这无疑与唐玄宗对于三教的认识和处理方式有很大的关系。虽然唐玄宗在个人信仰方面与唐太宗有区别，唐太宗坚定地信儒，而唐玄宗则以崇道而出名，但是，这并没有影响唐玄宗在处理三教关系上表现出一个政治家的高超艺术。唐玄宗从巩固封建统治出发，认为“弘我王化，在乎儒术”②。他尤其看重《孝经》，把这部儒家经典视作“德教所先”③，并于开元十年（722年）六月，将亲自“训注”的《孝经》“颁于天下”④，“列于学官”⑤；又于天宝三载（744年）十二月，“诏天下民间家藏《孝经》一本”⑥，大力推行以孝治天下。唐玄宗又以崇道著称，他特别推崇《道德经》，在《为玄元皇帝设像诏》中认为，“道德者百家之首，清净者万化之源，务本者立极之要，无为者太和之门”。开元二十一年，他“制令士庶家藏《老子》一本，每年贡举人……加《老子》策”⑦。开元二十三年（735年），玄宗“亲注《老子》并修

---

① 钱易：《南部新书》卷二，北京，中华书局，1968。
②③《帝王部·崇儒术》，见《册府元龟》卷五〇，北京，中华书局，1982。
④⑦《玄宗本纪上》，见《旧唐书》卷八，北京，中华书局，1975。
⑤《元行冲传》，见《旧唐书》卷一〇二，北京，中华书局，1975。
⑥《玄宗本纪下》，见《旧唐书》卷九，北京，中华书局，1975。

《疏义》八卷"。天宝四载（745年），诏"宜以《道德经》在诸经之首"①。天宝十四载（755），"颁《御注老子》并《义疏》于天下"②。令士庶皆习，用老子之道修身治国。对于佛教，唐玄宗出于维护封建统治需要，也能够兼容善待，他不仅给予了相继来到中国、被称为"开元三大士"的印度名僧——善无畏、金刚智、不空以很高的礼遇，而且于开元二十四年，"亲注《金刚般若经》，诏颁天下，普令宣讲"③。唐玄宗以他亲自为儒、佛、道三家经典作注的方式，表现了他对于儒、佛、道三种意识形态兼容并用的政治态度，同时也说明，儒、佛、道三教已经作为统治当局实行治化的思想武器在政治实践中共同得到运用。

其次，儒、佛、道理论中的许多思想观念和思维方式，愈来愈多地得到思想界的重视，无论士大夫阶层还是佛、道门中，都出现了三教兼修的学术风气和以兼容、综合三教思想为特色的学者。思想界三教融合观点的流行，必然影响世人对三教的态度。因此，隋唐时期士大夫中三教兼修、三教兼容的现象非常普遍。早在隋唐之际，著名文学家王通的弟弟王绩，其思想就兼容儒、佛、道三家。他认为儒、佛、道三家"万殊虽异，道通为一"，并把释迦、老子和孔子并称为圣人。他说："昔孔子曰：'无可无不可'，而欲居九夷；老子曰：'同谓之玄'，而乘关西出；释迦曰：'色即是空'，而建立诸法。此皆圣人通方之玄致，弘济之秘藏。"④ 王绩对儒、释、道三教及其教主的评价甚高。牟钟鉴先生认为，当时"知识界以三教并崇为时尚"⑤，可见像王绩这样三教兼修的，在士大夫中决非个别。同样，佛教调和儒、道，道教吸纳儒、佛，在隋唐也是普遍现象。唐代著名思想家、文学家中以儒学佛或以儒学道，兼容儒、佛、道三教，比较有代表性的，可以柳宗元、李白为例。李白有着强烈的"济苍生""安社稷"、忠君爱民的儒家用世思想，但是他一生中却又用了大量时间和精力去访道求仙，甚至受道为箓，道教思想对于他的诗歌创作产生了重要影响。同时，李白又与当时许多名僧颇有交往，对佛教义理有相当精至的了解，

---

①《尊崇道教·杂记》，见王溥：《唐会要》卷五〇，北京，中华书局，1955。

②《玄宗本纪下》，见《旧唐书》卷九，北京，中华书局，1955。

③《玄俨传》，见《宋高僧传》卷一四，北京，中华书局，1987。

④ 王绩：《答程道士书》，见《王无功文集》，158页，上海古籍出版社，1987。

⑤ 牟钟鉴、张践：《中国宗教通史》，472页，北京，社会科学文献出版社，2000。

在《答湖州迦叶司马问白是何人》一诗中，还自称为“青莲居士谪仙人……金粟如来是后身”，把自己比作大乘佛教的维摩诘居士。在李白的作品中，既没有因为他的崇道信佛而失去一个儒生的本色，也看不出道与佛有任何不相容之处，道、佛思想，特别是道家思想对于李白诗歌如行云流水、一泻千里的飘逸豪放风格的形成有着极其重要的影响。柳宗元是唐代的著名思想家，他“好求尧、舜、孔子之志，唯恐不得”①，然而，他并不专宗一家，而认为包括佛、老在内的各家学说“皆有以佐世”，都是“孔氏之异流”②。他对于元十八山人“为学恢博而贯统”，对佛、道之说“悉取向之所以异者，通而同之，搜择融液，与道大适。咸伸其所长，而黜其奇衺，要之与孔子同道”③，给予了高度的评价和赞许。柳宗元在《送文畅上人登五台遂游河朔序》中，还希望僧人文畅能利用自己的常识与影响，在佛门与儒道之间作些调和工作，“统合儒释，宣涤疑滞”④。由上可见，柳宗元不仅在思想上能够兼容佛、道，而且十分关心和重视对佛、道思想的“通而同之”和“统合”。正由于具有“统合儒释”的认识，柳宗元才得以在唐代儒学中衰的情况下，融贯百家，重建新说，对儒学的转折与发展作出相当大的贡献。唐代三教兼修、兼容的现象不仅出现在士大夫中，同时也出现在佛教、道教人士中。扬州龙兴寺僧法慎在与社会各种人打交道时，“与人子言，依于孝；与人臣言，依于忠；与人上言，依于仁；与人下言，依于礼。佛教儒行，合二为一”⑤。可见法慎对于儒家之忠孝仁礼思想已经能够运用到自己的言行中去了。

---

①《送娄图南秀才游淮南将入道序》，见《柳宗元集》第2册，656页，北京，中华书局，1979。

②《送元十八山人南游序》，见《柳宗元集》第2册，662页，北京，中华书局，1979。

③《送元十八山人南游序》，见《柳宗元集》第2册，663页，北京，中华书局，1979。

④《送文畅上人登五台遂游河朔序》，见《柳宗元集》第2册，669页，北京，中华书局，1979。

⑤《法慎传》，见《宋高僧传》卷一四，北京，中华书局，1987。

第三章 学术文化的流变

精神层次的文化是由全民创造特别是经由知识分子加以提炼组合传播创造并发展的，代表一个时代文化发展的总趋向和水平。其中，哲学思想、宗教意识和价值观念真正代表了时代文化的总体特征，其影响及于社会文化的各个方面，是观察认识社会文化的个性特征的聚焦点。在把握隋唐五代文化的时空特征的前提下考察学术思想变迁之大势，将有助于全面理解并认识隋唐五代文化的涵盖面。

一、隋唐时期的学术思潮

马克思说过："宗教是那些还没有获得自己或是再度丧失自己的人的自我意识和自我感觉。"① 印度的佛教作为一

① 《〈黑格尔哲学批判〉导言》，见《马克思恩格斯选集》第1卷，1页，北京，人民出版社，1995。

种于有限中追求无限、于现实中求得超越的信仰和哲学诠释，作为于苦难、蹭蹬和人生遭际中寻求心理满足和慰藉的精神需要，自西汉末年传入我国后，随不同时代社会的变迁而演进，至唐代，遂浸染成磅礴的大势，成为中国固有思想和文化心理结构的一个重要补充。

唐代思想发展的一大特点是佛教哲学压倒儒、道思想，成为占主导地位的思想文化。

唐代 20 位皇帝，除武宗李炎外，都扶植过佛教，从贞观三年到元和六年(629—811) 止，由国家组织译场，历代相沿，前后有译师 36 人，译经 372 部，2159 卷①。经过历代高僧著书立说，发行并宣传佛教思想，调和减除与本土信仰者的心理障碍，佛教教义业已深入士大夫民众，对社会心理产生影响。佛教寺庙和僧尼人数激增②，寺院经济有了大发展，并威胁到了皇族的既得利益③。佛教发展至唐代的主要标志便是各宗派的建立。各宗派在唐代的消长隆替，不同程度地反映了佛教文化中国化的历程，并且依与中国固有思想的结合程度和方式，决定了其存在的时间和流传范围。

一方面佛学初传即依附于本土思想，其传播过程即是自身汉化的过程，早期的道安、慧远就是不自觉努力推进汉化进程的代表人物④。另一方面本土固有文化心理的积淀又影响制约着它对外来文化的吸收，表明接受主体对外来文化与本土文化交汇中的整合功能。这是传播与选择的双向交流过程。拘泥旧有形式和内容的唯识、三论等宗派到中唐后相继消亡，而变异本体的华严，特别是禅宗得到了迅速的发展。另外，政治权威对外来文化的容忍程度也影响到对传统文化的改造。唐政府对佛教干预较少，使其能长驱直入，经由各宗派的辩论和学者们的系统整理，佛教渐成为中国思想文化的一部分。当然，还应看到，佛教传播有层次之别。统治阶级上层多是从统治的需要利用宗教维持社会秩序的功能，知识分子多从事于理论形态的吸收，如天台宗使中国哲学更系统

① 《中国佛教》(一)，见《唐代佛教》，北京，知识出版社，1980。

② 见附表四：各朝僧寺数目表。

③ “丰田美利，多归寺观，吏不能制。”(《旧唐书·王缙传》)“天下之寺盖无其数，一寺当陛下一宫，壮丽之甚矣，用度过之矣。是十分天下之财，而佛有七八。”(《旧唐书·辛替否传》)

④ 参见王琰：《东汉魏晋时期佛教汉化问题刍议》，载《辽宁大学学报》，1987 (2)；赖永海：《从魏晋南北朝佛学的中国化看外来宗教与传统思想的关系》，载《浙江学刊》，1987 (2)。

化，三论宗（因明学）导致逻辑学和认识论的大发展，唯识宗扩大了知识领域，理学改造禅宗，更向内心本性探求；广大民众则径取简易切近的学说，以满足日常生活中安全、归属的心理需求。因此净土宗与禅宗南宗的称名念佛与顿悟说大受欢迎。由此观之，最接近民众的宗教发展最快也最持久。

道教是由中国古代社会的原始宗教意识和神话传说时期及殷周时代鬼神崇拜发展而来的多神教。中经近千年的发展，理论教义、宗教实践等方面都得到进一步的完善，佛教的传入更成为其发展的推动力。面对对自身宗教地位的威胁，为争取更多人的信仰，道教从理论、教义到争取信徒与佛教展开激烈抗争，并且得到了政治权威的有力支持，使其虽然在理论的精致程度和信仰层面上远不及佛教，但至少在政治上取得了与佛教分庭抗礼的席位①。开元年间，天下道观有 1687 所，道士 1137 人，女冠 550 人②。而到中和四年（884 年）十二月十五日杜光庭记载，唐代从开国以来“所造宫观约一千九百余所，度道士计一万五千余人，其亲王贵主及公卿士庶或舍宅舍庄为观，并不在其数”③。

与佛道两种哲学社会思潮相表里，儒学在唐代走过了由衰微到复振的历程。唐前期，由于佛教的强大冲击和统治者对道教的推崇，儒学有所式微，但仍努力在佛道对立的两极中保持必要的张力；后期，经过对天人关系的重新论证和援佛道以入儒的历时性转化，儒学内容体系趋于完备，儒家学说日益升值，实开宋明理学之先河。

儒家哲学依然是唐朝政府认定的官方正统思想。唐代通过尊崇孔子及其学派、编纂整理儒家经典、发展学校教育等方面，维持其发展。

武德二年（619 年）诏令国子学、太学、四门学、郡县学置生员传习经传。贞观四年，诏颜师古考定《五经》文字，贞观七年十一月令学者以《五经》定本作为传习儒经的依据。贞观十二年诏孔颖达等人撰《五经正义》，凡 180 卷，贞观十六年改定，永徽四年令每年明经考试以此为准，使学术分歧归于一致。范文澜认为，《五经正义》和《五经》定本对儒学的影响，与汉武帝

---

① 唐室诸帝与道教的关系及史迹，详见傅乐成《李唐皇室与道教》一文（《食货月刊》第 9 卷第 10 期，1980 年），卿希泰《中国道教思想史纲》第 2 卷，成都，四川人民出版社，1985。

②《尚书礼部・祠部郎中》，见《唐六典》卷四，北京，中华书局，1992。

③ 杜光庭：《历代崇道记》，见《道藏》第 11 册，3 页，北京，文物出版社；上海书店；天津古籍出版社，1988。

罢黜百家、独尊儒术有同样重要的意义，有助于统治阶级的思想统一。这里有对汉魏以来的经书从文字到内容统一综合的一面，但也因此造成唐人注释理解多于创新和求异，使经学中原有的对于天道、社会政治伦理的探讨变成了无可争议的教条，魏晋以来“有无”本体的探求这一对儒学原有命题的突破未能深入展开便归于寂灭，造成了思想的僵化。另外，太宗改尊孔颜，不久又封先秦以来一大批儒士学者（二十一子）皆为先师，玄宗又封七十弟子皆为侯伯，貌似推重，实则这种滥封，恰表明孔子失去了独尊的地位。当然，刘知几疑古惑经，得玄宗及徐坚等时人称赞，正透露出对孔子和经学的怀疑，在初盛唐时已浸染侵袭学术领域。总之，从文化总体发展看，佛道大发展，佛经梵典的翻译注释成为盛行一时的学术风潮，《老子》、《庄子》、《列子》等皆升为经，列为考试科目，儒学失去了独尊的地位。文学艺术的高度繁荣掩盖了经学的强大身躯，使其变成龟缩一隅的精神槐树。

纵观历史，封建国家统一局面形成，中央集权巩固时，儒家思想往往占据主要的甚至是独尊的地位。“安史之乱”平定，统治阶级加强了政治控制，思想上也出现了对儒家思想的要求。儒学辨别华夷、强调忠孝，以伦理政治学说为主体的强烈的社会现实性和刚健有为的入世精神，使其在众多的思想流派中占有明显的优势，成为统治阶级慎加选择的主要价值原则。加上它本身博大的辩证系统观和包容性特点，有利于对其他思想的消融吸收，这些都决定了其地位的上升。

这种上升是经过对天人感应和谶纬迷信的旧哲学的批判完成的。唐代哲学发展的一个特点是天人关系重新提出，成为争论的一个中心问题。从王通、吕才，中经刘知几、李华、李筌，到刘禹锡、柳宗元，用“理”和“道”来代替天人感应的“天命”，最后发展为唯物主义和无神论思想，完成了这一批判过程。另一方面，又通过王通、柳宗元、李翱等人的援佛入儒，补充了儒学的命题和范畴，理学发展，正是走的这条路。因此可以说，唐后期正是由前期的儒学向后期新儒学的过渡时期，儒学正是通过不断变更自己的形式以充实新的内容来完成自己的蜕变的。

唐代学术思潮的一大特点是三教争衡。儒释道竞相发展自己思想，吸引信仰者并争取政治统治的支持。三教鼎足而立，并行不废，对社会思潮产生了影响。

三教争衡，表现为政治与信仰地位孰为先后的争论。从武德七年到咸通十一年，经常由朝廷主持讨论，几乎蔓延有唐一代①。据表可知，初期尚能平实争议，政府不加干预，任其纵横捭阖，论古议今，风气较佳。后期三教思想渐趋调和，一方面是官方思想统治的需要，另方面更是佛教作为外来文化已渐与本土文化找到了共同点。高祖时即有“三教虽异，善归一揆”的初衷，但实际难遂人愿。唐代不断有人倡言三教合一，像道士孙思邈即著书言三教会通之意，白居易亦有《三教论衡》之文，李翱援佛入儒，所作《复性书》三篇，更为人所熟知。此种种迹象皆为宋明理学三教合一思想的先声。

三教论衡的排次上，只宣宗时释为道先，其余皆是道居释前（武则天时未举行）。这是唐皇室自认道教为本家，对其政治地位和宗教地位的肯定。恰如高祖所言：“老教孔教，此土元基，释教后兴，宜崇客礼。今可老先次孔，末后释宗。”② 虽有上述排次，但大部分争论的结果是佛教取胜。盖因佛教以其三论、因明学的发达，重视逻辑推理与论证，有规范化了的神学理论，从世界观和方法论的高度来统一信仰者的思想。佛教的信仰素质高就高在不解决任何世俗生活中的现实问题，只解决彼岸世界的问题，也因此能促使人们不会失望地永远地追求它。道教却力图通过炼丹来解决现实问题，以达到长生不死来曲意迎合民众对生的强烈依恋。唐皇帝竟有六人是死于服食丹药的③。长生而不果，必然使人们感到失望。北宋以后道教逐渐放弃外丹炼法，较重修炼精气的内丹法，表明其发展。同时，佛教的礼仪较为简便易行，如南禅的顿悟和人人有佛性的说法，便于推广流行。有较高文化水平的人欣赏信服佛教深奥哲理，而其较为形象化的雕塑、绘画、音乐，转变等佛教艺术形式又为一般民众所喜闻乐见，因此，与道教相比，佛教在理论精致程度和信仰人数上占有绝对优势。

佛教各派中，除法相宗外，没有不吸收儒学思想的。禅宗以佛教中的基本精神来讨论和解决儒家的心性问题；怀海《百丈清规》便把忠孝内容纳入其

---

① 见附表五：唐代三教争衡时序表。

② 唐京师西明寺释氏：《集古今佛道论衡》卷丙。

③ 赵翼：《廿二史札记校证》卷一九，“唐诸帝多饵食丹药”条，北京，中华书局，1984。

中。佛与道也有融合。天台宗湛然《止观辅行传弘诀》卷十中即引入了道教的服丹成仙思想；密宗不少理论与修炼术有关。儒者援佛入儒，以李翱为代表，此外王维、柳宗元①、刘禹锡、白居易都不同程度地肯定或倾心佛教。道教学者大多吸收儒家的忠孝仁义等伦理观念，儒学者也多认为儒道同归。前者如吕岩将忠孝纳入道教教义中，后者如柳宗元的诸子之流佐世论②。道教的宇宙生成、万物化生理论也多为理学家们所吸收。这是三教争衡所带来的融摄学术思想的功能。

三教讲论更有积极的社会功能。政治权威容忍各学术思想派别的论争，养成公开论衡思辨的社会风气。儒学不为一统思想居于各派学术思想之上，有利于学术思想间的交融，形成较为开放多样的文化政策。不同阶层人士有一定程度的较为自主的价值选择和不同的宗教信仰，也有利于创造出盛唐丰富多彩的文化。

唐代在走向文化民族化的历程中经受住了外来文化的全面冲击，充满自信地迈向新的历史发展阶段。无可否认，佛教文化对中国民众的哲学思想、价值观念、思维方式和社会心理都产生了影响，这些影响深深地印证于唐代各科学术的发展，同时，道教作为本土的信仰形态的意识形式，其宗教理论和宗教实践及礼仪活动的建构都对学术文化产生了影响，兹就佛道宗教文化在唐代的表征做一概述。

1. 对哲学的影响

唐代佛学成为占主流的思想文化，分别在人生的本原问题、人的认识能力、世界本体问题和彼岸世界诸问题上对中国哲学有所补充。佛教各宗派中以禅宗对中国哲学的影响最大，主要表现为追求适意自然的人生哲学和以活参、顿悟为特征的非理性的直觉体验的思维方式，这已成为铸造中国人的文化心理结构不可缺少的内容。

道教学者中成玄英“重玄之道”思想，王玄览分“可道”与“常道”，发

---

①《柳宗元集》卷二五《送僧浩初序》：“浮图诚有不可斥者，往往与《易》《论语》合……不与孔子异道。”

②《柳宗元集》卷二五《送元十八山人南游序》：“余观老子，亦孔子之异流也，不得以相抗……然皆有以佐世。”

展了宇宙生成理论。吴筠从本体论角度来说明他的修炼方法，同时强调精气神的修炼，对后来的内丹方术发展有影响。开元中李筌认为战争胜负在于人事，是对先秦军事辩证法思想的发展。

2. 对文学艺术的影响

宗教要运用文学艺术的形象和感染力来扩大自己的影响，文学艺术也要反映和表现人们的宗教生活的情感。像佛教的《法华经》、《维摩经》、《百喻经》等梵文经典本身的文学价值就很高，并对后代语汇、文体乃至文学创造产生了影响。变文俗讲等就对民间文学发展有很大的推动作用。唐代建筑、雕塑、绘画等无一不受佛教的影响，著名画家阎立本、吴道子皆以擅画佛寺壁画出名。再如佛教乐曲的流行，《西河诗话》收载唐乐府中佛教乐曲 29 种之多，在敦煌杂曲中也还保留着一部分佛曲作品。

道乐曲调确实可考者有华夏赞及步虚词二种。天宝十年四月，玄宗曾于内道场亲教诸道士步虚声韵，对其韵、腔皆有所更定，宣示中外。玄宗曾诏司马承祯制《玄真道曲》，李会元制《大罗天曲》、贺知章制《紫清上圣道曲》。太清宫成，太常卿韦縚又制《景云》等六曲。天宝四年，玄宗又亲制《降真召如仙之曲》、《紫微送仙之曲》，于太清宫演奏。像著名的《霓裳羽衣曲》就是采用道曲音乐的法曲。这些都构成中国古典音乐的一个组成部分。

3. 对科学技术的影响

宗教本与科学不相容，但某些宗教活动却在客观上对科学发展有派生的促进作用。典型者如道教采用炉鼎烧炼矿石药物企求长生不死的宗教幻想，却使原始化学由此得到发展。中国的火药即由炼丹家发明。如伏硝石法，在中唐以后的炼丹书《真元妙道要略》里提到过，在理论上，它近似 $4KNO_3 + 5C \rightleftharpoons 2K_2CO_3 + 2N_2 + 3CO_2R$ 的公式。再如“伏火矾法”，元和三年（808 年）清虚子在《铅汞甲辰至宝集成》里提到过，在理论上它近似 $4KNO_3 + S_2 + 6C \rightarrow 2K_2S + 2N_2 + 6CO_2$ 公式①。李约瑟认为中国自然科学知识发展和各种工艺流程改进正是由于外丹术。费正清也认为“中国原始科学发展的主要部分是同热爱自然的道家相联系的，而不是同死读书的儒家相联系的”②。道教的内丹法

① 冯家升：《火药的发明与西传》，9～10 页，上海人民出版社，1954。

② 详参费正清等著：《中国：传统与变革》，南京，江苏人民出版社，1992。

认为“气能存生内丹”，将人体当炉鼎，以体内的“精”、“气”做药物，用“神”去烧炼，可使精、气、神凝聚成“圣胎”即内丹，发展了医学上的养生保健、气功长寿，对人体生物运动规律的认识有一定贡献。

伴随传教活动而出现的，还有各种科学知识的传播。如印度天文、历法、医药等的传入，唐史籍记载传入医方有十余种。再如《因明》、《声明》等丰富了中国的逻辑学和韵律学。鉴真东渡，也曾带去大量的科学知识和技术。唐代佛教盛行，儒释道三教争衡，也对学术文化的发展产生了深刻的影响，这也是造成唐代文化具有鲜明个性特征的一个方面。因此，把握唐代文化的涵盖面不可不言佛教、道教，而研究佛道，对宗教文化的诸多方面尤应留意，这或许是剖析唐代文化的切入点。

二、政府崇文风气

一个时代的文化，有着因社会内容的变动所带来的个性特征和时代差异，又有承启文化发展、蕴含传统的内涵。这其中，哲学信仰、价值取向构成时代社会思潮和学术文化发展的中心轴和结穴点，附着于具体文化内容的文化形式便依此变化发展，并规定着它的目标和位置。具体考察各科学术的变动、迁移和分布，有助于更深入地在定量基础上对一时代文化做定性分析和评估。

在进行了对唐代文化发展的时代特征的追踪考察和区域差异的宏观鸟瞰，以及哲学社会思潮的总体把握和认识的基础上，下面再进一步从学术文化本身的分布和结构特点、社会功能等方面进行一番考察。先行就文化与社会环境的关系及后者对前者的导向作用做共时性的检讨，再从传统文化结构特点及对唐文化影响角度做历时性考察，进而分别从书和人的角度统计评述唐代学术分布、结构变动、唐人总体知识构成和社会文化的创造群体与学派问题，在此基础上对唐代文化在人类文化史上的地位做一估价。

唐代文化发展的社会背景已如前所述。经济繁荣政治稳固是文化发展的先决社会环境，与此内容异质同构的统治阶级的精神需求和广大民众在升平宁静的环境下广泛的文化需要都造成“时代精神”（也即“时代心理”，黑格尔语）的出现。

唐初政治较为清明，政权内部纳谏之风甚盛，朝臣可直接批评前朝或当代国政，最高统治者多以容忍宽宏视之。这种政治上的宽松还表现在：一、对农民起义者和贵族造反者的态度有所宽容；二、对儒家以外思想能有所兼容，致有三教争衡；三、对边境内各少数民族及边境外各国能友好往来①。这三方面对社会文化的影响是相当大的。在诗人的创作思想与创作冲动与当朝观念信仰发生冲突时，少有因致遭祸的。宋人洪迈早有论及："唐人歌诗，其于先世及当时事，直辞咏寄，略无避隐。至宫禁嬖昵，非外间所应知者，皆反复极言，而上之人亦不以为罪。"② 像白居易《长恨歌》、元稹《连昌宫词》、张祜《连昌宫》、李商隐《华清宫》以及杜甫诗等皆咏开元天宝间事，无所避隐，引出洪氏"今之诗人不敢尔"的感慨。唐室起自西北，胡化色彩较浓，少受汉族正统儒家思想的束缚，加之魏晋时的越名教而任自然、摆脱礼教束缚、追求个性自由放任不羁的社会思潮的余波未消，使唐初政治统治开放有余而收敛不足。三教争衡，儒家未取得正统独尊的地位，各种思想纷呈涌现，反映在文化政策上必然具有多样化的特征。人们有一定程度上的信仰和价值选择的自由，而"文化上的每一个进步，都是迈向自由的一步"③。正是在这种较为自由开放的社会环境下，盛唐文化得以长足发展。

这种开放的文化政策同样表现在对外来文化的吸收融会上。印度的佛教以及伴之而来的中亚南亚的音乐、舞蹈、绘画、建筑、雕塑、科学技术工艺等纷至沓来，在长安这个国际大舞台上，各国商人僧侣使者留学生和访问学者与中国各阶层文化人士广泛接触交往，使中外文化加速交汇步伐。开元天宝之际，长安胡化盛极一时，市民径取胡服、胡食、胡乐等，及于社会各个方面。诚如鲁迅先生所云："汉唐虽然也有边患，但魄力究竟雄大，人民具有不至于为异族奴隶的自信心，或者竟毫未想到，凡取用外来事物的时候，就如将彼俘来一样，自由驱使，绝不介怀。"④ 正是这种内外的全面开放带来文化繁荣的生机。

在文化开放的社会氛围中，唐帝及将帅官员的文化修养也有所提高。太宗

---

① 廖仲安：《唐代文学繁荣的政治思想背景》，载《北京师范学院学报》，1980（4）。

②《容斋续笔》卷二"唐诗无讳避"条，上海古籍出版社，1996。

③ 恩格斯：《反杜林论》，见《马克思恩格斯选集》第3卷，456页，北京，人民出版社，1995。

④《坟·看镜有感》，见《鲁迅全集》第1卷，198页，北京，人民文学出版社，1981年。

曾著《帝范》，武氏著《臣轨》，玄宗有《开元训戒》以及儒家经典的注疏。诸帝书法对一代书学风气的形成有一定影响，太宗自为草书屏风，又购求王羲之真品以为殉葬，令民间善书者入弘文馆，国子监并开书学专科，他如高宗的真草隶飞白，睿宗的草隶，玄宗八分章草，代宗、宣宗的行书皆较有名。《宣和书谱》云："书法至唐，自欧、虞、柳、薛振起衰陋，故一时词人墨客，落笔便有佳处。"《古今图书集成·理学汇编·字学典·书家部》载录唐代书法六百四十多人。善音乐者亦众，高宗自制《庆元之曲》示群臣，令太常行之；玄宗通晓音律，每与音乐家讨论律度，安禄山进献也投其所好，献白玉箫管数百只。能诗者更多，太宗能诗，邓隆请编录御制诗集，不许；《玄宗皇帝集》收诗十九首，他如文宗、宣宗、德宗等皆有御制诗传世。再如高宗好《孝经》，睿宗爱文字训诂之书，代宗专《礼》、《易》，文宗喜读《贞观政要》，每颂杜甫《曲江行》。玄宗的文化素养最高，音乐书法诗歌绘画皆有所好，著述也多，听政之暇常读儒道经书，并颁布了许多文化政策方面的诏令。皇族中像章怀太子注《后汉书》，魏王泰开文学馆，集人撰《括地志》，惠文太子多聚书画珍品等等，皆表明一时风尚。唐代将帅多系武功起家，但多重视读书，将帅中熟读《左传》及《孙子兵法》的很多，如哥舒翰、高遐寓、李靖、乌振、裴行俭、樊泽、马季龙等。像大将郭元振有文集二十卷问世；天雄军节度使罗绍威聚书万卷，好招延文人；两浙节度使钱瓘，有诗千篇，辑其三百篇名为《锦楼集》。上行下效，群臣士大夫乃至民间百姓，也都有程度不同的文事活动。饮谈歌赋，行卷温卷，请托求知已，互认座主门生，网罗文学之士，民众对俗讲、百戏、歌舞的偏尚，对道教、佛教及民间诸神的不同信仰和对传统伦常的不同态度和体认等等，异彩纷呈，促使一代崇文风气的形成。

也应看到，文化发展仍存在着地区不平衡性。学术发展与中外文化交流的热点大都集中在长安、洛阳和有文化基础的城市以及西域沿线交通便利地区，边缘地区仍少有学校，学术尚不发达。我们所理解、解释和评述的唐代学术文化多是指中心地区的代表时代最高水平的知识分子所创造的文化，即主要是由知识分子对民间文化进行提炼、组合并再创造、对先代累积的文化成果承继发展，对外来文化转换应用的那一种文化。较为开放的社会环境和上下崇文的时代风气，提供了文化发展的良好条件。唐代统治阶级的和技术的需要所由采取的相应政策，又对学术文化发展起了重要的导向作用，科举制度为其突出代表。

科举作为始于隋、盛于唐的选举制度，是地主阶级知识分子入仕参政的主要门径。通过考试科目的录取标准的规定，左右并影响着士子们对各科学术的选择取舍。其中的“制举”，系由统治者的意愿和临时需要所设，不固定考试时间和人数，总计六十余种科目。“常举”主要有秀才、明经、进士、明法、明书、明算六科，此外还有俊士、一史、三史、三传、开元礼、道举、童子举、弘文崇文生举等不常设的科。秀才科等第最高，应试者极少，高宗永徽二年废绝。明法、明书、明算三科专门性很强，应试者亦有限，故六科中“士族所趋向，唯明经、进士二科而已”。调露二年刘思立奏二科并加帖经，进士又加试杂文（即诗赋），此后为定制。明经科每年录取在百人以上，进士科少时一年几人，多时也只有三四十人，但进士科出身多起草诏告文书和任职清显，仕途优于明经科。知识分子们群趋竞集于进士一科，以期一举“登龙门”，影响着社会风尚和一般士人的人生价值选择。据统计，有唐一代 289 年，共取进士 6077 人，而明经、秀才诸科远不及此数。人们普遍视登进士科为荣耀。“进士为时所尚久矣，是故俊乂实集其中，由此出者终身为闻人，故争名常切而为俗亦弊”①。张倬初落第，“两手捧登科记顶之，曰：‘此千佛名经也。’其企羡如此”②，“进士策名，向来所重，由此从官，第一出身”③。诸如此类，皆为崇尚之表征。

诗歌的繁荣与科举中试杂文不无关系，经由南朝以来声律形式的发展以及陈子昂等人去豪华见真淳的更新，加上骈文与这种韵律形式的接近，都促进了唐代诗歌的发展。调露二年刘思立的建议得到实施。起初是为提高应试举人的文字水平，所试杂文多为箴、表、铭、赋之类，但由于以诗歌应制、奉答、酬和已在宫廷和上层社会上形成风气，故诗歌在投刺干谒、制造声誉方面起着愈益重要的作用。以诗歌为进士录取主要标准，便在天宝年间最后确定下来。中晚唐诗歌在艺术技巧表现手法方面的娴熟运用，不无其推动作用。而为进士登

---

①《唐国史补》卷下，第 41 条，文渊阁四库全书本。

②《唐语林校证》卷四“企羡”条，北京，中华书局，1987。

③《厘革新及第进士宴会敕》，见《唐大诏令集》卷一〇六，北京，商务印书馆，1959。

科及第请托准备的行卷温卷等形式也在一定程度上促进了唐代诗歌、传奇等文学形式的发展。

统治者利用科举中考试科目的增设来达到崇尚或推行某种学术和思想的目的。如明经科目中增试老、庄、文、列四子策文，德宗时又令举人习开元礼，上元二年，加试贡举《老子策》，明经二条，进士三条，开元七年也有同样诏令。他如开三史、三传科等，对举子习业有一定的导向作用。特别是文学为时所重，“文学足以经务”①，“缙绅闻达之路惟文章”②，形成了“五尺童子耻不言文墨”③ 的社会风气。这些都推动了唐代文学特别是诗歌的高度繁荣，但也因此造成“主司褒贬，实在诗赋，务求巧丽”，“故士林鲜体国之论”④，“进士以声韵为学，多昧古今；明经以帖诵为功，罕穷旨趣”⑤ 等弊端，以致代宗广德元年（763 年）礼部侍郎杨卢上疏条举贡举之弊，请废科举，但遭宰臣和翰林学士们的反对而作罢。进士科愈益重要，并成为重要官员的主要来源⑥。进士比重逐年增多，左右着唐代士大夫的选择，进而对与明经诸科考试科目有关的儒家经典、道家书籍、礼法、律令等的习读及文学诗赋等的发展都有较大的影响。

唐代学校教育是科考的准备过程。唐学校分两大系统：中央官学主要有六学（加广文馆为七学）、二馆。其中国子、太学、四门学、广文馆、弘文馆、崇文馆等属大学性质，律、书、算学为专科。另一系统是地方州县学和乡学。学校课程中除儒学经典外，还有律、书、算等专门学术，以及医学、崇玄学等，司天台、太仆寺、太卜署、文学馆（习艺馆）等有专门的学习业务。科举正是拔取中央官学中生徒和各州县考选荐举的乡贡。所学科目一方面为科举准备，另方面也为满足政府中各种专门职业和技术的要求。贞观时官学中学生人数达八千余人，州县学生六万多人。开元中达到极盛，虽无具体数字，但从教

---

①《卢怀慎传》，见《旧唐书》卷九八，北京，中华书局，1975。

②《顿丘李公墓志》，见独孤及：《毗陵集》卷一一，四部丛刊初编本。

③《选举三・历代制下》，见杜佑：《通典》卷一五，影印本，北京，中华书局，1984。

④《选举二》，见《文献通考》卷二九，影印本，北京，中华书局，1986。

⑤《条例考试明经进士诏》，见《全唐文》卷三一，影印本，北京，中华书局，1983。

⑥ 见附表一，并参见李树桐：《唐代的科举制度与士风》一文，收入李著《唐史新论》，台湾中华书局，1972。

育的普及上可见一斑。开元二十一年“许百姓任立私学，其欲寄州县受业者亦听”①，二十六年，又命天下州县“每一乡之内，别各置学，仍择师资，令其教授”②。实际效果因安史之乱生徒流散而废，此后继有缓慢发展。

三、人文学科与科学文化发展的不平衡

当时的教育内容和体制特点以及全国考试制度中的畸轻畸重，加上统治阶级依现实的需要所制定的一些文化政策导向，都造成了唐代学术发展中的偏颇，表现为文学艺术史学等人文学科的高度繁荣和科学文化的相对迟滞。下面具体予以论述。

唐初撰定《五经正义》，颜师古又考定五经文字，由谶纬的解释到“有无”的讨论而定于一尊，完成了汉魏六朝经学的总结工作。倡言疏不破注，推崇首丘归根，传统哲学的信仰天地被对佛道的沉溺所浸染。只是到了后期，古文运动借儒学更新取胜，哲学家们更着力于宇宙本体和自然观的建构，进一步完善了传统哲学的诸命题和范畴，并向宋明理学过渡。

史学在唐代有所发展。政府不断通过对散佚典籍的搜求购募，使国家秘府收藏日富。设史馆，修前朝及当代史，开国家修史定制，于集体编修史书方法原则也多有创获。值得注意的是唐代首重当代史的纂修，从高祖至武宗前后共修实录23种，757卷，长寿二年经姚璹建议，又于每朝修时政记，以记军国大事，每月封送史馆。又召集史官据起居注、实录等纂修当朝国史，著名的有吴兢《唐书》100卷、《唐春秋》30卷，韦述《国史》130卷并史例1卷，柳芳《国史》130卷、《唐历》40卷，崔龟从《续唐历》30卷，王彦威《唐典》，陈岳《唐统记》100卷等。开元五年玄宗令史官每月条奏所应行事，开元二十五年五月玄宗令将开元以来名臣事迹付史馆，玄宗本人还于每年夏秋的孟月朔日在正殿读时令，“听政之暇，常览史籍。事关理道，实所留心”，“宜选耆儒博学一人，每日入内侍读”③。唐室还分别于武德九年、载初元年、开元十年下

---

① 王溥：《唐会要》卷三五学校，北京，中华书局，1955。

②《春郊礼成推恩制》，见《全唐文》卷二四，影印本，北京，中华书局，1983。

③《选耆儒侍读制》，见《全唐文》卷二一，影印本，北京，中华书局，1983。

诏禁断民间的各种龟筮占相卜祝之类迷信活动。注重当朝各种具体实物和事关理国大政的史事记载，表明强盛时期的政治活力和对群体记忆保持的重视，这是强盛时的文化景象和传统致用倾向的现实表现。与此内容同构，便是文学、艺术、音乐舞蹈的发达。

昌明盛世，文学艺术成为最佳的情感表达方式。唐高祖时曾有诏令，以太常乐人多因罪谪入营署，公卿子孙一旦变为伶官，或爱好此事，婚姻便于士族相绝，名籍异于编民。乃命世代艺人已改行多年的，蠲除同于一般百姓，做官的各从品秩，不加追究，并多求音律之伎等专门人才①，提高了乐人的社会和经济地位，这无疑也是唐代音乐歌舞发达的一个重要因素。唐时皇宫有乐伎，军队有营伎、地方政府有官伎、官僚富户有家伎，一般士人之家也养有一定数量的乐伎，涌现了一大批表演艺术人才。像舞剑之公孙大娘，作曲家李龟年，歌唱家米嘉荣、许和子（永新），笛手李谟、许云封，琵琶演奏者康昆仑、雷海青等。绘画、建筑、雕塑更作为佛教教义的形象化表现方式而有大的发展。

与这种人文文化的繁荣景象相比照，自然科学的发展却黯然减色且发展极不均匀，这同样与统治阶级的政治需要和唐代社会的技术需要密切攸关。“社会一旦有技术上的需要，这种需要就会比十所大学更能把科学推向前进”②。中国古代许多科技发明和技术进步多与统治阶级和统治者个人的喜好以及民众直接的生产生活相伴而行。人们对死亡的恐惧所产生的对生的渴望的逆反心理，对永恒的追求的物态体现，使道教的炼丹炉火长燃不熄，化学致有些微发展；天文历法作为论证天人关系的准科学和对灾异人祸的附会解释，得到官方的支持并加以垄断；工程水利等实用计算的需要，使传统的代数学有突出发展，同时又因其更多作为演算论证天文历法的工具而不得独立发展。中国文化传统中致用性很强，没有纯科学的发展，更少有人从方法论的高度、从长远角度去提示、规划并预测自然科学的发展前景。这种注重实用的倾向，在学术文化奠基的春秋战国时代已初露端倪，秦汉以后这种倾向更得到认可和加强，并以国家的需要和王权的意志为指示器，因而天文历法、算学、农学、医学等

① 《太常乐人蠲除一同民例诏》，见《全唐文》卷一，影印本，北京，中华书局，1983。

② 《恩格斯致瓦·博尔吉乌斯》，见《马克思恩格斯选集》第4卷，732页，北京，人民出版社，1995。

得以发展，而植物学、逻辑学、胚胎学、解剖学、力学等无人问津。方伎之士历来地位低下，被斥为“方伎庸流”①，视为小道末技。新旧《唐书》列入《方伎（技）传》的人物有39位，按专业分天文历算5人，医药7人，音律2人，占卜迷信13人。科学理论的薄弱加上重直觉的经验思维方式，使得科学往往与占卜迷信联姻。卜相术士占13人，为入传人数的33%强，很能说明问题。许多科学家每每以偏颇的感知去弥补实验的匮乏。像李淳风附会《秘记》所谓“女主武王代有天下”的谣传，僧一行推衍《周易》大衍之义显有糟粕。中唐作家牛肃《纪闻》一书中有一篇唐笔记传奇中少见的科技史料，更为说明这一问题的佐助。开元初年，玄宗欲修车舆法驾，家居东海的发明家马待封发行了指南车、计里鼓、相风鸟等机械以奉上，又为皇后造了一个精美的梳妆台，带有机械装置。几年后，玄宗仅下令供给他生活费和制造费用，而不封他任何官职，使他挟技入仕的愿望破灭。但他不甘心，又制造精巧的欹器、酒山、扑满等器皿，皆不为所用，愤懑之余，更姓埋名隐居西河山中。开元末又入晋州，自称为道士名吴赐，为崔邑令李劲重复制造上列器具，不得而终。马待封入仕不得、赍志而没的遭遇，充分说明了唐代甚至中国封建社会对科技发明的轻视。科学发明、技术创制仅仅受制于皇帝个人的喜欢，为皇族的豪奢生活做点缀，这正是古代科学文化的悲剧。

唐代自然科学发展中可称道的有两项：医学和天文历法。医学作为关系国计民生、维持身体素质和战争需要的一门学科，历来有传统的延续。从扁鹊、华佗、张仲景，到李时珍、王清任等医学大家代不绝书。隋唐医药学，是在人类长期同疾病创伤斗争的实践经验积累的基础上发展起来的。当时国家医药教育制度健全，分科精细，已有内科（脉经）、针灸、妇婴、痈疽、金疮、耳眼五官等治疗科目，对疾病鉴别比较正确，如对痘疹、霍乱、麻风、鼠疫、肺结核、疟疾、痢疾等传染病都能作出正确的诊断。凡是因前代战乱散失的医典文献，到隋唐时期都有全面的整理与研究，据不完全统计，成书者不下百数十种。隋代巢元方《诸病源候总论》和唐代孙思邈《千金方》都是医学史上的名著。贞观三年九月十六日下诏设诸州治医学，至开元十一年七月五日又令天下

① 《桓彦范传》，见《旧唐书》卷九一，北京，中华书局，1975。

诸州，各置职事医学博士一员，阶品同于录事，每州本草及百一验方，与经史同贮。开元二十七年二月七日又命十万户以上州置医生二十人，十万户以下置十二人，各于当界巡疗。开元十一年九月七日唐玄宗又亲制《广济方》五卷颁示天下。德宗贞元十二年二月制《贞元集要广利方》五卷，计 586 方。唐高宗时的《新修本草》是我国也是世界上由国家颁行的最早的一部药典。唐政府组织了 22 人集体编修，分药图、药经、本草三部分，收药物 844 种。颁行后很快流行全国。医学专科学校从中央到地方几乎遍布全国，分医学、针灸、按摩、咒禁四科，医学一科又分五门，各科学程二至七年不等。唐时太医署有三百多官员和专业人员。尚药局负责宫廷中医务，大医署掌政府中医政，机构已相当完善。由于官方的提倡，医学发展蔚然可观。

天文学历来是传统科学中的“显学”。中国古代天文观测记录众多，仅日食记录就有 1100 多次，太阳黑子记录也有 100 多次①。唐代正史中关于日月食的记录也少有遗漏。唐代历法共改订 8 次，每次皆由皇帝亲自颁行，视为朝中大事。初唐王希明所作《步天歌》，以七字一歌的诗歌形式通俗地介绍天文知识。在敦煌发现的约绘于 8 世纪初的绢质星图，是世界上现存最早的星图。隋朝天文学家刘焯（543—610），著有《皇极历》，曾在理论上提出测量子午线长度的方法，因不被重视，未予实施。唐玄宗时，天文学的发展十分迅速，在仪器制造、天文计算、实际观测以及天文历书编纂等方面都取得了很大的成就。张遂（683—727），法号一行，实地测出子午线一度的长度 351.27 唐里，比西方国家早了 90 年。他还在傅仁均《戊寅元历》、李淳风《甲子元历》基础上，于开元十五年（727 年）编成《大衍历》，根据日影实测来确定历法，比前代更为精确。天文仪器制造首推李淳风设计的“浑天仪”，还有张遂、梁令瓒等创制的“黄道游仪”和“铜浑仪”，这是世界天文学上的一个创举。这些都表明了天文学的发展。唐代诸政府机构中特别是文化管理机构中司天监人数最多，各级管理人员和候天、造历、计时、司鼓、校书、学生等各种专业人员合计 1600 多人②，可见其发达。

农学因与直接的农业生产相联，也有所发展。唐代农书有 20 多种，如

① ［英］李约瑟：《中国科学技术史》第 3 卷卷首，北京，科学技术出版社，1978。

② 据《旧唐书·职官志》、《新唐书·百官志》统计。

《兆人本业》三卷（已佚）、《四时纂要》、《茶经》、《耒耜经》等。由于对各地山川、物产、户口、风俗的重视和漕运的需要，地理学屡有新作，地图著作亦有问世，更多的是人文地理、经济地理方面的，而对地质地貌的认识等自然地理内容有所欠缺，仅颜真卿任抚州刺史时对海陆变迁有直观认识，后期窦叔蒙《海涛志》对潮汐变化有些科学认识。化学的发展仍借助于炼丹、制药实践。

唐代数学发展较为缓慢。显庆元年（656 年）国子监添设算学馆，设有博士、助教，指导学生 30 人学习，庶民子孙也可入学。李淳风等人奉命审定历代数学著作，作为算学馆的教科书，书共十部：《周髀算经》、《九章算术》、《孙子算术》、《海岛算经》、《五曹算经》、《夏侯阳算经》、《张丘建算经》、《五经算术》、《缀术》、《缉古算经》，后人称为《算经十书》。数学教学分两组进行，每组 15 人，课程不同，学习年限有别。考试每组各十条，有六条通过才算及格，还要附加《数术记遗》和《三等数》二书，十得九才得通过及第。落经者虽通过六条也不第。考试通过者都要交吏部录用。显庆三年（658 年）废算学馆，将博士以下人员并入太史局。龙朔二年（662 年）重设算学，但人数减为 10 人。国子监中，有国子、太学、四门、律学、书学、算学六个学馆，其中国子监有学生 300 人，太学、四门各有学生 500 人，而算学仅为 30 人，后减为 10 人。而且，学数学的地位低下。国子博士是正五品上，算学博士列九品下，地位偏低；进士明经科盛行，算学的学生出路很窄，从习者很少。十部算经中只一部是唐初王孝通《缉古算经》，提出三次方程式的正根解法，其余皆为前代著作。唐代数学以注释为主，少有创新的著作出现。

综上所述，由于政治统治的需要和具体政策的导向作用，唐代学术文化出现不均衡的发展倾向，造成学术文化总体裂变。从深层角度言，这种倾向的形成更与中国传统重人伦的价值观、重实用的思维特性以及传统学术文化的结构特点密不可分。这也是导致近代中国科技文化落后和现代人文学科发展相对缓慢的原因。儒家起初作为原始礼仪巫术活动的组织者领导者，承继周以来的重民思想和具有原始人民性的敬老爱幼等秩序规定的习惯性行为原则，其思想活动只是众多思想流派之一，并不占独尊的地位。中经历代学者从宇宙自然、道德伦理、政治理论、人性论等方面的多重论证，逐渐被统治阶级选择并认定为主要的价值原则和伦理政治思想。统治阶级对理论的选择过程决定了一个理论的发展前景，思想和行动构成一个双向的社会互动过程。从而，儒学便成为传统文化的主体，佛道为其补充，大量的民间俗文化为其重要来源①。

学术文化主要是由知识分子群体创造的。吸收各方面精华、代表时代文化发展水平的文化，是文化中的主体。儒家思想成为占统治地位的意识形态，必然影响着知识分子理想人格的塑造和文化心理的建构，从而对学术文化发展产生正面和负面的影响，甚或对具体学科的发展有一定的规约作用，而它对传统学术最明显的影响便是人文文化与科学文化不平衡发展的倾向的出现。

以农业社会为根基，以血缘关系为纽带的传统文化，由于农业生产和生活的需要，十分注重现实的人际关系的协调。农业靠天吃饭的特点，又使得人们更多地期望于天、自然的通于人性，保证其生活的稳定。农业小生产的特点使其一方面强调个人的利益，同时更强调整体的利益，过分强调个人对群体的义务。中国哲学貌似重人，实则更重的是作为类本质的人的需要，个体价值的实现寓于群体价值之中。农业生产中过多地依赖于经验的积累，靠一种经验外推来解决实际问题，巫术活动与历史意识的发达便与这种经验积累有关。中国文化的深层体现便是重人伦、重价值的观念，价值论占首位，美、真为附属，皆为了“尽善”，思想和行动带有明显的实用性和功利性。重人伦、重价值的实用性特点对传统学术发展产生了很大的影响。

传统哲学中伦理学最为发达。对农业社会中的日常生活和人际交往的肯定和执著，将相互的道德意识升华为人伦秩序的严格规定，并化国为家，家国同构，把亲子之爱扩展为视君王为神圣的社会政治思想，对祖先的神圣祭祀统统交与最大祭祀——君王来完成，使宗教情感与对世俗家长的遵从合而为一。经过阴阳五行特别是宋明理学家们的精心论证，“道”和“理”成为宇宙的本原和主宰，通过援佛道入儒完成了原本缺乏的本体论的理论建树。法律更是这种礼仪规约的制度化，“《唐律》一准乎礼”②，“礼义以为纲纪，养化以为本，明刑以为助”③。以礼义为主，以刑罚为辅，传统的法律含义只是刑法④，而少

---

① 此问题前贤论述较多，尤以张岱年、李泽厚先生所论为允当，笔者引为立论的基础。

②《四库全书总目》“唐律疏议”条，北京，中华书局，1965。

③《刑法志序》，见《隋书》卷二五，北京，中华书局，1973。

④《管子·心术》：“杀戮禁诛之谓法。”《盐铁论·诏圣》：“法者，刑罚也，所以禁强暴也。”

有民法的内容。这种伦理观念也反映在政治制度和人才选拔上。魏晋以来重九品，忠孝为先，唐代仍有举孝廉，循吏清官代不绝书，选人上首重德行。人们亦把修身和伦理作为增加社会财富、取得社会地位的首要手段。

对日常生活经验积累的高度重视，强化了巫史的职业保障。史官的职能也较为神圣。唐代帝王皆重视史书的编修和对前朝治迹的借鉴。传统正史中都以人物为中心，以帝王活动为主轴，唐中后期出现政典、通典、会要等典制体史书，仍多集中在朝廷大政的记述和排列上。唐代的笔记传奇中也有相当一部分专以帝王活动为主要内容。传统史学，从司马迁到刘知几都注重经世致用的社会功能。

注重人际间的感情的描述和歌赞，注重经验和道德意识的传输，是传统文学表达的主要内容和文学理论提倡的主要思想。唐代文学作品中更多的是抒发作者内心的情绪体验。自然山水同样成为诗人画家状写内在心灵世界的题材。唐代小说多以社会现实生活为题材，且多用第一人称，每每于结尾处作垂诫语，下价值判断，忽视读者的主体接受功能，传奇中喜欢表现善人与恶人体现的道德力量的冲突，注重美善相兼的伦理原则等等。

这种重人伦、重价值论的致用思想，同样对自然科学发展产生了影响。诸子中只墨学稍具科学内容，《墨经》六篇有很多物理学（光学、力学）、数学、几何学和形式逻辑的内容。传统文化观使科学问题往往成为对哲学伦理的论证，遂使墨学中绝。同时，社会上对理论的需要程度不够，技术转移只能在封建大一统的需求框架下进行，科技发展与王朝盛衰波动相一致，技术更多是为了满足统治者的享乐，且多靠私人传授，往往是一项技术重复发明。农业生活中的经验论特点，重视直观外推，往往以人的直观感受和行为去解释自然现象，导致论述人事与自然的联系而热衷于巫术和星占术等虚妄成分。把科学的东西和基本上是迷信的东西混为一谈的情况比比皆是。不重实验，方法上重综合轻分析，多整体论述，少精密分析。如历史上彗星记录达 31 次，却未分析出其平均出现周期（这一结论由哈雷完成）。上述特点导致科学中实验、技术、理论三者之间的结构不合理，技术比例偏高，常在 80%以上。缺乏实验和数据基础，更轻视抽象理论的发展。这一切皆与直接实用的学术价值观有联系。

治病养伤，国计民生所系，因此传统医学非常发达，如诊断学、病因症候

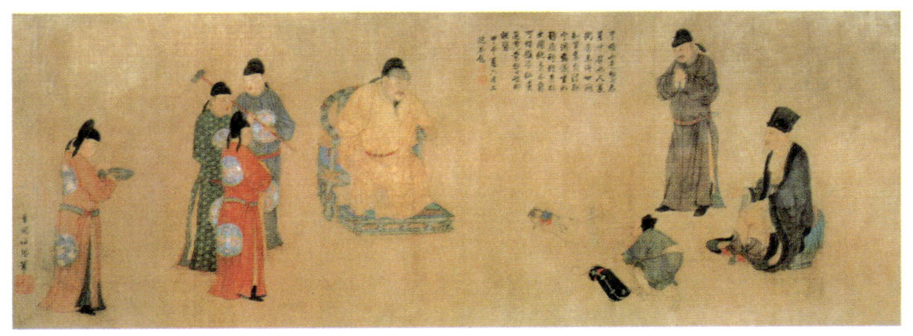

《张果老见明皇图》
元
纵41厘米　横107.3厘米
现藏北京故宫博物院

《琉璃堂人物图》
五代　周文矩　绢本设色
纵31.3厘米　横126.2厘米
美国大都会艺术博物馆藏
描绘唐代诗人王昌龄在他的任所江宁琉璃堂，与诗友李白、高适等聚会唱和的情景

鉴真像

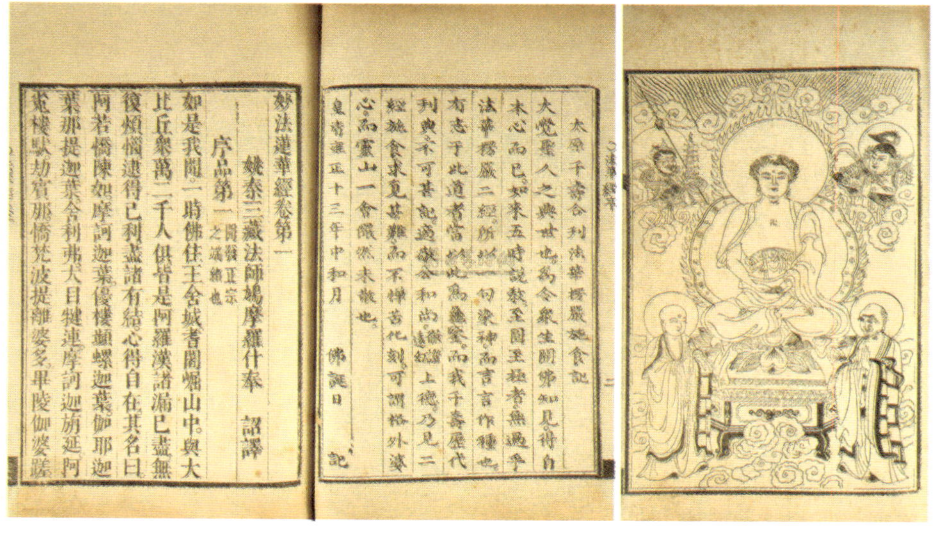

太原千壽合刊法華楞嚴施食記

大覺聖人之興世也。為令衆生開佛知見。得自本心而已。如來五時說教。至圓至極者。無過乎法華楞嚴二經。所以[illegible]一句[illegible]神。而言言作種也。有志于此道者。當於此為龜鑑。而我千壽歷代刊典之不可甚記。適[illegible]和尚[illegible]上德。乃見二經施食未見甚難。而不憚苦化刻。可謂格外婆心。而靈山一會儼然未散也。

皇清雍正十三年中和月　佛誕日　記

妙法蓮華經卷第一

姚秦三藏法師鳩摩羅什奉　詔譯

序品第一 開發正宗之端緒也

如是我聞。一時佛住王舍城耆闍崛山中。與大比丘衆萬二千人俱。皆是阿羅漢。諸漏已盡。無復煩惱。逮得己利。盡諸有結。心得自在。其名曰。阿若憍陳如。摩訶迦葉。優樓頻螺迦葉。伽耶迦葉。那提迦葉。舍利弗。大目揵連。摩訶迦旃延。阿㝹樓馱。劫賓那。憍梵波提。離婆多。畢陵伽婆蹉

《法华经》书影

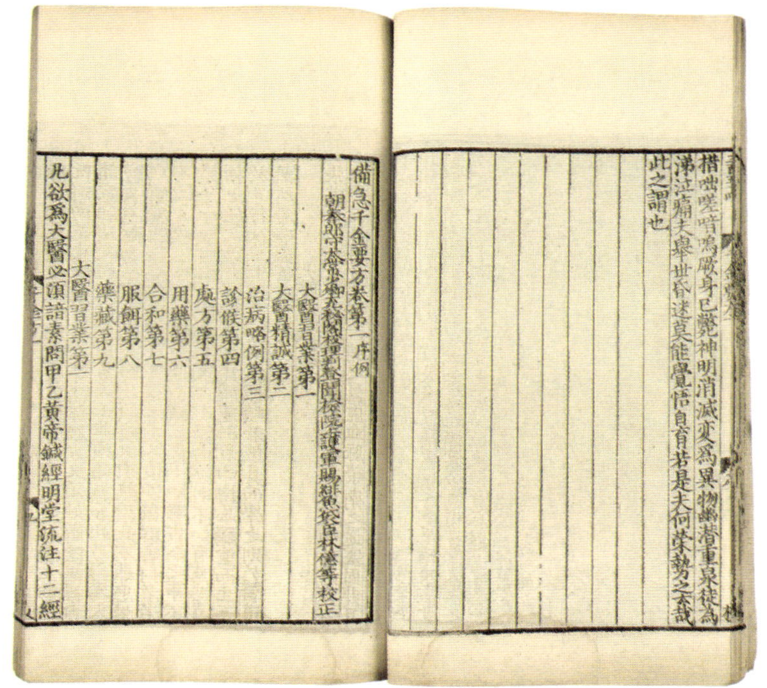

措咄嗟喑嗚厥身已斃神明消滅變爲異物幽潛重泉徒爲
涕泣痛夫舉世昏迷莫能覺悟自育若是夫何榮勢之云哉
此之謂也

備急千金要方卷第一 序例
朝奉郎守太常少卿充秘閣校理判登聞檢院護軍賜緋魚袋臣林億等校正
大醫習業第一
大醫精誠第二
治病略例第三
診候第四
處方第五
用藥第六
合和第七
服餌第八
藥藏第九
大醫習業第一
凡欲爲大醫必須諳素問甲乙黄帝鍼經明堂流注十二經

《千金方》书影

孙思邈坐虎针龙图

《五星二十八宿神形图》

局部

局部

局部

学、药物学等，有普遍设置医学的可能性。但当时的社会风尚是“朝野士庶，咸耻医术之名，多教子弟诵短文，构小策，以求出身之道。医治之术，缺而弗论”（孙思邈《千金要方序》），而孙思邈毅然放弃仕途，潜心医术，世称“药王”，为中国传统医学留下宝贵财富。就天文学而言，“没有一个机构比中国宫廷更需要它了，因为宫廷要按照古老的习惯公布历法，让它为天下人所接受”①。官方还垄断了对天文的解释权，唐代曾颁布法令禁止民间采用非官方历法，还对民间观测天象、解释自然灾异的人加以惩处。宋代“召天下伎术有能明天文者试隶司天台；匿不以闻者，罪论死”②。明代也有类似禁令。管理国家政区、征收贡赋和对各地方风俗特产的重视，使地理学著述较多，而且多由宰相等朝廷大员利用职权之便主持类书的编修，如李泰《括地志》、李吉甫《元和郡县图志》、杜佑《通典·州郡典》等，偏于沿革、经济、户口等人文地理，对地形、地貌、地质等自然地理方面多所忽略。特别是宫廷为满足奢侈生活的需要，大量征集能工巧匠，垄断控制最新的发明成果和最精美产品，使其少有外传，而百姓中也以家人秘传为主要的传播手段，这些都不利于科技的发展。

隋唐时期在数学教育方面一项重要举措是在国子监内设立算学馆，相应地在科举考试中设明算科。如隋国子寺设立“算学”，置有博士 2 人，助教 2 人，招收学生 80 人，进行数学教育。唐沿隋制，显庆元年（656 年）在国子监中重设算学馆。由算学博士“掌教文武八品以下及庶人之子为生者”（《旧唐书·职官志》），共招学生 30 人，分为两组，学制均为 7 年。开始还比较正规，后来便时有兴废。唐代六个学馆中，国子学有学生 300 人，太学、四门学各有学生 500 人，而算学仅有 30 人，后来还减为 10 人。算学博士是品位最低的从九品下，只能拿到最低的月俸。“明经”和“进士”仍是大多数知识分子追求的目标。

数学的发展更能说明这种实用特征。数学的重要性主要在于它与历法有关。在《畴人传》中很难找到一个数学家不受诏参与或帮助他那个时代的历法革新工作，并且多与统治需要和现实问题有关。诸如土地丈量、谷仓容积、堤

---

①［英］李约瑟：《中国科学技术史》第 3 卷，382 页，北京，科学技术出版社，1978。

②《天文志·序》，见《宋史》卷四八，北京，中华书局，1985。

坝、河渠修建、税收等最基本的实际问题。“为数学”而数学的场合很少①。从《九章算术》开启这一传统，历代数学著作多沿袭未改。十部算经中唯一的一部唐人著作王孝通《缉古算术》，包括20道题，其中天文方面1道，土木工程6道，地窖和仓库容积7道，勾股问题6道，多为解决实际问题。中晚唐，人们对简化筹算计算过程的要求较为迫切，出现了不少实用算术的书籍，如龙受益《算法》、江本《一位算法》、陈从运《得一算经》等。到宋代，传统的实用数学的发展达到了高峰。

一种高度发达的文化，主要并不在于它占有的知识总量，而首要的是那种传统的创造精神和创造力，即它对于后代文化发展的延伸作用。唐代学术文化发展中的不平衡性较为显著，短期内片面的深刻导致专门学术的兴盛。这种深刻的片面发展和加速运行，则于文化演进少有补益，造成文化整体的分裂（人类精神的分裂）。这种精神生活中日益分裂出的两个极端集团，一是文学知识分子，一是科学家。英国作家斯诺称之为“两种文化”②。他认为两者都只配称“子文化”（subculture），表征我们人类本性和天赋，都是作为人类学范围内的文化而存在。一方面是文化发展中的分支强化，另一方面是作为人类本质力量的文化的整合功能的必要。这似乎是一个悖论，但正是这种辩证的双向互动过程构成人类文化演进的历史模式。

恩格斯在《反杜林论》中按照自古已知的方法把整个认识领域分成三大部分：第一部分包括所有研究非生物界的并且或多或少能用数学方法处理的科学，即数学、天文学、力学、物理学、化学；第二类是研究活的有机体的科学（主要是生物学、生理学、动物学等）；第三类科学，即按历史顺序和现在的结果来研究人的生活条件、社会关系、法的形式和国家形式及其由哲学、宗教、艺术等等组成的观念上层建筑的历史科学（主要是人文社会科学）。这基本是将人类的各种学术予以概括分类。第一类以自然为对象，第三类以社会和人为对象，第二类介于前两类之间，往往是各种横断学科和交叉学科活动的空间，是未来发展兴盛的学科，诸如人类学、心理学以及统合的文化学等。学术正是

---

① ［英］李约瑟：《中国科学技术史》第3卷，339页，北京，科学技术出版社，1978。

② 详见［英］查·帕·斯诺：《对科学的傲慢与偏见》，陈恒六、刘兵译，成都，四川人民出版社，1987；斯诺：《两种文化》，纪树立译，北京，三联书店，1994。

在不断分化和综合的二律背反中获得发展。分化中的深化并保持相应的比例，是综合的前提，是整个民族文化乃至人类文化发展的重要条件。古代科学文化多偏离于学术价值的中心，造成学术文化结构中不合理的分布，科学文化经宋元的一时繁荣后，即归于鸭行鹅步的缓慢发展，这确实值得我们思考学术文化的整合功能和效应。现代学术发展，特别是人文学科的发展状况，从另一角度印证了这一问题①。马克思曾预测未来必将实现人同自然统一也即科学和人文文化的统一，反观唐代学术发展乃至对当今学术文化倾向的影响，我们应深长思之。

① 由于对近代落后的反思，以教育和实业救国，学习西方科学技术成为五四时期知识分子们的中心取向。传统重人文轻自然的价值观有所转变，但其根基仍是以实用理性为主，追求切近的功利目标，满足于一统思想模式的引导，大量的直觉经验、感性判断代替了深层的理性思考和文化感受，以致当自然科学的高精尖研究捷报频传时，人文—社会学界却开始了对西方近当代学说和理论的大批量输入，而自身少有建树。其成因、其弊端，其表现以及解决的途径，已有多位青年学者论及，此不赘言。

第四章
外传佛教与中土禅宗

佛教自汉代传入中国，在与中国民族传统思想文化和社会习俗逐渐融合的过程中不断发展，至隋唐而达到鼎盛。特别是标志佛教中国化的禅宗的兴起，为佛教在中国的发展开辟了新领域。隋唐佛教的兴盛，对中国社会思想文化的各个层面都产生了很大的影响。

一、外传佛教的发展与宗派的形成

前文已述，由于隋唐历代皇帝大都崇佛和朝廷“三教并用”的政策，外传佛教在隋唐时期得到辉煌的发展。佛教宗派形成于隋唐时期，既与隋唐王朝实现“三教并用”政策，为佛教的自由发展带来了宽松的政治环境分不开，又是佛教自身发展的结果。

隋唐王朝为利用佛教为封建统治服务，历代皇帝大都对佛教的发展采取积极扶持或纵容的态度。当时，许多有利于佛教发展的重大措施，都以皇帝诏令形式得到全国性的推行。隋文帝杨坚即位初年，即令在五岳各建佛寺一所，诸州县建立僧、尼寺各一所，并在他所经历的45州各创设大兴善寺，又建延兴、光明、净影、胜光、禅定等寺，据《辩正论》卷三载，他所建立的寺院共有3792所。他还分别于仁寿元年（601年）、仁寿二年、仁寿四年三次下诏在全国各州建立佛塔。唐太宗李世民虽然就其个人信仰来说并不信佛，但他仍很注意利用佛教作为安抚人心、巩固封建统治的精神武器。贞观二年（628年）五月敕云："章敬寺是先朝创造，从今以后，每至先朝忌日，常令设斋行香，仍永为恒式。"① 贞观三年十二月一日诏："于建义以来，交兵之处，为义士凶徒殒身戎阵者，各建寺刹。"② 贞观十五年（641年）五月，唐太宗亲临弘福寺，为太穆皇后追福，手制愿文，自称菩萨戒弟子，斋供财施。唐太宗的这些做法，或是为笼络隋朝旧臣，或是为彰显君恩，稳定部属，或是为表现自己的孝道，当然具有某种政治意图，但这些做法本身在客观上无疑是对于佛教的弘扬。

隋唐时期佛教事务都由政府统一管理。隋代佛教管理机构有俗官和僧官两套班子，在政府方面，于鸿胪寺下设崇玄署，置统、丞管领僧、尼、道士、女冠的簿籍与斋醮事务，又设昭玄寺，置沙门大统、沙门统和都维那三种僧职，具体管理僧侣细务。唐代取消了独立的僧官制度，由中央政府统一管理，或属祠部，或属鸿胪寺，加强了国家管理和控制。

隋唐政府对佛经的翻译和佛学的研究也予以极大的重视和支持。隋初，文帝集名僧于大兴善寺，令昙延筹建译馆，组织译经。他曾规定京师及并州、相州、洛州等大都邑由官家缮写一切经，分别收藏在寺院及秘阁之内。隋文帝还大力提倡佛教义学，并广延当时各学派名僧，以长安为中心建立了传教系统，对于当时佛学的研究和交流起了重要促进作用。唐太宗同样重视佛经翻译，从贞观三年（629年）开始组织译场，由波罗颇迦罗密多主持，唐代的佛经翻译就基本上由国家管理。贞观十九年，玄奘从印度求法归来，带回大量梵文经典，政府在长安慈恩寺为他组织了3000人的庞大译场。唐太宗曾对玄奘说：

---

①《杂录》，见王溥：《唐会要》卷四九，北京，中华书局，1955。

②《议释教下》，见王溥：《唐会要》卷四八，北京，中华书局，1955。

“自法师行后，造宏福寺，其处虽小，禅院虚静，可为翻译。所须人、物、吏力，并与（房）玄龄商量，务令优给。”[1] 可见其条件之优越。正是在这一组织完善、设施周全的钦定译场，玄奘和他的同事们得以专心致志地、高质量地重译及新译了 75 部、1335 卷重要经论。唐太宗还应玄奘之请，新撰了有名的《大唐三藏圣教序》，赞诵佛教的功德。

武则天执政时，更是把对佛教的崇拜和支持推向了一个高潮。她不仅“令释教在道法之上，僧、尼处道士、女冠之前”[2]，“铸浮屠，立庙塔，役无虚岁”[3]，还亲自主持对梵本《华严经》的新译，并为之作序。她对禅宗北派领袖神秀和南派领袖慧能也都给予了很高的礼遇。隋及唐初，佛教宗派的形成和发展，显然与当时帝王对佛教的尊崇和支持，以及这一政策创造的宽松的政治、社会、学术环境分不开的。

隋唐佛教宗派的形成与发展也与寺院经济的高度发展相联系。隋唐佛教的鼎盛是建立在强大的寺院经济基础上的，而发达的寺院经济则为佛教宗派形成的提供了良好的物质基础。中国佛教的寺院经济初兴于南北朝时期，隋唐的全国统一和朝廷对佛教的尊崇，为它的发展创造了条件，特别是在安史之乱前初盛唐的经济繁荣时期，寺院经济也得以迅速兴盛。唐初对佛教的扶持，体现在经济政策上，是一方面国家正式承认寺院经济属于社会经济的一种成分，僧尼获得依据均田制而受田的权益：“凡道士给田三十亩，女冠二十亩；僧、尼亦如之。”[4] 另一方面，佛教传入中国之初，僧侣被当作方外之宾，享受免除一切世俗义务，如兵役、劳役和赋税的优待，至隋唐依然保留着。这样一来，必然导致人口大量遁入佛门，寺院经济迅速壮大。同时，隋唐时期帝王大都崇佛，王公贵族士民信佛者甚众，帝王的赐予，贵族、官僚、士人以至普通民众对寺院和僧尼的资助和舍施都十分可观。此外，寺院还利用它所拥有的土地、院产，通过出租、放贷和经营店铺、典当、邸店、车场等方式增加经济收入。有的寺院为增加财富，甚至依恃权势，巧取豪夺，侵鱼百姓，逼夺民产。总

---

① 《玄奘传》，见《续高僧传》卷四，台北，文殊出版社，1984。
② 《则天皇后本纪》，见《旧唐书》卷六，北京，中华书局，1975。
③ 《苏环传》，见《新唐书》卷一二五，北京，中华书局，1975。
④ 《户部》，见《唐六典》卷三，北京，中华书局，1992。

之，隋唐时期佛教寺院通过各种方式获取财物，使自身经济实力不断壮大，寺院所占有的财富一度达到惊人的程度。辛替否上唐中宗书所谓“今天下之寺盖无其数，一寺当陛下一宫，壮丽之甚矣！用度过之矣！是十分天下之财而佛有七八，陛下何有之矣！”① 虽不免甚溢之词，却也可使人想见当时寺院经济的规模。

唐朝历代排佛者，从初唐的傅奕、狄仁杰、辛替否，到中唐的韩愈、晚唐的皮日休，他们反佛的理由，无不提到佛教寺院经济的恶性膨胀及其对国家利益带来的严重危害，这也从一个方面说明了唐代佛教寺院经济的雄厚。隋唐发达的佛教寺院经济为佛教宗派的形成和发展创造了物质基础。特别是一些经济力量雄厚的大型寺院，实际上已经成为当时佛学研究和交流的学术中心。大型寺院能够为大师们独立地发挥佛教理论、创造发达的学术体系、形成特定的势力范围、培养一批批有学问的僧俗弟子、组成比较稳固且独立的教团提供良好的物质条件。他们在中国传统封建宗法制度影响下，也有通过学术传承的形式制定独特的宗教规范和管理制度，巩固和加强以本祖庭或寺院为中心，以名僧为领袖的集团组织，以维护其既得的经济权益和社会地位的需要。隋唐佛教各宗派不仅在思想上独树一帜，而且在组织上自立门户，有的宗派径以山门和寺号名宗，当与此不无关系。

隋唐佛教宗派形成也是佛教理论长期发展的结果。汤用彤先生曾经指出，印度佛教本来就有派别的不同，而且传入中国的佛教本身就很复杂，佛经不限于印度的梵文，也有西域的各种语言；译经的僧人来源不同，如月支、南海、安息等处；佛教传来历时悠久，遂有种种派别，有早期的小乘，有后兴的大乘，而大乘中有先出之龙树、提婆，后来的无著、世亲；在传译时常用口解，一方面名词之解释有时因而涉及非佛教的材料，另一方面译人常外于经典意义加以解释。因此，佛教传入中国的经典，不仅很多，而且理论也很复杂②。佛教传入中国后，由于受中国文化的影响，因人因地因时的不同，研究者对于传入的同一经论，亦有各人不同的解释。南北朝时期，由于社会环境和思想文化

---

①《辛替否传》，见《旧唐书》卷一〇一，北京，中华书局，1975。

② 汤用彤：《中国佛教宗派问题补论》，见《汤用彤学术论文集》，389 页，北京，中华书局，1983。

背景等方面的原因，南北佛教便已经明显呈现不同风格。从整体上看，南朝佛教表现出重视教义、偏重理论发挥的特点，而北朝佛教则表现出重视禅定、诵经、持戒的具体修行以及建寺、造像的宗教活动的基本特点，其实践性格比较明显。由于译出的经典益多，不同的理解的译者和研究者为宣传自己的观点，便采取各种方式讲说、传授经论，以至在南北朝时期，特别是在南朝，讲说经论的风气十分盛行。讲经既多，与此相联系的是听众益多，佛经的注疏亦因之甚多，且有集注产生，这样就逐渐形成不同的学派。南北朝佛教学者往往不只通达一经一论，而是同时对多种经论有深入研究，任何一位经师可以同时开讲数种经论。但是，在南北朝时期，虽然佛经讲习盛行，听者甚众，听众与讲说者之间，主要是学说上的师宗关系，尚未见有师徒成一集团。“一寺因一师专讲一经而成为中心，则首见于隋初”①。隋唐时期，佛教思想空前活跃，随着对佛教经典研究的逐步深入，出现许多专通某类经论的大师。而隋唐封建王朝政治上统一的政治需要和日益强大的寺院经济，又为他们提供了条件，使其能够在思想方面独树一帜，建立一个似乎可以弥补和贯通佛教不同时期各类经典乃至各派在理解上长期存在的分歧和矛盾的理论体系，在组织上自立门户，形成一定的势力范围，以利于本门学说的流传，维护本寺院、本团体的利益。正是在这种发展背景下，以智顗、灌顶、吉藏、慧远、玄奘、窥基、道宣、法藏、澄观、慧能、神秀、善导等为代表的一大批杰出的佛教思想家，以对中国佛教独特的理解和卓越的著述活动，创立了具有世界影响的中国佛教宗派。

中国佛教宗派的形成是同各宗的判教理论分不开的。所谓判教，就是判别或判定佛所说各类经典的意义和地位。如前所述，由于介绍到中国的大量佛教经典十分复杂，人们逐渐发现各种经典的内容有差异，思想不一致，从而引起矛盾和纷争，各宗派为调和佛教内部的不同说法，在肯定佛教所有经典及其思想体系的存在理由和基本价值的前提下，根据自己的观点、方法，把所有佛典和教义加以系统批判、整理，对它们的意义和地位重新作出评价、安排，把自己所尊奉的那部分经典说成最高、最圆满，而其他经典则各有所偏，借此以抬高本学派或本宗派的地位，这就是各派判教活动、判教体系的实质。隋唐各宗

① 汤用彤：《论中国佛教无“十宗”》，见《汤用彤学术论文集》，361页，北京，中华书局，1983。

派均有自己的判教说法，如天台宗智顗提出“五时八教”的判教理论，而突出了自己所宗依的经典《华严经》的特殊地位；三论宗吉藏提出“五教十宗”的判教理论，也把自己尊奉的《华严经》放在最高圆教位置。中国佛教各宗派判教活动有一个共同的特点，就是各宗派都致力于完善以自己为最高品位而又兼容他宗，这一特色在相当程度上体现了中华民族自汉唐以来始终不减的包容涵盖的气度①。同时，这也是外传佛教受中国文化影响，在政治上、伦理上、思辨上逐渐显示出与印度佛教不同的特色，逐渐中国化的一个方面。宗派的形成是中国佛教成熟的一个标志，说明中国的佛教徒已经可以根据自身对教义的理解，并针对中国的情况发展佛教了。

二、隋唐佛教各宗派

佛教传入中国发展至隋唐，开始形成中国佛教自创的宗派。这一现象既反映了外传佛教在中土的极致发展及其与中国传统文化的融合，也反映了隋唐社会文化的繁荣。隋唐时期，中土自创的佛教新宗派主要有天台宗、三论宗、三阶教、唯识宗、华严宗、律宗、密宗、净土宗和禅宗。除禅宗将在下一节叙述外，这里将其余各宗作一简要介绍。

（一）天台宗

天台宗是中国佛教史上第一个体现宗教上统一的新教派。天台宗形成于陈、隋之际，盛于初唐，尊印度僧人龙树为始祖，但实际创立者是四祖智顗，因其中心地是浙江天台山而得名。智顗（538—597），俗姓陈，颍川（今河南许昌）人，18 岁出家，从慧思（515—577）受业。陈光大元年（567 年）智顗到金陵讲学，受到僧俗人士的一致欢迎和陈宣帝的特殊礼遇。陈太建七年（575 年）入天台山，建草庵，讲经 9 年，因称“天台大师”。这期间，陈宣帝敕“割始丰县（今浙江省天台县）调，以充众费；蠲两户民，用供薪水”②，

---

① 王志远：《佛学》，参见程裕祯主编：《中国学术通览》，108 页，北京语言学院出版社，1995。

②《国清百录》卷一，转引自潘桂明：《中国佛教百科全书·宗派卷》，71 页，上海古籍出版社，2000。

为他潜心隐修、发展宗派提供了有力的经济支持。智顗根据佛讲经的时间前后、经典的内容和传教的不同方式，提出了“五时”（华严时、鹿野苑时、方等时、般若时、法华时）、“八教”（化法四教：顿、渐、秘密、不定；化仪四教：藏、通、别、圆）的判教体系，依据《法华经》阐明诸法实相的道理，融合当时南北佛教的特点，强调“止”与“观”并重，并以典型的汉语结构提出“一念三千”、“三谛圆融”和“一心三观”等一系列崭新概念，直接推动了天台宗的建立和发展。智顗曾口述《法华玄义》、《法华文句》、《摩诃止观》等，由弟子灌顶集录成书，世称天台三大部。天台宗在智顗圆寂后，由灌顶（561—632）继续弘传。唐代相次传承的有法华寺智威（？—681）、天宫寺慧威（634—713）、左溪玄朗（673—754）、荆溪湛然（711—782）、广修（？—843）等。

天台宗的理论特点是强调“止观并重，定慧双修”。所谓止，即停止、止息，指的是坐禅，也即定或禅定，是一种通过静坐敛心、专注一境而达到止息妄念、解脱烦恼、修养心灵的方法，也即“伏结”。所谓观，即观照、观达，指的是在止的基础上启发神明，产生智慧，扫除迷惑，辨清事理，所以也叫慧，也即“断惑”。智顗认为：“泥洹之法，入乃多途，论其急要，不出止观二法。所以然者，止乃伏结之初门，观则断惑之正要；止则爱养心识之善资，观则策发神解之妙术。止是禅定之胜因，观是智慧之由籍。……此之二法，如车之双轮，鸟之两翼，若偏修习，即堕邪倒。”① 自佛教传入中国后，在修行方式上出现了不同的流派和风格，南北朝时，北朝较讲究“禅定”，南朝较讲究“义理”，天台宗主张止、观或慧、定两者不可偏废，在调和南北佛教的基础上，建立起了自己的独特理论体系。

天台宗在哲学上具有主观唯心主义的特征，智顗提出的著名“一念三千”说，反映了天台宗对世界的基本看法。所谓一念，即一念心、一心，指心念活动的一刹那；三千，即三千世间，总括宇宙万有、整个世界。智顗说：“夫一心具十法界，一法界又具十法界、百法界。一界具三十种世间，百法界即具三千种世间。此三千在一念心，若无心而已。介尔有心，即具三千。……只心是

① 智顗：《修习止观坐禅法要》，见《大藏经》第46册，大正影印本，台北，台湾新文丰出版公司，1983。

一切法，一切法是心故。”① 在佛教中，十法界指地狱、饿鬼、畜生、阿修罗、人间、天上、声闻、缘觉、菩萨、佛，三种世间指五阴世间、众生世间、国土世间。三千法界可谓包括了佛教时空观中的一切存在。智顗认为“一念心”即具三千世间，每一人心中都具备宇宙万象，实质上把客观世界存在的一切视为人的精神、意识、思维即“一念心”的产物。

智顗的“三谛圆融”说，反映了天台宗的认识论思想。智顗认为，一切事物都由因缘而生，没有永恒不变的实体，叫做“空谛”；一切事物其中虽无永恒不变的实体，却有如幻如化的相貌，叫做“假谛”；这些都不出法性，不待造作而有，叫做“中道谛”。所谓“三谛圆融”，即任何一事物，既是空，又是假，又是中，从假看即三谛悉假，从空看即三谛悉空，从中看即三谛悉中，认识的主体（“一心”）能够在同一时间观照空、假、中三谛，即达到“圆融”的境界。在天台宗看来，这种圆融无碍的认识是佛教的最高境界。显然，“三谛圆融”表现了天台宗对臻于完善认识的一种追求。

（二）三论宗

三论宗以信奉、弘扬印度大乘空宗学者龙树、提婆所著阐扬空宗思想的《中论》、《百论》、《十二门论》三部经典而得名。尊龙树、提婆为初祖，实际上是印度僧人鸠摩罗什（343—413）于姚秦弘始三年（401 年）来中国弘传空宗之学后，其弟子代代研习逐渐形成三论宗的理论体系，集大成者或实际创始人则是陈、隋之际的吉藏。吉藏（549—623），俗姓安，安息（西亚古国，位于今伊朗高原东北部）人，生于金陵（今江苏省南京市）。少时出家，师事兴皇寺法朗（507—581），19 岁开始讲经，受大众称誉。精通龙树、提婆大乘空宗之学。主张“诸法性空”的理论，建立真俗二谛之说，以说明宇宙万有只不过是“心”、“情”、“理”的表现，而导归于无所得。撰有《中论疏》、《百论疏》、《十二门论疏》及《三论玄义》、《大乘玄义》、《二谛义》等著述 40 余种。吉藏博学多识，著述多，弟子多，历受陈、隋、唐三代王室尊崇。他创立的三论宗曾一度流行于关中及江南，至唐以后，逐渐衰微。高丽僧慧灌受业于吉

① 智顗：《摩诃止观》卷五上，见《大藏经》第 46 册，大正影印本，台北，台湾新文丰出版公司，1983。

藏，后于日本初讲“三论”，遂被称为日本三论宗之祖。

三论宗的理论核心是印度大乘空宗中观派思想的发挥，它的主要方面是“二谛”论和“八不中道”说。所谓二谛，即真谛和俗谛。谛即真理，真谛又称第一谛，指真正的真理，即佛家的真理；俗谛又称世谛，指世俗的真理，即众生所认为的道理，在佛家看来这是一种不彻底的真理。三论宗的二谛说，就是通过对二谛的阐释，引导人们正确认识和把握客观世界，即诸法的“实相”。龙树《中论·观四谛品》有一段被经常引用的话：“众因缘生法，我说即是空，亦为是假名，亦是中道义。”这是理解中观派思想特点的关键。在佛家中观派看来，世界上的一切事物都是“众因缘”所“生”，其本质都是“空”，这就是佛教的真理性认识，即真谛。世间的万事万物，看似存在实质虚假，是为“假名”，如果在认识中执著假名为“有”，那是世俗的观点，即“俗谛”；同样，如果只看到“空”看不到“有”，只讲真谛不讲俗谛，也就陷入了对“空”和“真谛”的偏执，也不符合“中道”。三论宗认为，只有把“空”和“假名”联系起来，即从“空”的真理性中认识“假名”，在“假名”中体悟“空”，才能达到符合“中道”的正确的认识。“八不中道”，是对于二谛的进一步解说。所谓“八不”，即《中论》提出的“不生亦不灭，不常亦不断，不一亦不异，不来亦不出。”中观派思想认为必须否定和破除生、灭、常、断、一、异、来、出八个极端，才能正确理解缘起法。吉藏对于这“八不”予以高度评价，在他看来，“八不具二谛也”①，“八不即是中道”②。

（三）三阶教

三阶教由隋代僧人信行创立。信行（540—594），俗姓王，魏郡（今河南省安阳市）人。少年出家，博通经论。后于相州（今河南省安阳市）法藏寺舍具足戒，修头陀行，并创立三阶教，曾盛行一时。著有《对根起行杂录集》、《三阶位别录集》。

三阶教把全部佛教按“时”、“处”、“机”（指人）分为三阶。第一阶为正

---

① 吉藏：《中观论疏》卷第二（本），见《大藏经》第42册，大正影印本，台北，台湾新文丰出版公司，1983。

② 吉藏：《中观论疏》卷第一（本），见《大藏经》第42册，大正影印本，台北，台湾新文丰出版公司，1983。

法时期，“处”是佛国即“净土莲华藏世界”，只有佛菩萨，修持的是大乘一乘佛法。第二阶为像法时期，“处”是“五浊诸恶世界”，人是凡圣混杂，流行大小乘（三乘）佛法。第三阶是末法时期，“处”也是“五浊诸恶世界”，但人都是“邪解邪行”，当信奉三阶教，普信一切佛乘及三乘法，正学一切普真普正佛法。另外就众生根机上，划分最上利根的人为第一阶，利根而有正见的人为第二阶，虽利根而无正见和钝根造五逆十恶的人为第三阶。认为佛灭后一千年前所有众生为第一和第二阶，而一千年后为末法时期则属第三阶。三阶教认为，隋代已到末法时期，不应再以念一佛、诵一经为足，而要普归一切佛，普修一切法，称为“普法”。三阶教宣扬以“普法”救众生，因此又名“普法宗”。三阶教提倡苦行，反对偶像崇拜。据说信行对此身体力行，他曾发愿为众生亲服劳役，苦行忍辱，托钵乞食，日止一食，习《法华》等大乘经、大小乘戒，蚤夜无已；认为一切众生皆是真佛，路遇男女，率皆礼拜；主张死后尸体置森林，供鸟兽食，谓之以身布施。三阶教还倡导“无尽藏”行，劝信徒施舍钱粮由寺院库藏，建立起本宗独立的经济基础，其使用方向既用以布施或借贷给贫苦信徒，也供寺院修缮等用。由于三阶教的末世理论和修行方式与隋唐盛世社会心态背道而驰，隋唐当局多次明令禁止，当时佛教界正统派也对其持批判态度，该宗派至唐代日趋衰微，终归消灭。

（四）唯识宗

唯识宗由唐朝著名僧人玄奘及其弟子窥基所创立。唯识宗思想渊源于古印度大乘佛教的瑜伽宗，依据《解深密经》、《瑜伽师地论》等，主张“万法唯识”，用“唯识所现”来解释世界，故名唯识宗。唯识宗重视法相分析，故又称“法相宗”。因其主要创始人玄奘与弟子窥基长期在长安大慈恩寺译经，故也称慈恩宗。玄奘（602—664），俗姓陈，本名祎，洛州缑氏（今河南省偃师县缑氏镇）人。他于贞观三年（629 年）从凉州出玉门关西行赴天竺求法，历尽艰辛。贞观十九年（645 年），玄奘取经回到长安后，在唐太宗的大力支持下，在慈恩寺组织译场，翻译经论。玄奘一生全力译经，除著有《大唐西域记》外，他的佛学思想主要见于其编译的《成唯识论》和弟子窥基的著作中。窥基（632—682）是玄奘的高足，由于玄奘自己的主张大都只是配合着他的翻译随时对他的弟子们讲说，没有专篇著作，而窥基为新译的经论作了将近百部的注疏，特别是在《成唯识论》、《因明入正理论》等重要典籍有极其详尽的解释，大大发扬了玄奘译传的新说。窥基之后，有慧沼（650—714）、智周（668—723）对唯识宗相继阐扬。永徽四年（653 年），日僧道昭入唐从玄奘学法；开元年间，日僧玄朗等入唐从智周学法，先后将唯识宗传入日本，成为日本奈良（710—794）、平安（794—1192）时期最有势力的宗派之一。

唯识宗学说的特征，如吕澂先生曾经指出，“是用三性来解释诸法实相”①。所谓三性，又称三自性、三自相，即遍计所执性、依他起性和圆成实性，是唯识宗所说的诸法的三种存在形态或层次。遍计所执性，指人们把以名言、概念所表示的一切事物视为各有自性差别的客观实在的世俗认识，而这种认识在唯识宗看来，是不真实的、谬误的。依他起性，指“依他众缘而起”的一切现象，在唯识宗看来，因为一切现象均为“众缘所引自心，心所虚妄变现”②，所以虽存在而不真实，似有而非有。圆成实性，指在依他起性上，避免或远离遍计所执性的谬误，达到认识一切现象既无“人我”又无“法我”，由此获得真实的认识，即圆满成就一切现象的真实性。三性说反映了唯识宗对于诸法实相，即宇宙一切事物的形成及其本质的根本看法，它认为用唯识观即观察万法唯是识所变现的方法，可以洞察三性，达到转染（识）成净（智），由迷而悟，解脱成佛。

唯识宗思想的核心是“八识”说。唯实宗认为，宇宙间的一切，无论是人类即作为认识主体的“我”，还是万物即作为认识对象的“法”，都是假有而不具实性，都不过是心识的变现。而能变现“我”、“法”的识可概括为八种，这“八识”即眼识、耳识、鼻识、舌识、身识、意识、末那识、阿赖耶识。唯识宗把这八种识分为三类：眼、耳、鼻、舌、身、意为前六识，包括人的感觉和思维意识，其功能是“了别”，即通过感觉和思考对客观事物进行区别认识。第七识末那识，是前六识缘起的依据。唯识宗认为，前六识不会无因而起，总要有所依据，这个依据就是末那识。但是，末那识又是以第八识阿赖耶识为其存在活动的依据的，并同阿赖耶识一起成为前六识发生的依据，因此，末那识

① 吕澂：《中国佛教源流讲略》，187 页，北京，中华书局，1979。

②《成唯识论》卷八，见《大藏经》第 31 册，大正影印本，台北，台湾新文丰出版公司，1983。

仅是一个“转识”，是沟通前六识与第八识的桥梁。据说人之所以发生“我执”的谬误，具体就在于末那识的作用，这样，末那识即是烦恼的根源。第八识阿赖耶识，亦意译为“藏识”、“种子识”，意为含藏诸法“种子”。唯识宗所谓的“种子”，实质上是指可以生变世界一切现象的一种精神因素。唯识宗认为，阿赖耶识是根本识，是其他诸识的本原，诸法都是由阿赖耶识变现出来的。在阿赖耶识这个根本识中，含藏着作为一切现象的原因的种子，而阿赖耶识则是通过种子生变世间一切万物，包括“识”本身的。唯识宗认为，第八识阿赖耶识所含藏的“种子”，分“本有”和“始起”两类，“本有”指有始以来先天具有的；“始起”指后来熏习而成的。熏习，是指能生长出种子的现行活动。前七识的活动形成概念，在第八识上留下印象，这就是熏习，熏习的产物便是种子。唯识宗还认为，阿赖耶识所含藏的“种子”，其性质可分为两类：一类是“有漏种子”，即能变现一切现象、导致生死流转的染污种子；另一类是“无漏种子”，即能断除所有烦恼、摆脱生死轮回的清净种子。宗教修行的实践，就是用善行对有漏种子不断进行熏习，使之转化为无漏种子，最终悟得正果。唯识宗的理论体系庞大，教义十分繁细，这也是它虽然在唐初曾盛行一时，却仅三传即衰微一个原因。此外，唯识宗特别重视“因明”，即逻辑论证，玄奘所翻译的印度因明学著作以及他与弟子们为论证自己的学术体系对因明学的运用和传播，无疑对中国逻辑学的发展作出了重要贡献。

（五）华严宗

华严宗因其依据《华严经》立宗而得名。它的实际创立者是被尊为三祖的中唐武周时高僧法藏，因武则天曾赐号法藏为“贤首大师”，故又称“贤首宗”。法藏（643—712），原籍西域康居（在今巴尔喀什湖和咸海之间），祖父移居长安，因而以康为姓。17 岁入太白山求法，从智俨学《华严》，智俨圆寂后才出家。他曾参加八十卷《华严经》的翻译工作，并在洛阳佛授记寺开讲《华严经》。所著《华严探玄记》、《五教章》、《起信论义记》等，吸收了玄奘新译经论中的一些理论，用以发挥《华严经》圆融无碍的缘起学说，为他完成教判、创立宗派奠定了基础。法藏一生讲说《华严经》三十余遍，曾奉敕入宫为武则天讲经，备受尊崇。在他的影响下，武则天亲为新译《华严经》作序，他又曾为唐中宗、唐睿宗授菩萨戒，可见他在当时佛教界和朝廷的眼里具有很高的地位。法藏之后，华严宗在被尊为四祖的澄观（738—839）和澄观的弟子、被尊为五祖的宗密（780—840）时期得到进一步发展。澄观把禅宗思想引入华严教法，为教禅融合之嚆矢，使华严宗理论体系更加完备。宗密在思想上着力调和教禅二派和儒、释、道三家的对立，对佛教的发展影响深远。唐开元二十六年（738 年）日僧携华严章疏返国，从此华严宗传入日本。

华严宗的基本教理是“法界缘起”说。所谓“法界”，指的是宇宙一切现象的“总相”，相当于人们常说的存在。缘起，即依缘而起，“唯心缘起”，指宇宙一切现象均依一定条件或原因而生起、变化，在华严宗看来，心则是万法缘起的最根本条件。华严宗认为，宇宙间的一切现象都是由心识引起的幻相，“尘是心缘，心为尘因，因缘和合，幻相方生”①，并没有任何独立的实体。为了阐明“法界缘起”，华严宗提出“六相”、“十玄”、“四法界”等说，从“理”和“事”两方面观察宇宙万有的互融、互具，并彼此互相为缘。“六相”，指总、别、同、异、成、坏六种相状。其中总、同、成三相系指全体或总体，别、异、坏三相系指部分或片断。华严宗用这三对范畴从六个方面说明，一切现象虽然各有自性，但又都可以融合无间，这就叫“六相圆融”。“十玄门”，亦称“十玄缘起”，即“同时具足相应门”、“一多相容不同门”、“诸法相即自在门”、“因陀罗网境界门”、“微细相容安立门”、“秘密隐显俱成门”、“诸藏纯杂具德门”、“十世隔法异成门”、“唯心回转善成门”、“托事显法生解门”。“十玄门”从十个方面具体解说了法界缘起的特征，如，“一多相容不同门”，说的是佛教各法门虽各有特性，但任何一种都能“含受”其他一切法门的内容，一能摄多、容多，而不失一，故一多相容而不同。“十玄门”与“六相圆融”会通而构成“法界缘起”的中心内容。“四法界”，即事法界，指宇宙间的一切现象，世俗认识总是看到事物的千差万别，其实它们虽有而非实，只是依心而起的假象；理法界，指一切现象的共性，“理”，指现象的本体、本性，即是本心、佛性、真如，在佛智看来，一切现象乃是“唯识所现”，都不实在，现象的共性就是“空性”；理事无碍法界，指把“理”“事”联系起来观察，理、事

---

① 法藏：《华严义海百门》，见《大藏经》第 45 册，大正影印本，台北，台湾新文丰出版公司，1983。

报恩经变相图
唐　绢本设色
高168.0厘米　宽121.6厘米
英国藏

千手千眼千钵文殊师利菩萨（局部）
绢本彩绘
原敦煌藏经洞文物
现藏俄罗斯国立俄米塔希博物馆

供养天女　盛唐
绢本彩绘
原敦煌藏经洞文物
现藏俄罗斯国立俄米塔希博物馆

（一）　（二）　（三）　（四）

大英博物馆藏敦煌壁画

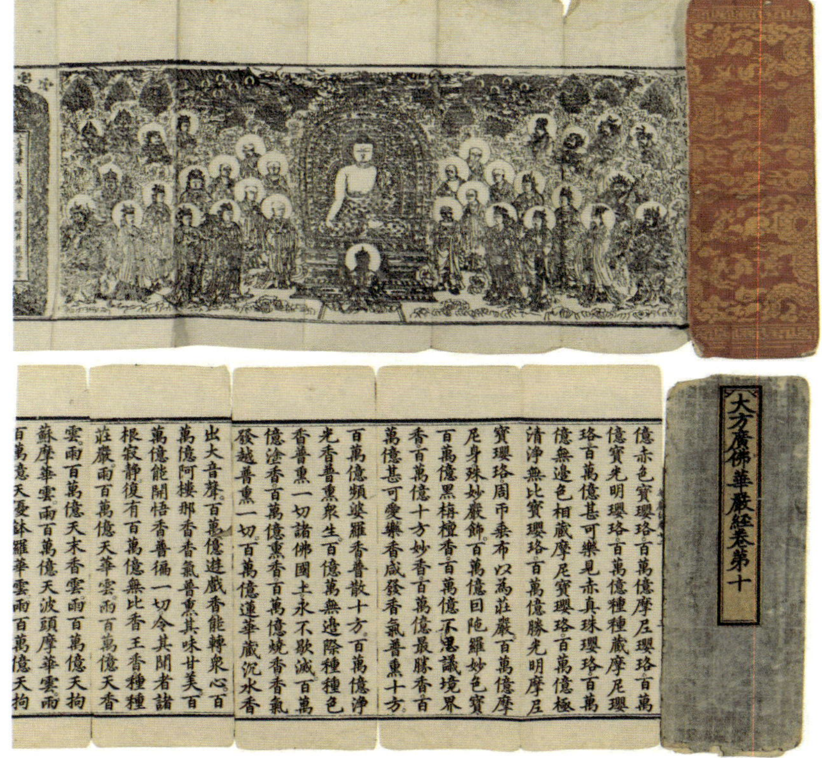
大方廣佛華嚴経卷第十

億赤色寶瓔珞。百萬億摩尼瓔珞。百萬
億寶光明瓔珞。百萬億種種藏摩尼瓔
珞。百萬億甚可樂見赤真珠瓔珞。百萬
億無邊色相藏摩尼寶瓔珞。百萬億極
清淨無比寶瓔珞。百萬億勝光明摩尼
寶瓔珞周帀垂布以為莊嚴。百萬億摩
尼身殊妙嚴飾。百萬億因陁羅妙色寶
百萬億黑栴檀香。百萬億不思議境界
香。百萬億十方妙香。百萬億最勝香。百
萬億甚可愛樂香。咸發香氣普熏十方。
百萬億頻婆羅香普散十方。百萬億淨
光香普熏衆生。百億萬無邊際種種色
香普熏一切諸佛國土永不歇滅。百萬
億塗香。百萬億熏香。百萬億燒香香氣
發越普熏一切。百萬億蓮華藏沉水香
出大音聲。百萬億遊戲香能轉衆心。百
萬億阿樓那香香氣普熏其味甘美。百
萬億能開悟香普徧一切令其聞者諸
根寂靜。復有百萬億無比香王香種種
莊嚴。雨百萬億天華雲。雨百萬億天香
雲。雨百萬億天末香雲。雨百萬億天拘
蘇摩華雲。雨百萬億天波頭摩華雲。雨
百萬億天憂鉢羅華雲。雨百萬億天拘

《华严经》书影

相互彻入，现象与本体无二无别，圆融无碍，“无碍”就是统一；“事事无碍法界”，指现象与现象间的圆融统一，这是佛智达到的最高境界。华严宗认为，事本相碍，大小等殊，各自有体，其所以无碍，全在于理有包遍一切，如空无碍的性质，从而保证了事与事之间的溶融无间，“相即相入”①，互相反映，互相包含，互相渗透，互相转化，以至无穷无尽。在华严宗看来，这种事事无碍法界，亦即是法界缘起的内容。华严宗理论具有很强的思辨性，它关于现象与本体、现象与现象、整体与部分相互关系的论述，包含着不少合理因素。华严宗强烈的理性色彩对后世理学的形成产生了很大影响。

（六）律宗

律宗是以重视佛教戒律的研习和传持，并把戒律作为最根本的教义和修行方式而形成的宗派。中国佛教的律宗，实际为道宣所创立。道宣（596—667），俗姓钱，丹徒（今属江苏）人。15岁出家，从智首专究律学，曾参加玄奘译场。后为西明寺上座，思想颇受玄奘影响。道宣在佛教上的主要成就是对于律学的整理，他用大乘教义来会通本属于小乘律藏的《四分律》，撰成《四分律删繁补阙行事钞》、《四分律含注戒本疏》、《四分律删补随机羯磨疏》（称为南山三大部），消除了大、小乘律藏的派别分野。乾封二年（667年），道宣在终南山麓清宫精舍创立戒坛，按他所制订的佛教的授戒仪制为诸州沙门20余人传授具戒，从而将《四分律》从律学转化为现实的宗教实践。各地僧侣纷纷响应，均依坛受戒。因此，道宣所弘传的《四分律》学，又称“南山律宗”。道宣不仅创立了律宗，而且对佛教文史学的贡献很大。他撰述的《续高僧传》、《释迦方志》、《集古今佛道论衡》、《大唐内典录》、《广弘明集》等，均是佛教文史上的重要著作。道宣以后，天宝十三年（754年），扬州律宗鉴真，受请东渡日本传法，于奈良东大寺设坛传戒，又创建唐昭提寺，成为日本律宗初祖。

律宗十分重视戒律在佛法中的地位，道宣曾说，戒“为五乘之轨导，实三宝之舟航”②，“戒是生死舟航，出家宗要”③。五乘指人乘、天乘、声闻乘、缘

---

① “相即”、“相入”均为华严宗表示“法界缘起”概念，相即谓双方可互废自己而同一于对方，相入谓双方可以互为容摄。

② 道宣：《四分律删繁补阙行事钞序》，见《大藏经》第40册，大正影印本，台北，台湾新文丰出版公司，1983。

③ 道宣：《四分律删繁补阙行事钞》卷中，见《大藏经》第40册，大正影印本，台北，台湾新文丰出版公司，1983。

觉乘、菩提乘等五种修行的道路，三宝指正智、正信、正行三条解脱的道路。在道宣看来，无论是修行，还是解脱，都离不开对戒律的遵循；戒律不仅是出家人的宗要，而且是生死攸关的舟航。对于律宗来说，教义和宗教实践是完全一致的。律宗的理论分为戒法、戒行、戒相、戒体四科，其核心是戒体论。戒法，指佛教的各种戒规戒条，既是修行的规范，也是达到解脱的途径；戒行，指对戒律的实践，即在身、语、意三方面遵循戒律的行为；戒相，指持戒表现形状的差别，一般指模范遵守戒律的表征；戒体，指受戒时心中接受戒法，产生一种防非止恶的功能，亦即对于戒法的信念和奉持戒法的意志。在道宣以前，佛学界对“戒体”的认识存在分歧。道宣用唯识宗的思想来解释“戒体”，认为“是（身、口、意）三种业，皆但是心，离心无思，无身、口业”，故戒是“以心为体”①，并进一步把“戒体”解释为“受戒”时“熏”于阿赖耶识而留下来的“种子”，用唯识宗的“种子”平息了关于“戒体”的争论。道宣还把戒律分为“止持戒”和“作持戒”二门，“止持戒”指止非防恶诸戒，教人“诸恶莫作”；“作持戒”指教人“众善奉行”的戒。

（七）密宗

密宗作为中国佛教的一个宗派，创立于唐玄宗开元年间（713—741），是由善无畏（637—735）、金刚智（671—741）、不空（705—774）三位印度高僧相继来唐传布密教而形成的。佛教史上称以上三位僧人为“开元三大士”。他们的弟子一行和惠果对于中国密宗的建立也起了重要作用。一行（683—727），俗姓陈，名遂，巨鹿（今属河北）人，一说魏州昌乐（今河南省南乐县）人。21岁从荆州景禅师出家，后从善无畏、金刚智学密法，又参加善无畏译场，翻译《大日经》，所撰《大日经疏》是阐释密宗理论的重要著作，还精通历法和天文，曾推算出相当子午线纬度的长度。一行的弟子惠果（752—805），将胎藏界密法和金刚界密法融会一处，建立“金、胎不二”之说，在长安青龙寺东塔院设灌顶道场，弘传密宗，世称“秘密瑜伽大师”，受法弟子甚众。密宗带神秘色彩，为统治阶级所特别爱好，以至形成当时王公贵族普遍信仰密宗的

① 道宣：《四分律删繁补阙行事钞》卷中一，见《大藏经》第40册，大正影印本，台北，台湾新文丰出版公司，1983。

风气。其影响所及，日本也一再派遣学僧来唐传习。文成公主入吐蕃后宣扬的就是密宗，后来逐渐演变成为喇嘛教。唐末由空海、最澄、圆珍（814—891）等传入日本，成为“东密”和“台密”。

密教，是大乘佛教后期同婆罗门教某些教义相结合的产物，它以高度组织化的咒术、仪礼、民俗信仰为特征。密宗的主要经典是《大日经》和《金刚顶经》，在理论上融合杂糅，以大乘中观说为核心，同时包含有如来及唯识的思想，主要宣扬身、口、意“三密相应”和“即身成佛”。密宗的仪轨非常复杂，对设坛、供养、诵咒、灌顶等都有严格规定，并需经阿阇梨（导师）秘密传授。

（八）净土宗

净土宗是中国佛教中专修往生阿弥陀佛西方净土的教派。净土宗以东晋高僧慧远为初祖，但实际创宗者为唐代善导（613—681）。善导，俗姓朱，临淄（今属山东省淄博市）人。幼年出家，常诵《法华》、《维摩》诸经，偶读《观无量寿经》，大为欣赏。贞观十五年（641 年），师事道绰（562—645），倡导净土法门。贞观十九年（645 年），道绰入寂后，善导将道绰开启的“持名”念佛的净土修行方式传入京师长安，著有《观无量寿佛经疏》、《般舟赞》等。净土宗依据《无量寿经》、《观无量寿经》、《阿弥陀经》和《往生论》，专念“阿弥陀佛”名号，以期“往生”西方“净土”（“极乐世界”）。由于净土宗宣扬的出生死苦海，到净土极乐世界，正好迎合了在现实苦难中挣扎的下层民众寻求解脱的心理，加之这项修行方法简便易行，归信者甚众，中唐以后，曾广泛流行。后日本天台宗僧圆仁（794—864）来华曾学“念佛”法门回国传播。南宋时，日僧法然（1133—1212）依唐善导《观无量寿佛经疏》，确立净土教义，遂开日本的净土宗，奉善导为高祖。

净土宗奉“三经一论”即《无量寿经》、《阿弥陀经》、《观无量寿经》和《往生论》为根本经典。《无量寿经》叙述了过去有国王出家为僧，持戒苦行，终于成佛，名无量寿佛，即阿弥陀佛。他的国土在西方，名“极乐”，这是一块所有的人都没有苦难，充满喜乐的美妙的净土，并宣称“若有众生闻其名号，信心喜悦，乃至一念至诚回向，愿生其刹，必得往生”①。《观无量寿经》

---

①《佛说无量寿经》卷下，见《大藏经》第 12 册，大正影印本，台北，台湾新文丰出版公司，1983。

在宣扬阿弥陀佛极乐净土无限美妙庄严的同时，指出若真心修善持戒，或思念阿弥陀佛，或口诵“南无阿弥陀佛”就可灭罪消灾，死后往生极乐净土，并具体讲述了往生西方净土的十六种修持方法。《阿弥陀经》具体描绘了西方极乐世界众生“无有众苦，但受诸乐”的具体情况，定称只要一心诵念阿弥陀佛的名号，死后就可往生该处。此经内容简练，既概括了《无量寿经》和《观无量寿经》的基本内容，又篇幅短小，易于持诵，成为净土宗信徒的必备教材。《往生论》全称《无量寿经优婆提舍愿生偈》，又名《净土论》，根据《无量寿经》义，作五言四句二十四行的偈颂，并对偈颂一一进行解释，赞述阿弥陀极乐净土的庄严，劝人修持包括礼拜、赞叹、作愿、观察、回向（即施向）五个方面行为的“五门念”，谓死后可往生净土。净土宗不仅反复向人们宣扬西方净土极乐世界，而且把它的宗教实践简化到就是称名念佛，宣称只要口念“南无阿弥陀佛”，便可消灾灭罪，灵魂往生净土。其理论的通俗直白和修习方式的简单易行，使它得到广泛的传播。

三、佛教在中土的变异——禅宗

在唐代佛教各宗派中，禅宗是一个形成较晚而影响深远的流派。正如冯友兰先生所言：“它并不是同唯识、华严等宗派并行的一个宗派。……禅宗盛行以后，其他宗派的影响都逐渐衰微，甚至消失，‘禅’成为佛教和佛学的同义语。”“禅宗并不仅只是佛教和佛学中的一个宗派，而且是中国佛学发展的一个新阶段。”①

禅宗是一个以专修禅定为主的中国佛教派别。“禅”是梵文Dhy āna（禅那）的略称，也意译为“静虑”、“思惟修”、“弃恶”、“功德丛林”等；“定”是其意义的旁译。“禅定”就是“安静而止息杂虑”的意思。在修行者看来，静坐敛心，专注一境，久之达到身心“轻安”、观照“明净”的状态，即成禅定。一般认为，禅宗是南朝宋末南天竺僧人菩提达摩（？—528或536）由天竺来华传授禅法而创立。由达摩而慧可（487—593）、僧璨（？—606）、道信

① 冯友兰：《论禅宗》，见张文达、张莉编：《禅宗历史与文化》，哈尔滨，黑龙江教育出版社，1988。

(580—651)，至第五世弘忍（601—674）。弘忍在传授禅法时重视言传身教，而不注重文字著述，“萧然净坐，不出文记。口说玄理，默授与人”①，标出不立文字，顿入法界，以心传心的教外别传。弘忍之后，门下分成北方神秀（606—706）的渐悟说和南方慧能（638—713）的顿悟说两宗。由于后世唯南宗顿悟说盛行，人们常将南宗与中国禅宗等而视之，“禅”，甚至成为了中国佛教的别名。因此，从某种意义上说，是慧能真正将外传禅学变成了中国的禅宗。

慧能（或作惠能），俗姓卢，原籍范阳（今河北省涿州市），贞观十二年（638 年）生于南海新兴（今广东省新兴县）。幼年丧父，家境贫寒，据说是一个不识字的樵夫，听人诵《金刚般若经》，才发心学佛。咸亨五年（674 年），投弘忍门下，先是在碓房舂米，其间弘忍曾到碓房对他说法，讲“直了见性”的道理②，慧能也曾在弘忍登座说法时前往“默然受教”③。有一天，弘忍为考察他门下的弟子，把他们召集到一起，要求他们每人作一偈，并明确表示：“若悟大意者，付汝法衣，禀为六代”④。上座神秀在廊壁上题一偈曰：“身是菩提树，心为明镜台，时时勤拂拭，勿使惹尘埃。”慧能在碓房听人诵神秀偈后也作二偈表示对佛理的体会，并请人写到墙上，一是“菩提本无树，明镜亦无台，佛性常清净，何处有尘埃”；二是“心是菩提树，身为明镜台，明镜本清净，何处染尘埃。”⑤ 弘忍显然对慧能表示欣赏，于是便将禅法密授于他，并付与法衣，将他选为“继承衣钵”的传人。后来慧能在韶州（今广东省韶关市）曹溪大倡顿悟法门，宣传“见性成佛”，成为禅宗的正系。慧能因继承弘忍衣钵，而成为禅宗六祖。他死后，弟子们所编集的语录，称为《六祖坛经》。

---

①《楞伽师资记》，转引自杨曾文：《唐五代禅宗史》，82 页，北京，中国社会科学出版社，1999。

②《历代法宝记》，转引自杨曾文著：《唐五代禅宗史》，151 页，北京，中国社会科学出版社，1999。

③ 王维：《能禅师碑》，见王维撰、赵殿咸笺注：《王右丞集笺注》，446 页，上海古籍出版社，1984。

④ 慧能著，郭朋校释：《坛经校释》，9 页，北京，中华书局，1983。

⑤ 据慧能的及门弟子法海记录本《坛经》，慧能请别人帮他写在墙上的偈有两首，而它本《坛经》则为一首：“菩提本无树，明镜亦非台，本来无一物，何处惹尘埃?”参看郭朋：《隋唐佛教》，524 页、534～537 页，济南，齐鲁书社，1980。

慧能的禅宗之所以能传布很广，在于他对禅学，甚至可以说是对佛教提出了一些具有革新性质的思想。

慧能是一个佛性论者，他第一次见到弘忍时的对话，就清楚地表现了这一思想："弘忍和尚问慧能曰：'汝何方人？来此山礼拜吾，汝今向吾边复求何物?'慧能答曰：'弟子是岭南人，新州百姓，今故远来礼拜和尚。不求余物，唯求作佛。'大师遂责慧能曰：'汝是岭南人，又是獦獠，若为堪作佛！'慧能答曰：'人即有南北，佛性即无南北；獦獠身与和尚不同，佛性有何差别！'"① 可见，在慧能看来众生人人皆有佛性，而且这种人人生来就有能导致觉悟成佛的内在属性，并不因獦獠与和尚的不同而有什么区别。慧能认为，众生与佛的差别仅在于自性（心）迷与悟的不同，"自性迷，佛即众生；自性悟，众生即是佛"②。因此，众生与佛之间，没有不可逾越的界限，关键在于是"迷"还是"悟"，凡夫愚者一念若悟，即可解脱成佛。所谓"前念迷即凡，后念悟即佛"③，同样强调了凡夫与佛的差别，关键是悟与不悟。

既然人人都有佛性，而凡夫与佛的差别仅在于迷与悟的不同，那么，怎样才能从"迷"中解脱出来，达到"悟"的境界呢？慧能提出了与传统佛教思想不同的解脱观，这就是"识心见性"。他说："一切万法，尽在自身中，何不从于自心，顿现真如本性……识心见性，自成佛道。"④ "自性心地，以智慧观照，内外明彻，识自本心，若识本心，即是解脱，既得解脱，即是般若三昧。"⑤ 由于这里的"识心"是识"本心"，"见性"是见"自性"，慧能"识心见性"的解脱理论实际上是把成佛定位到主体对自我的认识上，这就把佛性、把佛从遥远的彼岸世界拉到了众生的心里。

从"识心见性"的解脱观出发，慧能在修行方法上力主"顿悟"说。他认为，"一切万法，尽在自身中。何不从于自心，顿现真如本性?"⑥ "迷来经累劫，悟则刹那间"⑦。《坛经》中多次记述了慧能这方面的体验：如记述他礼拜

① 慧能著，郭朋校释：《坛经校释》，8页，北京，中华书局，1983。
② 慧能著，郭朋校释：《坛经校释》，66页，北京，中华书局，1983。
③ 慧能著，郭朋校释：《坛经校释》，51页，北京，中华书局，1983。
④⑥ 慧能著，郭朋校释：《坛经校释》，58页，北京，中华书局，1983。
⑤ 慧能著，郭朋校释：《坛经校释》，60页，北京，中华书局，1983。
⑦ 慧能著，郭朋校释：《坛经校释》，72页，北京，中华书局，1983。

弘忍之前，“忽见一客读《金刚经》，慧能一闻，明悟心便”[①]。记述弘忍向他传法衣时，“五祖夜至三更，唤慧能堂内，说《金刚经》，慧能一闻，言下便悟。……便传顿法及衣”[②]。后来，慧能在讲学时也说：“我于弘忍和尚处，一闻言下大悟，顿见真如本性。”并宣称要“将此教法，流行后代，令学道者顿悟菩提，令自本性顿悟”[③]。慧能的顿悟成佛说，为人们开辟了一条简捷的成佛之路，它引导人们依靠自信自力，致力内心反省、自我觉悟，发挥主体意识的能动性，实现自身的解脱，在佛教史上具有重要意义。

既然“识心见性”可以由“顿悟”实现，可以“一悟即知佛也”[④]，那么传统佛教一贯实行的出家、苦行、念经、布施等形式不仅不是唯一的修行方式，甚至缺乏实际意义了。因此，慧能对于读经、坐禅、在寺等传统佛教的修持形式和修习内容提出了自己全新的看法。在这方面，《坛经》中有许多生动而精彩的记述。如，关于布施，当有人问如何理解梁武帝问达摩“朕一生已来，造寺、布施、供养，有功德否？”达摩回答“并无功德”时，慧能说：“武帝著邪道，不识正法。”“造寺、布施、供养，祇是修福，不可将福以为功德。功德在法身，非在于福田。……常行于敬，自修身是功，自修心是德。功德自心作，福与功德别。武帝不识正理，非祖大师有过。”[⑤] 这里，慧能明明白白地将传统佛教提倡的造寺、布施等所谓功德行为斥之为“著邪道”“不识正法”“不识正理”，彻底否定，强调“功德自心作”，积功德，成佛道的关键在于“自修身”“自修心”。关于念经，当有人问：“见僧道俗常念阿弥大佛，愿往生西方。愿和尚说，得生彼否？”慧能答道：“迷人念佛生彼，悟者自净其心。……心但无不净，西方去此不远；心起不净之心，念佛往生难到。……但行直心，到如弹指。……若悟无生顿法，见西方祇在刹那；不悟顿教大乘，念佛往生路遥，如何行达？”[⑥] 慧能明确指出，念佛不能成佛，而“行直心”“悟无生顿法”，则可于“弹指”间、“刹那”间“见西方”。关于坐禅，慧能也有自己

---

① 慧能著，郭朋校释：《坛经校释》，4 页，北京，中华书局，1983。
② 慧能著，郭朋校释：《坛经校释》，19 页，北京，中华书局，1983。
③ 慧能著，郭朋校释：《坛经校释》，59 页，北京，中华书局，1983。
④ 慧能著，郭朋校释：《坛经校释》，60 页，北京，中华书局，1983。
⑤ 慧能著，郭朋校释：《坛经校释》，64～65 页，北京，中华书局，1983。
⑥ 慧能著，郭朋校释：《坛经校释》，65～66 页，北京，中华书局，1983。

独特的见解。他解释“坐禅”为：“外于一切境界上念不起为坐，见本性不乱为禅。”解释“禅定”为：“外离相曰禅，内不乱曰定。外若著相，内心即乱，外若离相，心即不乱。本性自净自定，祇缘触境，触即乱，离相不乱即定。……外禅内定，故名禅定。”① 这里主张的仍是不起妄念，自识本性，而对于形式上的“坐”与“不坐”，显然是不应过于执著的。关于出家修行，慧能认为：“若欲修行，在家亦得，不由在寺。在寺不修，如西方心恶之人；在家若修，如东方人修善。但愿自家修清净，即是西方。”② 在这里，慧能强调修行不能执著于任何一种形式，其意仍在于说明关键是要“识心见性”。慧能大力破除传统的执著的修行形式，提倡不拘任何形式的禅宗修行方式，对于禅宗的广泛传播和中国佛教的世俗化起了不可低估的作用。

四、佛教对社会文化各层面的影响

隋唐佛教的兴盛，对社会文化各层面产生了深刻的影响。以至于隋唐社会各阶层人们的精神生活和文化的诸多方面都不同程度地打上了佛教的烙印。

（一）佛教对社会各阶层精神生活的影响

如前所述，隋唐五代帝王大都崇佛。除隋文帝、隋炀帝和唐中宗、唐睿宗、唐代宗均受菩萨戒，即接受修行成菩萨的戒律，唐玄宗、唐肃宗请名僧为他们灌顶，生活离不开佛教外，唐五代大多数帝王在精神生活方面都与佛教有着密切的联系。在唐代，帝王在皇宫设置有专门礼佛的场所（即所谓内道场），以便随时作佛事。据《入唐求法巡礼行记》卷四载：“长生殿内道场，自古以来，安置佛像经教，抽两街诸寺解持念僧三七人，番次差入，每日持念，日夜不绝。”③ 许多帝王就在那里念经、读经，延请名僧为他们讲经说法。唐懿宗“于禁中设讲席，自唱经，手录梵夹”④，“自为赞呗”⑤。梵夹，即用木板夹着

① 慧能著，郭朋校释：《坛经校释》，37页，北京，中华书局，1983。
② 慧能著，郭朋校释：《坛经校释》，71页，北京，中华书局，1983。
③ 转引自李斌城等著：《隋唐五代社会生活史》，497页，北京，中国社会科学出版社，1998。
④《资治通鉴》卷二五〇，懿宗咸通三年，北京，中华书局，1956。
⑤《李蔚传》，见欧阳修：《新唐书》卷一八一，北京，中华书局，1975。

的贝叶经；赞呗，即在举行佛教仪式时，依曲调引声歌咏偈颂以赞美诸佛菩萨。唐懿宗不仅读经如醉如痴，迎佛骨时表现更甚。咸通十四年（873 年），唐懿宗“遣敕使诣法门寺迎佛骨，群臣谏者甚众，至有言宪宗迎佛骨寻晏驾者。上曰：‘朕生得见之，死亦无恨！’广造浮图、宝帐、香辇、幡花、幢盖以迎之，皆饰以金玉、锦绣、珠翠”。佛骨至京师，“上御安福门，降楼膜拜，流涕沾臆”①。唐懿宗作为一国君主，痴迷佛教至此，足见佛教对隋唐帝王精神生活影响之深。

隋唐士大夫信佛非常普遍，有的看破红尘，出家为僧，更多的是通过在家修行、斋戒、念经等方式过佛教生活，或通过听僧讲经、放生、施舍、立寺、修塔、造像、写刻经文等方式参与佛教活动。至于研习佛理、结交僧友以及与诗僧诗文酬唱，更是形成社会风气。不少士大夫在参与佛教生活和佛教活动中形成了佛教情绪、佛教心理和佛教信仰，佛教所宣传的唯心主义、因果报应、色空、出世思想等等，对士大夫阶层都有不同程度的影响。著名诗人白居易信佛极虔诚，号香山居士，早年即“栖心释梵”②，“通学小中大乘法”③，晚年不仅自己“白日持斋夜坐禅”④，还带动全家学佛，劝人修行西方极乐世界。著名诗人画家王维，字摩诘，笃志奉佛，取名即出典于佛教维摩诘居士。他平日“食不荤，衣不文采”⑤，退朝之后，便焚香礼佛，坐禅诵经，临终时给旧友写信，“多敦厉朋友奉佛修心之旨”⑥。即使是对佛教持否定态度，曾切谏唐宪宗迎佛骨的著名文学家韩愈，也和僧人颇有交往，他的诗文中便有不少与僧友应酬的篇什。虽然韩愈曾对有人误以为自己与僧友交往便是“少信奉释氏”作过否定的解释⑦，但也由此可见唐代士大夫与佛教千丝万缕的联系。唐代士大夫

① 《资治通鉴》卷二五二，懿宗咸通十四年，北京，中华书局，1956。

② 《病中诗十五首序》，见《白居易集》卷三五，北京，中华书局，1979。

③ 《醉吟先生传》，见《白居易集》卷七〇，北京，中华书局，1979。

④ 《斋戒满夜，戏招梦得》，见《白居易集》卷三三，北京，中华书局，1979。

⑤ 《王维传》，见《新唐书》卷二〇二，北京，中华书局，1975。

⑥ 《王维传》，见《旧唐书》卷一九〇下，北京，中华书局，1975。

⑦ 参看《韩愈集》卷一八，《与孟简尚书书》：“来示云，有人传愈近少信奉释氏，此传者之妄也。潮州时，有一老僧号大颠，颇聪明，识道理，远地无可与语者。故自山召至州郭，留十数日，实能外形骸以理自胜，不为事物侵乱。与之语虽不尽解，要自胸中无滞碍，以为难得，因与来往……非崇信其法，求福田利益也。”

除了把奉佛作为自己的精神寄托外，有的还积极宣扬佛教。著名作家张说、王维、柳宗元、刘禹锡都曾写过不少诗文宣传佛教。据《太平广记》引《记闻》，有一个朝散大夫郏城令叫牛腾，是宰相裴炎的外甥，“精心释教”，“自称布衣公子”，裴炎获罪被杀后，谪为牂牁建安（今贵州黄平西北）丞，“公子至牂牁，素秉诚信，笃敬佛道，虽已婚宦，如戒僧焉。口不妄谈，目不妄视，言无伪，行无颇，以是夷獠渐渍其化，遂大布释教于牂牁中”①。

隋唐帝王和知识阶层崇佛，必然导致佛教在民间的影响越来越大，百姓崇佛情绪空前高涨。唐太宗形容当时人们普遍奉佛的情况时，所谓“洎乎近世，崇信滋深”，“始波涌于闾里，终风靡于朝廷”②，“在外百姓，大似信佛”③，应当反映了当时的真实情况。从以下具体例子，可以看到唐代民间对于佛教的狂热简直达到令人难以想象的程度：唐太宗贞观十九年（645 年），玄奘从天竺取经回到长安，“道俗相趋，屯赴阛闳数十万众，如值下生。将欲入都，人物喧拥，取进不前，遂停别馆。通夕禁卫，候备遮断，停驻道旁。从故城之西南，至京师朱雀街之都亭驿，二十余里，列众礼谒，动不得旋。……致使京师五日，四民废业，七众归承”④。麟德元年（664 年），玄奘死，“道俗奔赴（丧）者日盈千万”，四月十四日葬于浐水东，“京畿五百里内送者百余万人”⑤。咸通十四年（873 年）唐懿宗迎佛骨，“四月八日，佛骨入长安。自开远门安福楼，夹道佛声振地，士女瞻礼，僧徒道从。……长安豪家竞饰车服，驾肩弥路，四方挈老扶幼来观者，莫不蔬素以待恩福。时有军卒断左臂于佛前，以手执之，一步一礼，血流满地。至于肘行膝步、啮指截发，不可算数”⑥。

（二）佛教对文学艺术的影响

佛教在隋唐的兴盛和广泛传播，不仅使它本身成为隋唐文化的一个重要组

---

①《牛腾》，见《太平广记》卷一一二，北京，中华书局，1985。

②《道士女冠在僧尼之上诏》，见《唐大诏令集》卷一一三，北京，商务印书馆，1959。

③《议释教上》，见王溥：《唐会要》卷四七，北京，中华书局，1955。

④《玄奘传》，见《续高僧传》卷五，台北，文殊出版社，1984。

⑤《大唐三藏大遍觉法师塔名并序》，见《全唐文》卷七四二，影印本，北京，中华书局，1983。

⑥ 苏鹗：《杜阳杂编》卷下，见《唐五代笔记小说大观》，上海古籍出版社，2000。

成部分，而且对于其他意识形态产生了直接或间接的影响，特别是对文学艺术的影响，最为明显。

佛教对唐代文学的影响，突出地表现在诗歌方面。唐诗是唐代文学的瑰宝，在唐代文学中占有最为重要的地位。有人统计，《全唐诗》所收唐代士大夫游览佛寺、研读佛典、结交僧人的诗，约 2700 首；唐代僧人的诗，约 2500 首（不包括寒山的 300 多首），共 5200 多首。《全唐诗》共收诗 48900 多首，反映着广泛的社会生活，而仅此一类，就占了十分之一以上①，这不仅说明佛教对士大夫精神文化生活影响的广泛和深刻，而且反映了对唐诗创作直接的明显的影响。佛教对唐诗创作的直接影响，是出现了一个人数众多的诗僧群体。《全唐诗》收诗僧 110 余人，其中较著名的有王梵志、寒山、拾得、皎然、贯休等。中唐诗僧皎然不仅诗写得很好，而且在诗歌理论上也很有建树，他的《诗式》主张学习传统与变化创新二者相结合，强调做诗要追求一种意境，对后世颇有影响。佛教盛行对士大夫的诗歌活动产生了广泛的影响。唐代许多著名诗人，如张说、孟浩然、王维、韦应物、白居易、刘禹锡、罗隐等都深受佛教的影响。王维很早就归心佛法，晚年又接受禅宗思想，他的诗歌创作从立意到感情格调，都明显受禅宗思想影响，饶有禅意和禅趣。如："空山不见人，但闻人语响。返景入深林，复照青苔上。"② "木末芙蓉花，山中发红萼。涧户寂无人，纷纷开且落。"③ "独坐幽篁里，弹琴复长啸。深林人不知，明月来相照。"④ 诗人以带禅意的眼光去观察景物，把佛家清静脱俗的理念注入自然景物之中，使原本再平常不过的景象变得富有诗意，带有无尽的禅思。佛教对唐代文学的影响，还表现为推动了文学体裁的创新，唐代俗讲和变文就是这方面的产物。

隋唐雕塑，以石雕和泥塑佛像艺术成就最高。龙门石窟的奉先寺是最具代表性的唐代石窟寺。寺内卢舍那大佛高 17 米，面容庄严典雅，表情温和亲切，眼神中充满着睿智，身躯和手的姿态都表现出内心的宁静和坚定，与面部的表

---

① 参看郭绍林：《唐代士大夫与佛教》，231 页，郑州，河南大学出版社，1987。
② 王维：《鹿柴》，见《全唐诗》卷一二八，北京，中华书局，1979。
③ 王维：《辛夷坞》，见《全唐诗》卷一二八，北京，中华书局，1979。
④ 王维：《竹里馆》，见《全唐诗》卷一二八，北京，中华书局，1979。

情浑然天成。卢舍那大佛周围的菩萨、阿难、天王、力士、小鬼，或端庄矜持，或温顺文静，或孔武有力，或威猛刚烈，或无所畏惧，其表情与姿态无不恰如其身份。各雕像既各自独立，又相互呼应，构成以卢舍那佛为主体的一组布局合理的雕像群。唐代彩塑艺术以敦煌莫高窟的唐代彩塑佛像最为著称，它把雕塑与绘画结合在一起，技术精致熟练，人物姿态优美，神气自如，肌肤丰润，把人性的健康和男性体态的刚阳之美、女性体态的阴柔之美塑造得淋漓尽致。320 窟塑于盛唐时期的菩萨像，通过衣褶的曲线表现服装轻柔的质地和肢体的轻微动态，以菩萨全身微微右倾，身体重心落在右脚跟，头部微向右倾，目光平视正前方等体态语言，恰当地表现了人物心情的安详，充分显示了唐代雕塑艺术手法的娴熟。

唐代佛教绘画艺术在中国绘画史上达到了空前的高峰。被称为古代佛画第一人的吴道子便是唐代出现的绘画巨匠。吴道子，又名道玄，阳翟（今河南禹县）人，擅画佛教人物、山水。他远师南朝梁画师张僧繇，近师太宗时的宗教画家张孝师，并把传统中原画风与西域画融而为一，自成风格。他一生中曾在长安、洛阳 25 个寺庙中作壁画 300 余幅，据唐人朱景玄《唐朝名画录》载，吴道子“凡画人物、佛像、神鬼、禽兽、山水、台殿、草木，皆冠绝于世，国朝第一”。“《两京耆旧传》云：寺观之中图画墙壁凡百余间，变相人物，奇踪异状，无有同者。……慈恩寺塔前文殊普贤，西面庑下降魔盘龙等壁，及景公寺地狱、帝释、梵王、龙神，永寿寺中三门两神及诸道观寺院，不可胜记，皆绝妙一时。”吴道子绘画笔法流畅，挥洒自如，传说他画佛像光轮，“立笔挥扫，势若风施，人皆谓之神助”。他的宗教绘画在当时被称为“吴家样”，其画风一直影响到宋代以后。笃信佛教的著名诗人王维，既擅长画佛像，又善于画山水。他画的佛像在当时与吴道子并称，据说直到宋代还保存在宫廷中。他的山水画洒脱、淡雅，意境深远，后人誉为“画中有诗”，自文人画兴起后，更被奉为宗师。

第五章 科举制度的兴盛

创制于隋而健全于唐代的科举制度，在中国历史上第一次完全突破了门第的限制，给天下士子提供了一个通过考试平等竞争的入仕机会。它同以前的选举制度的根本不同在于，允许一般士人自愿报名参加官府的考试，经过分科考试，依照成绩从中选取人才和授予官职。科举制度的实行，不仅给隋唐用人制度、教育制度、文学创作带来了新的气象，影响到唐代社会生活的各个方面，而且绵延此后中国封建社会整整一千三百多年，对中国文化史产生了深刻而深远的影响。

一、科举制度的确立

科举制度是指中央政府设立科目，通过考试选拔官吏的一种制度。科举制度初创于隋朝，到唐代进一步扩大考试科目，增加考试内容，完善考试程序，发展成为一种较为完备的选士制度。其中，进士科在各科目中的地位尤为突出。

（一）科举制度的产生和发展

唐人刘秩说："隋氏罢中正，举选不本乡曲。"① 指隋朝建立后，即惩"中正取士，权归著姓"之弊②，废除了自魏晋南北朝以来实行多年的九品中正制，恢复了州县地方官荐举的办法。隋文帝夺取北周政权后，在开皇二年（582 年）《隋文帝令山东卅四州刺史举人敕》中，就明确要求各州刺史推荐"材干优长堪时事者"③，并明确规定此事专委于地方长官，而撇开了既有的中正。开皇三年（583 年）十一月十四日，隋文帝又下诏制举，亲自铨擢"有文武才用"者④。到开皇七年（587 年）正月，"制诸州岁贡三人"⑤，则分明已经建立了每岁举行的常贡制度了。隋炀帝即位后，在多次诏令举荐，加强常贡之科的同时，并于大业二年（606 年）"始建进士科"⑥，虽然如唐肃宗时礼部侍郎杨绾指出"当时犹试策而已"⑦，即当时考试的项目，主要是时务策，但它却开辟了不设其他附加条件、按照考试成绩来选拔人才的道路。

唐因隋制，但是在考试的科目和要求上增添了不少内容，并使这一完全按照文化考试成绩来选拔官吏的新制度得到完善和确立。关于唐代科举制度的一些具体情况，《新唐书·选举志上》有一段概括的叙述："唐制，取士之科，多因隋旧，然其大要有三。由学馆者曰生徒，由州县者曰乡贡，皆升于有司而进退之。其科之目，有秀才，有明经，有俊士，有进士，有明法，有明字，有明算，有一史，有三史，有开元礼，有道举，有童子。而明经之别，有五经，有三经，有二经，有学究一经，有三礼，有三传，有史科。此岁举之常选也。其天子自诏者曰制举，所以待非常之才焉。"从这一记载中，我们大致可以知道唐代科举制度考生的来源、考试的科目和基本内容。

①②《选举五·杂议论中》，见杜佑：《通典》卷一七，影印本，北京，中华书局，1984。
③《隋文帝令山东卅四州刺史举人敕》，见《文馆词林》卷六九一，北京，中华书局，2001。
④⑤《高祖上》，见《隋书》卷一，北京，中华书局，1973。
⑥《选举二·历代制中》，见杜佑：《通典》卷一四，影印本，北京，中华书局，1984。
⑦《杨绾传》，见《旧唐书》卷一一九，北京，中华书局，1975。

唐代科举考生主要来源于三个方面。一是中央所辖学馆即隶属于国子监的“六学”（国子学、太学、四门学、律学、书学、算学）和弘文馆、崇文馆、广文馆的学生，以及各州、县学馆的学生，被称为“生徒”。这些由学校培养出来的学生，通过学校考试合格后，便可以参加朝廷于尚书省举行的科举考试，即所谓的“省试”。二是由州县选出来应科举的社会上的一般读书人。他们是未进过朝廷或地方官府办的学馆，但通过自学或私立学校学习，掌握一定知识，再向所在州、县官府报考，经逐级考试合格后，由州、县官府选送到京城参加朝廷举行的科举考试的，被称为“乡贡”。三是应诏参加以皇帝的名义下令举行的所谓“待非常之才”的临时考试的考生。他们之中既有平民知识分子，也有现任官员和明经、进士等科的及第者，被统称为“制举”。

唐代科举考试，省试一般都在京城长安举行，只有在安史之乱这样的非常时期，曾有过分在几处举行的情况。来自各学馆的考生，“每岁仲冬，州、县、馆、监举其成者送之尚书省”。不经学校出身的而自愿报考的士子，“皆怀牒自列于州、县。试已，长吏以乡饮酒礼，会属僚，设宾主，陈俎豆，备管弦，牲用少牢，歌《鹿鸣》之诗，因与耆艾叙长少焉”①。即须先由本人带着有关身份证明，向本县、州报告，经地方考选通过后，才能取得“乡贡”的资格。一旦被选中之后，地方主管官员会举行一种很隆重的仪式，为他们送行，然后贡送到中央，参加礼部的省试。这当然是非常荣耀的。

唐代科举考试所设科目繁多，有常设科目、非常设科目和特设科目，而且在不同时期，设立的科目也不尽相同。如上引《新唐书·选举志上》所列，有秀才，有明经，有俊士，有进士，有明法，有明字，有明算，有一史，有三史，有开元礼，有道举，有童子。而明经之别，有五经，有三经，有二经，有学究一经，有三礼，有三传，有史科。实际上常见举行的有秀才、明经、进士、明法、明字、明算等六科，其中又以明经、进士两科，尤为士子所重，报考人数也最多。后人所谓“终唐世为常选之最盛者，不过明经、进士两科而已”②，指的就是这种现象。

明经科考试内容基本上是儒家经典。它要求熟读并能背诵儒家经典，包括

---

①《选举志上》，见《新唐书》卷四四，北京，中华书局，1975。

②《取士大要有三》，见王鸣盛：《十七史商榷》卷八一，北京，中华书局，1985。

其注疏。唐代明经考试把儒家九部主要经典，按篇幅分为大经、中经和小经三类。《礼记》、《左传》为大经，《毛诗》、《周礼》、《仪礼》为中经，《周易》、《尚书》、《公羊》、《谷梁》为小经。《论语》、《孝经》则为必考内容，凡参加考试的都应掌握。考试的范围，可分为五经、三经、二经、学究一经、三礼（《周礼》、《仪礼》、《礼记》）、三传（《春秋左氏传》《春秋公羊传》《春秋谷梁传》）、史科等名目。考试明确规定，通二经者，应通一大经、一小经或通二中经；通三经者，应通大、中、小各一经。通五经者，大经应全通，其他任选。关于明经考试的程序，《新唐书·选举志》云："凡明经，先帖文，然后口试，经问大义十条，答时务策三道。"即明经考试分为三场，第一场帖经，每经帖十条，通六条以上为及格。第二场口试，问经义十条，通十为上上，通八为上中，通七为上下，通六为中上，以上四等皆为及格。第三场答时务策，其中答对二道便可及格。以上三场考试，只有通过了第一场考试，才能取得参加第二场考试的资格；第二场通过了，才能进行第三场考试。三场考试都及格，则可明经及第。明经及第录取分四等，分别授予从八品下、正九品、正九品下、从九品下等级别及相应官职。明经科考试，从它的内容和方式来看，主要靠对儒家经书及其注疏的记诵之功。虽说这也并非容易，但由于它的录取比例较高，大约每十人能有一二人被录取，所以一般读书人曾多趋向于明经。但是唐中期以后，由于世人有重进士而轻明经的倾向，其地位逐步衰落。

唐代科举考试科目中的秀才科，重在选拔博识高才、出类拔萃的人才。考试标准极高，每次录取不过一、二名。据《唐六典》载："秀才试方略策五条，文理俱高者为上上，文高理平、理高文平者为上中，文理俱平为上下，文理粗通为中上，文劣理滞为不第。"由于"此条取人稍峻"①，且"贞观中有举而不第者，坐其州长"② 的做法，后来，不仅报考的人很少，各地方官也害怕贡举秀才，以至到唐高宗永徽二年（651 年）后就基本停止了。明法、明字、明算、史科等，都是考核选拔专门人才的，分别试律令、文字学、数学、史学等方面的知识。武科，为选拔军事人才而设立，始于武则天长安二年（702 年），

---

①《吏部·考功员外郎》，见《唐六典》卷二，北京，中华书局，1992。

②《选举·历代制》，见杜佑：《通典》，卷一五，影印本，北京，中华书局，1984。

考试的内容“有长垛、马射、步射、平射、筒射，又有马枪、翘关、负重、身材之选”①，由兵部主持考试。

制举，是由皇帝特别下诏举行的，《新唐书·选举志》云：“天子自诏者曰制举”。据《册府元龟》卷六三九《贡举部·总序》，制举“始于显庆，盛于开元、贞元”。唐初，虽然也有应制举而授官的记载，但在当时制举似未形成完整制度。同进士、明经等常科在考试的科目、时间、程序以及对应试者的资格都有固定要求不同，制科考试的日期和科名都由皇帝临时决定，科名甚多，其中“如贤良方正、直言极谏、博通坟典达于教化、军谋宏远堪任将率、详明政术可以理人之类，其名最著”②。最初试策及杂文，后来专考诗赋，文宗大和二年（828 年）停废。

唐代科举各科目中，最为时人重视、最为显贵的是进士科。进士科始置于隋炀帝大业二年（606 年），被认为是科举制度创立的标志。进士科的考试内容与方式，唐初沿隋制，只试时务策五道。高宗上元二年（675 年），规定进士科加试帖三条，所帖范围为《老子》。调露二年（681 年），接受考功员外郎刘思立的建议，进士考试与明经一样须帖经，并试杂文二篇。于是，此后进士科考试便包括了帖经、试杂文、时务策三场，并基本成为定制，只是三场考试的顺序、帖经的内容和杂文的形式有所变化而已。如《唐六典·礼部》云：“凡进士先帖经，然后试杂文及策”，而五代牛希济在《贡士论》中则说，进士“大率以三场为试，初以词赋，谓之杂文，复对所通经义，终以时务为策目”③。《唐六典》成书于开元末，它所反映的进士科考试的场序，当是高宗后期至玄宗开元年间的情况。那时，所考杂文的形式，也主要是指箴、铭、论、表等各类文体。牛希济所反映的考试场序和杂文考试只考诗、赋，当是玄宗天宝年后的情况。进士科考试帖经，其内容最初为《老子》，三条皆能为及格，后来加帖其他儒家经典，十条通六条者为合格。杂文两篇，最初是不同体裁的文章，后改为诗、赋，以“洞悉文津”者为合格。时务策，出题范围广泛，举凡吏治、财政、防务、刑狱、漕运、风俗等各方面，都可能成为策问的内容。

---

①②《选举志上》，见《新唐书》卷四四，北京，中华书局，1975。

③《全唐文》卷八四六，影印本，北京，中华书局，1983。

时务策考核的重点是应试者的政治见识和经邦济世的才能，试策五条，以“义理惬当”为合格。三场考试都合格者，就可以进士及第。其中，帖经与试策全合格者中甲第，从九品上；帖经六条以上合格①，试策四道以上合格者中乙第，从九品下。其余情况不能及第。天宝以后，诗赋在进士科考试中的地位受到进一步重视，录取标准也有了变化。有帖经不及格的，只要诗赋做得好，也能通过。

唐代科举以进士科最为时尚所重，自高宗时即取代秀才科而为士子所趋。由于唐代进士科考试比较其他科目来说，对各方面知识的要求更高、更全面。录取审核更加严格，及第者的试卷还须送中书、门下省详覆。报考人多而中选率低，据《通典》载：“其进士，大抵千人得第者百一二；明经倍之，得第者十一二。”② 加上进士科出身者，其待遇和仕途前景实际上明显优于其他各科。因此，时人皆“以进士为士林华选”③，及第者往往被视为出类拔萃，一旦金榜题名，顿时名传遐迩，身价倍增。《唐摭言》云：“进士科始于隋大业中，盛于贞观、永徽之际，缙绅虽位极人臣，不由进士者，终为不美。以至岁贡，常不减八九百人。其推重谓之‘白衣公卿’，又曰‘一品白衫’；其艰难谓之‘三十老明经，五十少进士’。”④

唐代进士科的显贵，与自高宗时始，进士出身的士子任高级官员的比重逐步提高是相联系的。唐代官吏的来源大致有科举、流外入流和门荫入仕几种途径。《旧唐书》卷四二《职官一》云：“有唐以来，出身入仕者，著令有秀才、明经、进士、明法、书算。其次以流外入流。若以门资入仕，则先授亲勋翊卫，六番随文武简入选例。又有斋郎、品子、勋官及五等封爵、屯官之属，亦有番第，许同拣选。”据此来看，科举仅是入仕的一种途径，特别是在初唐，它甚至还没有成为主要的途径。另一途径即所谓“流外入流”。这里“流外”是相对“流内”而言，隋唐时官分九品，一品至九品的职官谓之流内，九品官以下，即流内以外的职官，称流外。京师官署吏员即多以流外官充任。流外本身也有品级，以考铨后，可递升为流内，称为入流。由于当时的读书人不屑于

---

① 据《唐六典·礼部》，开元二十五年，依明经帖一大经，通四以上为合格。

②③《选举三·历代制下》，见杜佑：《通典》卷一五，影印本，北京，中华书局，1984。

④ 王定保：《散序进士》，见《唐摭言》卷一，上海古籍出版社，1978。

干胥吏一类的事，流外入流，便成为唐代中下级官吏的重要来源。正如高宗时黄门侍郎知吏部选事刘祥道所说：“尚书省二十四司及门下中书都事、主书、主事等，比来选补，皆取旧任流外有刀笔之人。纵欲参用士流，皆以俦类为耻，前后相承，遂成故事。”① 由此可见，流外入流是唐代入仕的又一重要途径。“门资入仕”或称门荫入仕，指贵族或官员的子孙藉其门第出身循例而获得官职。唐代对门荫入仕有明确规定。有封爵者和皇室贵胄、五品以上高级官员的子孙，可以根据其父祖门第和官品的高低，叙以不同品阶，但一般要先充任千牛、进马和亲卫、勋卫、翊卫等三卫，即皇帝或太子的侍卫，五年后即可随文武简入选例，到吏部应选。六品以下中低级官员和勋官的子孙必须在一定时期内轮番担任某些杂役，或者交纳一定数量的钱财，杂役或纳资期满后，再经过有关部门的选拔，才能授予官阶。唐初门荫入仕是官吏子弟入仕的主要途径。但到唐后期，由于越来越多的贵族子弟从科举出身，特别是当进士科成为高级官员的主要来源后，门荫制度才随之衰落。

如果说，唐初高祖、太宗时，科举出身者在朝廷担任高级官员特别是宰相的比重还微不足道的话，在高宗、武则天时期，高级官员中特别是宰相中进士等科举出身者的比重却在不断上升。唐太宗时宰相 29 人，除许敬宗为隋秀才，房玄龄、侯君集为隋进士外，其余皆不从科举出身。唐高宗时宰相 41 人，科举出身者 13 人，其中进士及第者 9 人。而到唐德宗贞元、唐宪宗元和之际，进士科成为宰相和高级官吏的主要来源。其中，唐宪宗时宰相 29 人，进士出身者 17 人；穆宗时宰相 14 人，进士出身者 9 人；敬宗时宰相 7 人，全部进士出身；文宗时宰相 24 人，进士出身者 19 人；武宗时宰相 15 人，进士出身者 12 人；宣宗时宰相 23 人，进士出身者 20 人；懿宗时宰相 21 人，进士出身者 20 人。这种进士出身者在宰相任职者中占居绝对优势的状况，终唐之世再没有发生变化②。唐文宗开成年间，中书门下给皇帝的奏章中指出，“朝廷设文学之科，以求髦俊，台阁清选，莫不由兹”③，充分说明了进士科在中唐后人

---

①《刘祥道传》，见《旧唐书》卷八一，北京，中华书局，1975。

② 参看吴宗国著：《唐代科举制度研究》第八章第一节《进士举与高级官吏的选拔》，沈阳，辽宁大学出版社，1997。

③《贡举中·进士》，见王溥：《唐会要》卷七六，北京，中华书局，1955。

才选拔制度中的重要地位。科举特别是进士科成为高级官吏的主要来源，不仅反映了唐王朝以文化考试作为主要途径、以文化考试成绩作为主要标准选拔、任用官吏的制度得到落实的状况，也反映了广大士子纷纷把科举作为入仕之途、涌向进士科者日益增多的现实。这极大地提高了科举特别是进士科的地位。以至于有的高级官员因自己"不以进士擢第"为平生之恨①。

（二）科举制度的社会影响

隋唐统一中国，需要大批适应当时政治需要的各级官吏。世族门阀地主在经济和政治上逐步衰落，大批非士族出身、掌握一定文化知识的地主随着经济力量的壮大要求取得一定政治地位，隋唐统治者适应这一需求，同时为了网罗人才，加强中央集权，废除了曾经在相当长时期作为选拔官吏主要途径的九品中正制，用以"设科取士"为主要内容的科举制度取而代之。允许一般读书人可以不经过地方官员和世族豪门的推荐，带着自己的身份证明材料（一种在当时称为"牒"的文书），根据自己的文化程度和志趣，直接到各级官府报名并选择投考的科目，参加政府规定的考试，朝廷依据他们的考试成绩进行录取并授予官职。这种把读书、应考、做官三者结合起来的选举办法，无疑是一项重大的政治改革。它从根本上打破了地方官吏和世族豪门对选举的垄断局面，为大批非士族出身乃至出身寒微的平民知识分子提供了入仕参政的机会。尽管这一制度对读书人入仕愿望的满足十分有限，但是，它却使所有的读书人都怀有一线希望，调动了人们的积极进取精神；同时也为封建国家更广泛地吸引、笼络各种人才，选拔真正符合其统治需要的人才开辟了道路，有助于提高行政官员的素质，完善封建社会的管理，从而促进社会的进步和强盛。

在当时情况下，科举制度对知识和知识分子的价值给予了高度的肯定。科举制度对参加考试的士子们的资格审查，在很大程度和范围上是把掌握一定的文化知识作为应考资格的唯一要求。据《通典·选举》，政府除了曾对"工、商之家"作出过"不得预士""不得入仕"的规定外，允许所有有一定文化知

---

① 王谠：《唐语林》卷四"企羡"中有"薛元超谓所亲曰：'吾不才，富贵过人。平生有三恨：始不以进士擢第；不娶五姓女；不得修国史'"的记载。见《唐语林》卷四，上海古籍出版社，1985。

识的读书人参加科举考试。由于当时中国社会经济形态主要是封建地主经济，工商之家极少，从某种意义上说，它实际是肯定“任何人只要埋头读书，就有资格应考”①。为了鼓励科举，唐政府在政策待遇上对于登科第者也给予了政治和经济上的特权。唐武宗时曾明令“名登科第，即免征役”②，这就说明，一个读书人只要经科举考试及第，便具备了和一般百姓不同的资格，就可以享受免除差役征徭的特权。科举考试对平民身份地位的改变有如此重要的意义，自然会极大地调动人们通过读书、跻身仕途的积极性。实际上，科举制度实行后，确实使不少出身寒微的平民知识分子走上了仕途。这些都极大地提高了人们对知识和知识分子的重视程度，激励了整个社会特别是广大士子通过自己的努力，通过掌握各种知识实现人生理想和目标的积极进取精神，对社会价值观念转变和士林风气带来了深刻影响，并促进了社会文化的普及。

陈寅恪先生在《唐代政治史述论稿》中认为：“及武后柄政，大崇文章之选，破格用人，于是进士之科为全国干进者竞趋之鹄的。”③ 以至进士科成为“清流仕进之唯一途径”④，“别产生一以科举文词进用之士大夫阶级”⑤。“故武周之代李唐，不仅为政治之变迁，实亦社会之革命。若依此义言，则武周之代李唐较李唐之代杨隋其关系人群之演变，尤为重大也”⑥。陈寅恪极言高宗、武后崇尚进士科对于促成关中本位政策和关陇集团分崩的作用，同时也揭示了进士科的兴盛对于从根本上打破魏晋以来传统的门阀观念、士族观念的意义。这种社会价值观念的变化，必然反映到政治上和社会经济关系上。反映在政治上，是《氏族志》的修订。显庆四年（659 年），高宗批准以“对策擢第”而官至吏部尚书、同中书门下三品的李义府所奏，诏改《氏族志》为姓氏录。参

---

①《唐代的学校制度与科举制度》，见王仲荦：《隋唐五代史》上册，上海人民出版社，1988。

②《宝历元年正月南郊赦》，见《唐大诏令集》卷七〇，北京，商务印书馆，1959。

③《统治阶级之氏族及其升降》，见陈寅恪：《唐代政治史述论稿》上篇，18 页，上海古籍出版社，1997。

④《政治革命及党派分野》，见陈寅恪：《唐代政治史述论稿》中篇，71 页，上海古籍出版社，1997。

⑤《统治阶级之氏族及其升降》，见陈寅恪：《唐代政治史述论稿》上篇，48 页，上海古籍出版社，1997。

⑥《统治阶级之氏族及其升降》，见陈寅恪：《唐代政治史述论稿》上篇，18 页，上海古籍出版社，1997。

与修改的礼部郎中孔志约等“立格云：‘皇朝得五品官者，皆升士流。’于是兵卒以军功致五品者，尽入书限”①。这是对门阀观念的彻底否定。从此，官品高下的区分正式取代了门第高下的区分，官民的区分也逐步取代了士族、庶民的区分，而官品和官职是可以通过科举来取得的。反映在社会经济关系上，是“衣冠户”的出现。“衣冠户是从高宗武后以来，特别是从玄宗以来，在进士科日益重要的情况下，以进士出身为主的封建士人所形成的户等”②。衣冠户在政治上、经济上都享有一定特权。会昌五年（845年），唐武宗下诏明确规定，“前进士及登科有名闻者”可称“衣冠户”，可享受免除差役的特权③。这表明，科举不仅可以改变一个人的处境和社会地位，而且可以影响一个家庭的兴衰。长庆元年（821年），穆宗在《南郊改元德音》中提出：“将欲化人，必先兴学。苟升名于俊造，宜甄异于乡闾，各委刺史、县令，招延儒学，明加训诱，名登科第，即免征徭。”④ 从而使科举及第者正式获得了免除征徭的待遇。到乾符二年（875年），僖宗《南郊赦文》，则进一步明确：“家有进士及第，方免差役，其余只庇一身。”⑤ 即只有进士及第者方免全家差役，其余诸科，都只庇一身。进士科出身比其他科目出身乃至门荫子弟的特权都要多，充分突出了进士科的显贵。

科举的实行，特别是进士科的显贵，不仅改变了原有的仕进道路，给广大知识分子带来了“朝为田舍郎，暮登天子堂”的曙光，重写了社会的用人标准，而且由于唐政府对名登科第者在政治和经济上赋予的种种特权，科举还能给应举者全家甚至整个家族带来振兴的机遇，这些都必然瓦解长期以来重门第的社会价值观念，给世态人心以深刻的影响。唐王朝统治阶级通过科举制度最广泛地把天下士子吸引到自己政权中来，使“天下英雄入吾彀中”⑥，同时也以仕途为诱饵，煽动起人们改变身份地位的欲望。当科举成为当时官员的主要来源，后来甚至是唯一的途径后，应科举便成了当时最吸引人的事业，读书便

---

①《李义府传》，见《旧唐书》卷八二，北京，中华书局，1975。

② 韩国磐：《科举制和衣冠户》，见《隋唐五代史论文集》，北京，三联书店，1979。转引自胡戟、张弓、李斌城、葛承雍主编：《二十世纪唐研究》，111页，北京，中国社会科学出版社，2002。

③《加尊号后郊天赦文》，见《全唐文》卷七八，影印本，北京，中华书局，1985。

④《全唐文》卷六六，影印本，北京，中华书局，1985。

⑤《全唐文》卷八九，影印本，北京，中华书局，1985。

⑥《述进士上》，见王定保：《唐摭言》卷一，上海古籍出版社，1978。

成了最有意义和价值的活动。在唐代以至此后1300多年的封建社会中，读书人很难摆脱围绕科举这一中心来设计自己的生活道路，科举及第与否成为左右人生喜悲的重大因素。“科第之设，草泽望之起家，簪绂望之继世。孤寒失之，其族馁矣；世禄失之，其族绝矣”①。《唐摭言》的这几句议论，形象而深刻地反映了科举制度所带来的社会价值观念的变化。

科举兴盛对士林风气的影响，突出表现在奔竞请托风气的盛行和座主与门生关系的形成上。

唐代著名诗人白居易在《早送举人入试》中曾经感叹：“日出尘埃飞，群动互营营。营营何所求，无非利与名。”② 在唐代，奔波于科举险途的士人，有谁不是营营以求，企盼着“一举成名天下知”？但是，由于科场录取名额甚少，特别是进士科，录取率一般仅在百分之一二，因此，科举对于大多数人来说毕竟是一条狭窄崎岖的道路。加上科场和官场中不正之风的存在，士子们寒窗苦读的同时，奔竞、请托之风必然滋生。

由于唐代科举录取制度尚不尽完善，考卷不糊名，按考试成绩决定取录与否的原则还受到各方面因素的影响，考试成绩有时仅起参考作用有时甚至无足轻重，起决定作用的往往是应试者的知名度或者当时权势者或名人的推荐意见。主考官在决定去取高下时，一方面看考生的试卷的优劣，另一方面要考虑各方面的举荐意见和人情，甚至在考试前就事先根据名流权贵或相知好友的意见初步确定录取人选，这叫“通榜”。既然名流贵要的推荐意见如此之重要，士子们怎么能不千方百计地奔走于名流权贵门下，以期求博得他们的赏识和提携呢？举子们干谒权贵名流，不免低声下气，卑躬屈节，甚至卖身投靠宦官、藩镇者亦不乏其人。晚唐诗人秦韬玉，曾以“蓬门未识绮罗香，拟托良媒益自伤”的贫女自况，愤陈“谁爱风流高格调？”③ 后来他投靠宦官田令孜，终于于中和二年（882年），以特敕赐进士及第，名登春榜。尽管他的《贫女》一诗写得不错，但终不免被后人认为其“格调太卑”④。中国知识分子在权势面前的软弱性、两面性，是同科举制度的摧残分不开的。当干谒请托形成风气的

---

① 《好及第恶登科》，见王定保：《唐摭言》卷九，上海古籍出版社，1978。

② 《白居易集》卷五，北京，中华书局，1979。

③ 秦韬玉：《贫女》，见《全唐诗》卷六七〇，北京，中华书局，1979。

④ 纪昀：《瀛奎律髓刊误》，转引自孙琴安：《唐诗七律精品》，393页，上海社会科学院出版社，1989。

情况下，即使有真才实学者也不得不同其流而扬其波。盛唐著名诗人杜甫、学者韩愈都是颇有傲骨的知识分子，他们也曾奔走于权要之门下，历尽艰辛。杜甫为科举曾在京师盘桓 13 年，受尽冷遇仍无缘科第，后来他在《奉赠韦左丞丈二十二韵》诗中回顾起在长安的这段屈辱的经历："骑驴三十载，旅食京华春。朝扣富儿门，暮随肥马尘。残杯与冷炙，到处潜悲辛。"① 形象地描述了当时举子们为科举而奔竞的境况和复杂心理。韩愈的运气要比杜甫好，他举进士，三举无成，后投文公卿间，故相郑余庆为之延誉，由是知名于时，终于在第四次应举时及第。后来，他在《与凤翔邢尚书书》中谈起此事，仍感慨系之："布衣之士，身居穷约，不借势于王公大人，则无以成其志。"②

《唐摭言》卷一《述进士下篇》介绍当时人们谈论进士科的一些俗语，就有"造请权要谓之'关节'，激扬声价谓之'还往'"这类反映举子们奔竞权门的专用词，足见干谒请托之事在那时是相当普遍的。唐代科场奔竞之风，当时就遭到人们的指责和抨击。武则天时左补阙薛登曾对此风大为不满，他指责道："今之举人，有乖事实。乡议决小人之笔，行修无长者之论。策第喧竞于州府，祈恩不胜于拜伏。或明制才出，试遣搜敭，驱驰府寺之门，出入王公之第。上启陈诗，唯希欬唾之泽；摩顶至足，冀荷提携之恩。故俗号举人，皆称觅举。觅为自求之称，未是人知之辞。察其行而度其材，则人品于兹见矣。"③杨绾论科举之弊时，也曾激烈抨击这种"投刺干谒，驱驰于要津；露才扬己，喧腾于当代"的不正之风，为了解决举人"奔竞为务"、"冀图侥幸"的问题，他甚至提出了罢科举而复古之孝廉之举的建议④。这在当时自然也是不可能实现的。

唐代举子们奔走权门，往往是同"行卷"结合在一起的。所谓"行卷"，就是士子们科举考试之前为博得权贵名流们的赏识，向他们投献自己的诗文。关于行卷的问题，将在本章《科举与文学》一节论及，这里从略。

唐代举子们科考之前奔走权贵名人之门，请托行卷，借势觅举。科举及第

---

①《杜工部集》卷一，北京，人民文学出版社，1962。
②《韩昌黎集》卷一八，台北，华正书局，1982。
③《薛登传》，见《旧唐书》卷一〇一，北京，中华书局，1975。
④《杨绾传》，见《旧唐书》卷一一九，北京，中华书局，1975。

后，则利用科考之中主考官与应考者以及同榜及第进士之间的联系，相互捧场，相互援引，相互利用，形成座主与门生关系、同门关系和同年关系，在官场和社会生活中编织新的关系网。

唐代由于“进士为时所尚久”，在进士圈内人际交往中形成了大量俗语，如对应进士试者，称“举进士”，及第后称“前进士”，同榜及第之人称“同年”，主司称“座主”，及第人互相尊称“先辈”，等等①。在唐代进士考试的录取上，主司握有很大的决定权，甚至可以离开考试成绩，根据“通榜”的印象确定录取的名单和名次。座主与门生关系的形成，诚然有门生报答座主录取之恩的初衷，如柳宗元所谓“凡号门生而不知恩之所自者，非人也”②，但也不能排除他们希望今后在仕途中能够得到座主进一步提携的愿望。同样，座主除了有意无意地想得到门生的回报外，也希望在宦海中能够得到更多新进们的支持。无论对于座主还是对于门生来说，这种关系都将是他们在官场上相互援引的重要纽带。陈寅恪在《唐代政治史述论稿》中曾举例证明“唐代科举制度下座主门生及同年或同门关系之密切”③，其中白居易晚年作诗“犹拳拳于座主高郢之深恩未报”例④，及崔群以门生为庄田例⑤，都生动地说明了这一问题。当然，座主与门生的这种密切关系，归根到底，是一种利益关系。正如陈寅恪所指出：“座主以门生为庄田，则其施恩望报之意显然可知。”⑥

同座主与门生的关系一样，同年关系是通过科举而结成的一种相互援引的利益关系。白居易《东都冬日会诸同声宴郑家林亭诗》云：“桂折应同树，莺

---

①《述进士下篇》，见王定保：《唐摭言》卷一，上海古籍出版社，1978。

②《与顾十郎书》，见《柳河东集》卷三〇，上海人民出版社，1974。

③《政治革命及党派分野》，见陈寅恪：《唐代政治史述论稿》中篇，80～81页，上海古籍出版社，1997。

④《重题》第4首：“宦途自此心长别，世事从今口不言。岂止形骸同土木，兼将寿夭任乾坤。胸中壮气犹须遣，身外浮荣何足论？还有一条遗恨事，高家门馆未酬恩。”见《白居易集》卷一六，北京，中华书局，1979。

⑤《独异志》卷下：“唐崔群为相，清名甚重。元和中，自中书舍人知贡举。既罢，夫人李氏因暇日尝劝其树庄田，以为子孙之计。笑答曰：‘余有三十所美庄良田遍天下，夫人复何忧？’夫人曰：‘不闻君有此业。’群曰：‘吾前年放春榜三十人，岂非良田耶？’”见《唐五代笔记小说大观》，939～940页，上海古籍出版社，2000。

⑥ 陈寅恪：《唐代政治史述论稿》中篇《政治革命及党派分野》，81页，上海古籍出版社，2000。

迁各异年。……他日升沉者，无忘共此筵。”① 反映了同年们的这种共同心态。事实上，同年关系在官场中确实常常起着重要作用。唐代宗大历六年（771年），章八元进士及第后“恃才浮傲，宴游不恭”，户部侍郎韩滉将处以刑罚。章八元的同年杨于陵是韩滉的女婿，便以同年名义救他，韩滉只得“为杨郎屈法”②。唐德宗建中四年（783年），武元衡拜相，而他的同年韦贯之尚任丞尉，武元衡便为此深感不安，他对韦说：“某与先辈同年及第。元衡遭逢，滥居此地。使先辈未离尘土，元衡之罪也。”③ 不久，他果然提升韦贯之为补阙。这里，杨于陵对章八元的救援和武元衡对韦贯之的扶助，完全是自觉行为。显然，在他们看来，同年间的相互援手已经成为了一种义务和责任。

二、科举与教育制度

唐代科举制度对教育的影响主要表现在以下几个方面：

（一）科举制度对学校教育的促进

科举制度的实行，使掌握一定知识的平民，不经豪门世族和地方官吏的推荐，就可以报名参加科举考试，必然给世人以“万般皆下品，唯有读书高”的强烈印象，加上统治者的鼓励和倡导，极大地调动了人们读书学习的积极性，以至社会上出现“五尺童子耻不言文墨”的现象④。

读书人的增多，大大提高了社会对教育的需求，其结果是促进了唐代学校的发展。由于唐代科举考生的一个主要来源是由“学馆”推荐的“生徒”，这就决定了科举制度的实行与学校教育是紧密联系在一起的。在唐代，学校教育的目的，就是为培养合格的科举应试“生徒”，因此，为适应科举考试而发展起来的学校，就在唐代从京城到各州、县得到了长足的发展。周予同先生在《中国学校制度》中认为“唐代的学校制度，较诸中古的任何一代，复杂而完

① 《白居易集》卷一三，北京，中华书局，1979。
② 徐松：《登科记考》卷一〇，北京，中华书局，1984。
③ 徐松：《登科记考》卷一一，北京，中华书局，1984。
④ 《选举三·历代制下》，见杜佑：《通典》卷一五，影印本，北京，中华书局，1984。

备”，显然是同科举制度的兴盛分不开的。

唐代学校有官学和私学，官学又有中央所辖学校、地方学校和特殊学校之分。唐代中央所辖的学校，集中在长安与洛阳，即隶属于国子监的“六学”：国子学、太学、四门学、律学、书学、算学。其中国子学、太学、四门学，以讲授儒家经典为主要内容，在校学生都是贵族子弟。国子学是唐代最高学府，主要招收三品以上文武官员及国戚皇亲子弟，太学主要招收五品以上郡县官吏子弟，四门学主要招收七品以上及侯伯子男的子弟。律学、书学、算学主要是培养专门技术人才，学生主要招收八品以下文武官员子弟和庶人子弟。唐代中央管理的学校中，还有一些特殊的教育机构，如弘文馆、崇文馆、广文馆，它们既是政府有关业务的行政管理机构，又是培养专门人才的学校。弘文馆的前身是高祖武德四年（621 年）创立的“修文馆”，兼有国家图书馆职能，同时教授生徒，学科与国子学相同。所招收的学生限于皇帝缌麻之亲、皇后有大功以上亲属以及宰相、散官一品、京官从三品以上子弟。据《唐律》卷一载：“缌麻之亲有四，曾祖兄弟、祖从兄弟、父再从兄弟、身之三从兄弟是也。”崇文馆原系贞观十三年（639 年）所置崇贤馆，上元三年（676 年）因避太子名改为崇文馆。其学科设置与学生来源与弘文馆同。显然，它们都属贵胄学校。广文馆系唐玄宗为笼络人才，于天宝九年（750 年）设置的，挂靠国子监，规格与太学同，专习进士业，但可招收平民子弟。

唐代的地方官学，按行政区域分别设立。府有府学，州有州学，县有县学，朝廷对于各级官学的教学人员和生员名额还有明确的规定。州、县之下，还有乡村学校。玄宗开元十六年朝廷曾敕令，“其天下州县，每乡之内，各里置一学，仍择师资，令其教授”①。如果这一敕令得到很好执行的话，唐代的乡村学校当是相当普遍的。唐代乡村学校的学生成绩优秀，应试合格后可入州学、府学学习，州、府学的学生学成后，合格者作为“乡贡”选送到京城参加科举考试，或直接入选国家直属的四门学。从村学、乡学、县学读书启蒙，然后由县而入州、府，由州、府而入京城，这是唐代许多普通读书人梦寐以求的人生道路。唐代地方官学的普遍设立和教育的普及，在很大程度上是由于科举

① 《学校》，见王溥：《唐会要》卷三五，北京，中华书局，1955。

的推动。

科举制度对教育的影响，还可以从唐代私学的发展来看。私学，作为官学的一种补充形式，在唐代也较为兴盛。唐代私学除了传统的私塾外，作为我国封建社会的特有的一种教育组织的书院也出现了。据李锦绣《唐代制度史略论稿》中《唐代私学考》，书院的名称源于贞观九年张九宗书院。唐代私人书院共28所，其中较有影响的有四处，它们是刘庆霖建以讲学的皇寮书院，陈微量与士民讲学处的松州书院，陈衮即居左建立的义门书院，罗靖、罗简讲学之处的梧桐书院。此外，聚徒讲学，也是唐代私学的一种重要形式。

唐代学校教育的盛况，从以下两则记载可见一斑。一则是《唐摭言·两监》记国学之盛："贞观五年以后，太宗数幸国学，遂增筑学舍一千二百间，增置学生凡三千二百六十员。无何，高丽、百济、新罗、高昌、吐蕃诸国酋长，亦遣子弟请入。国学之内，八千余人，国学之盛，近古未有。"国学的生员是直接为科举考试输送的，学校的拥挤，直接反映了科举制度对教育的推动。如果说《唐摭言》的这一记载反映只是国子学的情况的话，《通典·选举》关于州县学生人数的一则统计，则说明了地方教育的盛况："州县学生六万七百一十员"。显然，这则关于州县学生人数的统计并未包括不计其数的乡村学校的学生，但我们已经可见唐代地方教育的发达了。

（二）科举制度对学校教育的制约

学生进学校学习，目的是通过科举考试走上仕途。在这一普遍心理需求的刺激下，唐代学校教育的目标也逐步放到了培养准备参加科举考试的举子上。这一点，在中央各学中表现最为明显。学生进国子学、太学、四门学学习，一进学就被分成举进士或举明经生员。弘文馆、崇文馆情况相同，而广文馆则是专门为培养进士科举子的。

学校教育的目标与科举的联系如此紧密，其教学内容和方法也必然进入科举的轨道。其中突出的表现是中央各学的课程设置，基本都是科举考试的科目，而考察学生学习成绩经常采用的方法也大抵是科举考试的方法。唐代国子学、太学、四门学以及弘文馆、崇文馆、广文馆的教学内容，都是按科举九经取士的要求安排的，而且与科举考试相对应，同样把经书分为大、中、小三类；同样规定通二经者必须是大小经各一或中经二，通三经者必须是中小各一，通五经者必须大经全通；同样把《论语》、《孝经》列为共同必修的课程。律学、书学、算学的课程设置也同科举考试明法科、明书科、明算科考试的科目完全相同。中央各学如此，各地方官学、乡村学校乃至私学教学，也无不在教学内容上努力同科举考试对接。如，科举考试重视书判、策论和诗赋，各类学校也随之注重习字、习时务策和诗赋的教学。白居易《与元九书》谈到元和十年（815 年）贬九江的途中，见“自长安抵江西，三四千里，凡乡校、佛寺、逆旅、行舟之中，往往有题仆诗者”；白居易的朋友元稹为《白居易集》作序所述“予尝于平水市中，见村校诸童，竞习诗，召而问之，皆对曰：‘先生教我乐天、微之诗’”的见闻，都生动地反映了乡村学校普遍学习作诗的现象。各地官学和一些私学纷纷讲授《昭明文选》，反映了人们是何等的信奉“文选烂，秀才半”这一熟语。以上这些，都折射出科举制度对学校教育内容的影响。

为了训练学生日后更有效地参加科举考试，唐代中央各学的考试方法与科举完全相同，而且对考试标准的要求越来越严。据《唐会要》卷七十七《贡举下·宏文崇文生举》载，开元二十六年正月八日，朝廷针对弘文馆、崇文馆学生缘是贵胄子孙，多有不专经业，便与及第者，下敕令要求他们“自今以后，一依令式考试”。这里所指的“令式”，当指《唐六典》卷四《礼部尚书侍郎》所载：“其弘文、崇文馆学生虽同明经、进士，以其资荫高，试取粗通文义。(弘、崇生习一大经、一小经、两中经者，习《史记》者、《汉书》者、《东观汉记》者、《三国志》者，皆须读文精熟，言音典正，策试十条，取粗解注义，经通六，史通三。其试时务策者，皆须识文体，不失问目意，试五得三。皆兼帖《孝经》、《论语》，共十条。)”从中可见，考试的标准已经科举化了，只是要求比进士、明经放松了一些，只要求“粗通文义”。此后，朝廷对二馆考试的要求逐步提高。据《唐会要》卷七十七《宏文崇文生举》载：“至天宝十四载二月十日，宏文馆学生，自今以后，宜依国子监学生例帖试，明经进士帖经并减半，杂文及策，皆须粗通。仍永为恒式。”从这一记载可见，考试的方法已与科举完全相同。后来，国家又进一步颁布严格考试的敕令，对此，《唐会要》卷七十七也有明确记载：“太和七年八月九日敕，宏文崇文两馆生，今后并依式，试经毕日，仍差都省郎官两人复试，须责保任，不得辄许替代。”这是从国家政令上对二馆考试的科举化制度越来越严密的规定。

唐代科举制度对学校教学内容和方法的引导和制约，对于学校教学内容和标准的统一和规范，科举科目中的明法、明算对学校教育中加强律法、数学等内容的教育的影响，是具有积极意义的。但因它的影响，学校在考核学生学业时也完全采用科举考试诸如帖经、墨义等方法去考试学生，其结果必然助长死记硬背的学习方式，扼杀学生的创造性，对学风带来不良的影响。

三、科举与文学

科举选士主要以文化考试为依据，特别是在科举中具有重要地位的进士科考试尤重文词，必然对文学的发展产生巨大而深远的影响。

（一）科举考试对文词的重视

隋炀帝置进士科时，考试仅试策而已①。唐初“进士试时务策五道”②，犹沿袭隋炀帝时的制度。高宗调露二年（680 年），刘思立任考功员外郎，主持科举考试，“以进士惟试时务策，恐伤肤浅，请加试杂文两道，并帖小经”③。永隆二年（681 年）八月，朝廷根据刘思立的建议，敕“自今以后……进士试杂文两首，识文律者，然后并令试策”④。这里的规定考试的杂文，开始是指箴、铭、论、表一类的体裁，但后来就发生了变化，逐渐演变为包括诗赋，以至到天宝年间专用诗赋了。徐松《登科记考》卷一永隆二年条，对此有个简明的考释：“按杂文两首，谓箴、铭、论、表之类，开元间始以赋居其一，或以诗居其一，亦有全用诗赋者，非定制也。杂文之专用诗赋，当在天宝之季。”进士科考试内容标准的这一变化，反映了掌握文词、特别是诗赋写作的能力，在科举考试中的作用越来越重要。到中唐后，进士科三场考试的

---

①《杨绾传》，见《旧唐书》卷一一九，北京，中华书局，1975。杨绾疏云：“近炀帝始置进士之科，当时犹试策而已。”

②③《贡举》，见《封氏闻见记校注》卷三，北京，中华书局，2005。

④《条流明经进士诏》，《唐大诏令集》卷一〇六，北京，商务印书馆，1959。

顺序也发生了变化，由原来的“凡进士先帖经，然后试杂文及策”①，改变为“初以词赋，谓之杂文，复对所通经义，终以时务为策目”了②。进士科三场考试，每场定去留，只有通过了前一场考试，才能取得参加后一场考试的资格。中唐后把诗赋的考试改排到第一场，不言而喻，进一步加重了诗赋在进士科考试中的分量。

诗赋的考试既然在进士科考试中被提到如此重要的地位，那么诗赋考试的成绩自然会成为录取中的关键了。据《唐诗纪事》卷五十二《李肱》：“（开成二年）帝命高锴复司贡举……先进五人诗……高锴奏曰：臣锴昨日奏宣进，旨令将进士所试诗赋进来者。伏以陛下聪明文思，天纵圣德，今年诗赋题目，出自宸衷，体格雅丽，意思遐远。诸生捧读相贺，自古未有，倍用研精覃思，磨励缉谐。其今年试诗赋，比于去年，又胜数等。臣日夜考校，敢不推公。就中进士李肱，《霓裳羽衣曲》诗一首，最为迥出，更无其比。词韵既好，去就又全。臣前后吟咏近三五十遍，虽使何逊复生，亦不能过，兼是宗支，臣与状头第一人，以奖其能。次张棠诗一首，亦绝好，亚次李肱，臣与第二人。”从主考官高锴反映的情况看来，李肱考中进士的根本原因，是由于他的诗“最为迥出”。第二名进士张棠之所以及第，也因为其诗“绝好”。由此可见，诗的优劣在录取进士过程中，起了决定性作用。更有甚者，还有因为诗写好，即使帖经不合格，可以试诗代替帖经。据《封氏闻见记》卷三《贡举》：天宝二年至八年（743—749）“达奚珣、李岩相次知贡举，进士文名高而帖落者，时谓试诗放过，谓之‘赎帖’”。虽说这里指的所谓“文名高而帖落者”，或许只是特例，但它反映了诗赋在进士考试中的关键作用却是不争的事实。

根据唐代法令，对科举及第者，其本人或全家可以免除赋役，这是统治者“明加训诱”，鼓励仕进的一项重要措施。从《全唐文》和《唐大诏令集》中，我们可以看到穆宗、敬宗朝曾分别颁布诏令，申明“名登科第，既免征徭”③。然而，由于作诗在科举中的重要地位，以至于有因为诗作的好，即使应考未及

① 《礼部》，见《唐六典》卷四，北京，中华书局，1992。

② 牛希济：《贡士论》，见《全唐文》卷八四六，影印本，北京，中华书局，1983。

③ 参看唐穆宗：《南郊改元德音》，见《全唐文》卷六六，影印本，北京，中华书局，1983；《宝历元年正月南郊赦文》，见《唐大诏令集》卷七〇，北京，商务印书馆，1959。

第，也享受到免除征役的情况，如“任涛，豫章筠川人也，诗名早著。有‘露团沙鹤起，人卧钓船流’，他皆仿此。数举败于垂成。李常侍骘廉察江西，特与放乡里之役，盲俗互有论列。骘判曰：‘江西境内，凡为诗得及涛者，即与放邑役，不止一任涛耳’。”① 像李骘这样待任涛，虽说也是特例，但这种特例也只有在唐代进士科考试中高度重视诗赋的环境中才有可能出现。

文章做得好（试杂文、试策都须有做文章的功夫），诗写得好，居然有神奇的力量。怎么能不激励人们高度重视对其子弟的文化教育，怎么能不激励每一个士子、每一个平民，尽一切可能去读好书、作好文章、写好诗呢？于是有人发誓“语不惊人死不休”②，有人不惜“吟安一个字，捻断数茎须”③，有人愿“吟向秋风白发生”④，为功名劳碌一辈子。白居易在著名的《与元九书》中回忆自己从小学习的情况时说：“仆始生六七月时，乳母抱弄于书屏下，有指导‘无’字‘之’字示仆者，仆虽口未能言，心已默识。后有问此二字者，虽百十其试而指之不差。……及五六岁，便学为诗，九岁谙识声韵。十五六，始知有进士，苦节读书。二十已来，昼课赋，夜课书，间又课诗，不遑寝息矣。以至于口舌成疮，手肘成胝。”⑤ 这段话既反映了唐代家庭教育中为使子弟早识字、早发蒙的良苦用心，又反映了士子自青少年时得知进士科考试的有关情况后，发愤学习的心理和行为，在当时是具有典型性的。事实上，当“世上功名兼将相，人间声价是文章”的价值观念深入人心之后⑥，“士无贤不肖，耻不以文章达”⑦，以至“五尺童子耻不言文墨”⑧，便成为一种普遍的社会现象和文化氛围，这无疑是唐代文学发展和唐诗繁荣的土壤，而科举制度，特别是进士科考试无疑是催生这一基础和氛围的一个重要因素。科举制度对于唐代文学，特别是唐诗的促进作用，首先表现在这里。

关于唐代科举制度与文学的关系，前人早有论述。较早而有代表性的意

---

①《海叙不遇》，见王定保：《唐摭言》卷一〇，上海古籍出版社，1978。

② 杜甫：《江上值水如海势，聊短述》，见《全唐诗》卷二二六，北京，中华书局，1979。

③ 卢延让：《苦吟》，见《全唐诗》卷七一五，北京，中华书局，1979。

④ 雍陶：《少年行》，见《全唐诗》卷五一八，北京，中华书局，1979。

⑤ 见《白居易集》卷四五，北京，中华书局，1979。

⑥ 刘禹锡：《同乐天送令狐相公赴东都留守》，见《全唐诗》卷三六〇，北京，中华书局，1979。

⑦⑧《选举三》，见杜佑：《通典》卷一五，影印本，北京，中华书局，1984。

隋炀帝杨广像

唐太宗建弘文馆图

三彩文吏俑
唐
高112厘米
河南洛阳安善墓出土
现藏洛阳市文物工作队

彩绘陶骑马武士俑
唐
高35厘米　长31.5厘米
陕西乾县李重润墓出土
现藏陕西历史博物馆

《文苑图》
五代·南唐
纵37.4厘米　横58.5厘米
现藏北京故宫博物院
经考订为周文矩《琉璃堂人物图》中的一部分。四位文人在庭园中，一侍者研墨

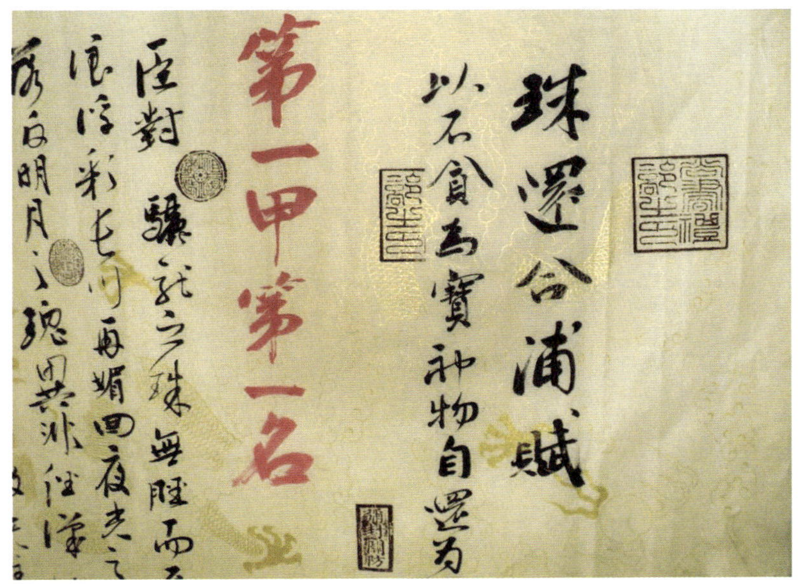

金翰描金云龙纹八尺手书　唐代

羅山書院記

余嘗謂自古賢人君子世治則出以道顯於人世亂則處以道藏於身是故晉羅徵君其得之矣君諱文通號詔賢先生漢豫章侯十五世孫也少穎異以嚴氏春秋京氏易歐陽尚書無不淹貫從南州高士之學卽勵志稽山著求道書十四篇晉大興元年荆州刺史王敦檄爲别駕君嘆曰以臣弑君以夷亂華小人道長之時吾今無意於天下事遂隱迹豐城池山嶺聚徒八百講學以飽德爲膏粱以令聞爲文繡誦詩讀書樂堯舜之道以待天下之清故池山之名羅山者以君所居名之也歿葬於禪師坪之原其徒立祠以祀之梁大通中改其祠曰雲霄觀晉章安令梅盛爲南昌别駕署其門曰修德之門寻與李公泌來守兹土新其學舍歷稽公之素履嘉其志嘆其爲人遂于雲霄觀額署其門曰羅山書院門之内廳額題以鳶飛魚躍廳之後堂額題以凝神認性棟宇焕然而一新之宛若先生平日居止之氣象也噫百世之上徵君之風可謂清矣百世之下判君之心可謂善矣愚故述其事爲之記云

皇唐大歷辛亥之歲春

江西監察使魏少遊譔

《罗山书院记》本文撰于唐大历六年（771年），时任江西监察使的魏少游在此文中介绍了东晋丰城隐士罗文通聚徒讲学的情况，赞赏其所作所为，新其学舍，题署『罗山书院』名，表明从唐代开始书院就有了教育色彩

见，是南宋严羽《沧浪诗话·诗评》的一则评论："或问：'唐诗何以胜我朝？'唐以诗取士，故多专门之学，我朝之诗所以不能及也。"明代王嗣奭在《管天笔记》中表达了同样的观点："唐人以诗取士，故无不工诗。竭一生精力，千奇万怪，何所不有？"① 两人都是从唐代最有代表性的文学体裁为例，说明进士科举以诗赋为录取标准对唐诗发展的促进作用。虽然过去和现代，也有些学者对于他们的观点持不同看法，如，明代王世贞就认为："人谓唐人以诗取士，故诗独工，非也。凡省试诗类鲜佳者。"② 但是，正如程千帆先生在辨析了上述两种观点后所指出的："既然是以诗文取士，诗成了取士的必要手段，则这种手段归根到底也不能不既为应进士举的人开拓道路，同时为应进士举所必要作的诗本身开拓道路。"③ 诚如王世贞和一些学者指出的，进士考试中产生的"省试诗"鲜有佳作，这部分诗作甚至可以认为是唐诗中的糟粕，然而，大批进士科考试的举子和更大量的向往着应进士科考试的莘莘士子们"竭一生精力"，努力提高诗歌写作水平，决不仅仅只写作"省试诗"。他们当中诚然不乏以诗赋当作应举的"敲门砖"者，但他们为了准备进士科的诗赋考试，有的甚至从哑哑学语的幼年时开始，就不知要下多少苦功去熟悉音韵、精通格律、揣摩章法、推究辞句。他们在考场中作的"省试诗"，由于命题、内容、形式、格律的拘牵，或许是极不成功的，但是这并不能否认他们长期为准备考试打下的文学功底，也并不意味着可以否认他们在应试之前和之后可能写出好的诗赋作品。《唐摭言》记载太和二年（828年），太学博士吴武陵看到杜牧的《阿房宫赋》，认为"真王佐才也"，便匆匆赶到正在为赴东都洛阳试举人的崔郾饯行的长乐传舍，把杜牧推荐给崔郾，并提议给与状头。因状头已有人，不得已，即第五人。张固《幽闲鼓吹》记载，白居易应举，初至京时，以诗谒顾况。开始，顾况拿他的名字开玩笑说："米价方贵，居亦弗易。"而当读到白居易送上诗卷的首篇："咸阳原上草，一岁一枯荣。野火烧不尽，春风吹又生"时，即大为赞赏，感叹说："道得个语，居即易矣"，因为之延誉，至使白居易声名大

① 转引自程千帆：《唐代进士行卷与文学》，46页，上海古籍出版社，1980。

② 王世贞：《艺苑卮言》，转引自程千帆：《唐代进士行卷与文学》，46页，上海古籍出版社，1980。

③ 转引自程千帆：《唐代进士行卷与文学》，47页，上海古籍出版社，1980。

振。今天，当我们谈到杜牧、白居易的文学成就时，也许谁也不会去关心他们当年所作的“省试诗”了。但他们自幼为准备应试而勤学苦练所打下的功底，无疑是他们成功的重要因素，前引白居易《与元九书》就证明了这点。如果从这一视角来看待唐代科举制度与文学的关系，或许能够更深层次地揭示它们之间的本质联系。

（二）进士行卷与唐代文学发展

在唐代科举考试中，试卷是不糊名的，有些主考官在阅卷和录取时比较注意参考举子平日誉望和所作诗文，而一些有名望的达官名流或出于荐才之热忱，或出于其他缘故，也常常通过各种形式向主考官推荐他们所熟识或有所接触的举子们的诗文，这种推荐在录取中的作用无疑是非常重要的。显然，这一现象启发了汲汲于仕进的举子们，为了博得达官名流们的赏识，赢得他们向主考官的推荐，应举者纷纷主动向他们投献自己的诗文作品，并逐渐成为唐代科举考场外的一种风气，这就是“行卷”。对此，程千帆先生在其专著《唐代进士行卷与文学》作了简明扼要的阐释：“所谓行卷，就是应试的举子将自己的文学创作加以编辑，写成卷轴，在考试以前送呈当时在社会上、政治上和文坛上有地位的人，请求他们向主司即主持考试的礼部侍郎推荐，从而增加自己及第的希望的一种手段。”①

行卷的风尚，主要是发生在参加进士科考试的举子之中，这是因为进士科考试重在文词。因此，这种风尚的兴起当在永隆二年进士科考试加试杂文成为制度以后。士子所投之卷，因对象不同而分为两种：投献给主试官的，称纳省卷（因为是向尚书省所属官府——礼部交纳的）；投献给当世显人的称为投行卷。两者的内容可能一样，对象却有区别。用以行卷的内容，是那些足以表现自身道德、才能和写作水平的诗文作品。

许多后来在文学史上很有名的作家，都曾有行卷的经历。如白居易应进士科考试前，就曾经向当时任给事中的陈京行卷，从他的《与陈给事书》中，可以了解到当时行卷的一些具体情况：“正月日，乡贡进士白居易，谨遣家僮奉

① 程千帆：《唐代进士行卷与文学》，3页，上海古籍出版社，1980。

书献于给事阁下。……伏以给事，天下文宗，当代精鉴，故不揆浅陋，敢布腹心。居易，鄙人也，上无朝廷附离之援，次无乡曲吹煦之誉；然则孰为而来哉？盖所仗者文章耳，所望者主司至公耳。今礼部高侍郎为主司，则至公矣。而居易之文章，可进也，可退也，窃不自知之，欲以进退之疑，取决于给事，给事其能舍之乎？……谨献杂文二十首、诗一百首，伏愿俯察悃诚，不遗贱小，退公之暇，赐精鉴之一加焉。可与进也，乞诸一言，小子则磨铅策蹇，骋力于进取矣；不可进也，亦乞诸一言，小子则息机敛迹，甘心于退藏矣。进退之心，交争于胸中者有日矣，幸一言以蔽之。旬日之间，敢伫报命。……居易谨再拜。”从这里，我们不仅可以了解到白居易行卷作品的体裁和数量，而且可以体会到当这位著名诗人还是一名举子时对他所行卷的对象所抱的期待心理。晚唐著名诗人和小品作家罗隐在寻求仕进的过程中也曾行卷，他的小品集《谗书》就是为行卷而编成的。从《罗隐集》中《投秘监韦尚书启》、《上太常房博士启》、《投蕲州裴员外启》、《投郑尚书启》等篇，我们可以读到罗隐向他们行卷时的心情。

关于进士行卷与文学的关系，程千帆先生认为：“由于进士科考试重在文词，其录取又要采平日誉望作为重要参考，所以举子们用来表现自己创作水平乃至见识和抱负的行卷，就特别重要。在一般情况下，举子们没有不努力提高自己的文学修养，以期写出较好的作品，并用它们来行卷，从而打动当世显人的心的。这样，行卷的风尚在客观上就不能不对唐代的文学发展起着广泛和较长远的推动作用。”① 程先生在其《唐代进士行卷与文学》中认为在唐代进士行卷中，既有以诗赋、杂文行卷的，也有以传奇行卷的，并具体考察了行卷对唐代诗歌、古文运动和传奇小说发展所起的推动作用。以诗歌为例，程先生统计了《唐百家诗选》可确定的86位作者，其中进士及第者62人，曾应进士举而不第者15人，共77人，占89%强。虽然尚无肯定《唐人选唐诗》出于进士行卷的直接证据，但是这一流传后世的唐诗选集中，有那么多的作者与进士科举有关，确实可以推断“他们的诗，必然有一些是专门为了行卷而写的，还有许多则是通过行卷这种特殊风尚才流传开来的”②。因此，程先生在《唐代进

① 程千帆：《唐代进士行卷与文学》，13页，上海古籍出版社，1980。
② 程千帆：《唐代进士行卷与文学》，62页，上海古籍出版社，1980。

士行卷与文学》的结论部分说："进士科举……主要是以文词优劣来决定举子的去取。这样，就不能不直接对文学发生作用。这种作用，应当一分为二，如果就它以甲赋、律诗为正式的考试内容来考察，那基本上只能算是促退的；而如果就进士科举以文词为主要考试内容因而派生的行卷这种特殊风尚来考察，就无可否认，无论是从整个唐代文学发展的契机来说，或者是从诗歌、古文、传奇任何一种文学样式来说，都起过一定程度的促进作用。"①

除此之外，我们还可以从另一个方面看到进士行卷对唐代文学的作用。这就是"纳卷"和"行卷"之风，促进了私人别集的编撰。唐代私人别集的编撰蔚然成风，其数量远远超过了总集，这无疑是唐代文学创作繁荣的表现。私人别集的编撰有多种缘由，但其中有不少文集是为了行卷而编撰的。除了前面提到的罗隐的《谗书》外，元结的《文编》、皮日休的《文薮》都属此类②。

① 程千帆：《唐代进士行卷与文学》，88页，上海古籍出版社，1980。

② 参看郭英德、谢思炜、尚学锋、于翠玲：《中国古典文学研究史》，252页，北京，中华书局，1995。

第六章

文学艺术的极致发展

一、古文运动与“文以载道”

所谓古文运动，是针对六朝以来形成的骈俪文体（四六文）风行日久、流弊滋深而发，要求代之以先秦、两汉时代不讲求对偶、排比、典故、音韵，句式散行的文章。唐代的古文运动以韩愈为发起人，他以“文以载道”为旗帜，力主充实文章内容，摈弃浮艳的文风。

古文运动是一场带有一定思想内涵的文学革新运动。骈文是文章的形式，也是一定社会历史条件下的产物。魏晋时期，名士如嵇康者“非汤武而薄周孔”，“越名教而任自然”，推崇“简易”而“无为”的佛老之术。另外，骈文也是没落的门阀士族竞相奢华、不务时事的表征，其文字华靡，其内容空泛。隋唐开创了大一统的政治局面，有识之士推崇儒术，宣讲经义，遥尊周孔；要为隆兴的政化服务，必然要求言之有物的文风。于是，一场除旧布新的古文运动便酝酿、兴起，发展于这一时代。

骈文作为一种文体，称事用典，韵律感强，由隋至唐初，士人争相好尚，不仅写景状物的文章完全骈偶化，而且把骈文的写作推进到奏议、论说、公文、信札等各种应用文的领域中，使散体文仅用于写作史地和科技著作。为打破这种贵族文学与文章体式一统天下的局面，北周的宇文泰曾提出以古雅的殷商古文代替华丽的骈文。苏绰曾亲自仿《尚书》作《大诰》，并规定凡文告、奏章之类都要模仿《尚书》来写。《尚书》的文字古奥艰涩，行之难久。隋文帝杨坚于开皇四年（584 年），曾“普诏天下，公私文翰，并宜实录”。为达到令行禁止的目的，其年九月，泗州刺史司马幼之以文表华艳，付有司治罪①。当时，李谔上书批评骈文说，“连篇累牍，不出月露之形，积案盈箱，唯是风云之状”，深切地指出骈文拖沓冗长、有碍时务之弊。但李谔之论有破无立，没有为文章写作提供可行之路，就连他本人也在使用骈文来攻击骈文之弊。显而易见，古文运动在其酝酿之初面临着骈文盛行的局面，求索无路。文风的改观，亦非一时政令所能及。朝廷作文，旨在宣道；文人作文，意在达情。只有政令与文人的要求产生合理的共振，才能使文风为之一变。唐初，文人士子开始主动地从事改革文风的实践与宣传，开启了古文运动的先声。

武周时期的陈子昂力主改革骈文，要求“以雅易郑”②、“以风雅革浮侈”③。陈子昂斥骈文为“郑”，为“侈”，反映了他精警高卓的风骨，因为自贞观到开元的百余年间里，科举制度皆以骈文对策取士。但从社会下层文人来看，骈文的地位已开始松动。被太宗擢用的武将常何的门客马周，文章不用骈体，却也气势磅礴，行文流畅，说理充分。其论事每称“夏、商、周、汉”之美政，深为太宗赏识。这种借古鉴今的立意不知不觉也在启迪着后来的古文运动。开元、天宝年间，文风已出现了缓慢的变化。世称“燕许大手笔”的张

---

① 《李谔传》，见《隋书》卷六六，北京，中华书局，1973。

② 独孤及：《检校尚书吏部员外郎赵郡李公中集序》，见《全唐文》卷三八八，影印本，北京，中华书局，1983。

③ 梁肃：《补阙李君前集序》，见《全唐文》卷五一八，影印本，北京，中华书局，1983。

说，以及李白、王维等人所写的书序生动简洁，以骈文夹杂散句。而且类似形式的文章见于记、论、表、碑、铭中，其代表性的优秀作品有李白的《与韩荆州书》、李华的《著作郎厅壁记》、元结的《自箴》《七不如篇》等。

从天宝末年到贞观末年，由于安史之乱的打击，唐王朝的种种积弊日益彰显。文人士子便把社会衰落的根本原因归咎于儒学不复，礼义沦丧。于是，为肃清文坛，以导世风，萧颖士、李华、独孤及、梁肃、柳冕等人以传统的“道”与“志”为武器，从理论上攻击骈文之害。在他们看来，骈文不仅是文风的堕落，更是蠹政害民之大祸。

首先，萧颖士等从论述文章与教化的关系入手，主张复兴古文。独孤及在《检校尚书吏部员外郎赵郡李公中集序》中说：“志非言不行，言非文不彰，是三者相为用，亦犹涉川者假舟楫而后济……文不足言，言不足志，亦犹木兰为舟，翠羽为楫，玩之于陆而无涉川之用。”即言文章是志的呈露、道的载体。元结在《文编序》里极力强调散文的教育功能，作文“其意必欲劝之忠孝，诱以仁惠，急于公直，守其节分”。柳冕则更明确地指出，“文章之道，不根教化”，则为“君子”所耻①。在他们看来，只要有利于风俗教化，就完成了文章写作的全部意义，至于辞藻之优劣，也完全取决于文章的内容及其立意，正所谓“道能兼气，气能兼辞”②。这种忽视语言与修辞艺术性的观点未免有矫枉过正之嫌。

其次，他们从“文不如古”的主张推演出“世道”亦不如古的结论，力主复古。萧颖士《赠韦司业书》曾表白道：“仆平生属文，格不近俗，凡所拟议，必希古人，魏晋以来，未尝留意。”这里的“古人”是指文、武、周、孔及两汉正统的儒学经师。因为在他们心目中，文章的优劣关键在于作者及其时代，所谓“文章本乎作者，而哀乐系乎时”③。从作者个人和时代特征来分析文章

① 柳冕：《谢杜相公论房杜二相书》，见《全唐文》卷五二七，影印本，北京，中华书局，1983。

② 梁肃：《补阙李君前集序》，见《全唐文》卷五一八，影印本，北京，中华书局，1983。

③ 李华：《赠礼部尚书清河孝公崔沔集序》，见《全唐文》卷三一五，影印本，北京，中华书局，1983。

和作品是正确的，但他们认为今世不如古世，“世道陵夷，文亦下衰”①。其中，柳冕把复古情绪推到了极致。他认为屈原、宋玉以后，文风就开始不振，“为文者本于哀艳，务于恢诞，亡于比兴，失古义矣”②，而“魏晋以还，则感声色而亡风教，宋、齐以下，则感物色而亡兴致”③。所以，欲文风改观，世风革面，必须复古，尽力去师法屈、宋以前的上古文风。

萧颖士、独孤及、李华、梁肃、柳冕等人，以复兴儒学的伦理教化为旗帜，目的在于使文章服务于政治，由是涉及文体改革的问题。文体永远是文章立意和内容的表现形式，但如果把形式的改变永远置于被动的地位，则抹杀了文学本身的承袭与发展。萧颖士公开提出要“助人主视听”而“以名教为己任”④，忽略了除秦汉古文以外，其他文学形式（如楚辞、汉赋、乐府古诗等）对文章的滋养和润色作用。古文运动一开始就有矫枉过正之嫌，但又是当时政治与文化条件下不得不发的运动，其造成文学传承方面的某些断层也在所难免。

唐德宗建中元年（780 年），令狐峘主持贤良方正、能言极谏科策试，开始采用散体文形式。这是唐王朝第一次从制度上规定可以用散体文取士。中唐时代的文风与士风也为之一变。虽然科举中的常举仍旧考诗赋，但贡士向官员请谒求荐，向主考投行卷，却开始使用散体文。韩愈当年就是以散体文投谒的举子，“故相郑馀庆颇为之延誉，由是知名于时”⑤。可见，在当时散体文不但取得了一席之地，而且逐渐受到有识之士的重视。

大规模的古文“复兴”运动，得益于韩愈的倡导。韩愈（768—824），字退之，河阳（今河南孟县）人。唐德宗贞元八年（792 年）进士，曾任国子监四门博士、监察御史、河南县令、刑部侍郎、潮州刺史、吏部侍郎等官。韩愈在赞赏萧颖士、李华等人的观点，大力推崇秦汉古文的同时，把古文运动更加

---

① 独孤及：《检校尚书吏部员外郎赵郡李公中集序》，见《全唐文》卷三八八，影印本，北京，中华书局，1983。

② 柳冕：《与徐给事论文书》，见《全唐文》卷五二七，影印本，北京，中华书局，1983。

③ 柳冕：《与滑州卢大夫论文书》，见《全唐文》卷五二七，影印本，北京，中华书局，1983。

④ 萧颖士：《赠韦司业书》，见《全唐文》卷三二三，影印本，北京，中华书局，1983。

⑤《韩愈传》，见《旧唐书》卷一六〇，北京，中华书局，1975。

具体化了。更难得的是破中有立，创建了新的文章学理论，树立了清新质朴的作文风气。《旧唐书·韩愈传》说："大历、贞元之间，文字多尚古学，效扬雄、董仲舒之述作，而独孤及、梁肃最称渊奥，儒林推重。愈从其徒游，锐意钻仰，欲自振于一代。……故愈所为文，务反近体，抒意立言，自成一家新语。后学之士，取为师法。当时作者甚众，无以过之，故世称'韩文'焉。"比及前辈，韩愈倡导的古文运动有如下进步倾向和鲜明特色：

第一，韩愈以传承上古儒学为旗帜，立朝在野，皆以其桀傲不驯之气崇儒抑佛，加之其非凡的才气和疏狂的个性，使其成为古文运动的巨擘与领袖人物，使古文运动成为一股强劲的文学浪潮与思想激流。韩愈不甘凡庸、喜好张扬外露的气质不时彰显于其诗作中："花前醉倒歌者谁，楚狂小子韩退之。"(《芍药歌》）这种超凡的个性也决定他在学术思想上带着些许疏狂。他宣称圣人之间也有一个道统，如同佛教有传法的法统一样，道统到了孟轲就中断了，现在要由他来继承，"使其道由愈而粗传"①。韩愈还极力发挥孔子的"仁"学，宣扬"博爱之谓仁，行而宜之之谓义"②。充实的经学内涵也使韩愈领导的古文运动有着厚重的思想基础。韩愈为反对佛老著书立说，仗义执言。元和十四年（819年），以唐宪宗为首掀起了迎佛骨的宗教热潮，韩愈上《论佛骨表》，请求将佛骨"投诸水火，永绝根本"③。宪宗盛怒之下，将韩愈贬为潮州刺史。远谪途中，韩愈遇到了侄儿韩湘，作七律诗《左迁至蓝关示侄孙湘》，表白了自己的坚定信仰和为之死而无憾的决心：

一封朝奏九重天，夕贬潮州路八千。
欲为圣明除弊事，肯将衰朽惜残年。
云横秦岭家何在，雪拥蓝关马不前。
知汝远来应有意，好收吾骨瘴江边。④

韩愈以广博的经学知识和强大的人格魅力团结和扶持了许多崇尚散文与实学的文人学士，其中有李翊、李翱、孟郊、张籍、樊宗师等等。他甚至还为怀才不遇的李贺打抱不平。韩愈广泛的交游，也使这场古文运动声势浩大，后劲

①《与孟简尚书书》，见《韩愈集》，233页，长沙，岳麓书社，2000。

②《原道》，见《韩愈集》，145页，长沙，岳麓书社，2000。

③④《韩愈集》，409、135～136页，长沙，岳麓书社，2000。

十足。

第二，韩愈主张写文章“宜师古圣贤人”，但师古而不泥古，“师其意，不师其辞”①。韩愈认为学习古文，并不是“独取其句读不类于今者”，而是“学古道则欲兼通其辞，通其辞者，本志乎古道者也”②。这与萧颖士、独孤及等“道”与“辞”合一的主张如出一辙。但韩愈论道，不仅是重视伦常教化和外在的道德规范，而是发挥了孟子“诚”的理念与“气”的哲学，旨在加强人格修养，从而使“浩然之气”行于文章始末。他在《答尉迟生书》中说，“夫所谓文者，必有诸其中，是故君子慎其实”③，并反复强调孟子“万物皆备于我，反身而诚”的观念④。如果说“诚”是作文所应具备的主观态度，那么“气”则是为文的人格修养和情感内涵。韩愈在《答李翱书》中打了一个生动的比方：“气，水也；言，浮物也。水大而物之浮者大小毕浮，气之与言犹是也。”⑤ 孟子认为人性本善，所以提出“吾善养吾浩然之气”的主张。韩愈认为，作文时“气”在以“诚”为前提时，恣意的流露、奔涌，如滂沱之水可以浮物，如是才能有至善之文。因此，韩愈主张“不平则鸣”“愁思之声”“穷苦之言”等“不平有动于心”，所以属文论事。这种文学理论虽然略有主观唯心主义的哲学倾向，但在当时却足以激励文人士子以诚心正气观察、感悟和抒写人生和社会。

第三，韩愈推崇先秦两汉的散体古文，但并不是主张在文章的结体和辞藻上机械地模仿前人，而应该学习古人“词必己出”的作风⑥。韩愈在评析了历代经史与文学的语言特点的基础上，提出了“惟陈言之务去”的主张⑦。他在《进学解》中曾历数“周诰殷盘，佶屈聱牙，《春秋》谨严，《左氏》浮夸。《易》奇而法，《诗》正而葩；下逮《庄》、《骚》，太史所录，子云、相如，同工异曲”⑧。韩愈把上起殷周古文，下至楚辞、汉赋的各种文学和文章体式加

①《答刘正夫书》，见《韩愈集》，229页，长沙，岳麓书社，2000。
②《题哀辞后》，见《韩愈集》，272页，长沙，岳麓书社，2000。
③《韩愈集》，199页，长沙，岳麓书社，2000。
④《答侯生问论语书》，见《韩愈集》，478页，长沙，岳麓书社，2000。
⑤《韩愈集》，211页，长沙，岳麓书社，2000。
⑥《南阳樊绍述墓志铭》，见《韩愈集》，373页，长沙，岳麓书社，2000。
⑦《答李翱书》，见《韩愈集》，211页，长沙，岳麓书社，2000。
⑧《韩愈集》，159页，长沙，岳麓书社，2000。

以评析，借鉴、取舍之后，以为“非三代两汉之书不敢观，非圣人之志不敢存”，可以作为文人治学之标准，但必须“处若忘，行若遗”①，则“惟陈言之务去”中的“陈言”也包含了先秦两汉之陈言。因此，其创新精神已远远超过了萧颖士等前辈。韩愈在散文写作中主张“自树立，不因循”② 的语言风格，因此，在散文写作中创意颇丰，留给后世许多名篇名句。

韩愈的《原道》、《原毁》、《师说》、《争臣论》等说理性文章结构严谨，重视行文的气势与逻辑。这些文章文学色彩较淡，但在整个古文运动中却起着思想导航的作用。他在与当时士大夫交游时写的一些短文，摆脱了“官气”的束缚，读来感情丰沛，真挚动人。如《送董邵南游河北序》借安慰因“举进士，连不得志于有司”而只得去燕赵谋事的董邵南，抒发了对才士沉沦不遇、生不逢时的感慨；《送李愿归盘谷序》则借赞美退隐者的清高，斥责那些“伺候于公卿之门，奔走于形势之途”的小人的卑劣。韩愈长期在国子监任博士，可以说是文人的上层，但也时常过着“冬暖而儿号寒，年丰而妻啼饥”的生活③。唐代的文人大多被排摈于政治之外者，经济地位也处于弱势，因此，心中的“不平之气”是不言而喻的，除了作文表达对文人的同情之外，他还写了大量的杂说，来抒写心中的愤懑。其杂说如《杂说四首》中的“说龙”、“说马”以及《获麟解》等，都是借用龙、马、麟等雄奇、神怪的动物来写人，包含着自己怀才不遇的感慨和穷愁寂寞的叹息。其中影响深远的首推“说马”：

> 世有伯乐，然后有千里马。千里马常有，而伯乐不常有。故虽有名马，只辱于奴隶人之手，骈死于槽枥之间，不以千里称也。……是马也，虽有千里之能，食不饱，力不足，才美不外见，且欲与常马等不可得，安求其能千里也……其真无马邪？其真不知马也④！

绝佳的比喻，直抒胸臆的慨叹，反映了一个时代文人的悲苦境遇，怎能不长传不朽！

韩愈的散文，打破了许多流传千载的程式。如其悼念侄儿韩老成的《祭十

---

①《答李翱书》，见《韩愈集》，211 页，长沙，岳麓书社，2000。

②《答刘正夫书》，见《韩愈集》，230 页，长沙，岳麓书社，2000。

③《韩愈传》，见《旧唐书》卷一六〇，北京，中华书局，1975。

④《韩愈集》，154 页，长沙，岳麓书社，2000。

二郎文》，突破了祭文多用骈文或四言韵文，以显庄严凝重的程式，而是以向逝者诉说的口吻，哀家族衰落，自身衰老，哀死者之早夭，疑天理疑神明，写到伤心处使读者如临其祭。

韩愈在写作中注重语汇的创新，摈弃了骈文中的套语与典故罗列堆累的写作习惯，着力从口语中提炼新词，许多语汇流传至今，仍是生动传神。像《送穷文》中的“面目可憎”、“垂头丧气”，《应科目时与韦舍人书》中的“俯首帖耳”、“摇尾乞怜”。有些章句成为警世箴言，如《进学解》中的“业精于勤荒于嬉，行成于思毁于随”，《原道》中的“不塞不流，不止不行”。这些都是对汉语言文学的贡献！

柳宗元（773—819），字子厚，河东（今山西永济县）人，生于长安。童稚时即聪颖好学，因其父柳镇在外地为官，自幼随母亲卢氏读书识字，诵诗作文。十二三岁时已为世人推许，史称“为文章卓伟精致，一时辈行推仰”①。德宗贞元元年（785年）八月，朝廷讨平李怀光叛乱，崔中丞请柳宗元代写一篇贺表。当时柳宗元年仅13岁，就完成了一篇相当出色的《为崔中丞贺平李怀光表》，少年英才，名噪一时。贞元九年（793年），中进士，26岁时考中博学鸿词科，历任集贤殿正字、蓝田县尉等职。贞元十九年（803年），回京任监察御史。贞元二十一年（805年），因参与王叔文组织的“永贞革新”，坐贬永州（今湖南零陵县）司马，居处十年，又被贬为柳州刺史，卒于任所。“城上高楼接大荒，海天愁思正茫茫……岭树重遮千里目，江流曲似九回肠……”② 从诗作中，不难看出他幽囚般的内心世界。在唐代的古文运动中，如果说韩愈具有领袖地位，那么柳宗元则是代表了更广泛的士人和下层官僚的态度与表现。

同韩愈一样，柳宗元也攻击骈文的陈腐，提出了“文以明道”的鲜明主张。在《乞巧文》中指责了骈文及其所代表的腐朽士风：“眩耀为文，琐碎排偶，抽黄对白，啽哢飞走。骈四俪六，锦心绣口，宫沉羽振，笙簧触手。观者舞悦，夸谈雷吼。独溺臣心，使甘老丑。”③ 柳宗元主张从经学中为语言文学

---

①《柳宗元传》，见欧阳修：《新唐书》卷一六八，北京，中华书局，1975。

②《登柳州城楼寄漳封汀连四州》，见《柳宗元集》第四册，1165页，北京，中华书局，1979。

③《柳宗元集》第二册，489页，北京，中华书局，1979。

提供养料，主张写文章要“本之《书》以求其质，本之《诗》以求其恒，本之《礼》以求其宜，本之《春秋》以求其断，本之《易》以求其动”，还要旁参《谷梁》、《孟》、《荀》、《庄》、《老》、《国语》、《离骚》、《史记》的气势、脉络与文采①。柳宗元认为经学中鼓吹的“道”，与散文写作中的“辞”可以水乳交融，互相促进。只要充分研习六经、诸子，就可以达到“文者以明道”“辅时及物”的作用。同韩愈极力推尚儒道（尤其是《孟子》之学）不同，柳宗元要求在更广泛的意义上借鉴先秦两汉的优秀文化，使古文运动有了更广泛的理论基础。由是柳宗元发出了“文之近古而尤壮丽，莫若汉之《西京》”的赞叹②，推重“汉之《西京》”，是政治思想和文学理论的双重需要。西汉政权打破了春秋战国及秦任用贵族的政治格局，君臣出于布衣，如刘邦、张良、萧何等，又开创了前古未有的“征辟”与“举荐”制度，在文风上也古朴求简。柳宗元誉美西汉之文风，是要曲折地表达他反对贵族专政，要求奖拔孤寒的主张。这一思想集中体现在他对先秦典籍中贵族气的批判。在《非〈国语〉序》中他指责《国语》“其文深闳杰异，固世之所耽嗜而不已也。而其说多诬淫，不概于圣。余惧世之学者溺其文采而沦于是非，是不得由中庸以入尧、舜之道”③。又说《国语》“文胜而言庬，好诡以反伦，其道舛逆”。在对先秦两汉经史子集的取舍中，柳宗元的首要标准是“尧舜之道”，背离其道者，虽“文胜”，亦必失于“言庬”（指杂乱）。《国语》斯弊与六朝骈文也如出一辙。“永贞革新”前夕，王叔文党人李景俭（字致用）作《孟子评》，柳宗元评述说：“致用之志以明道也，非以摭《孟子》，盖求诸中而表乎世焉尔。”④ 柳宗元指斥骈文之浮华风气，以“尧舜之道”的儒家理念为标尺，对先秦两汉的经史子集进行了充分的批判继承，创立了独树一帜的文学和政治理论。

由于柳宗元长期作为罪官贬谪在外，其内心的苦闷欲掩而弥深，他不敢像韩愈一样“不平则鸣”，也不敢以龙、马自喻。他在《寄许京兆孟容书》中表露了自己的心境：“宗元于众党人中，罪状最甚，神理降罚，又不能即死。

---

①《答韦中立论师道书》，见《柳宗元集》第三册，873页，北京，中华书局，1979。

②《柳宗直西汉文类序》，见《柳宗元集》第二册，576页，北京，中华书局，1979。

③《柳宗元集》第四册，1265页，北京，中华书局，1979。

④《与吕道州温论〈非国语〉书》，见《柳宗元集》第三册，822～823页，北京，中华书局，1979。

……自以得姓来二千五百年，代为冢嗣，今抱非常之罪，居夷獠之乡，……茕茕孤立，未有子息。荒隅中少士人女子，无与为婚，世亦不肯与罪大者亲昵……悸悸然欷歔惴惕，……摧心伤骨，若受锋刃。”① 如是的心境使他的散文在抒情上含蓄深沉，于平心静气中宣道达情。在《答韦中立论师道书》中写道：“未尝敢以轻心掉之，惧其剽而不留也；未尝敢以怠心易之，惧其弛而不严也；未尝敢以昏气出之，惧其昧没而杂也；未尝敢以矜气作之，惧其偃蹇而骄也。”② 柳宗元含蕴的文风中透露出恬淡的气息，集中体现于其山水游记中。这或多或少得益于他对佛教的好尚。柳宗元曾多次与力主排佛的韩愈发生争执，他认为佛教让人“乐山水而嗜闲安”③，并主张感情不可外露，因为“气烦则虑乱，视壅则志滞。君子必有游息之物，高明之具，使之清宁平夷，恒若有余，然后理达而事成”④。柳宗元之尚佛，并非主张佛教宣扬的唯心主义世界观和六道轮回的因果论，因为在其名篇《天说》中已驳斥了唯心主义的天命论，论证了“因气生物”的朴素唯物主义观点。韩愈与柳宗元两位文学大家对佛教的不同态度也并不能代表古文运动中的两个派别。柳宗元借宗教来慰藉心灵，在宗教中感知恬淡与宁静，用于其隽永而含蕴的行文中，这也是其语言艺术的鲜明特点。

柳宗元的议论文“高壮广厚，词正而理备”。其中《封建论》文笔犀利，指出由封建到郡县是历史的“势”，不是“圣人之意。”既承认了历史的进化论又指出历史发展是有其自身规律的，同时又回答了现实的政治问题。《桐叶封弟辩》文思精深，反弹琵琶。周成王以桐叶为戏封其弟叔虞于唐地，周公以为“天子不可戏”，一直传为佳话。柳宗元在文中反问：“设有不幸，王以桐叶戏妇寺，亦将举而从之乎?”讽刺了为政不知权变的人。《捕蛇者说》通过永州民蒋氏的困苦生活和不幸遭遇，点出了“赋敛之毒有甚是蛇”的主题，讽劝统治者施行仁政，与孔子的“苛政猛于虎”异曲同工。柳宗元的传记以叙事为长，其中《段太尉逸事状》截取了段秀实治军、劝降、卖马市谷代偿农租以及拒朱

① 《柳宗元集》第三册，780～781 页，北京，中华书局，1979。
② 《柳宗元集》第三册，873 页，北京，中华书局，1979。
③ 《送僧浩初序》，见《柳宗元集》第二册，674 页，北京，中华书局，1979。
④ 《零陵三亭记》，见《柳宗元集》第三册，737 页，北京，中华书局，1979。

泚贿赂的四件事，生动地表彰了人物的德行与才干。柳宗元的寓言说理深刻，短小精悍。《蝜蝂传》借小虫讽刺了那些“日思高其位，大其禄”的负心者；《哀溺文》讽刺了为财舍命的世俗小人。《黔之驴》则讽刺了外强中干而一无所用的愚物。柳宗元还留下了无数的山水游记。他长期谪官于岭南，清丽的自然风光对于失意的“罪官”有的是孤寂、清凄，但也不乏幽静、清雅的情调。《至小丘西小石潭记》描述了小石潭的“凄神寒骨，悄怆幽邃”，使他只有与潭中的游鱼以神相契。《钴鉧潭西小丘记》记述了潭西小丘的山水使他“怜而售之”“枕席而卧”。

韩、柳之后，古文运动仍在蓬勃进行。李翱的文章长于议论，皇甫湜的散文文辞奇崛。但应该指出，骈文并未完全退出历史舞台。唐后期的宰相陆贽善以骈文说理，晚唐诗人杜牧的《阿房宫赋》是典型的四六文。宋初的大官僚杨亿等仍习尚骈文，但欧阳修、王安石、三苏父子又掀起了新的古文运动，并形成了包括韩、柳在内的“唐宋八大家”。唐代的古文运动在中国古代的文学史上具有开基垂范的作用。

古文运动是一场深刻的社会文化变革，打破了骈文一统文坛的形势，人们得以以务时济世的态度，摆脱迂阔的文体束缚、发表自己的见解和主张。武周时的陈子昂写《复雠议》与后来柳宗元写的《驳〈复雠议〉》，就同一事件而发，而立论殊异。徐爽杀县尉而复父仇，触及了当时礼与律、德治与法制的盲点与龃龉之处。这种入木三分的论说效果是骈文这种文体难以企及的。古文运动的倡导者提倡经学与治道的作风，必然要号召人们解决现实问题，尽管骈文在短时期内并未销声匿迹，但古文运动的勃兴已使其消极影响降到了最低点。

魏晋南北朝时期的骈文与诗赋的发展是文学史上的重大成就，但其后期以文学代替了文章学，积弊深重。古文运动反其道而行之，重义理、经术，论治道、哲理，反而在语言艺术上独辟蹊径，从上古经典与现实生活中提炼出许多新的语汇。这无疑是文学史上新的里程碑。正因为古文大家在语言运用上的巨大成就，才使得骈文在后世的发展中被逐渐淘汰。

二、诗的极盛与词的兴起

中国是诗的国度，诗的渊源可以上溯到《诗经》，其句式为四言，艺术手法有赋、比、兴。秦汉设“乐府”，采摭民间诗歌，是为“乐府诗”。“乐府诗”以杂言为主，东汉时趋于五言，以《古诗十九首》为代表。乐府诗长于叙事，不少篇章充满了浪漫主义的色彩。魏晋晚期出现了七言体古诗，以曹丕的《燕歌行》为代表。唐代的诗歌在体裁上创立了五言、七言律诗，并在科举制度的促动下形成了律诗的繁盛。同时，唐代诗人大力发展了“古体诗”的创作。因此，唐代的诗坛名家辈出，硕果累累。清康熙年间编成的《全唐诗》900 卷，共收录唐人诗作 48900 余首，有名可考的作者达 2200 多位，其中不乏世人耳熟能详的“初唐四杰”、“李杜”、“元白”、“高岑”等诗作大家。

唐代诗歌在体裁上充分承袭前古，且大有创新。诗歌体裁的丰富，使得文人士子用诗来抒情、叙事、咏物、言事，无所不尽其宜。唐代的诗歌主要分为两大类：古体诗与近体诗。

古体诗是指盛行于汉魏时期，体式相对自由的五言诗、七言诗和杂言诗。古体诗仅要求偶数句押韵，韵脚用字不限平仄，两联（四句）以后可以换韵，用韵的选字也比较宽泛。其中，以前乐府民歌为题目创作的古体诗称为乐府诗。后来也有摆脱乐府古题，而仍采取乐府风格的诗篇，被称作“新乐府诗”。前者如高适的《燕歌行》，后者如杜甫的《兵车行》、《丽人行》。

近体诗（即律诗）创立并盛行于唐代，是唐初宫廷文学发展的产物，也是声韵学发展的必然结果。南朝的沈约著《四声谱》，总结了诗歌创作中汉字的平、上、去、入的四种音调和规范的韵脚。其中平声相当于现代汉语音调中的阴平、阳平。上和去分别为第三声和第四声。入声字则是古代汉语中特有的音调，发音轻而短促，以喉音为主，今天广东客家、四川等地的方言中仍保留大量的入声字。上、去、入声字在诗作中皆称“仄”。在诗韵的标注上，隋代的陆法言开创了反切注音法，如“乃”字的注音为“奴亥切”，即取“奴”字的声母与“亥”的韵母相拼。这种拼音方法，唐以前称反，唐以后称切，合称反切之法。陆法言又吸收了沈约“四声”理论，著《切韵》六部。《切韵》原书已佚，唐人使用的《唐韵》即为《切韵》的手抄本。传说仙女吴仙鸾下嫁书生文箫，生活贫寒，吴彩鸾手抄《唐韵》，每部可售千钱。从这些传说可以看出唐人作诗酬韵的风气之盛。现在日本京都大学图书寮还藏有当时从长安买去的吴彩鸾所写的《唐韵》真本。声韵学的发展，深受唐初宫廷文人的重视。贞观年间的弘文学士上官仪“本以词彩自达，工于五言诗，好以绮错婉媚为本。……当时多有效其体者，时人谓为上官体”①。上官仪在南朝诗人沈约、王融等“四声八病”说的基础上，总结出了“六对”、“八对”的方法，在南朝梁刘勰总结的“事对”、“言对”、“正对”、“反对”之外，又增之以“双声对”、“叠韵对”、“扇对”等等，把原来仅限于词义的对偶扩展到单字音义和句法。高宗、武后时期又经过沈佺期、宋之问等人的斧正，“回忌声病，约句准篇”②，使律诗的创作有了固定的规则。

绝句是唐人对古体诗和近体诗的“便体”形式，共有四句，分为古体绝句和律体绝句两种。绝句从句式上又可分为五言绝句（五绝）和七言绝句。人们耳熟能详的李白的《静夜思》就是五言古体绝句。杜甫的《绝句》“两个黄鹂鸣翠柳，一行白鹭上青天。窗含西岭千秋雪，门泊东吴万里船”就是律体七言绝句，形式上是格律的中间两联③。

从体裁上讲，唐诗的贡献在于律诗的兴起和繁盛。武后时的杜审言擅长写五律、七律。其五言排律《和李大夫嗣真奉使存抚河东》，长达四十韵，完全合律，无一失于粘对者，足见其对近体诗创作的驾轻就熟。唐太宗、高宗取士尚重杂文、策论，自玄宗以后，直到末代的文宗、宣宗等，多以诗赋取士。整个唐代的科举制度都是声律辞彩先于经术义理。这样，从宫廷文学中产生的律诗，在科举制度的促动下流布于社会下层的文人士子。虽然律诗中的佳作并非产生于科场，但人们在日常生活中也尽量以律诗化的形式去抒怀、言志，这无疑大大增加了诗歌语言的节奏与韵律感，这种音乐化的语言再加之无数伟大诗人深邃的思想和真挚的情怀，使得唐代的诗歌得以广为传诵，遗泽至今。因此，律诗的创作与诗作的格律化，是唐代诗歌在体裁上的重大突破与贡献，也是唐代诗歌繁盛的重要原因。

唐代的诗坛，群星灿烂，巨匠辈出。我们仅能叙述几位代表人物，也足以叹为观止！

---

①《上官仪传》，见《旧唐书》卷八〇，北京，中华书局，1975。

②《宋之问传》，见欧阳修：《新唐书》卷二〇二，北京，中华书局，1975。

③ 参照耿振生：《诗词曲的格律与用韵》，郑州，大象出版社，1997。

（一）“初唐四杰”的崛起与“齐梁遗风”的漫灭

高宗武后时期，政局混乱。而宫体诗的作者玩物丧志，沉溺于阿谀奉迎与追求权术中，甚者如宋之问等为武则天的嬖臣张易之奉溺器。诗歌的创作主流需要下移，诗坛的风气也需要重振。以寒士出身的“初唐四杰”，在政治上不避强御，力排武周；在诗歌创作方面攻击上官体是“骨气都尽，刚健不闻”，提出了“开辟翰院，扫荡文场”和“用光志业”等主张。

卢照邻（约630—680），有《幽忧子集》；骆宾王（约638—?），有《骆宾王文集》；王勃（650—676），有《王子安集》；杨炯（约650—693），有《盈川集》。四人中唯杨炯尝官至县令，坎坷的人生经历也铸就了他们不朽的人格与诗格。他们睥睨古今，气度恢宏。王勃说：“孔夫子何须频删其诗书，焉知来者不如今，郑康成何须浪注其经史，岂觉今之不如古。”（《感兴奉送王少府序》，他们讥讪权贵，痛疾奢僭。骆宾王诗“莫言贫贱无人重，莫言富贵应须种。”（《艳情代郭氏答卢照邻》）卢照邻在《长安古意》中写尽宫廷与皇族生活的豪华，但笔锋一转：“自言歌舞长千载，自谓骄奢凌五公。节物风光不相待，桑田碧海须臾改。”他们也追求个人理想，思求建功立业。骆宾王随徐敬业起兵反对武氏，尚作《咏怀》诗，中有“阮籍空长啸，刘琨独未欢”之句，以彰其豪气。卢照邻在《咏史四首》中赞扬了“处身孤且直”的季布，“诸侯不得友，天子不得臣”的郭泰，表现了威武不屈的气节。

“初唐四杰”在诗作上力求振拔，既从南朝的歌行体和骈文中汲取营养，又推陈出新。卢、骆喜作五、七言长篇；王、杨则以五言律、绝为卓越。例如卢照邻的《长安古意》，借鉴了六朝乐府中的蝉联句式和律诗的对偶与声律，句法上以骈为主，以散行骈；用韵上四句一转，平仄相间。从技法上，既有律诗的雄浑，又有乐府的奔放。王勃的律诗用词浅而旨意深，如《山中》的一句“长江悲已滞，万里念将归。”用“长江”与“万里”对仗，是十分灵动而精妙的才思。王勃善作赋，其名篇《滕王阁序》中打破了四六文的程式，有些语言近乎诗：“落霞与孤鹜齐飞，秋水共长天一色”，这俨然就是对仗工整的诗句。“初唐四杰”在中国诗歌史上继往开来，以刚健雄浑、自由奔放的诗风打破了宫体诗一统诗坛的局面，从而使社会下层的文人开始参与到诗歌的创作中。

（二）孟浩然与王维的山水田园诗

盛唐时代，政局与社会相对稳定，但却潜伏着巨大的危机。唐代的科举制度，并非文人入仕的通途。有怀才不遇者依照孟子“穷则独善其身，达则兼善天下”的号召，虽然政治上失意，却以仁者、智者之姿乐山好水，游弋于空凌、高远而恬淡的精神世界。

孟浩然（689—740），襄阳人。中年以前离家远游，40 岁赴长安应进士举，落第后遍游吴越名胜，开元中辟为荆州刺史张九龄的幕宾，不久辞官回乡，直至寿终。孟浩然把整个身心都投入到山水田园当中。唐代著名诗评家殷璠喜在其《河岳英灵集》中评价他的诗是“无论兴象，兼复故实”，即言其诗作把抒情对象与诗人的内心感受有机地融合为一体。其代表作《宿建德江》情景交融，物我为一：

移舟泊烟渚，日暮客愁新。

野旷天低树，江清月近人。

这首诗描写了作者在失意时的愁绪，只有与月相近，与自然交融，可谓“语淡而味终不薄”①。孟浩然更多地是把自己投入到江南的奇山秀水和远隔凡尘的田园生活：

垂钓坐盘石，水清心亦闲。鱼行潭树下，猿挂岛藤间。游女昔解佩，传闻于此山。求之不可得，沿月棹歌还。（《万山潭作》）

故人具鸡黍，邀我至田家。绿树村边合，青山郭外斜。开筵面场圃，把酒话桑麻。待到重阳日，还来就菊花。（《过故人庄》）

比起东晋陶渊明的“结庐在人境，而无车马喧”，我们似乎可以真正体会到孟浩然在盛唐时代的恬淡生活，有奇山、有丽水、有桑黍、有农舍、有挚友……真正是地远心亦远，这便是盛唐时代在野文人的生活与精神风貌。

王维（700？—761），字摩诘，太原祁（今山西祁县）人，有《王右丞集》。王维少年时意气风发，“孰知不向边庭苦，纵死犹闻侠骨香”（《少年行》之二），表达了布衣寒士愿为国建勋的强烈愿望。然而，开元末李林甫取代张

① 沈德潜：《唐诗别裁集》，上海古籍出版社，1979。

九龄为相，朝政日下。王维在《西施咏》、《洛阳女儿行》等诗作中以女主人公自比（这是唐人作诗常用的比兴手法），抒写了贤士的抑郁，正像是“戏罢曾无理曲时，妆成祇是熏香坐……谁怜越女颜如玉，贫贱江头自浣纱。”（《洛阳女儿行》）安史之乱中，他又被迫任伪职，从此政治生涯更加暗淡。于是他便醉心于禅宗佛理，寄情于山水花鸟。他又能书善画，攻草、隶，画花鸟。因此，他的诗歌既具有佛禅的静寂，又具有书画般的生趣与明丽。

人闲桂花落，夜静春山空。
月出惊山鸟，时鸣春涧中。（《鸟鸣涧》）

空山不见人，但闻人语响。
返景入深林，复照青苔上。（《鹿柴》）

王维善写五言诗，被称为“五言宗匠”，而这两首五言绝句，十分简洁，却意境精微。《鸟鸣涧》中的静夜，却有明月惊飞鸟的奇景；《鹿柴》中不见其人，却闻其声。这静与动，有与无的缥缈意境，实为神来之笔。又如《辛夷坞》：

木末芙蓉花，山中发红萼。
涧户寂无人，纷纷开且落。

这首诗白描出山花无人，寂静中开放、凋谢的情态，以花喻己，显示出精警高卓的处世态度。

孟浩然与王维的山水田园诗，不但是唐代诗歌艺术在意境创作方面的发展，而且也是盛唐文人风骨的铸塑。

（三）李白与杜甫——难以逾越的巅峰

李白（701—762），字太白，原籍陇西成纪（今甘肃秦安），出生于西域的碎叶城（在今吉尔吉斯斯坦境内）。少年时代迁居蜀中，“五岁诵六甲，十岁观百家”①，“十五观奇书，作赋凌相如”②。李白少年时代过着仙游隐居的生活：“十五游神仙，仙游未曾歇”③。在向往神仙隐逸的同时，他内心有着强烈的政

① 《上安州裴长史书》，见《李太白全集》下册，1243页，北京，中华书局，1977。
② 《赠张相镐二首》其二，见《李太白全集》中册，599页，北京，中华书局，1977。
③ 《感兴八首》其五，见《李太白全集》中册，1104页，北京，中华书局，1977。

治抱负。天宝元年（742 年）夏天，经由同隐道士吴筠及持盈法师（即玉真公主，玄宗皇帝之妹）的引见，由浙江曹娥江的居所北上长安。自号“谪仙人”的李白欣喜若狂，作《南陵别儿童入京》一诗，末尾两句曰：“仰天大笑出门去，我辈岂是蓬蒿人。”① 自此，李白在长安任翰林待诏一年余。玄宗对李白貌似礼敬，然而他任用奸相李林甫，朝政日非，李适之、李邕等忠贤都遭谗毁、贬杀。李白后来作诗比喻为“风吹芳兰折，日没鸟雀喧”②。在玄宗看来，李白的文采不过如星历、卜祝和倡优的伎俩而已。李白却生性疏狂，醉酒后命高力士“去靴”，高力士勉强为之，玄宗谓力士曰：“此人固穷相。”③ 加之张垍、高力士等人的谗毁，因此落了个“赐金还山”的结果。安史之乱，唐玄宗避难成都，遂命太子李亨收复关中，命其弟永王李璘经略江南诸道。永王李璘收络人心，“秋毫不犯三吴悦”，意图“总江淮锐兵，长驱雍洛”。名士如李白、李台卿、韦子春等咸归附之。此时的李白踌躇满志，以为可以金戈铁马，成为中兴名臣。他作了十一首《永王东巡歌》，其一曰：

永王正月东出师，天子遥分龙虎旗。

楼船一举风波静，江汉翻为雁鹜池。

其八曰：

长风挂席势难回，海动山倾古月摧。

君看帝子浮江日，何似龙骧出峡来。

李白的诗作清楚地表达了克复中原、驱除胡虏的爱国热情，这也是永王的政治旗号。而李亨早已在天宝十五年（756 年）七月十二日，于灵武即皇帝位，改元“至德”。他或许从李白的诗中嗅到了江南的“龙兴之气”，于是攘外先安内，讨伐永王，永王被杀，谋臣多从而就戮，李白被流放夜郎。在目睹了唐王室煮豆燃萁的丑剧和血雨腥风的斗争时，他作诗讽喻“秦赵兴天兵，茫茫九州乱”（《南奔书怀》），“参商胡乃寻天兵”（《上留田行》）。在流放夜郎的途中，李白的心境是凄楚的，其诗作《上三峡》写道：

三朝上黄牛，三暮行太迟。三朝又三暮，不觉鬓成丝。

---

①《李太白全集》中册，744 页。

②《送裴十八图南归嵩山》，见《李太白全集》中册，808 页，北京，中华书局，1977。

③ 段成式：《酉阳杂俎》前集，卷十二。

至德二年十二月初二，玄宗赐“民酺五日”，李白有诗作《流夜郎闻酺不预》，这对于嗜酒而狂放的李白来说内心更加压抑。乾元二年（759年）三月，关中大旱，皇帝大赦，他才重获自由，作七绝《早发白帝城》：

朝辞白帝彩云间，千里江陵一日还。
两岸猿声啼不住，轻舟已过万重山。

重获自由后，他曾以贾谊、司马相如自比，在其诗作中流露出对政治的最后一丝渴望：

君登凤池去，忽弃贾生才。

（《经乱离后天恩流夜郎忆旧游书怀赠江夏韦太守良宰》）

圣主还听《子虚赋》，相如却与论文章。

（《自汉阳病酒归，寄王明府》）

而此时，肃宗受制于宦官李辅国，国政日非。李白到此或许该觉悟了，他的余生几乎在云游与隐居中度过。从洞庭到潇湘，又到江夏、豫章，上元二年（761年），来往于宣城与历阳之间，此时，李光弼欲东征史朝义残部，李白欲随军从征，因病而归，以“腐胁疾”，卒于宣城。至死不忘报效朝廷的李白，却以“谪仙人”之号，度过了游、隐的一生。李白在政治上的失败在于他近乎狂悖的忠鲠。曾诗曰：

昔日芙蓉花，今成断根草。
以色事他人，能得几时好？

（《妾薄命》）

不以颜色事人，是他忠心报国、终无门径的原因。于是他把一腔激愤放纵于狂歌豪饮。其独酌也神交于明月云汉，其聚饮也高谈于四座宾朋。

花间一壶酒，独酌无相亲。举杯邀明月，对影成三人。月既不解饮，影徒随我身。暂伴月将影，行乐须及春。我歌月徘徊，我舞影零乱。醒时同交欢，醉后各分散。永结无情游，相期邈云汉。（《月下独酌》）……而我谢明主，衔哀投夜郎。归家酒债多，门客粲成行，高谈满四座，一日倾千觞。（《赠刘都使》）

李白的诗可以说是把酒文化推向了一个新的境界。酒在当时已由屠沽无赖的聚饮成了文人豪士抒怀的良机。“烹羊宰牛且为乐，会须一饮三百杯。岑夫子，丹丘生，将进酒，君莫停。”因为“古来圣贤皆寂寞，唯有饮者留其名”。既然圣贤无人理睬，那为什么说“天生我材必有用，千金散尽还复来”？这前后逻辑上的牴牾，恰是李白等人醉饮狂歌时的矛盾心境。“五花马、千金裘，呼儿将出换美酒，与尔同销万古愁。”（《将进酒》）这种疏狂不羁，大概就是玄宗皇帝所指的“穷相”。

李白诗歌的最大艺术特点，在于其精妙的夸张和极富浪漫主义手法的想象。他笔下的山水不仅是山水，而是融入了神灵之崔嵬，宇宙之雄奇。如果说孟浩然、王维的山水田园是别致、简洁的水墨图，李白笔下的山水则是泼墨式的写意，是融汇了天、地、人灵气的抒怀。

阳春召我以烟景，大块假我以文章。

（《春夜宴从弟桃花园序》）

连峰去天不盈尺，枯松倒挂倚绝壁。

（《蜀道难》）

飞流直下三千尺，疑是银河落九天。

（《望庐山瀑布》）

天姥连天向天横，势拔五岳掩赤城。

天台四万八千丈，对此欲倒东南倾。

（《梦游天姥吟留别》）

他胸中激荡之豪情赋予山水以崇高的美感，既是对自然伟力的讴歌，又是对人生理想的礼赞。他把人生的压抑宣泄于酒宴的同时，又追寻着神仙道术，来弥补功名的缺失。在今天浙江台州天台县的天姥峰，李白的心神驰骋于天宇，梦游于仙境。

海客谈瀛州，烟涛微茫信难求。越人语天姥，云霞明灭或可睹。……我欲因之梦吴越，一夜飞度镜湖月。湖月照我影，送我至剡溪。谢公宿处今尚在，渌水荡漾清猿啼。……熊咆龙吟殷岩泉，栗深林兮惊层巅……洞天石扉，訇然中开。青冥浩荡不见底，日月照耀金银台。霓为衣兮风为马，云之君兮纷纷而来下。虎鼓瑟兮鸾回车，仙之人兮列如麻。忽魂悸以魄动，怳惊起而长嗟。惟觉时之枕席，失向来之烟霞。　　世间行乐亦如此，古来万事东流水。别君去兮何时还？且放白鹿青崖间，须行即骑访名山。安能摧眉折腰事权贵，使我不得开心颜！

（《梦游天姥吟留别》）

李白的诗歌除了浪漫主义的大手笔外，亦不乏抒写人间情感的婉约之笔。李白重视与友人之间的饯别，其五律《送友人》感情真挚：

青山横北郭，白水绕东城。此地一为别，孤蓬万里征。浮云游子意，落日故人情。挥手自兹去，萧萧班马鸣。

以“浮云”比喻游子的飘泊，以“落日”比喻故人惜别的依依不舍，这是绝妙的比兴。李白也善于用比兴的手法抒写古代的爱情：

燕草如碧丝，秦桑低绿枝。
当君怀归日，是妾断肠时。
春风不相识，何事入罗帏？

（《春思》）

用燕草比喻长久离家的丈夫，以秦桑比喻守望的妻子，一荣与一衰相对，与曹丕的《燕歌行》异曲同工，却不似其冗长，堪为佳作。李白还关注下层百姓的疾苦，讴歌他们的火热劳动。《子夜吴歌》以“长安一片月，万户捣衣声”为自然背景，写出了“秋风吹不尽，总是玉关情”的戍边生活，最后发出了“何日平胡虏，良人罢远征”的质问，六句古诗，意味深长。《秋浦歌》赞美了冶铁工人火热的劳动场面：

炉火照天地，红星乱紫烟。
赧郎明月夜，歌曲动寒川。

李白是浪漫主义诗作的大家，又不乏对现实生活的关注。他精湛的语言与诗作为汉语注入了一股永不衰竭的新鲜血液。

杜甫（712—770），字子美，生于巩县（今属河南），祖籍湖北襄阳，出身于一个“奉儒守官，未坠素业”的仕宦家庭。为表明自己的高贵门第，他矜夸杜姓是陶唐氏尧皇帝的后人，而这恰好证明他在当时与门阀无缘的“寒人”地位。杜甫少年读书壮游，于开元二十三年（735 年）和天宝六年（747 年）两度应贡举。时奸相李林甫弄权，以“野无遗贤”为阿谀之辞，使无一人及第。以后，杜甫困居长安，曾向皇帝献赋三篇，向尚书左丞韦济、京兆尹鲜于仲通等投献诗作七篇，以求为之“延誉”。这段生活在他自己的诗作《秋日荆南述怀》中描述为“苦摇求食尾，常曝报恩腮”，可终未能敲开仕途的大门。天宝十四年（755 年），经韦见素引见任西河尉，辞不受，又在长安任右卫率府胄曹参军，是管理兵甲的小官。不久，安史之乱暴发。至德二年（757 年），杜甫从叛军控制下的长安，几经辗转，逃至凤翔，“麻鞋见天子”，授左拾遗。时宰相房琯被罢职，杜甫为之上疏辩解，肃宗不悦，乾元元年（758 年）六月，贬为华州司功参军。以后，他流落西南，居于成都西南的草庐，剑南节度使严武任命他为节度参谋、检校工部员外郎，故世称“杜工部”。永泰元年（765 年），严武死，杜甫只得辞官东行。大历五年（770 年），病死于去郴州的船上。

同那个时代的多数文人一样，杜甫早年急功近利，追求仕宦之通达，时常不惜“屈节”，这既是个人生存的需要，也是光宗耀祖的信念使然。尽管如此，他还是难免过着“茅屋为秋风所破”的生活：“八月秋高风怒号，卷我屋上三重茅”、“布衾多年冷似铁，骄儿恶卧踏里裂”、“长夜沾湿何由彻”（《茅屋为秋风所破歌》）。杜甫比李白年轻十几岁，似乎更多地体验了唐王朝的颓势。这位诗人的命运实在堪悲，而此时在他心中仍有“安得广厦千万间，大庇天下寒士俱欢颜”的祈愿。杜甫诗歌宝贵的思想内涵就在于此——不是独为己悲，而是为民请命。

杜甫初入仕时，辞西河尉而不就，因为他作为儒者的“不忍人之心”已体会到这个肥阙充满了血腥。有诗《自京赴奉先县咏怀五百字》，感叹道：“彤庭所分帛，本自寒女出。鞭挞其夫家，聚敛贡城阙。”杜甫因此选择在京城做小吏，似乎更为安闲，免得上下两难。杜甫这种思想最集中地反映在“三吏”、“三别”中，这是他被贬华州以后，趁冬季回归洛阳，正遇战事时写下的。在这些不朽的诗作中，他深入地观察和体会了百姓的疾苦，并以不同人物的口吻来抒情叙事，为诗歌语言的通俗化作出了贡献。《新婚别》写新妇送丈夫从军的情形：“结发为妻子，席不暖君床。暮婚晨告别，无乃太匆忙。”然后又激励丈夫说：“勿为新婚念，努力事戎行。……人事多错迕，与君永相望。”《垂老别》写一对老夫妻子孙均战殁、互相慰藉的情形：“弃绝蓬室居，塌然摧肺肝。”《无家别》写出了洛阳难民的生活：“人生无家别，何以为烝黎？”“三吏”中的《新安吏》描写了中男（18 至 22 岁男子）与亲人话别从军的情形：“送行勿泣血，仆射（指郭子仪）如父兄。”《石壕吏》则写出了吏人捉丁未果，将老妇捉走的情形：“吏呼一何怒，妇啼一何苦。”《潼关吏》则警示守将莫再失潼关。但杜甫的这一点“人民性”，仍是建立在对唐王朝重振的幻想上。他早就看到了“朱门酒肉臭，路有冻死骨”（《自京赴奉先县咏怀五百字》），而当他流落西南，穷困潦倒时，仍然为官军收复中原而欣喜若狂：

剑外忽传收蓟北，初闻涕泪满衣裳。却看妻子愁何在？漫卷诗书喜欲狂。白日放歌须纵酒，青春作伴好还乡。即从巴峡穿巫峡，便下襄阳向洛阳。

（《闻官军收河南河北》）

杜甫没有看到唐王朝不可挽回的颓势，正是这一信念支持了他晚年的生活与诗歌创作。《杜工部集》收录诗歌千余首，有三分之二是漂泊西南时创作的。他在《登高》中，极目远望：“风急天高猿啸哀，渚清沙白鸟飞回。无边落木萧萧下，不尽长江滚滚来。”又回顾了自己坎坷的一生：“万里悲秋常作客，百年多病独登台。艰难苦恨繁霜鬓，潦倒新停浊酒杯。”年迈多病而独自登高，困苦潦倒而停杯不饮，这就是杜甫的人格魅力之所在。

杜甫重视诗歌语言的锤炼，为自己定下了“语不惊人死不休”的标准。他的律诗深沉而顿挫，乐府诗与古诗写得通俗、直白，极富生活化。如《兵车行》中写道：“县官急索租，租税从何出？信知生男恶，反是生女好。”杜甫对乐府诗的改革直接推动了后来的“新乐府”运动。此外，杜甫写景状物的诗也十分生动，《春夜喜雨》中一个“润物细无声”的“润”字就使后代无数文人为之叫绝。还有《放船》中的“青惜峰峦过，黄知桔柚来”，等等。

（四）元稹、白居易与“新乐府运动”

这是唐代最后一次文学改良的高潮。鉴于唐代中后期社会矛盾复杂的现实，为针砭时弊，一些诗人主张以平易浅切的语言来进行诗歌创作，改变原来的乐府旧题，“即事命篇”（元稹《乐府古题序》）。此前，杜甫的《兵车行》、《丽人行》等即为此类作品。元和初年，宪宗皇帝大加提倡这种诗风，再加之文人的应和，“新乐府”诗的创作遂成一股潮流。其主要代表人物有李绅、张籍、元稹、白居易等。李绅著有《乐府新题》20 首，今已佚失。张籍（约

766—830），苏州人，贞元十五年进士。白居易在《读张籍古乐府》中称赞他“尤工乐府诗，举代少其伦”。张籍的《野老歌》写贫困老农所种的粮食“输入官仓化为土”，只好“岁暮锄犁傍空室，呼儿登山收橡食”；《董逃行》描述了战争中“重岩为屋橡为食，丁男夜行候消息”的紧张生活。反映下层百姓的生活和讽喻时政，是“新乐府”运动中文人的精神实质，而这一运动的蓬勃开展也使诗歌创作反璞归真，更向民歌靠近。张籍的友人王建，许州（今河南许昌）人，在《当窗织》中描写了妇女劳作的细节：“水寒手涩丝脆断，续来续去心肠烂”。又如《古谣》：“一东一西垄头水，一聚一散天边霞，一来一去道上客，一颠一倒池中麻。”又如《园果》：“雨中梨果病，每树无数个。小儿出入看，一半鸟啄破。”新乐府诗人敢于向民间文学汲取养分，符合诗歌艺术的发展规律，使诗歌适应了平民化文学的发展要求。王建的《宫词一百首》，本是写宫廷生活的，也显得十分浅切直白，其一曰：

教遍宫娥唱遍词，暗中头白没人知。

楼中日日歌声好，不问从初学阿谁。

在新乐府运动中，涌现出两位伟大的诗人，元稹与白居易。元和、长庆年间，二人诗作数千篇，又是挚友，常相酬咏，当时人称“元白”。元稹与白居易的仕途历程相近，都是出身于寒微，以御史、谏官立朝，其治世之道与文学改良的主张都十分相近。元和四年（809 年），元稹见到李绅所作的《新题乐府二十篇》，觉得“雅有所谓，不虚为文”，遂作《和李校书新题乐府十二首》。白居易为新乐府运动而发，提出了作诗“为君为臣为民为物为事而作，不为文而作”（《新乐府序》）的纲领。

元稹（779—831），字微之，河南（今洛阳）人。15 岁以明经擢第，元和初年任左拾遗、监察御史，为官正直，屡发奸臣与权贵之恶迹，被贬为通州司马。长庆二年（822 年），曾任工部尚书同平章事，后又任浙东观察使、尚书左丞等职，卒于任所。有《元氏长庆集》。其新乐府诗中有《上阳白发人》、《五弦弹》、《法曲》等名篇，或写宫女被困囚深宫而终老之苦，或希求君主明辨贤佞，或主张明正雅乐。总之，是劝谏君王“正礼乐而天下治”。这些诗作与其政治身分是相符合的，也支持了白居易诗歌要“刺美见事”的主张。而元稹个人的诗风则集中体现在悼亡诗的真挚与抒情诗的细腻。元稹之父元宽为舒王府长史，早丧，故元稹青年时代生活困窘，可以说是“贫贱夫妻百事哀”，其《遣悲怀》三首写得情真意切，哀婉动人：

谢公最小偏怜女，嫁与黔娄百事乖。顾我无衣搜画箧，泥他沽酒拔金钗。野蔬充膳甘长藿，落叶添薪仰古槐。今日俸钱过十万，与君营奠复营斋。

其二曰：

昔日戏言身后意，今朝皆到眼前来。衣裳已施行看尽，针线犹存未忍开。尚想旧情怜婢仆，也曾因梦送钱财。诚知此恨人人有，贫贱夫妻百事哀。

元稹的悼亡诗，发自肺腑，如泣如诉，抓住了妻子生前衣、食、住及待人、劳作的细节，感人至深，是格律诗抒情言事的典范。更重要的是有类似经历的文人太多了，所以《遣悲怀》有一定的共鸣群体。元稹也善于吟风弄月，白居易称他的诗“声声丽曲敲寒玉，句句妍辞缀色丝”（《酬微之》）。以《落月》为例：

落月沉余影，阴渠流暗光。蚊声霭窗户，萤火绕屋梁。飞幌翠云薄，新荷清露香。不吟复不寐，竟夕池水傍。

白居易（772—846），字乐天，下邽（今陕西渭南）人。贞元十六年（800年）进士，曾历任盩厔县尉、翰林学士、左拾遗。元和五年（810年），任满改授京兆府户曹参军。次年回乡居母丧三年。在任谏职期间，他曾上疏对策数十篇，涉及开源节流、土地兼并等诸多社会问题，引起宰相王涯等人的忌恨。复职后，白居易为左赞善大夫。时宰相武元衡遇刺，白居易上书请捕刺客，王涯等人以白居易言非其位，贬为江州司马。此时，白居易对为政感到心灰意冷，“托浮屠生死说，若忘形骸者”①。此后，他又任过忠州、杭州、苏州刺史、秘书监、河南尹、太子少傅。在杭州曾组织修筑堤防，世称“白堤”。晚年时，他礼佛参禅极为笃诚，闲居洛阳时与香山寺僧人结社，捐资修寺，自号“香山居士”，75岁卒于洛阳，有《白氏长庆集》。白居易注重诗作“讽”、“感”、“叹”的实际效用，主张“文章合为时而著，歌诗合为事而作。”（《与元

① 《白居易传》，见《新唐书》卷一一九，北京，中华书局，1975。

九书》）为实现诗的政治与社会功能，白居易以人人易晓的通俗语言抨击统治者的剥削行为。《杜陵叟》描写了春旱秋霜之年，官府“急敛暴征求考课”，农民“典桑卖地纳官租”的现实，借百姓之口痛骂贪官：“剥我身上帛，夺我口中粟，虐人害物即豺狼，何必钩爪锯牙食人肉!”在《红线毯》中以质问的口气贬斥了官员阿谀媚上、横征暴敛的丑行：“宣城太守知不知；一丈毯、千两丝。地不知寒人要暖，少夺人衣作地衣。”在唐末，官员的横暴仅限于催租纳赋，而皇帝的禁军与宦官却明火执仗，公开抢劫了。《宿紫阁山北村》写出了作者亲历的一次抢劫：“举杯未及饮，暴卒来入门。紫衣挟刀斧，草草十余人。夺我席上酒，掣我盘中飧……口称采造家，身属神策军”。《卖炭翁》抨击了宫市制度的罪恶。宦官出宫是“黄衣使者白衫儿，手把文书口称敕”，威仪赫赫，却公开抢劫，“半匹红纱一丈绫，系向牛头充炭直”。白居易写这些诗，绝不是号召人民揭竿起义，而是仍对唐王朝的重振抱有幻想。他的许多诗作同策论一样，切中时弊，重在说理，而其文学性几乎被打磨殆尽。在《赠友诗》五首之一中写道：“又从斩晁错，诸候益强盛，百里不同禁，四时自为政”，力劝朝廷削弱藩镇。在《盐商妇》中，揭露了盐铁私营之弊：“每年盐利入官时，少入官家多入私；官家利薄私家厚，盐铁尚书远不知。”在此，白居易极力推崇桑弘羊的经济政策。诗歌文学性的适当收敛反映了唐末士大夫拯救危局的迫切愿望，是不得已而为之的政治责任使然。在遭斥逐任外官以后，白居易也曾陶醉于绚烂的自然景观。如《钱塘湖春行》中的“乱花渐欲迷人眼，浅草才能没马蹄”。《大林寺桃花》中，他又发出“长恨春归无觅处，不知转入此中来”的慨叹。诗人发现与自然的融合才是人的本性与极乐。在闲适之余，他把平生的积怨寄诉于两个名篇——《长恨歌》与《琵琶行》，这是白居易诗歌的最高艺术成就。

《长恨歌》作于元和元年（806 年），据陈鸿的《长恨歌传》，白居易写《长恨歌》的本意是要“惩尤物，窒乱阶，垂于将来”。或许是由于李、杨的爱情太过传奇，或许是白居易初登仕途，总要为尊者讳，再加之他难以掩饰的文采，把《长恨歌》“讽喻”的主题冲得很淡。《长恨歌》是七言古诗，共 120 句。前 30 句描写了玄宗与杨贵妃奢侈而缠绵的爱情生活：“春寒赐浴华清池，温泉水滑洗凝脂。”“金屋妆成娇侍夜，玉楼宴罢醉和春。”又用 8 句写出了安史之乱与贵妃之死："渔阳鼙鼓动地来，惊破霓裳羽衣曲。""六军不发无奈何，宛转蛾眉马前死。"这段文字短促，但却惊心动魄。写到这里，"讽喻"的主题已经非常突出了，这完全是杨贵妃"姊妹弟兄皆列士"的结果。又28句，笔触变得十分细腻，从成都到长安，玄宗一路伤心，从"行宫见月伤心色，夜雨闻铃肠断声"到"芙蓉如面柳如眉，对此如何不泪垂"。最后24句写得更为虚幻、离奇而富有曲折。玄宗命临邛道士上碧落、下黄泉，终于在海外仙岛访到了"太真仙子"，可惜是"昭阳殿里恩爱绝，蓬莱宫中日月长"，仙人殊途，绝难相见。于是太真仙子留下信物："但教心似金钿坚，天上人间会相见。"遂相约在"七月七日长生殿，夜半无人私语时"。《长恨歌》这种"大团圆"的结局符合中国人的文学审美情趣，市井农桑尚得"团圆"的结局，为什么对玄宗皇帝那么苛刻呢？再者，《长恨歌》歌咏了不渝的爱情，只要心如金石，就能化为比翼鸟、连理枝。最后以"天长地久有时尽，此恨绵绵无绝期"，来点题结穴。这使得《长恨歌》的主题突出了人性的特色，足以穿越时空，成为不朽之作！

《琵琶行》作于元和十一年（816年），正是白居易仕途不顺的时候。元和十年（815年），其好友元稹被贬为通州司马，白居易也左迁九江郡司马。后来，白居易给元稹的信中也写道："浔阳腊月，江风苦寒，岁暮鲜欢，夜长少睡。"写此信时，元稹已在通州。"浔阳江头夜送客，枫叶荻花秋瑟瑟，"这个"客"很可能是指元稹。这首七言古诗共88句，"别时茫茫江浸月"，宁谧的景色衬托出宦游人之愁思、惜别者之苦楚。水上清越的琵琶声使人心弦一震，于是寻声暗问，移舟相见，琵琶女是"千呼万唤始出来，犹抱琵琶半遮面"。琵琶女的演奏时似"幽咽泉流"，时似"铁骑突出"，问其身世，原是长安教坊的艺妓，从"一曲红绡不知数"的迷醉生活到"弟走从军阿姨死"，再到"老大嫁作商人妇"。这是琵琶女人生的悲剧，也隐喻着社会的悲剧。白居易联想到自己到长安求官，货卖策文诗赋，而今又身遭谗逐，与艺妓的遭遇何其相似，于是叹息："我闻琵琶已叹息，又闻此语重唧唧。同是天涯沦落人，相逢何必曾相识。"这是全诗主题的升华。

白居易诗作在晚唐的风行，与其每况愈下的仕途极不相衬。他在给元稹的信中又写道，长安有军使高霞寓，欲聘倡妓，妓大夸曰："我诵得白学士《长恨歌》，岂同他哉？”由是增价。一日，白居易于汉南饮宴，主人召诸妓来见，皆指而相顾曰：“此是《秦中吟》、《长恨歌》主耳。”长安抵江西，三四千里，凡乡校、佛寺、逆旅、行舟，皆题白居易之诗；士庶、僧徒、孀妇、处女之口，常有咏其诗者。对此，以为诗讽喻、为文济世为怀的白居易深感无奈，他说：“此诚雕篆之戏，不足为多，然今时俗所重，正在此耳。虽前贤如渊、云者，前辈如李、杜者，亦未能忘情于其间。”① 看来，白居易倡导的“新乐府运动”根本压不过晚唐社会颓靡的风气，这也是诗人与诗歌艺术本身的无奈。但白居易在诗歌艺术上的成就已是有目共睹，其影响已播及外域。唐宣宗曾作诗悼念他：

> 缀玉联珠六十年，谁教冥路作诗仙。浮云不系名居易，造化无为字乐天。童子解吟长恨曲，胡儿能唱琵琶篇。文章已满行人耳，一度思卿一怆然。②

这不仅是白居易的辉煌，也是唐代诗歌艺术的辉煌。

此外，唐代作为一个尚武的时代，边塞诗也十分突出。就连短命夭殇的李贺在《南园十三首》诗中也发出了“男儿何不带吴钩，收取关山五十州”的号召。唐初高适、岑参、王昌龄皆以描写边关战地的生活见长。如“黄沙百战穿金甲，不破楼兰终不还。”（王昌龄《从军行七首》其四）边塞诗人好战喜功，但也看到了战争的残酷，力主以战息战。如“秦时明月汉时关，万里长征人未还”（王昌龄《出塞》），又如“忽见陌头杨柳色，悔教夫婿觅封侯”（王昌龄《闺怨》）。

唐代的诗坛上还有以隐逸著称的贾岛，婉约而善用典故的李商隐……著名的诗人与诗作不胜枚举，难以尽收其盛。

（五）词的兴起

词，也叫诗余，长短句，是一种讲求平仄而又可以配乐演唱的文学形式。唐和五代是词兴起和发展的时代。由中华书局出版的《全唐五代词》共收录唐人词355首，晚唐易静词720首，五代词689首，敦煌词877首。

---

①《白居易传》，见《旧唐书》卷一六六，北京，中华书局，1975。

②《杂记》，见王定保：《唐摭言》卷一五，上海古籍出版社，1978。

词是诗的孪生艺术。诗可以按一定方言的韵律吟诵，具有一定的音乐性，但词对音乐的要求更为严格，有固定的词调。此外，词的用字要平仄交替，每两个字为一个节奏单位，这叫词谱。一定的词调和词谱对应一个相对固定的名称，这叫词牌。

词的创作一般叫“倚声填词”，可见音乐的要素非常重要。词的音乐形成有赖于开放的文化政策。西域的胡乐（主要是龟兹乐）大量传入中土，与汉族原有的清商乐融合，形成了“燕乐”。唐玄宗蓄养“梨园弟子”，使燕乐在一定程度上流传于社会。唐人崔令钦的《教坊记》所载教坊曲共 324 种，大都流行于开元、天宝间，其中有歌曲、有舞曲。歌曲的歌辞就是词的雏形，称为“曲子词”。但也不排除由舞曲变为歌曲者，如《菩萨蛮》，其本来只是以“菩萨”来比喻西域体态偏胖的舞女，显然是舞曲。但李白就作过《菩萨蛮——平林漠漠烟如织》，至少在开元、天宝中，《菩萨蛮》已变为歌曲了。词调的来源还有民歌。李白的诗歌有四分之一是乐府诗，其间多少会保留些汉魏乐府民歌的曲调。如《长相思》的平仄用韵与词调的《长相思》有很多相似之处。唐代潇湘间祭祀湘妃的神曲曰《潇湘神》，《钦定词谱》云：“调始自唐刘禹锡咏湘妃词，所谓赋题本意也。”即此词调产生之初，词牌与内容是相符的。这是词产生初期的重大特点。

元和以后，唐人填词之风日盛。王建曾填了一曲《调笑令》：

> 团扇，团扇，美人并来遮面。玉颜憔悴三年，谁复商量管弦。弦管，弦管，春草昭阳路断。

倚声填词虽然规矩很多，但它贴近市民生活，与“新乐府”诗的说教形成鲜明对比，因此风行一时，晚唐的著名诗人几乎都是填词大家。这一点从词牌的递变中可见一斑。

《忆江南》又名《望江南》。唐段安节《乐府杂录》云：“《望江南》始自朱崖李太尉（德裕）镇浙日，为亡妓谢秋娘所撰，本名《谢秋娘》，后改此名。”唐人常作词，但词牌的不固定是唐词的一大特点。据唐许尧佐《柳氏传》载：大历十才子中的韩翃有爱姬柳氏，本长安娼女。安史之乱中失散，柳氏剪发毁形，寄居尼庵。大乱后，韩翃遣人寻访，携去一囊金，并寄去《章台柳》一首。柳氏捧金呜咽，报以《杨柳枝》。

王勃《早春野望》

王维《竹里馆》

张潮《采莲词》

韩愈《北楼》

《李白行吟图》 南宋 梁楷

南邻

杜甫

秋水才深四五尺，
夜航恰受两三人。
白沙翠竹江村暮，
相送柴门月色新。

《柴门送客图》 明 周臣

《琵琶行图》 明 郭诩

《历代帝王像图》
唐
纵51.3厘米　横531厘米
现藏美国波士顿美术博物馆

《牧马图》
唐
纵27.5厘米　横34.1厘米
现藏台北『故宫博物院』

吴带当风

吴道子创立的人物画表现模式，线条的运用使所作人物衣纹飘动，似波浪起伏，后人谓之『吴带当风』

《五牛图》

唐

纵20.8厘米　横139.8厘米

现藏北京故宫博物院

《簪花仕女图》局部
唐 周昉
纵46厘米 横180厘米
现藏辽宁省博物馆

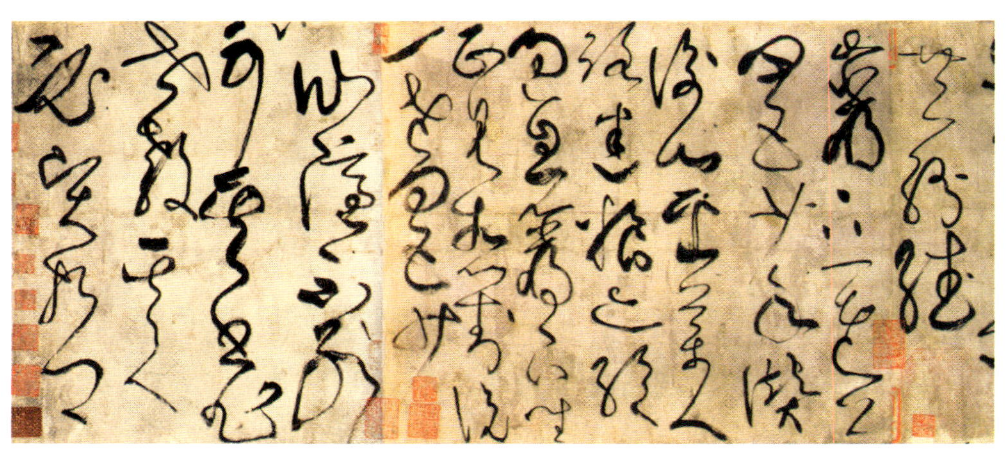

张旭《古诗四帖》
唐
纵29.1厘米 横195.2厘米
现藏辽宁省博物馆

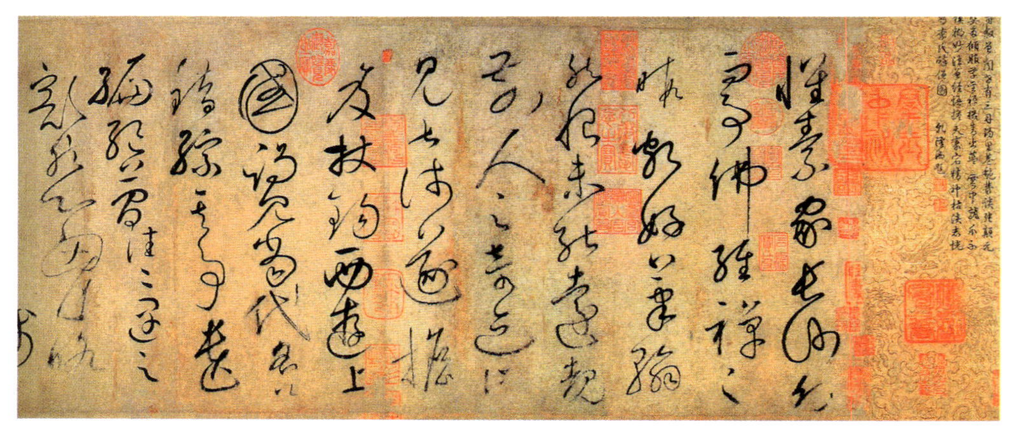

怀素《自叙帖》
唐
纵28.3厘米 横755厘米
现藏台北『故宫博物院』

章台柳

章台柳，章台柳，往日依依今在否？纵使长条似旧垂，也应攀折他人手。

杨柳枝

杨柳枝，芳菲节，可恨年年赠别离。一叶随风忽报秋，纵使君来岂堪折。

前一首词用了《潇湘神》的仄韵和曲调，而后世多为《章台柳》及其背后的感人故事所感染，因改名《章台柳》。后一首又名《折杨柳》，字句对等，而平仄不同，所以曲调也有所改变。但既然是酬和，大概也是在第一首词的基础上改变平仄和曲调，以平韵终结，于是新的词谱和词调就产生了。再如《如梦令》，苏轼考证："此曲为唐庄宗制，名《忆仙姿》，嫌其名不雅，故改为《如梦令》。"李存勖在词作中有"如梦，如梦，残月落花烟重"之句，故而改之。但取自唐代教坊曲名的词牌很少改易，如《长相思》、《生查子》、《渔歌子》等等，都一直沿用到宋代。词牌不但反映了词本身的悠久文化内涵，其变化也反映了词的创新与发展。

晚唐与五代词也在发展中形成了几个流派，有唐末的易静词、唐末五代的花间派与蜀派，南唐二主词。

易静，生卒不详，晚唐任武安军（今长沙）左押衙。他词作虽多，但以军歌为主，是写御戎之术和军事斗争。易静词虽然文学价值不高，但反映了词的艺术形式已非常普及，甚至达到行伍之间。

花间派与蜀派一脉相承。后蜀广政三年（940 年），赵崇祚收录了唐代温庭筠、皇甫嵩以及韦庄等十六位由唐入蜀地作官，或与蜀有关的词人的 500 首词，被称为"花间词"。花间派和蜀派词人以描摹女子的体态、身姿、情思为长，是蜀政权偏安与颓靡的集中表现，受到后来许多正统士人的批判。但从文学角度讲，有些词确实柔婉中透出细腻与真挚：

梧桐树，三更雨，不道离情正苦。一叶叶，一声声，空阶滴到明。

（温庭筠《更漏子》）

……残月脸边明，别泪临清晓。语已多，情未了。回首犹重道：记得绿罗裙，处处怜芳草。

（牛希济《生查子》）

花间派词中独树一帜的当属韦庄。其词作内容虽与其他花间派词人类似，但语言晓畅、直白疏朗，于平实中见情愫。

人人尽说江南好，游人只合江南老。春水碧于天，画船听雨眠。垆边人似月，皓腕凝霜雪。未老莫还乡，还乡须断肠。

（韦庄《菩萨蛮》）

韦庄此时笔下的江南，已不再是“孤灯闻楚角，残月下章台”（《章台夜思》时的江南。正因为十国时期南方的相对稳定与繁荣，才创造了婉约的花间派词作。正因为中原正统礼教的影响淡泊，才促成了十国词作反传统、涉足礼教与文学禁区的勇气。这一时期，除蜀地外，其他地区的词作也成就斐然。

陈金凤（893—935），唐末福唐（今福建福清）人。父为唐末福建观察使，归附闽王。陈金凤的《乐游曲》描写了主婢相恋、荡舟采莲的浪漫场景，笔触流畅，又似民歌：

龙舟摇曳东复东，采莲湖上红更红。波淡淡，水溶溶，奴隔荷花路不通。

南唐二主（中主李璟与后主李煜）词在继承花间派婉约风格的同时，注重词的直抒胸臆，泪即写泪，愁即言愁。王国维的《人间词话》所谓“以血书者也”，即指此。因为是治国的君主，词作也无须矫揉，事人以颜色。李璟《摊破浣溪沙》的上阙以“菡萏香销翠叶残”为比兴，最后直言“多少泪珠何限恨，倚阑干!”李煜在囚居汴京时，有“问君能有几多愁？恰似一江春水向东流”之句（《虞美人》），直抒愁怀，又以奔涌的春水作喻，成为流传后世的佳句。

三、书画艺术　后世师法

（一）书法

南北朝时期，国家分裂，南北的书风墨韵都判然两途。北朝以魏碑为代表，质朴浑厚，气度恢宏，显示了鲜卑族入主中原、草创基业的霸气。南朝以王羲之父子的行书为代表，隽永飘逸，神采飞扬，显示了南朝世家大族文人乐山好水的疏狂性格。

隋唐的统一，使得南方的书法艺术得到了长足发展，并在一定时期内取得了主导地位。但就书法艺术而言，绝非“南风不竞”。首先，因为北朝的魏碑多以方折起收，刻石尚可，若在文人中推广行用，未免过分呆板。而以二王为代表的南方书法笔势圆润，即使是楷法亦不须逆锋起笔，故为当时文士所尚。其次，唐太宗统一宇内，所随从者由原来的“西北骁将”代之以“东南儒士”，这也为书法艺术的南方化重要原因。另外，唐太宗本人酷爱王羲之的《兰亭序》，以至于将其随葬于墓中（今所见《兰亭序》为褚遂良临摹，非真迹）。帝王所重加上士风所尚，使得唐初的书法家几乎都是“东南儒士”。

1. 智永《千字文》与“永字八法”

智永为陈、隋间僧人，据传为王羲之七世孙，好写《千字文》，以真草参照的方式写有八百通。旧世有宋人临摹在陕西勒石的所谓《陕本千字文》，20世纪上虞罗振玉在日本京都侨居时，见小川为次郎（字简斋）家藏有唐写本真草《二体千字文》，以为是智永真迹。当时京都帝国大学教授内藤虎次郎认为是王羲之所写，劝小川于京都小林写真制版所影印二百部，并由内藤题名为《真草千字文》。罗振玉又重印了若干部普通线装本，改题为《智永千字文》。另外，新中国建立后在敦煌写本中发现了唐贞观十五年（641 年）蒋善进临写的《智永真草千字文》残页，用笔与结体酷似小川本。

智永的书法承袭二王，以致于内藤误以为是王羲之真迹。但智永对后世影响深远的卓越贡献是“永字八法”，即对汉字楷法八种笔势的总结。智永所论“永字八法”的笔势特点虽各有要领，但都是要求逆锋或藏锋起笔，所谓欲扬先抑，欲跃先蹲，于回旋中显圆润、凝重。此种笔势不但为唐楷大家所承袭，而且影响至今，儿童启蒙的书法教育皆贯彻此种笔势，且以“八法”一词指代汉字书法。智永的这一贡献，也使得楷书这一书体走向成熟，曹魏时的钟繇首创楷书，但在字的结体和笔势上很大程度地保留了隶书的痕迹；王羲之的楷书实脱胎于行草法，笔势简洁，神形飘逸，但不宜广为传习。智永因此成为中国书法史上承前启后的“永禅师”。

2. 唐代的书法大家及其成就

唐代书风，深受南朝影响。终唐之世，书法大家多为东南儒士，间或有北方人，亦以南朝为宗。同时，唐代也是楷书书法个性化发展并达到繁盛的时期。唐代的书法家在习尚二王的同时，又相互借鉴，在贯彻智永“八法”笔势的基础上张扬个性，成家创体，呈现出师承紧密、各具特色、作品丰富的良好态势。

唐代早期的书法家有虞世南、欧阳询、褚遂良、薛稷与李邕等。

虞世南（558—638），字伯施，越州余姚（今属浙江）人。唐太宗时为秘书监，封永兴县公，故世称“虞永兴”。他是智永的外甥，直接从智永处亲受二王笔法。其书体雍容华贵。清人包世臣《艺舟双楫》说其书如“姑射仙人，不食人间烟火”。主要作品有《孔子庙堂碑》（传世有临川李宗昉藏宋拓本），颇具代表性。另有《汝南公主墓志稿》、《兰亭集序》临本（真迹今藏上海博物馆），小楷《破邪论》。虞氏书法开唐之先河，并将其书传与外孙陆柬之，陆又传张旭。现今，北京故宫博物馆尚存有宋高宗临写的虞书《真草千字文》。

欧阳询（557—641），字信本，谭州临湘（今湖南长沙）人。父纥为南陈广州刺史，以反逆伏诛，江总收匿之为养子。仕隋为太常博士，唐高祖时迁给事中。太宗贞观初，历太子率更令，弘文馆学士，封渤海男，卒年85。世称“欧阳率更”，欧书笔力捷劲，自成一家，人称“欧体”。欧体字之楷法不囿于智永“八法”之程式。尖勒与短勒并用（尖勒不须逆锋起笔，短勒逆锋起笔，藏锋于内），长横起笔顿挫，露锋于外，收笔时拢回，藏锋于内。其掠与磔舒展自然，尤其是磔画收笔圆润，与众不同，与颜真卿“蚕头燕尾”的磔法判若两途。故《艺舟双楫》说，“欧体”字如“快马砍阵”，又如“老吏断狱”，即言其运笔之果决、简捷。清代台阁体书法极其推重欧体。其楷书碑刻有隋代的《苏孝慈墓志》，唐代的《皇甫诞碑》、《虞恭公温公碑》（《温彦博碑》）、《化度寺邕禅寺碑》、《九成宫醴泉铭》。行书作品有《张翰帖》、《卜商碑》、《梦奠帖》与《千字文》真迹。小楷作品有《心经》、《阴符经》、《九成宫醴泉铭》。其中《九成宫醴泉铭》传世甚广。原石在陕西耀县，由于拓墨人多，字迹已漫漶不清，于是有裴刻与秦刻两个翻刻本。

褚遂良（596—658），字登善，钱塘（今浙江杭州）人。唐太宗时为起居郎，谏议大夫，迁中书令。高宗即位，封河南郡公。获罪武氏，贬死于爱州。世称“褚河南”。褚遂良深谙二王之书道。时唐太宗“博购王羲之故帖，天下争献，然莫能质真伪。遂良独论所出，无舛冒者”①。其字介乎虞、欧之间，自成一体，细如丝发而遒劲如钢。清人包世臣说其字如“孔雀归佛，花散金屏”。传世有《孟法师碑》、《房梁公碑》、《伊阙佛龛碑》和雁塔、同州两《圣教序》。行书真迹有临《兰亭序》、《枯树赋》，还有楷书真迹《倪宽赞》等现存。

薛稷（649—713），字嗣通，蒲州汾阳（今山西万荣西）人，是褚遂良的外孙。书学遂良，精勤临仿，时有“买褚得薛，不失其节”之说。传世有《信行禅师碑》。

除以上四大家外，还有武后时的钟绍京，玄宗时的李邕、苏灵芝。

李邕（678—747），字泰和，官至汲郡、北海太守，人称“李北海”。尤善行书，宗法二王，笔力雄劲。有《云麾将军李思训碑》《云麾李秀碑》《麓山寺碑》《岳麓寺碑》《叶有道碑》《端州石室记》等，还有行书真迹传世。与李邕同时代的苏灵芝，亦擅长行书。北京法源寺最早的一块石刻《悯忠寺碑》即为其力作，其笔法瘦硬，与李邕的风格迥乎不同。

中晚唐的书法以“颜筋柳骨”而闻名，堪称翘楚。

颜真卿（709—785），字清臣，京兆万年（今陕西西安）人，本籍琅玡（今山东临沂），是北齐颜之推和唐初颜师古之后。曾做过平原太守，官至太子少师，赠太师，肃宗乾元中更赠鲁郡公，世称“颜平原”，又称“颜鲁公”。书法初学褚遂良，后又借鉴张旭笔法，独成面目，开创了笔力健劲、气度开朗、结体丰腴的书风。他从篆书中体会出中锋直下的笔法，遂放弃辅锋不用，专用中锋，即以篆笔作楷书。作品流传于今世的甚多。为今天世人广为习尚的是颜真卿在 44 岁时写刻成碑的《多宝塔碑》（立于唐西京千福寺）。此碑的书风为唐代流行的一般体势，并非颜书的代表作品。但《多宝塔碑》笔画舒展，起收处顿挫明显，多取“横细竖粗，撇轻捺重”之势，结体稳健。其晚期作品如《颜家庙碑》、《小楷麻姑仙坛记》（立于唐抚州南城县，今江西抚州市）等则风格迥异，其为长横，浑然以中锋行笔，起收藏锋于内，不取波折之势，其磔画“蚕头燕尾”，起笔以藏锋逆起，收笔稍有顿挫而已，却似燕尾双出。其结体外

① 《褚遂良传》，见欧阳修：《新唐书》卷一〇五，北京，中华书局，1975。

圆内方，肥不臃肿，密中有疏，笔势遒劲豪荡，浑然天成，世称“颜体”。其他楷书代表作品有《颜勤礼碑》、《郭家庙碑》、《东方先生画家赞》、《元次山碑》、《李元靖碑》以及《唐代中兴颂》等。颜真卿在行书方面也造诣颇深，代表作品有《争坐位帖》、《祭侄稿》等。其中，又以《祭侄稿》为最。当今世人学习行书，除王氏《兰亭序》外，首推《祭侄稿》。唐肃宗乾元元年九月初三，颜真卿兄子季明为安史叛军杀害，颜真卿遂写《祭侄季明文稿》（见《全唐文》344 卷，可供考校）。《祭侄稿》实为此文草稿，一气呵成，并无斧凿、润饰之迹，其悲愤之意行于笔端，忠义之气贯于章法，笔力稳健，章法上亦错落有致，舒放自如，始观潦乱而愈赏愈佳。再加之优美的文辞，感人的笔触（如“惟尔挺生，夙标幼德，宗庙瑚琏，阶庭兰玉，每慰人心，方期戬穀……”），不失为书法艺术与文学艺术相结合的佳作，读之赏之，弥足珍贵。

应该指出，颜真卿的楷法虽为后世所习尚，但其反传统的创新之举也遭遇到颇多非议。南唐后主李煜尝与近臣论前贤法书，有言“颜鲁公端劲有法者”，后主鄙之曰：“真卿之书，有楷法而无佳处，正如扠手并脚田舍汉耳。”[①] 颜体楷书的真正流行当推宋以后。无独有偶，颜体楷法在宋代遭遇到与白居易《琵琶行》相似的“尴尬”境地。宋楚州有官妓王英英，善笔札，学颜鲁公体，蔡襄复教以笔法。梅圣谕赠之诗曰：“山阳女子大字书，不学常流事梳洗。亲传笔法中郎孙，妙画蚕头颜鲁公。”[②] 言似戏谑，但颜体楷法在当时之广为习尚，可见一斑。

柳公权（778—865），字诚悬，京兆华原（今陕西耀县）人。元和进士，穆宗朝拜右拾遗，文宗朝迁中书舍人，充翰林书诏学士。唐穆宗尝问柳公权笔何尽善，对曰：“用笔在心，心正则笔正。”上改容，知其笔谏也。其为人也强直秉正如此。公权初学王书，遍阅近代笔法，体势劲媚，自成一家。其早期作品有临王献之的《十三行洛神赋》及《西平王碑》（《李晟碑》），多存王书遗风。后宗颜真卿，取其精妙之笔，创造了风骨隽永的“柳体”，世人以“柳骨”与“颜筋”并称。其主要作品有《玄秘塔碑》、《神策军碑》以及敦煌的《金刚经》。其楷法运笔取颜体刚劲之势，而多以方折收笔，及其转折处亦用方折，

① 魏泰：《东轩笔录》卷一五，见《历代史料笔记丛刊》，北京，中华书局，1983。

② 魏泰：《临汉隐居诗话》，20 页，知不足斋丛书本。

其结体右舒左紧，其横画并行处富于变化，错落灵动，不似颜体一般简单铺排，字形也较颜体偏长。《神策军碑》折笔处方圆并用，磔画或似燕尾出，尚可见颜体的遗韵。在唐代，柳体的风行远远超过颜体。“当时公卿大臣家碑板，不得公权手笔者，人以为不孝。外夷入贡，皆别署货贝，曰此购柳书”①。鲜为人知的是，柳公权亦善行草书。据《旧唐书》本传记载，宣宗大中初，转官为少师，宣宗召昇殿，由军容使及枢密使侍砚墨，柳公权一气写下真书（楷书）10字，行书11字，草书8字，宣宗赐锦彩以示奖励。柳公权在给宣宗的谢状称“勿拘真行”，表明其书法艺术融汇贯通，炉火纯青。正如朱长文在《墨池篇》中评价说：“公权正书及行皆妙品之最；草不失能，盖其法出于颜，而加以遒劲丰润，自名一家。”

唐代的三位草书大家为孙过庭、张旭、怀素。

孙过庭，字虔礼，生卒不详，工真、行、草，尤以草书为长。曾撰《书谱》一书，宋米芾评其《书谱》曰：“凡唐草得二王法，无出其右。”由此可知，孙过庭对二王草法做了尽善的继承，而张旭、怀素的草书则别开生面。

张旭，字伯高，苏州吴（今江苏苏州）人，号称“草圣”。《新唐书》本传记载其人“嗜酒，每大醉，呼叫狂走，乃下笔，或以头濡墨而书，既醒自视，以为神，不可复得也，世呼‘张颠’。”张旭曾仕为常孰尉，虽非良吏，而于书学，虚怀若谷。尝“有老人陈牒求判，宿昔又来，旭怒其烦，责之。曰：‘观公笔奇妙，欲以藏家尔。’旭因问所藏，尽出其父书，旭视之，天下奇笔也，自是尽其法。旭自言，始见公主檐夫争道，又闻鼓吹，而得笔法意，观倡公孙舞《剑器》，得其神。”张旭作为“草圣”，不断从日常生活和其他艺术汲取营养，滋养了书法艺术。史称：“后人论书，欧、虞、褚、陆皆有异论，至旭，无非短者。”② 又称：“文宗时，诏以（李）白歌诗、斐旻剑舞、张旭草书为‘三绝’。”③

怀素（725—785），本姓钱，出家为僧后，字藏真，长沙人。曾学书于颜真卿。嗜酒狂饮，其狂草书迹如骤雨旋风，随手变化，不失其度。其作品有《自序帖》、《小草千字文》真迹。

---

①《柳公权传》，见《旧唐书》卷一六五，北京，中华书局，1975。

②《张旭传》，见《新唐书》卷二〇二，北京，中华书局，1975。

③《李白传》，见《新唐书》卷二〇二，北京，中华书局，1975。

3. 隋唐五代对前代书法艺术的继承与评述

隋唐五代的书法艺术开创了中国书法史的新局面，但这一时期并未忽略对前代艺术的继承、总结、甚至评述。

篆书和隶书虽不是流行的书体，但仍为士大夫所习尚。史称文学家王维“工草隶，善画，名盛于开元、天宝间”①。唐代的篆书则推李阳冰为第一人，其篆法可与李斯并称。所书有《乌石山般若台题名记》、《处州新驿记》、《缙云城隍庙记》、《丽水忘归台铭》，是为“阳冰四绝”。此外，玄宗还写过隶书《孝经》。为更好地继承二王遗风，僧怀仁集王羲之字为《圣教序》，后又有《兴福寺断碑》。

这一时期的书法评论著作主要有唐代蔡希综的《法书论》，以及南唐李煜的《书评》与《书述》。

蔡希综，唐初曲阿人，生卒难考。所著《法书论》有 2500 余言。蔡氏此文旌扬了自己的书法家学传统，其“十九代祖东汉左中郎邕（字伯喈）有篆籀八体之法”。此外，其六世祖景历、五世伯祖君知于陈隋之际，皆能楷隶。从叔父有邻“继于八体之迹”，第四兄希逸、第七兄希寂，深工章隶。不难看出，蔡氏以书法为“家学”，且攻习篆籀、章隶等前代书体。这与唐代书法艺术打破家学桎梏，书家或以师相承，或以挚友相教的自由发展局面形成了鲜明对比。可以说“蔡氏现象”是汉魏南北朝书法艺术以家学模式发展的余绪。正如蔡希综本人列举的：东汉崔瑗及寔，弘农张芝与弟昶，河东卫瓘及子恒，颍川钟繇及子会，瑯琊王羲之及子献之……此外，蔡希综还论述了汉字字体的演变：从周宣王以史籀作大篆，秦程邈改为隶书，东汉王次仲以隶书改为楷法，又以楷法改为八分。弥足珍贵的是蔡希综还介绍了章草的创作手法。章草是在隶书未演化为楷书时，人们进行的草书创作，即“思于草迹，亦须时时象其篆势，八分、章草、古隶等体，要相合杂，发人意思”。张伯英偏工章草，“每与人书，下笔必为楷，则云忽忽不暇草书”，即言章草之难，须“静思闲雅，发于中虑”②。

南唐后主李煜酷好书法，习学柳公权，又遍览前贤书迹，在《书评》一文

---

①《王维传》，见《新唐书》卷二〇二，北京，中华书局，1975。

② 蔡希综：《法书论》，见《唐文拾遗》卷二一，影印本，北京，中华书局，1983。

中提出了“善法书者，各得右军（王羲之）之一体”的精辟观点，大胆对唐代诸家进行品评。《书述》一文内涵尤为深邃。其突出贡献是论述了“八字法”（书法运笔的八种方法）。李煜认为，“自卫夫人并钟、王传授于欧、颜、褚、陆等”以后，后人罕知此八法。即“擫”、“压”、“钩”、“揭”、“抵”、“拒”、“导”、“送”。“擫”者，擫大指骨上节下端，用力欲直，如提千钧；“压”者，捺食指著中节旁；“钩”者，钩中指著指尖，钩笔令向下；“揭”者，揭名指著指爪肉之间，揭笔令向上；“抵”者，名指揭笔，中指抵住；“拒”者，中指钩笔，名指拒定；“导”者，小指引名指过右；“送”者，小指送名指过左。另外，李煜在此文中还述及了年龄与艺术风格的关系：“壮岁书亦壮，犹嫖姚十八从军，初拥千骑……老来书亦老，如诸葛亮董戎，朱睿接敌……”①

（二）绘画

隋唐五代的绘画，是汉画像和魏晋南北朝绘画艺术的接续，但其盛况却远远超过了前代。从绘画门类上，形成了人物画、山水画与花鸟画三大门类。据唐人张彦远的《历代名画记》一书统计：从上古至唐武宗会昌止，名画家373人，而唐代占了207人。打开“敦煌莫高窟”的艺术宝库，壁画的总面积达到45000平方米，绘画件数惊人，内容林林总总，以佛经故事为主，亦不乏世俗百姓生活的画卷。史书仅仅记下了这一时代少数画师的名字，而大多数画工、画匠的生命与心血都将凝固于这些静态的奇珍中，他们的名字已被历史的沙尘湮没。隋唐五代时期的绘画之所以取得如此辉煌的成就，得益于对传统的继承与发扬，更得益于开放的对外文化政策，也得益于外来宗教（佛教）在中国的本土化的成熟与发展。中国传统绘画艺术中“吴带当风”的妙笔，用来勾勒菩萨、金刚、飞天也无所不尽其宜。但也必须指出，中国的绘画（尤其是人物画及与之相关的雕塑艺术）从此大量取材于宗教，并为宗教服务，渐渐走进了一个狭小的胡同，难见天日。

1. 人物画

代表画家有尉迟乙僧，阎立德、阎立本兄弟和吴道子。

---

①《书评》，见《全唐文》卷一二九，影印本，北京，中华书局，1983。《书述》，见《唐文拾遗》卷一一。

尉迟乙僧，西域人，隋初随父来中原定居，擅长画佛像、鬼神。其笔法带有明显的外域色彩，设色浓重，阴阳凹凸极为分明，是印度和西域文化传入中原的产物。

阎氏兄弟，唐初京兆万年（今陕西西安）人。父毗，事隋为殿内少监，“以工艺进”，故立德与立本兄弟皆“机巧有思”。兄弟二人深受唐王朝礼重。立德贞观中历任将作少匠、大安县男，以营献陵功，擢将作大匠，后官工部尚书。弟立本显庆中以将作大匠代立德为工部尚书，高宗总章元年（668 年），自司平太常伯拜右相、博陵县男①。太宗尝与侍臣学士泛舟于春苑池中，有异鸟随波容与，太宗击掌数四，诏坐者为咏，召立本令写焉。阁外传呼云：“画师阎立本。”是时，立本已为主爵郎中，俯伏池左，研吮丹粉，望坐者羞怅流汗。归戒其子曰：“吾少读书，文辞不减侪辈，今独以画见名，与厮役等，若曹慎毋习。”② 于是阎氏后代不复习画，间或有为良吏者。唐代重经术、赏诗赋的文化政策和社会心理一定程度上制约了艺术的繁荣与发展，“画师”对于身居显官的阎立本俨然是轻蔑的称呼。阎立本的力作有《秦府十八学士图》，贞观中《凌烟阁功臣二十四人图》等。其中《步辇图》描绘了唐太宗接见吐蕃赞普松赞干布派使臣迎娶文成公主的情景，今存宋代摹本。另有《历代帝王像》（今藏于美国波士顿艺术馆），故宫博物院有后人摹本。

继阎氏兄弟以后有吴道子，名道玄，善画人物，其笔法多借鉴东晋的顾恺之。曾师从草书大家张旭学笔法，将草书的笔法融化于人物画的线条中。近代著名学者梁启超在《书法指导》中曾说：“美术一种要素是在发挥个性，而发挥个性最真确的，莫如写字。”③ 可以说，吴道子的人物画最为个性鲜明。夏文彦《图绘宝鉴》说他“行笔磊落，如莼菜条”。据说，其作品《地狱变相图》在西京广为流传，屠沽为之改业。另有作品《天王送子图》传世。吴道子的大多数精力用于创作宗教壁画，宣教弘法。据说他为僧寺所画壁画多达三百余间。河北恒山北岳庙的壁画据说即为吴道子手笔，墙面高丈余，衣纹一笔到底，体现了“吴带当风”的灵动感。

---

①《阎立德传》，见《新唐书》卷一〇〇，北京，中华书局，1975。
②《阎立德传》，见《旧唐书》卷七七，北京，中华书局，1975。
③ 梁启超：《饮冰室合集》专集之 102，5 页，北京，中华书局，1989。

此外，还有唐代的周昉，善画仕女画，今世尚传有他的《簪花仕女图》、《纨扇仕女图》，描绘了贵族妇女优游宴讌的生活图景。章怀太子、永泰公主等墓中的壁画反映的生活图景更为广阔，有出行图，马毬图，客使图等。唐代后期，除壁画外，以绢帛作画者尤多。五代十国时期，南唐绘画尤为繁盛，人物画大师有顾闳中、顾德谦、周文矩。

顾闳中之人物画，逼真而传神，善于速记。时宰相韩熙载好声伎夜宴，后主李煜命顾闳中“目识心记，图绘以上”，遂成《韩熙载夜宴图》，由此图可见南唐贵族生活的一页。

顾德谦之人物画，“风神清劭，举无与比”，后主李煜十分赏识，赞曰：“古有恺之，今有德谦，二顾相望，继为画绝矣。”

南唐画师周文矩善画仕女图，色彩纤丽，后主李煜尝命作《南庄图》，览之，“叹其精备”①。

2. 山水画

山水画始于汉代，南朝时已颇为成熟。刘宋时，宗炳之作《画山水序》，详论了山水画的技法。隋代画师展子虔袭其衣钵，其作品《游春图》能使咫尺画面，具备千里之趣。唐代的山水画着力于抒写大自然的雄奇景色，其画派分为南北两宗，分别以王维和李思训为代表。南宗的王维以清淡的水墨渲染春夏的雨山，或江南的水韵，其画格一如诗格，恬淡隐逸；南派的皴法有“披麻皴”(亦称“麻皮皴”)、“荷叶皴”。传其派者，有南唐时的董源和僧巨然。其中董源的山水画“峰峦出没，云雾显晦……岚色郁苍，枝干挺生，咸有生意。小溪渔浦，洲渚掩映”，以“平淡天真”之气勾勒江南山水，宋人称之为“近世神品”，宋代画匠多借鉴其“麻皮皴”法②。北宗的李思训，开创了“金碧山水”，用“斧劈皴”，写北方的巉岩山石，其继承者有五代时的荆浩、关仝。此外，南唐的画师董羽善画“龙水海鱼”，时人称“钟陵清凉寺有元宗（指李璟）八分题名，李萧远草书，羽画海水，为三绝。”董羽曾为后主画香花阁图屏，大被称赏。

---

①《十国春秋》卷三一，诸本传，北京，中华书局，1983。

② 米芾：《画史》，湖北先正遗书本。

3. 花鸟画

从美术的角度讲，国画中除人物画、山水画囊括不尽的内容，皆被称为花鸟画。唐人的花鸟画以动物为主要题材。

曹霸和韩幹师徒的马画尤为出名。曹霸，人称“曹将军”，曹魏高贵乡公曹髦之后。杜甫作七言古诗《丹青引》夸赞了其艺术风格与历程：

学书初学卫夫人，但恨无过王右军。
丹青不知老将至，富贵于我如浮云。
开元之中常引见，承恩数上南薰殿。
凌烟功臣少颜色，将军下笔开生面。
良相头上进贤冠，猛将腰间大羽箭。
褒公鄂公毛发动，英姿飒爽来酣战。

此节诗杜甫叙述了曹霸在书法上小有成就，在画人物上又不亚于阎立本，其画马的技巧则更值得称道：

先帝天马玉花骢，画工如山貌不同。
是日牵来赤墀下，迥立阊阖生长风。
诏谓将军拂绢素，意匠惨淡经营中。
斯须九重真龙出，一洗万古凡马空。
玉花却在御榻上，榻上庭前屹相向。
至尊含笑催赐金，圉人太仆皆惆怅。

韩幹是曹霸的弟子，杜甫认为其笔法不若其师：

弟子韩幹早入室，亦能画马穷殊相。
幹惟画肉不画骨，忍使骅骝气凋丧。

最后，在叙述曹霸的艺术影响时，杜甫慨叹了其坎坷人生。这也是当时艺术家的普遍命运：

将军画善盖有神，必逢佳士亦写真。
即今飘泊干戈际，屡貌寻常行路人。
途穷反遭俗眼白，世上未有如公贫。①

---

①《丹青引》，见《杜甫全集》卷五，上海古籍出版社，1996。

此外，书家薛稷善画鹤，韩滉善画牛。

南唐花鸟画的题材较为广阔。著名画家徐熙善画花木、禽鱼、蝉蝶、蔬果，其作品“妙夺造化，非世之画工所可及也”①。

4. 雕塑

雕塑作为绘画的孪生姊妹，在隋唐五代时期也随之大为发展。敦煌莫高窟的佛教造像，自十六国至五代共370尊，其中隋7尊、唐228尊、五代32尊。各地寺院竞相展开了造像运动，主要有云岗、龙门石窟的部分造像，巩县石佛寺、历城千佛山、陕西的邠县大佛寺、西安的华塔寺等。特别是洛阳龙门承天寺武周时期所造卢舍那佛，雄伟不亚于大同云岗石窟17米高的主佛。唐代画师吴道子即为一代塑像大师，与之同时代的杨惠之是塑像名家，号称“塑圣”。

与书法艺术不同的是，绘画尤其是雕塑，往往由名隶匠籍的杂户来完成，他们无论从法律还是社会地位上都低人一等，因此很多作品都不署姓名。这也是隋唐五代时期艺术发展的一大局限。

四、宫廷乐舞与市民文学

在古代社会，音乐与舞蹈既是礼制与政化的表征，又是人们娱情遣怀的工具。隋唐的乐舞也不例外，在吸收外域与民间优秀成果的基础上丰富与发展，以满足政化与娱情的双重需要。

（一）正乐——“九部乐”与“十部乐”

唐代段安节《乐府杂录》载：乐有雅乐部、云韶乐、清乐部、鼓乐部、驱傩、熊罴部、鼓架部、龟兹部、胡部。这种分类方法是根据乐曲的演奏音色、器具和内容的分类，即音乐本身为分类标准。隋唐两代大力吸收外来音乐，使传统的雅乐、云韶乐、清乐等日渐衰微，虽然仍用于祭祀大典，但其颓势已不可挽回。这时，由龟兹等外域音乐与汉代之清商乐融合，形成了“燕乐”（后世称“宴乐”）。隋唐官方的乐部分类为“九部乐”与“十部乐”。隋用“九部

---

① 赵希鹄：《古画辨》，见《洞天清禄集》说郛本。

乐”，即西凉、清商、龟兹、安国、天竺、高丽、文康、疏勒、康国。唐初仍其旧。贞观十六年，增改为“十部乐”，即：燕乐、清商、西凉、龟兹、疏勒、康国、安国、天竺、高丽、高昌。可见，在隋、唐两代的宫廷音乐中，外域音乐占了主流，这不但是兼收并蓄的文化政策，也是“万国衣冠拜冕旒”的政治局面使然。唐代的舞蹈从表演特点上可分为“健舞”与“软舞”两种，皆配乐表演，前者如“七德舞”、剑器、胡旋、胡腾等；后者如“霓裳羽衣”、“六幺”、“紫回歌”。中亚石国的柘枝舞始为健舞，又演化成软舞。

从正统意义上讲，乐舞是礼制的表征。唐高宗仪凤二年（677 年）十一月六日，太常少卿韦万石奏议：据《贞观礼》，郊享日文舞奏《豫和》、《顺和》、《永和》等乐，其舞人著委貌冠服，手执干戚。唐代根据祭祀对象的不同，采用的乐舞也各异。如祭昊天上帝，以圜钟为宫，黄钟为角，太簇为徵，姑洗为羽，奏《豫和》之舞，若封泰山，同用此乐；祭地祇与禅梁甫之丘，以函钟为宫，太簇为角，姑洗为徵，南吕为羽，奏《顺和》之舞；袷禘宗庙，以黄钟为宫，大吕为角，太簇为徵，应钟为羽，奏《永和》之舞①。从五音六律的角度讲，祭祀用乐皆低沉肃穆，其中以祭昊天上帝之乐为最低，其次是宗庙，再次为地祇方丘，从音乐上也深刻地反映了吉礼中差等原则。韦万石还劝唐高宗，以为“《庆善乐》不可降神，《神功破阵乐》未入雅乐”，故祭祀不足用。以“雅乐”酬神是宫廷乐舞创作的直接目的，所谓“乐以和其心”、“舞以象其德”。唐人所指的可酬神的“雅乐”实际是指充满外域色彩的“九部乐”和“十部乐”。永徽二年（651 年），高宗欲亲祀南郊，黄门侍郎宇文节奏请“依仪”当奏“九部乐”。高宗同时指出《秦王破阵乐》杀戮之气太重，“情不忍观，所司更不宜设”。皇帝也只能对“乐部”的枝节提些异议而已。《秦王破阵乐》，贞观七年（633 年）制《破阵乐舞图》并改名《七德舞》，高宗显庆元年（656 年）又改为《神功破阵乐》。白居易的新乐府诗《七德舞》说：“《七德舞》，《七德歌》，传自武德至元和。元和小臣白居易，观舞听歌知乐意，乐终稽首陈其事。太宗十八举义兵……二十有四功业成。二十有九即帝位。……怨女三千放出宫，死囚四百来归狱。”《秦王破阵乐》采摭于民间，太宗未即位前

① 《音乐志一》，见《旧唐书》卷二八，北京，中华书局，1975。

即广为流传，所以太宗说“岂意今日登于雅乐”。自高宗以后，由此乐改名的《七德舞》《神功破阵乐》都不在大祀南郊的“雅乐”之列。从太宗的语气也不难看出，唐代的宫廷乐舞中凡能用于祭祀者皆属“九部乐”与“十部乐”，而其间民间乐舞甚少，外域乐舞甚多。

除了依礼制乐外，为皇帝歌功颂德的“庙乐”创作也很丰富。如高宗庙乐，以《钧天》为名，中宗庙乐，奏《太和》之舞，睿宗庙乐奏《景云》之舞等等。唐玄宗蓄养大批“梨园子弟”，还创作了不少专供娱乐的乐舞，如《霓裳羽衣》、《六么》等等。但唐代专供娱乐的乐舞主要是“散乐”和“百戏”。

（二）“散乐”与“百戏”

“散乐”与“百戏”是宫廷对采摭于民间的乐舞（包括杂耍）的通称。《旧唐书·音乐志二》称：“散乐者，历代有之，非部伍之声，俳优歌舞杂奏。”散乐的演奏形式十分简单，仅“用横笛一、拍板一、腰鼓三”。散乐的演奏常与百戏相配，杂戏“变态多端”。据《隋书·音乐志》载，北齐时的百戏有鱼龙烂漫、俳优、侏儒、山车、臣象、拔井、种瓜、杀马、剥驴等诸多名目。隋开皇中遣而散之①。大业二年（606 年），突厥单于来朝洛阳，又带来胡地的百戏，炀帝命乐署肄习，常以岁首纵观端门内。唐初的君主起初着力禁止百戏，但由于百戏有很强的观赏性，又是接见外国使团时必要的外交手段，散乐与百戏几乎成了重大庆典与饮宴活动的必备节目。唐高宗在永徽二年（651 年）二月，曾御安福门楼观百戏。但唐高宗十分厌恶西域（尤其是天竺）的“幻术”，或能“自断手足，刳剔肠胃”，惊俗骇众，令不得入中国。睿宗时，有印度的婆罗门献乐，以足舞于锋刃之上，又有吹筚篥者立其腹上，“终曲而亦无伤”。这些表演反映了百戏的内容十分丰富。隋文帝，唐高祖之所以禁绝散乐百戏，主要是因其糜费过限②。开元、天宝以后，散乐与百戏劳民伤财之弊日益显现，且军旅、市井争相习尚，成为唐代社会风尚日渐颓靡的表征。开元元年

① 开皇九年（589 年），诏：“郑、卫淫声，鱼龙杂戏，乐府之内，尽以除之。”《高祖纪下》，见《隋书》卷二，北京，中华书局，1973。

② 武德元年（618 年）六月，万年县法曹孙伏伽上谏：“百戏散乐，本非正声。有隋之末，大见崇用……近者，太常官司于人间，借妇女裙襦五百余具，以充散妓之服……实损皇猷……”高祖褒奖之。参见《孙伏伽传》，《旧唐书》卷七五，北京，中华书局，1975。

(713 年)，太上皇睿宗与玄宗御门楼观燃灯、大酺，大合伎乐，昼夜相继一月余之久。左拾遗严挺之上疏谏，以为“损万人之力，营百戏之资，非所以光圣德美风化也”①。唐代的长安已出现了专门的百戏班子，其表演有大陈山车、旱船、寻橦、走索、丸剑、角觝、戏马等。天宝五载七月，玄宗为取悦杨贵妃，“召两市杂戏以娱贵妃”。乾符元年 (874 年)，被贬的宰相刘瞻被召为刑部尚书，“长安两市人率钱雇百戏迎之”②。除京城以外，地方藩镇亦以盛演百戏为豪。杜甫诗《陪柏中丞观宴将士二首》云：“一夫先舞剑，百戏后歌樵。”五代和凝的《宫词百首》云：“坐定两军呈百戏”。

(三) 歌舞戏与参军戏

这是中国戏曲在唐代的雏形状态，是宫廷乐舞与民间散乐、百戏相融合的产物，且有简单的故事情节和一定的表演程式。其中歌舞戏有《代面》、《钵头》、《苏中郎》、《踏摇娘》等。

《代面》，《旧唐书·音乐志》称《大面》，演北齐兰陵王长恭，才武而貌美，常着假面以惧敌。此戏多击刺动作，以表现百战百胜的英雄形象。戏者衣紫、腰金、执鞭。

《钵头》起源于西域。昔有人，父为虎所伤，遂上山寻父尸，山有八折，故曲有八迭。戏者被发、素衣，面作啼泣，盖遭丧之状。

《苏中郎》演后周士人苏葩，嗜酒落魄，自号中郎，每有歌场，辄入独舞。为戏者著绯，戴帽，面正赤，盖状其醉也。

《踏摇娘》演北齐时有人姓苏，实不仕，而自号郎中，嗜饮酗酒，每醉辄殴妻。妻衔悲，诉于邻里。戏者为丈夫着妇人衣，徐步入场，行歌，每一迭，旁人齐声和之云：“踏谣来！踏谣苦和来!”以其且步且歌，故谓之“踏谣”。及其夫至，则作殴斗之状，以为笑乐。后来，有以妇人饰踏摇娘者。歌舞戏《踏摇娘》的表演中有类似于后世戏曲的“男旦”和演唱中的“帮腔”，可以视作中国戏曲的雏形。

据唐代段安节《乐府杂录》，歌舞戏的音乐属于鼓架部，乐器仅有笛、拍

---

①《资治通鉴》卷二一〇，开元元年二月，北京，中华书局，1956。

②《资治通鉴》卷二五二，乾符元年二月，北京，中华书局，1956。

板、答鼓（即腰鼓）、两杖鼓。这并不比民间散乐的乐器复杂，仅多了“两杖鼓”。但歌舞戏却多演于宫廷，为当时的皇亲贵胄所习尚，这也是唐王朝文化政策开明的表现。据郑万钧《代国长公主碑文》记载：“则天太后御明堂宴。圣上（指唐玄宗）年六岁，为楚王，舞《长命女》……岐王年五岁，为卫王，弄《兰陵王》。”

关于参军戏的起源有两种说法。《乐府杂录·俳优》载：开元中，黄幡绰、张野狐弄参军。始自后汉馆陶石耽。耽有赃犯，和帝惜其才，免罪。每宴乐，即令衣白夹衫，命优伶戏弄辱之，终年乃放，改任参军。参军戏之意即为“戏参军”。另外，开元中，有李仙鹤善此戏，玄宗特授韶州同正参军，以食其禄。其中，第一种说法多不被采信，但也流传甚广。这是因为参军戏的表演类似于今天的小品，语言多诙谐戏谑，讽喻作用极强。

开元八年（720年）春正月，侍中宋璟命御史台治狱，命“尚诉未已者且系”，于是怨声甚众。会天旱，人以为有魃作怪。于是有俳优扮作旱魁，戏于上前。或问魃：“何为出？”对曰：“奉相公处分。”又问：“何故？”魃曰：“负冤者三百余人，相公悉以系狱抑之，故魃不得不出。”上心以为然①。从此次参军戏表演，不难看出，参军戏的表演一般为两人，没有固定的剧本，即兴成分很大。其中“相公”一角色自然是影射宋璟不理冤狱。由于参军戏灵活的表演形式，流传时间也较长。杨吴时，徐知训镇宣州，聚敛苛暴，百姓苦之。入觐侍宴，伶人戏作绿衣大面如鬼神者，傍一人问：“谁何？”对曰：“我宣州土地神也！吾主入觐，和地皮掘来，故得至此。”② 参军戏表演是通过俳优之口上达民情的有效途径，这也是唐代文艺的社会功能，是民间百戏与宫廷乐舞交流的直接效果。

（四）坐部伎与立部伎

隋唐五代时期，不论是宫廷乐舞还是百戏散乐，其表演者都是名隶乐籍的“贱民”。在京城有隶于教坊的伎女、伶人来进行表演。这些人要除乐籍，必须

---

①《资治通鉴》卷二一二，玄宗开元八年正月，北京，中华书局，1956。

② 郑文宝：《江南余载》卷上。

有皇帝的诏敕。隋文帝撤散乐百戏时，曾下诏："悉放太常散乐为民，仍禁杂戏。"① 唐代的两京（长安与洛阳）都设教坊。各地的乐舞表演由"乐营"完成，其长官称"营将"，伎女称"营伎"或"乐营伎人"，没有地方长官的允许，也不许脱籍。另外，民间还有一些从事乐舞表演的自由职业者，如杜甫诗中的公孙大娘，善舞剑器，并广收弟子，传业精熟，曾于夔府、郾城、长安等地巡演，但这毕竟是少数。

值得注意的是，在教坊内部的演艺群体中也分为坐部伎、立部伎和"雅音"三组。三个组的待遇有别。白居易的乐府诗《立部伎》描述了教坊乐舞的这一特点：

立部伎，鼓笛喧。舞双剑，跳七丸，袅巨索，掉长竿。太常部伎有等级，堂上者坐堂下立。堂上坐部笙歌清，堂下立部鼓笛鸣。笙歌一声众侧耳，鼓笛万曲无人听。立部贱，坐部贵。坐部退为立部伎，击鼓吹笙和杂戏。立部又退何所任，始就乐悬操雅音。雅音替坏一至此，长令尔辈调宫徵。圜丘后土郊祀时，言将此乐感神祇。欲望凤来百兽舞，何异北辕南适楚。工师愚贱安足云，太常三卿尔何人？

坐部伎多演奏《宴乐》、《长寿乐》、《天授乐》等粉饰太平的音乐。据说其中有《鸟歌万寿乐》，即为武则天时为一只会叫"万岁"的鸟而作。立部伎的表演喜气而火热，如《安乐》、《大定乐》等。其间夹杂不少胡人乐舞。其中《太平乐》又名《五方狮子舞》，来源于天竺、狮子等国，为舞者饰作"昆仑象"（即"昆仑奴"，是居住于长安的黑种人），观赏性很强。白居易唯感慨雅音衰落，乐风不古，难以感动神祇，辅正社稷，因此指责太常寺的礼官。其实，当时用于郊祀大礼的"十部乐"中，古朴的清商乐仅居其一。从唐代教坊内乐工的等级分化，我们不难看出唐代宫廷艺术的审美取向，即不论雅郑，以观赏性为先；无论胡汉，以歌咏圣德为尚。以致雅音不振，典礼与祭祀用乐杂揉不经。总体而言，唐代乐舞海纳百川、建树颇丰，但弃古绝先，也不利于传统的继承。

---

①《资治通鉴》卷一七五，太建十三年四月，北京，中华书局，1956。

（五）传奇

唐代的小说叫做“传奇”，是继六朝志怪小说以后，在一定市民文化的基础上，由作家创作的文言故事。起初，元稹的名作《莺莺传》原名“传奇”，宋人将其收入《太平广记》时改名为《莺莺传》，于是宋人把唐代以爱情为题材的小说称为“传奇”。元末陶宗仪的《南村辍耕录》：“稗官废而传奇作，传奇作而戏曲继”。这样一来，在元末明初的北曲与南戏之前，六朝志怪小说以后这段出现的小说及说话、讲唱中的故事都可以称为“传奇”。

六朝志怪是小说的更早期形式，多是“传录舛讹”，是对史记中轶闻异事的转载，所以陶宗仪将其归入“稗史”一类。正如明代胡应麟《少室山房笔丛》说“唐人乃作意好奇，假小说以寄笔端”，鲁迅认为唐人在写作意图上与前代不同，“乃在是时则始有意为小说”。这种意图的改变则来源于唐代社会风尚的转变。城市的繁荣与市民文学形式的多样（如变文、说话）为唐传奇的创作提供了素材，而唐代文人坎坷的仕途经历也使他们切实体会到市井生活的滋味，这一切促使他们不自觉地投入到传奇的创作中，唐传奇的创作成果又被市井的讲唱文学所吸收利用。从一个长期的视角去观察，唐传奇与变文、说话等讲唱文学形成了互相滋养、交替发展的势头。

唐前期的传奇，无论从语言还是故事情节上，都带有脱胎于六朝志怪小说的痕迹。其代表作品有《梁四公记》、《游仙窟》、《离魂记》等。

《梁四公记》（作者一作燕国公张说、一作梁载言），叙述了四个奇人在梁武帝面前占卜射覆、谈论方术及与僧人论难的故事，全篇多用类似于汉赋的文体，十分琐碎。

《游仙窟》作者张鷟，唐高宗调露初年进士，“傥荡无检”而为文“浮艳少理致”①。《游仙窟》以第一人称自述于奉使河源途中，投宿“仙窟”，与神女十娘邂逅交结的故事。全篇以骈文叙述事件，以五言诗表达人物的对话，文字瑰美。

《离魂记》作者为大历中的陈玄祐。其故事脱胎于南朝《幽明录》中的

---

①《张鷟传》，见《新唐书》卷一六一，北京，中华书局，1975。

《石氏女》，小说写倩娘与表兄王宙相爱，父亲却将她许配他人。倩娘卧病，思念表兄甚切，幽魂随王宙逃遁的故事。《离魂记》以优美的文辞渲染了爱情主题，使作品倍长于《石氏女》。这恰是唐传奇的创作高于六朝志怪之处，也是由稗史到文学的过渡性转化，是小说创作中质的飞跃。

唐传奇自德宗建中以后步入了繁盛阶段。这一时期文人的传奇创作思想奔放、寓意深刻，从取材上也是直接或间接地来源于市井生活，以抒写士人幽愤、遁世等种种心态。

《枕中记》的作者沈既济（约750—797），德清《今属浙江）人，历任左拾遗、史馆修撰、礼部员外郎。《枕中记》描写了著名的“黄粱美梦”的故事：卢生宿于邯郸旅舍，借道士吕翁的青枕入睡，在梦中实现了他娶高门女、登进士第、出将入相等一切理想。梦醒后，见黄粱饭犹未熟，面对“一枕黄粱”，他大彻大悟地说：“夫宠辱之道，穷达之运，得丧之理，死生之情，尽知之矣。”李公佐的《南柯太守传》叙述了游侠淳于棼醉后被邀入“槐安国”，招为驸马，出任南柯太守20年，境内大治。孰料祸福相倚，先是与邻国交战失利，继而公主罹疾而终，又遭国王遣返回乡。醉梦中醒来，方知“槐安国”者乃是大槐树下一蚁穴而已。上述两篇小说反映了唐代士人的利禄之心、功名之志在遭遇挫折后，只有依靠佛老思想，以虚无主义的态度面对人生，聊以自慰。这在当时也促成了佛道等宗教思潮在文人与市民中的盛行。《东城老父传》（《杜子春传》）叙述了扬州富商之子杜子春浪荡不羁，破败家财，亲友无助，三入长安受到一神秘老者的赠金相助，而终不能守，后来与夫人韦氏双双求道成仙的故事。传奇反映的这些非正统的思潮却是当时市民文化的主流。

李朝威的《柳毅传》是一篇带有神话色彩和反传统精神的爱情传奇。淮阴书生柳毅落第返乡，行至泾川，闻牧羊龙女（洞庭公主）之哀哭，得知其夫泾河小龙暴虐，出于义愤，为之传书到洞庭求救。龙女的叔父钱塘君不顾天帝严命，掣断金锁玉柱，飞奔泾川，气吞恶龙，救回侄女。钱塘君生性鲁莽刚猛，欲将侄女强配柳毅，柳毅晓以大义，婉言谢绝，使得鲁莽的钱塘君当面赔罪。龙女不再依从父母“嫁于濯锦小儿”之命，历尽挫折，幻化民女，与柳毅终成眷属。《柳毅传》以高度的艺术手法生动地塑造了知情守义且施恩不图报的君子柳毅、善良温婉而又大胆地追求幸福的龙女、情性刚猛而富于叛逆精神的钱塘君这三个艺术形象，既歌颂济困扶危、行义不计毁誉的古朴道德，又寄托了人们打破不合理的约束，追求幸福生活的美好愿望。因此，具有较高的艺术性和思想性。

直接描写爱情生活的传奇作品有《莺莺传》、《李娃传》和《霍小玉传》。

《莺莺传》的作者为贞元末年的元稹，据说这段爱情故事很大程度上融入了作者的生活经历，可以看作唐人开始自觉从事小说创作的例证。故事讲张生寓居蒲州普救寺，适其表姨郑氏携女崔莺莺同寓寺中。时叛兵为乱，张生设计庇护郑氏母女。谢恩宴上，张生与莺莺一见倾心，在婢女红娘的帮助下，张生以诗相邀，始拒而后许，幽会累月。后来张生入京赴举，一年后二人各自嫁娶，张生复以表兄身分求见，莺莺赋诗拒之，二人遂“绝不复知”。元稹在小说最终还是表达了对传统礼教的极力维护，但作品中对男女爱情的描写也表现出作者对传统道德的怀疑与无奈。

《李娃传》的作者是诗人白居易之弟白行简（776—826），贞元末进士，元和间授左拾遗，累迁主客郎中。《李娃传》取材于“市人小说”（说话）《一枝花话》，讲述了荥阳公子与娼女李娃的真挚爱情。荥阳公子为李娃捐弃了功名富贵，荡尽资财仆马，终因财尽被鸨母驱逐，历尽磨难，以作挽郎，替人哭丧唱薤露为生。遭遇其父，被鞭打昏死，弃“尸”于野。幸被乞丐救起，以沿街乞讨为生。李娃闻知，不顾鸨母反对，“连步而出”，“以绣褥拥而归于西厢”。李娃鼓励公子恢复自尊，入京赴举。荥阳公子及第后，授成都府参军，李娃不愿同行，提出“愿以残年，归养老姥”。荥阳公子之父深感其事，备六礼迎娶李氏，十余年后，李氏被封为汧国夫人。这种“大团圆”的结局既维护了封建正统礼教和士子正途，又歌颂了市井娼女与贵族公子的真挚爱情，力图以冲破良与贱的限界为代价来成全理与情的双重圆满。从这一点看，《李娃传》具有超前的社会变革和改良意识。

相比之下，《霍小玉传》则描写了一段悲剧的市井爱情。作者蒋防，义兴（今江苏宜兴）人，长庆初官翰林学士，后贬汀州、连州刺史。小说写出身贵族而沦落娼门的女子霍小玉与士子李益相爱，自知难相伴始终，遂盟誓只厮守八年，自己便出家为尼。后来李益违誓，小玉设法求见不得，卧病不起。最后一黄衫侠强挟李益来见。小玉在临终前怨斥道：慈母在堂，不能供养；绮罗弦管，从此永休。征痛黄泉，皆君所致。李君李君，今当永诀！我死之后，必为厉鬼，使君妻妾，终日不安！”死后阴魂不散，李益终生不安。唐传奇中的爱情小说，多写士子与妓女的风流韵事，这是当时城市繁荣与市井生活的再现。但这些作品讴歌了守诚重信的真挚感情，鞭挞了忘恩负义的行径，具有文学和社会意义上的先进性。

唐传奇在发展中，也涌现出大量的豪侠小说。李公佐的《谢小娥传》记述了谢小娥的父亲与丈夫行商在外，被人杀害，小娥寻访仇人复仇的故事。裴铏的《聂隐娘》与袁郊《红线传》，均写了身怀异技的女子因知遇之恩，为主人排难解忧的故事。《虬髯客传》写隋末杨素的宠妓红拂慧眼识英雄，与李靖私奔。二人在客店遇“虬髯客”，共保英主李世民。后来，虬髯客不愿称臣，远去海岛称王。唐代的豪侠传奇贯穿豪情与忠孝的主题，并把现实生活中柔弱的女子写得身怀绝技，如婢女、歌妓者亦能秉忠除暴。这种描写当然有唐代开放的社会风气为基础，但在文学上也是浪漫主义的佳作，体现了作者对弱小与卑贱者的同情与关注。

唐传奇在中国文学史上地位极其重要。它继承了六朝志怪小说多用诗赋的语言特点，又夹杂作者的议论，因此不完全是现代意义上的小说。唐传奇也不同于明清的白话小说，而是纯用文言，但它却深刻地反映了市井民众的生活与大众心理，热情地讴歌了民众中朴实的道德观与信仰观，甚至一反传统，把妓女、婢妾推为主角，成为讴歌的对象。唐传奇为后来的宋话本、元杂曲、明初南戏、明清小说都提供了丰富的文化养料。宋人的话本中把“李娃”称为“李雅仙”，“荥阳公子”改称“郑元和”，而故事梗概一如《李娃传》；元代的王实甫，把《莺莺传》加以改编、润色和升华，写出了著名的元杂剧《西厢记》，《杜子春传》被明冯梦龙收入了《醒世恒言》。今天戏曲舞台上不少长演不衰的剧目也都取材于唐传奇，如京剧《霍小玉》、越剧《柳毅传书》、粤剧《红线盗盒》等等。

（六）话本小说、说经与变文

19 世纪末，在敦煌千佛洞石窟中，发现了大量的民俗文学资料，整理者统而称之“变文”，向达、王重民还编了《敦煌变文集》。其实这些“变文”包括话本小说、说经词、词文与俗赋等民间文学样式。

在上述“变文”中，有一体不用韵脚，是用于民间说话艺术的本子，叫做“话本小说”。其中有《叶净能诗》、《唐太宗入冥记》、《韩擒虎话》等。这些话本以讲述神怪故事为主。《叶净能诗》叙述了玄宗朝道士叶净能的种种异能，如导明皇观灯、游月宫等。《唐太宗入冥记》叙述了唐太宗魂游地府的故事。《韩擒虎话》叙述了隋文帝大将韩擒虎将兵灭陈的故事，其间多“引龙出水阵”等怪异之谈。

说经是僧徒在寺院中举行的“俗讲”活动，即对深奥的佛经做通俗的讲解。在叙述中多用赋体，以衬托恢宏气氛；在演唱时，多用七言歌行体和五言诗体，十分上口。“俗讲”中也绘声绘色地叙述一些佛经故事，如今敦煌发现的“俗讲”底本有《佛说阿弥陀经讲经文》、《妙法莲花经讲经文》、《维摩诘经讲经文》、《父母恩重讲经文》等等。

变文后来指民间曲艺“转变”所用的底本。对“变”字的解释，莫衷一是，或认为是梵文 citra（图画）的音译，或认为是“变更”、“神通”变化等义，或认为是佛教术语“因缘变”的简称。“转变”是从僧徒的“俗讲”转化过来的，所以“变文”中有较多的佛经故事。段成式的《酉阳杂俎》提及当时所谓“变场”，就是专门表演“转变”的地方，其表演者起初以僧侣居多，后来也有俗世的艺人。

艺人在表演“转变”时，说唱相合，韵文与散句结合，说唱时配合以相应的图画，图画几幅一组，连缀成一卷，称为“一铺”。晚唐诗人吉师老《看蜀女转〈昭君变〉》一诗，传神地写出了蜀中女艺人的表演场景：

……檀口解知千载事，清词堪叹九秋文。翠眉颦处楚边月，画卷开时塞外云。说尽绮罗当日恨，昭君传意向文君。

变文中最著名的有《大目乾连冥间救母变文》（简称《目连变》）和《降魔变文》。《目连变》是《佛说盂兰盆经》的“俗讲”形式。佛门弟子目连之母对佛教始信后谤，杀生害命，恃富凌贫，死后入地狱变为饿鬼。目连已成正果，下地狱救母未果，在佛祖的开示下，每年于七月十五日诵经，举行道场，为母赎罪。此篇变文语言精妙，据说白居易《长恨歌》中的“上穷碧落下黄泉，两处茫茫皆不见”即从此变文中化出。至今，中国老百姓仍然有七月十五到庙里赴“盂兰盆会”的习俗。这也是佛教文化与中国孝道的融合。而《目连变》流传之深广可想而知。《降魔变文》出自《圣愚经》，叙述了佛门弟子舍利弗与邪魔外道的六师斗法的故事，生动传神地写出舍利弗与六师的变化之术，对后来像《西游记》这样的神话小说影响很大。

变文流行于世俗民间以后，又大力挖掘历史题材，这是变文后期的主流。主要有《王昭君变文》、《王陵变文》、《伍子胥变文》、《孟姜女变文》、《张义潮变文》等。这些变文着力于讲忠说孝。如《王陵变文》取材于《汉书・王陵传》，主要写汉将王陵之母不畏项羽胁迫、伏剑自刎的故事，写出了王母深明大义、不畏强暴的精神。《张义潮变文》和《张淮深变文》分别以收复河湟地区的民族英雄张义潮、张淮深叔侄为主人公，是反映当时重大事件的作品。可见当时变文的创作已相当成熟，是贴近百姓生活的曲艺。变文不但是群众的娱乐方式，而且也是百姓获得信息的手段之一。

第七章
唐代礼乐制度与社会文化

在中国古代社会的发展进程中，礼乐制度的性质与作用十分微妙。作为一种相对固定的社会规范，它不仅规范着社会成员的行为，还维护着社会生活的有序。与法律制度相比，礼乐制度影响到的社会层次更为广泛，涉及到的社会问题也更加细微。从经济发展到社会结构，从政治体制到文化传统，从风俗习惯、价值观念乃至心理状态，礼乐制度以及礼乐制度所演绎出的礼的精神在中国古代社会中无所不在。

礼乐制度的产生与演变与中国古代社会的发展同步进行。夏有三礼，祭天神、地祇、人鬼之礼，殷有六礼，冠、婚、丧、祭、乡饮、相见之礼，周有五礼，吉、凶、军、宾、嘉之礼。周人所定的五礼，集夏礼、殷礼之精华，成一代巨制，中国古代社会礼乐制度的发展演变至此基本定型。但是，周代礼乐制度并没有得到承接王朝的完整继续。春秋战国，礼崩乐坏，因儒家极力推崇而现世的治礼作乐也多加入了儒者理想化的倾向。及秦并天下，以尊君卑臣为主旨而组建的秦礼，与周礼相比，已是面目全非。西汉建立，修订礼乐，叔孙通极力维护的也只不过局限于朝仪而已。直至东汉光武即位，始令儒官详定，传统礼乐制度至此粗备。然而，此次礼乐的复兴进程历经汉末大乱又被打断。及至南北分裂，各自的礼学才有一定发展制作。隋朝统一南北，文帝命太常卿牛弘等人集南北仪注，定五礼一百三十篇。其后，隋炀帝在江都，又鸠集学者，修成《江都集礼》一百二十卷。中国古代礼制的复兴，由此才真正奠立了基础。唐建立，在隋代礼制的基础上，经贞观到开元约一个世纪的努力，先后修撰了《贞观礼》、《显庆礼》、《开元礼》，终于形成了盛唐礼制的规模。而中国古代前期礼制的全面展现与中国古代社会后期礼制初现正在此际集中表现。

总的来说，唐代礼乐制度在继承周代礼制的基础上，又顺应了当时的社会形势，对方方面面的关系做出了细致而明确的界定。从天人关系、君臣关系到官吏之间的上下关系，从统治者与被统治者之间的关系到国内民族关系、中国与周边各国的关系，从各色人等的政治地位、经济地位到社会地位乃至于衣食住行、婚嫁丧葬、岁时节庆、文体娱乐，纤毫必至。其涵盖范围不仅远远超过了秦汉时期的朝仪，更远远超过了三代礼制。实际上，唐代礼乐制度不仅沿隋法汉上溯三代，而且唐人依据当时的社会需要对其进行了大规模的改造工作，是三代以来礼制发展成果的全面总结与创新，是中国古代礼制发展史上的又一个高峰。

一、唐代礼乐制度的基本内容

以儒家思想的标准来衡量，礼无所不包、无处不在。但从制度内容的角度而言，礼乐制度仍然有一个基本范围，夏三礼，殷六礼，周五礼，这些都是对礼乐制度内容划分的定义。自周人定五礼，而奠定中国古代礼制的初步框架开始，吉、凶、军、宾、嘉五类，始终是儒家归纳礼文的惯例。不过，晋、隋之际的五礼排列顺序已经变动。唐代治礼作乐，以吉、宾、军、嘉、凶为次第，五礼的顺序由此确定。

吉礼是唐代五礼的最主要内容，也是中国古代王朝统治者最重视的礼仪形式。作为中国古代礼制最基本的内容之一，吉礼不仅反映了先民对诸神的崇拜，而且反映了先民对人与自然、人与社会的关系的认识与定位。它是王朝君主具有王权神授色彩的最重要的表现形式，也是表明君主联系天人关系的重要仪式。随着历史的发展，吉礼的政治特征日益突出，并在事实上成为历代王朝建国君民的神权依据。国之大事在祀与戎，祭祀礼仪能够与开疆阔土实现王朝统治的军事战争行为并列，可见吉礼在中国古代社会统治中的关键作用。吉礼的主要内容是祭祀。概而言之，吉礼祭祀主要有祀天神、祭地祇、享人鬼、释奠文宣王与武成王四类；其等级有大祀、中祀、小祀三等；祭祀还因时间分常祀与非常祀。祭祀仪式的主持者有皇帝、皇后或太子、或有关行政官员等。

有关祭祀礼仪的进行程序，礼典中均有详细的规定。唐礼祭祀之常例大体如下：卜日。凡大祀、中祀无常日者则卜，小祀则筮。太常卿主卜，用龟；太卜令主筮，用蓍，皆行于太庙南门之外。

斋戒。凡祭祀皆须斋戒。大祀散斋四日、致斋三日，中祀散斋三日、致斋二日，小祀散斋二日、致斋一日。参预祭祀者散斋理事如旧，唯不吊丧问疾，不作乐，不判署刑杀文书，不施刑罚，不预秽恶；致斋则唯行祀事；其余乐工、卫士、庖厨及杂使人等皆清斋一日。

陈设。祭祀陈设，有待事之次，有即事之位，有门外之位，有牲器之位，有席神之位，各依祭祀对象及行事者身份而定，于祭祀前备齐。

牲牢。祭祀用牲，有太牢，牛、豕、羊各一；有少牢，豕、羊各一；小祀或止用羊，各依祭祀等级而有增减。祀天帝则唯用牛，有苍犊、青犊、白犊、黄犊、黑犊之分，视祭祀对象的方色而定。

俎馔。祭器有笾、豆、簠、簋、鉶、登、俎、尊、彝、爵、罍之属，祭品有盐、果、脯、饼、醢、食、饭、羹、酒之类，其辅助器具亦颇繁杂，而祭器、祭品每类之中往往又包含数种乃至数十种。所用之种类、数目皆依祭祀对象及其等级而各有差别。

玉帛。礼神之玉，有苍璧、黄琮、青圭、赤璋、白琥、玄璜之分，有圭、有璧，有四圭有邸，有两圭有邸；礼神之币，有黑、黄、青、绿、紫、白、红、玄、赤诸色，视祭祀对象之方色与等级而用之。

乐舞。祭祀有用乐舞者，有不用乐舞者。而乐器之种类、数目，乐之曲目、宫调、成数，舞之种类、成数皆有定制。

舆服。祭祀有皇帝亲行者，有皇后、太子行事者，有有司行事者。其车马、服饰、仪仗不仅依祭祀对象而有别，亦依行事者身份不同而有别。

此外，凡祭祀皆取水于阴鉴，取火于阳燧；凡皇帝有事于郊、庙及禘、祫大礼，皆陈列伐国宝物如河图之类于坛殿之庭；凡郊、庙行事之版位，皆黑质赤文，其大小各依行事者而有别，上题某官某品位。

至于具体祭祀之步骤，一般有省牲器、奏雅乐、奠玉帛（宗庙曰晨祼）、进熟（宗庙曰馈食）、燎瘗（祭祀所用之牲、币、祝版之类，祀天神所用者，礼讫积柴而焚之；祭地祇所用者，事毕掘地而埋之）。

吉礼之祭祀仪式名目繁多，等级各有不同，所需礼数必然各异，上述所列内容只是祭祀仪式的常节而已。

唐代吉礼祭祀的主要内容有：昊天上帝与五方帝、日月星辰与九宫贵神、风雨雷与司寒、百神与五龙、地祇与后土、社稷与先农先蚕、岳镇海渎与封禅、祖宗与玄元皇帝、七祀与高禖、先代帝王、文宣王与武成王。

唐代吉礼中最受重视的内容是祭天礼，“天者，百神之君，王者所由受命也。自古继统之主，必有郊配之义。盖以敬天命、报所受也”①。祭祀上天的礼仪形式形成极为久远，它是人类的自然崇拜的最高级别的重要体现，早在人类原始生活时期崇拜和祭祀上天的活动也就出现了，并且成为君主特权的祭祀。三代礼制，已有关于君主祭天礼仪的详细规定。春秋之后，天下动荡，诸侯争霸，天子祭天之礼也渐被废弃。直至天下一统，祭天之礼才被重新提及。然而，时随境迁，三代礼典之祭天礼的具体规制无法考究。隋朝祀天之制大抵是：冬至祀昊天上帝，孟夏雩祀五方帝，正月辛日祀感生帝灵威仰，季秋大享亦祀五方上帝。唐朝建立，治礼作乐，唐高祖武德初定制，祭天之礼除了改孟夏雩祀五方上帝为昊天上帝之外，其余大体因袭隋制。《开元礼》修成，乃定冬至、正月上辛、孟夏及季秋皆祀昊天上帝，而以五方帝从祀，又于立春、立夏、季夏之土王日、立秋、立冬等五时对五方帝进行分别祭祀。

---

① 张九龄：《请郊见上帝议》，见《全唐文》卷二九〇，影印本，北京，中华书局，1983。

唐代祭天礼仪的重点是祭祀昊天上帝。昊天上帝常祀之所有圜丘、雩坛及明堂，其中以明堂祭天之制最为引人注目。明堂之制，渊起久远，但是因为先秦典籍只有名称没有具体规制，所以自汉代以来，儒家各派一直持论不休，却从未形成定规，明堂祭天也多为礼文制度没有实际执行。隋代祭天也无明堂之制，至季秋大享，常寓于雩坛。唐贞观年间，国运昌隆，太宗李世民欲行明堂祭天之礼，但是在召集群臣论及其制度时，却各持己见，众说纷纭，根本无法解决明堂应当如何建造的实际问题。最后，尽管由魏征与颜师古为此次争论奠定了大致基调，但明堂制度的争论分歧并没有结束。后因辽东战事，太宗时期的明堂祭天计划未及施行。高宗李治时期，又诏大臣讨论明堂之制。总章二年，明堂之制才最终得以正式确定。而据现存文献记载，高宗时期所定的明堂规制，依据儒、道、阴阳及杂家诸家典籍与史传文献，仿效天地、四时、风气、五行、数象、职官之类，包括了由三代而至汉、晋以来所有的明堂理论，不仅极为复杂，而且颇难晓解。即使如此，争论并未平息，显然此次的明堂定制仍然没有形成统一的权威的理论。而此也正是高宗统治时期明堂没有建成的一个不可忽视的因素。及武则天临朝，不理群臣的争论，独与北门学士商定明堂计划。垂拱三年，毁东都洛阳的乾元殿，就其址而修建明堂。次年，明堂建成，高二百九十四尺，四面各三百尺。三层：下层象四时，各随方色；中层法十二辰，圆盖，盖上盘九龙捧之，上层法二十四气，亦圆盖，为鸑鷟、饰以黄金，势若飞翥。刻木为瓦，夹纻漆之。亭中有巨木十围，上下贯通，栭、栌、橕、欂、亘以铁索。堂下施铁渠，以为辟雍之象。号称“万象神宫”。尽管，学者对于武则天明堂制度是否符合三代古制等许多问题仍存在歧义，但是武氏体制的明堂建成，仍然是唐代礼制发展的重要成果。证圣元年，明堂后面的佛堂发生火灾，一夜之间，明堂化为灰烬，武则天下令重建。至天册万岁二年，新的明堂建成。其制度大体依旧，只是明堂屋顶上饰宝凤，俄又改为火珠，号“通天宫”。武周时期及中宗复位之初，季秋大享皆行之于明堂。这是唐代明堂祭天礼的真正施行。玄宗即位以后，着力恢复李氏正统体制，由此武氏明堂的存留也引起注意和争论。最终，唐玄宗下诏改明堂为乾元殿，而明堂祭天之礼依旧行之于圜丘。终唐之世，未曾再建明堂，而《开元礼》中所定季秋大享于明堂之礼，遂为虚文。

一般来说，孟夏祭天在雩坛，也称为雩祀，多有祈雨之意。唐代以前，雩坛坛址及其形制颇有变动。隋代雩坛在都城长安城南十三里启夏门外，高一丈，周一百二十尺。唐承隋制，有雩祀，但无雩坛建制。武德初年定制，雩祀行之于圜丘。及《开元礼》修成，亦定雩祀于圜丘，而明堂大享亦行之于此，于是圜丘成为昊天上帝唯一的常祀之所①。

唐代天神祭祀中，除了昊天上帝之外，还有五方上帝。自汉代以来，五方帝的祭祀历代沿袭，典制不一。而各礼家对五方上帝的争论也是各持一端。郑玄以为五方上帝分别为青帝灵威仰、赤帝赤熛怒、黄帝含枢纽、白帝白招拒、黑帝汁光纪，昊天上帝北辰星曜魄宝与五方上帝合成为六天。而另一个礼学名家王肃则认为惟有昊天上帝是天，但不是北辰，而五帝乃是太昊、炎帝、少昊、颛顼、黄帝五人帝，与天无关。二者各持已见，祭天之制受之影响也不时变易，但是二者理论的相同点是都承认了昊天上帝称天帝的尊号，而此也是昊天上帝地位日渐独尊的重要因素。隋代礼典中也存在五方帝的祭祀制度，其制大体沿袭郑玄的学说，以五帝为五方天帝。唐朝建制也明显采用此制。开元五年，玄宗正式下诏，修复五方帝的祭祀礼仪。及修撰《开元礼》，祀典中仍然保留了对五方帝的祭祀，并以“五时迎气”的方式，分季节祭于四郊，但其规制已大不如前。而昊天上帝与五方帝的地位尊卑在唐代也得到了最终的解释。武则天时期曾下令调整天、帝称号，认为天无二帝，帝是通名。以前诸派儒者，以五方帝亦称天，致使名实未当，尊卑相混。为求称号有别，尊卑有序，以后郊祀之礼，“唯昊天上帝称天，自余五帝皆称帝”②。自此，昊天上帝开始在称号上尊于五方帝。及德宗在位，又开始修改祭祀五方帝时诵读的祝文，其诏文中最重要的一句话就是：“自今已后，五方配帝祝文勿称臣。”③ 五方帝由天降为帝，祭祀之君主对其称臣改为不称臣，五方上帝的地位进一步被削弱，不仅成为昊天上帝的臣属，也降为君主的平等地位。昊天上帝与五方上帝之间关系的改变，说明唐人不仅理顺了诸神之间的关系，而且也理顺了被祭祀诸神

---

① 按《通典·礼》载，开元十五年，太常博士钱嘉会献议，请每年九月于南郊雩坛行季秋大享之礼，诏可之。以此观之，其间雩坛尚存，而雩祀及享礼亦曾行之于此，唯不详建于何时耳。

②《五帝皆称帝敕》，见《全唐文》卷九六，影印本，北京，中华书局，1983。

③《祀五方配帝不称臣诏》，见《全唐文》卷五一，影印本，北京，中华书局，1983。

与祭祀者之间的关系，这是唐代吉礼最重要的特征之一。而这也正是中国古代社会日益加强的君主专制统治以及君主专制之下不断形成的以礼乐制度为外在表象的尊卑有序的社会控制的反映。

天神与地祇之祭，都是古代礼典中祭祀礼仪的重要内容。因为祭天礼尤其是后代昊天上帝的祭祀多在圜丘与南郊，而圜丘也在南郊，所以祭天也多被称为南郊（或圜丘），与之相应，地祇的祭祀是在方丘或北郊（方丘也在北郊），因此一般也以北郊（或方丘）指代地祇的祭祀。然而，自周礼坏乱，地祇祭祀，久废不兴。汉武帝在位时，曾下令修订北郊之仪，但具体规制不得其详。其后历代也多不行此礼。郑玄学说认为，地祇之祭，其礼有二：一曰大地昆仑，是为皇地祇；二曰帝王封圻之内，是为神州地祇。隋朝时期，祭祀地祇不过粗具规制而已。唐代礼制，经过贞观、显庆、开元三个时期的调整，祭祀地祇的体制才逐步定型。其制大体遵循郑玄的说法，既有夏至祭祀皇地祇于方丘、又有孟冬祭祀神州地祇于北郊，而汾阴后土之祠，亦按时举行祭祀之仪式，但与南郊祭天的隆重礼数相比，地祇的祭祀已经明显无法引起专制君主的足够重视。唐代以前，天地分祭，各有礼数，虽时有合祭之说，但皆未能成行，然天地合祭的趋势却由此可见。直至唐天册万岁元年，武则天亲享南郊，开合祭天地之例。尽管《开元礼》中，仍规定了天地分祭的内容，祀天之礼，一岁有四；祭地之礼，一岁有二。但是合祭作为强调大唐王朝的神圣性与合法性的重要手段，对于日益崇尚神治的唐朝统治者来说，其巨大的吸引力是显而易见的。天宝元年，唐玄宗下诏令乾坤合祭，其后，凡是南郊之礼，皆为天地合祭，而北郊之祭，则纯为有司主持之事，不再由皇帝主持。天宝以后，文献中不再有皇帝亲自祭祀方丘的记载。

古代礼制中对自然神灵的崇拜祭祀，是原始人类征服自然的能力还不十分强大的时候产生的，社稷祭祀的出现正由于此。社稷祭祀是吉礼中仅次于天地祭祀的又一种重要的自然崇拜方式。后世以社为土地之神，而稷为谷物之神，但社稷祭祀出现之始并非就以此二者进行祭祀。社稷祭祀，秦汉前后变化较大。夏代社祭共工氏之子勾龙，殷周两代承袭其制；夏朝稷祭烈山氏之子柱，殷时改祭后稷，周因之。但是，自汉立大社大稷，又立官社官稷，社稷祭祀体制逐渐混乱。此后，社稷的祭祀对象也发生了变化，社祭后土，稷祭大稷，而勾龙与后稷也就因此下降为配享之神。唐初定制，仲春仲秋二时戊日祭大社大稷，社以勾龙配，稷以后稷配。社稷各用太牢一，牲用黑色，笾豆簠簋各二，铏俎各三。季冬蜡之明日，又祭社稷于社宫，如春秋二仲之礼。开元之后，仍按旧制。仲春、中秋上戊祭太社太稷，社坛在西京皇城含光门内道西，稷坛在社坛之西。其制广五丈，以五色土为之。社之神主用石，高五尺，方二尺（古尺），“剡其上，以象物生；方其下，以象地体；埋其半，以根在土中，而本末均也”①。社坛稷坛四面都有宫垣华饰，各依方色，面各一屋，三门，每门二十四戟，四隅皆连饰浮思，如宗庙之制，其中树槐。太社太稷神座设于坛上近北，南向。太社以后土配，神座在太社之后；太稷以后稷配，神座在太稷之左，俱东向。在唐初礼典中，社稷祭祀为中祀，可以是皇帝亲自主持也可以由有司摄事。祭祀的牲器：笾豆各十，簠簋各二，铏俎各三，太尊、著尊各二，山罍二②。若皇帝亲行此礼，要备大驾卤簿，服絺冕，乘玉辂。社稷祭祀的等级也有变易，天宝时期，玄宗下令升社稷之祭为大祀，而后复旧，穆宗时期又定为大祀。因为社稷祭祀与农业生活息息相关，因此在唐代，社稷祭祀并不如同天地祭祀只局限于皇权的控制之下，府州县各级地方都要建立各级社稷，在定日祭祀。

岳镇海渎的祭祀，由来已久，但其具体所指却随着中华民族活动范围的扩大而不断改变。唐代礼制，东岳泰山祭于兖州界，东镇沂山祭于沂州界，东海祭于莱州界，东渎大淮祭于唐州界；南岳衡山祭于衡州界，南镇会稽山祭于越州界，南海祭于广州界，南渎大江祭于益州界；中岳嵩山祭于河南府；西岳华山祭于华州界，西镇吴山祭于陇州界，西海及西渎大河祭于同州界；北岳恒山祭于定州界，北镇医无闾山祭于营州界，北海及北渎大济祭于河南府。唐代礼典规定，岳镇海渎的祭祀行于其庙，无庙则为坛于坎，广一丈，四向为陛。每年于五郊迎气之日行祭祀礼仪。在《开元礼》中岳镇海渎祭祀被定为中祀，由有司官员主持祭祀。祭器用笾豆各十，簠簋各二，俎三，尊六；牲用太牢；玉

---

① 韦叔夏：《社主制度议》，见《全唐文》卷一八九，影印本，北京，中华书局，1983。

② 社稷用罍，《大唐开元礼》云罍二，《大唐郊祀录》云山罍一，然下文又注云：周制用太罍，即瓦罍也。则知唐人不用太罍。疑有脱文。又《新唐书·礼乐志》云用太罍二、山罍一，而无太尊，疑太罍为太尊之误。今姑从《开元礼》。

《备骑出行图》 隋壁画

唐苏思勖墓甬道西壁壁画

唐章怀太子李贤墓壁画

《礼宾图》唐章怀太子李贤墓壁画

《客使图》唐章怀太子李贤墓壁画

《唐后行从图》

唐加彩文官俑

唐加彩武官俑

唐吹箫男侍壁画

唐三彩骑马吹箫俑

唐代彩绘舞俑

《宫乐图》
唐　佚名
描绘了后宫女眷品茗、吹乐、击板等欢乐悠闲的场景

以两圭有邸，币各依方色；乐以蕤宾为宫，三成。岳镇海渎的祭祀，只是古代社会地域山川崇拜的主要祭祀礼仪而已，此外，如遇旱灾，可随时祈于其方之山川，若祈而有应，则行报祀之礼。其余神山灵水，亦往往有祠行祭祀之礼。

山川祭祀礼仪中，封禅礼最为重要。但是，封禅礼仪在历代典籍中虽有其名，有关具体规制却极为粗略。秦汉以来，众儒者议论纷纷，各持己见，但最终也没能形成统一意见。因此，历朝君主若欲行封禅之礼，往往率意而为。唐朝贞观时期，国运昌平，在群臣的建议下，唐太宗欲行封禅泰山。诏文臣儒士详议其制度，又令秘书少监颜师古、谏议大夫朱子奢等与四方名儒博学之士进行讨论，参议得失。但结果愈加纷纭不定，难成定论。最后，房玄龄、魏征等人择而定之，并附其文于《贞观礼》，总算暂且定论。但是，直到高宗乾封元年，唐朝统治者才首次封禅泰山。后来，唐玄宗也到泰山封禅。封禅之礼不仅行于泰山，武则天天册万岁二年，完成了登封中岳之礼。天宝年间，玄宗也下令欲封禅中岳嵩山，并欲封西岳，后未能实行。由于封禅礼仪繁杂，耗费浩大，安史之乱以后，唐朝国势衰微，封禅大礼也就无暇顾及了。

吉礼中另一项最重要的内容是祭祖，这是君主由祭祀天地神祇而树立皇权神授的权威之外，借以塑造其人世间的尊贵权威的最重要手段。“七世之庙，可以观德”①。殷商两代建立七庙，周代礼制沿袭其制。后世诸代沿袭周礼，大体按此规制。不过，汉代以来，开国之君往往上世微浅，且无功德可称，故立国之初大都不能建足七庙之数。唐初，高祖尊奉先祖，立四亲庙，太宗时增修太庙，列三昭三穆于其中，而为六室。（及武则天建周，曾立武氏七庙于东都。）高宗时，太庙始为七室。玄宗时，增至九庙，遂为定制。唐代的祖宗享祭，在宗庙和陵寝。

唐制，太庙一岁五享：四孟月及蜡。春夏每室鸡彝、鸟彝各一，牺尊、象尊、山罍各二；秋冬、腊则斝彝、黄彝各一，牺尊、象尊、山罍各二。其牲用太牢，玉用瓒，笾豆各十二，簠簋各二，登铏俎各三。除了岁时祭祀之外，宗庙祭祀还有禘祫两种大祭。禘和祫也是三代既有的祭祀礼仪。祫以昭穆合食于太祖，而禘以审定其尊卑。唐代大体沿袭周礼，实行三年一祫、五年一禘的

① 《尚书·咸有一德》。

旧制。

除此之外，宗庙祭祀还有荐新、荐冰等。这些都是因时令而行的小型祭祀礼，由有司主持。贞观时期定礼制，此礼由太常卿及少卿主持，《开元礼》修订的时候因习未改。祭祀之时，并不出神主，但以新物如冬鱼、春酒及瓜果蔬菜米豆野味之类，献于太庙祖宗神座之前而已。

至于唐代太庙的建置制度，大致遵行《周礼》之左宗庙右社稷的规制。西京太庙在子城安上门内道东，东都太庙在皇城左掖门街道东。西京太庙宫垣四面各依方色，每面一屋，三门，每门各列二十四戟，华饰，连以浮思。其大小为宫之三分之一，近北面南。九庙皆为同殿异室，十九间，四柱，东西各有一夹室。前后三阶，东西各二阶。东都太庙之制，典籍中没有详细记载，推测其建制大体当如西京太庙。太庙祭祀的乐舞、卤簿、舆服制度时有变动。其礼仪，迎神用黄钟为宫，九变，文舞九成。皇帝亲自主持行礼，备大驾卤簿，服衮冕，乘玉辂；皇后亦备卤簿，服袆衣，乘重翟车。

唐代祖宗祭祀礼仪的施行，还有陵墓行礼的制度。古不墓祭，《周礼》中虽然有冢人祭墓之制，但是礼节简略。汉代以后，墓祭制度逐渐复杂。唐太宗即位之初，修订礼文，增加了皇帝拜陵、太常巡陵的礼仪规定，颁行天下。陵墓祭祀礼仪，皇祖以上至太祖陵，皆朔、望进食，元日、冬至、寒食、伏、腊、社日各一祭。皇考陵除上述诸祭外，每日进食。三年丧期完毕，就停止日祭。另外又有荐新之礼，其时鲜物凡五十六种，礼仪施行如宗庙之制。高宗之后，拜陵之制稍有变动，及《开元礼》修成，规定了皇帝拜陵、公卿巡陵的祭祀礼仪。但是玄宗天宝之后，就很少有皇帝亲自行拜陵之礼，大多由皇族或公卿代行。

李唐以道教教主为其始祖，因而道教成为唐代国教。也正因此，唐代的祭祀礼仪中也就出现了玄元皇帝的祭祀仪式。唐代老子庙建制，开始于开元二十九年，玄宗皇帝下诏两京及诸州皆建玄元皇帝庙①。天宝元年，又新置玄元皇帝庙于两京，改名为太上玄元皇帝宫。天宝二年，追尊玄元皇帝为大圣祖玄元皇帝。西京玄元皇帝庙改为太清宫，东都则改名太微宫，天下诸郡之老子庙统

---

① 玄元皇帝初置两京及诸州庙，诸书皆云开元二十九年，唯《册府元龟》既载于开元二十九年，又载于开元十年，今不取。

称紫极宫。自天宝元年开始，玄元皇帝被累加增谥，至天宝十三载，上尊号为大圣祖高上大道金阙玄元天皇大帝，并命有司于四孟月修荐献行香之礼，而且形成了太清宫先于太庙祭享的惯例。由于其荐献仪式参照太庙而杂以道教规程，从而成为唐代吉礼中带有宗教色彩的特殊的礼仪部分。

汉代以后，孔子尊崇历代沿革，直至唐初逐渐定制。唐代文宣王的祭祀始于高祖武德二年，其年六月高祖诏令于国子监立周公孔子庙，命有司四时致祭。同年，高祖亲自主持祭礼。九年，加封孔子后裔为褒圣侯。太宗贞观四年，又令州县学皆建孔子庙。而皇帝、太子往往亲执其礼于太学。高宗乾封元年，追赠孔子为太师。武则天时，又加封孔子为隆道公。及《开元礼》修成，正式规定皇帝与皇太子视学、皇太子释奠之仪。其释奠之礼行于太学孔庙，颜回等配祀、从祀凡九十四座。其礼器为笾豆各十，簠簋各二，登铏俎各三，牺尊、象尊、山罍各二；牲用太牢；币以白色。乐以姑洗为宫，三成；文舞三成。皇太子备卤簿，服远游冠，乘轺车。礼成，遂行讲学。开元二十七年，玄宗下诏，赠封孔子为文宣王，改孔庙中孔子塑像服衮冕。这是汉代以来孔子获得的最高封号。安史之乱后，朝廷势微，官学日衰，释奠之礼已很少举行。

宾礼讲究的是宾主礼仪，其主要内容是待客。宾礼盛于三代，《通典・礼・宾》云："自古至周，天下封建，故盛朝聘之礼，重宾主之仪。天子诸侯卿大夫士，礼数服章，皆降杀以两。"直至秦始皇荡平天下，宇内一家，天子诸侯之礼演变为君臣礼仪，君强臣弱，君尊臣卑，宾礼由是而衰。在唐代五礼中，宾礼的分量最轻。《开元礼》中宾礼的篇幅虽然比《贞观礼》与《显庆礼》有所增加，也只不过二卷六篇而已。如果与周代相比，唐代宾礼的删减幅度是相当大的。需要指出的是，古宾礼中被删减的部分并未全部废弃，而是随着君臣关系的演变转化为朝仪，成为后来嘉礼中的内容。到了唐代，宾礼适用的范围，止限于周边少数民族政权、毗邻诸国及二王三恪而已。

蕃主来朝或其使者来聘，皇帝要先派人至馆驿接见慰问，行迎劳之礼。若皇帝亲自接见蕃主，则称为奉见，若接见蕃使，则称为受表币。唐制，在皇帝亲自接见之前，需要先期通知蕃主或蕃使接见日期，要行戒见日之礼。奉见礼在太极殿举行，皇帝御座在北壁，南向；蕃主座在西南，东向。殿庭上下及两厢衙仗齐备。皇帝服通天冠、绛纱袍；蕃主服其国服。皇帝进入之际，乐工奏太和之乐；蕃主进入，则奏舒和之乐。奉辞礼也相同。皇帝受蕃使表币之礼也在太极殿举行。御座在北壁，南向；蕃使无座，北向立。若次蕃大使或大蕃中使以下，则减其礼数：不设乐悬，并去其黄麾仗。皇帝服通天冠、绛纱袍；蕃使服其国服。中书侍郎率持案者受书，回奏皇帝，有司则率其属吏受币于庭。

二王三恪，出自上古，史称虞舜以尧子丹朱为宾，曰虞宾，而不臣之。夏禹封丹朱于唐，舜子商均于虞，皆有疆土，以奉先祀，服其服，礼乐如之。以客礼，不臣也。周武王克商，而封夏后于杞、殷后于宋，皆爵公，封舜后于陈，以备三恪①。二王三恪之制，历代承袭，究其实质不过是在大型礼仪场合中以备宾客之位，示敬于前代而已。而王朝承继之意正在于此。

但是，有关二王三恪的具体制度却历代说法不一，一种观点认为当二王之前，更立三代之后为三恪。此据《乐记》记载：武王克商，未及下车，封黄帝、尧、舜之后。及下车，封夏、殷之后，通已用六代之乐。第二种观点认为，二王之前，但立一代，通二王为三恪。此据《左传》，但云封胡公以备三恪。明王者所敬先王有二，更封一代，以备三恪。存三恪者，所敬之道不过于三，以通三正。第三种观点认为，二王之后为一恪，妻之父母为二恪，夷狄之君为三恪。此据王有不臣者三而言之②。由于二王三恪在经典中没有定制，因此历代所封，不过三代。

唐代二王三恪之制，始于唐初。唐武德元年，高祖李渊诏以莒之酅邑奉隋恭帝为酅公，行隋朝正朔，车旗服色，仍依旧章。后又立北周后裔为介国公，共为二王后。高宗永淳元年，下诏以周、汉之后为二王，封舜、禹、汤之后裔为三恪。至中宗复位，仍依武德旧制。玄宗时期二王三恪屡有变更，最后诏准后魏、北周、隋之后乃依旧为三恪及二王后。其后相承直至唐亡。

军礼在唐代五礼中的篇幅不大，但内容却稍嫌庞杂。“国之大事，在祀与戎”，由于上古军事活动的神秘色彩极为浓郁，中国古代军事活动与祭祀活动关系一向十分密切，因此军礼中实际上包含了许多吉礼方面的成分。但是，随

①②《礼·宾》，见杜佑：《通典》卷七四，影印本，北京，中华书局，1984。

着中国古代社会的发展，上古战争的神秘色彩的日渐淡化，战争渐渐讲究速度与力量，也使军礼中的许多祭祀活动渐渐流于形式。唐代军礼的基本格局与前代相比，并无大的变化。其主要内容有：亲征与巡狩、命将出征、宣露布、劳军将、献俘与饮至、讲武与田狩、大射与观射、祭马祖先牧马社马步、合朔伐鼓、傩。

亲征之礼。唐《开元礼》所定皇帝亲征之礼，包括纂严、类于上帝、宜于太社、造于太庙、軷于国门、告于所过山川、祃于所征之地、解严。纂严之礼行于太极殿，皇帝服武弁，仪卫如常，受从官百僚拜礼。这是战争的开始。及战争结束，又有解严之礼，皇帝服通天冠、绛纱袍，受群臣再拜。

与皇帝亲征相对应的是命将出征。由于秦汉以后，皇帝极少亲征，多由将领带军出征，所以历代皆重命将出征之礼。唐制，命将出征，其礼仿天子亲征而略简，仅仅包括有司宜于太社、有司告于太庙以及有司告于齐太公庙三项内容而已。

出师凯旋，有献俘之礼。三代之时，其事往往行之于庠序学校，汉代以后，则献俘于宗庙、太社。唐朝初期，献俘礼的施行沿袭旧规，先献于宗庙后献于太社。高宗时候开始，先献俘于陵所，后至宗庙、太社。玄宗时期，尊崇老子，又先献俘于太清宫。其例一直持续到宪宗时期，才恢复了旧制。至于其具体礼仪，据《开元礼》所记载：献庙之礼，陈俘馘于南门之外，北面，以西为上，其细节大体与皇帝亲征告于太庙相同。由此看来，献俘于陵所及献俘太清宫，也大体不会超过这一范围。

合朔伐鼓，是古代社会在发生日蚀时举行的一种带有神秘军事色彩的礼仪活动。合朔，日蚀也；伐鼓，责阴助阳以救之也。史载其事最早始于夏代，后世历代虽有沿袭，但废置变动无常。唐初，《贞观礼》复列其为礼仪，《显庆礼》《开元礼》皆因之。唐制，合朔伐鼓：日蚀前二刻，鼓吹令率工人以方色执麾旒，分置于太社之四门屋，设龙蛇鼓；队正一人执刀率卫士五人执五兵立于鼓外；郊社令立穳于社坛四隅；太史令立于社坛北，向日观变。日有变，史官曰："祥有变"。工人举麾，龙鼓发声。史官曰："止"，乃止。日蚀发生的当日，皇帝要素服，避正殿，百官停止办公，自府史以上，皆素服于厅前向日而立，直至日蚀过后才罢。德宗以后，合朔伐鼓之礼渐废，唯行皇帝素服避正殿之礼而已。

傩，逐疫也，是原始巫术的一种制度化，其事开始于《周礼》，后世效行。傩礼举行于季春、仲秋、季冬，而季冬所行之礼仪最为隆重，称为大傩。《开元礼》中规定：选十二岁以上十六岁以下的少年为侲子，著假面具，二十四人为一队；执事十二人；工人二十二人，其中一人为方相氏，一人为唱帅，皆著假面；鼓手与角手各十人，合为一队；巫师二人。每门预备雄鸡及酒，拟于宫城正门、皇城诸门磔攘、设祭。其日，寺伯引傩者至左右上阁，鼓噪以进。方相氏唱，侲子和，呼讫，鼓噪而出，分至诸城门，出城郭乃止，遂磔牲酌酒而祭祀。

嘉礼是唐代五礼中内容最复杂的部分，实际上它容纳了其他诸礼所无法容纳的全部内容。而唐代嘉礼也是反映社会等级差别最集中的部分，君臣关系、僚属关系、统治者与被统治者之间的关系，都可以从这里得到反映。

唐代嘉礼的主要内容是：冠、婚、朝参与朝贺、册命与初上、读时令、宣赦与宣抚、养老与乡饮酒。

冠礼，成人礼也。古代男子年二十即行冠礼，是为成人的标志。其礼始自上古，后世历代传承，至唐，由皇帝到庶民，均有严格的冠礼仪规。相对而言，皇帝冠礼称为加元服，其礼仪程序也最为繁琐，其中包括卜日、告圜丘、告宗庙、临轩行事等十几项内容。太子冠礼也称为加元服，其实行仪规也有具体规定。其余皇族之子及百官之子礼数较简。实际上，无论皇帝、太子或皇族、百官、庶民之子，其冠礼均以加冠为中心，余则往往与身份有关。与之相关，其陈设用具礼有等差，冠之类别也极有差别，皇帝、太子、皇子及一品官之子用衮冕，二品至五品官之子，分别用鷩冕、毳冕、絺冕、玄冕，而六品官以下之子则用爵弁。除了政治等级之外，冠礼还有嫡庶子礼数不同的差别。有唐一代，皇帝冠礼未曾举行。玄宗时期甚至一度废除皇太子加元服之礼。但《开元礼》中仍然以其列入其中。

婚礼，人伦之本也，历代重之。隋唐时期的婚礼仪式，承袭古之“六礼”。即：纳采、问名、纳吉、纳征、请期与亲迎。上起天子下到庶民，无不按此“六礼”，举行婚礼。只是尊卑、贫富不同，等级排场相异而已。唐代礼典中规定的婚礼等级有皇帝纳后、皇太子纳妃、皇子纳妃以及百官婚礼之别。另外还具体规定了公主降嫁之礼。

与冠礼相似，实际上，唐代婚礼的基本内容与前代相比并无大的变化，皇族婚礼多于官吏与庶民婚礼的内容并非婚礼的主干，其作用无非是强调身份的不同而已。当然这种身份的等级差别还表现在聘礼、服饰、食馔以及使用器皿等诸多方面。

除了冠、婚这两类重要的内容之外，唐代嘉礼还包括朝仪。朝仪起自宾礼。三代之时，封建分国，君主专制尚未达到无孔不入的程度，所以，尽管已经出现了"溥天之下，莫非王土；率土之滨，莫非王臣"① 的说法，但是君臣之间往往待以宾主之礼，而后世所制朝仪也多依据或采用周之宾礼也。自秦始，宇内一家，由封建而郡县，由中央集权而君主集权，君尊臣卑，君臣之间的等级界限逐渐严格，与此同时，朝廷礼仪也不断细密。叔孙通所定汉家朝仪，经后世各朝沿革，至隋朝时期已经相当完善。及唐人审定礼仪，又有增益，尤其是舆服仪卫鼓吹之属，声容文采，更显慎重、尊严、恭肃。

朝仪的基本内容就是朝参与朝贺。唐制：诸在京文武职事官九品以上，朔望日朝。其文武百官五品以上及监察御史、员外郎、太常博士，每日朝参。文武官五品以上，仍每月五日、十一日、二十一日、二十五日参。三品以上，九日、十九日、二十九日又参。弘文馆、崇文馆及国子监学生每季参。

朝参班序，文官有一品班、二品班直至五品班的等级；武官也有诸如一品到五品的班别。

朝参之日，文武百官在通乾、观象门外序班，文官在先、武官在后。至宣政门，文官由东门入，武官由西门入，至阁门亦如此。退朝时，并从宣政门而出。

行朝参之礼，皇帝着弁服、绛纱衣，百官各服其官服；皇帝若御翼善冠，百官则皆服袴褶。前者仪仗用乐如常；后者去警跸，不设乐。

除了在京文武职事官定期朝参之外，还有地方州府官员的觐见。唐制，若诸州、府朝集使入京，既要朔望及大朝会依式参贺外，还要每年一度引见。其

---

①《诗·小雅·北山》。

礼举行于皇帝常御之殿，衙仗及御座如常仪，皇帝服常服，朝集使各服其服。引见礼毕，三品以上引升殿赐食，四品以下于廊下赐食。奉辞礼亦同。

朝参之外，还有朝贺，唐代于元正与冬至两日举行朝贺之礼。唐代朝贺之礼包括皇帝与皇后受皇太子朝贺、皇帝与皇后受皇太子妃朝贺、皇帝与皇后受群臣朝贺、皇后受外命妇朝贺诸项礼仪。玄宗时，以其诞日为千秋节，亦受群臣朝贺。

开元之前，皇帝受朝贺之礼一般行于太极殿。《开元礼》修成以后，也沿用此例。但自开元七年以后，朝贺礼实际上常在大明宫含元殿举行。至于皇后受朝贺之礼，则行于后宫正殿。

皇帝受太子及群臣朝贺之时，衙仗齐备，设宫悬三十六虡，皇帝服衮冕或通天冠，太子服远游冠，群臣各服其服。皇帝入，撞黄钟之钟，奏太和之乐。皇后受太子、群臣及外命妇朝贺之时，备仪仗，设宫悬二十四虡，皇后服袆衣，太子服远游冠，命妇、群臣各服其服。皇后入，奏正和之乐。至于皇帝与皇后受皇太子妃朝贺，既无衙仗，也不奏乐，太子妃服褕衣。此外，皇帝受群臣朝贺及皇后受外命妇朝贺皆有宴会。

唐代嘉礼中还有关于举行养老礼与乡饮酒礼的规定，究其本义，皆用以正风俗。此两者渊源久远，但仪制变化不大。

唐代以五品以上致仕者为国老，六品以下致仕者为庶老。仲秋之月，择吉日，皇帝备小驾卤簿，服通天冠、绛纱袍，亲行养老之礼于太学。礼毕，论五孝六顺之典训，史官录其善言善行。

乡饮酒礼在每年十二月举行。开元之前，朝廷曾数次下诏敦行此礼，然效果不佳。只是在贡举之时略用其仪而已。《开元礼》修成，遂沿为故事。其礼仪规制，贡人中有明经进士出身兼德行孝悌旌表门闾之人，以刺史为主人。若无此，则判司摄行其事。以乡之贤者为宾介。酬饮毕，进歌与乐。

与乡饮酒礼相近者，还有正齿位。其仪式大体如乡饮酒。县令为主人，选乡中老人年六十以上有德望者一人为宾，次一人为介，又其次为三宾，又其次为众宾。年六十者设三豆，七十者设四豆，八十者五豆，九十者及主人皆六豆。酬饮毕，戒之以忠孝之本。

朝廷不断申令养老礼与乡饮酒之类的礼仪的举行，不过是试图形成上行下仿之功效，以规正社会风俗而已。而此在历代的礼典中均有体现。

凶礼主要包括丧葬以及与之相关的内容，同时还有一些赈济方面的活动。在唐代五礼中，凶礼的实际地位并非像《开元礼》所排列的那样处在最后，事实上，凶礼在整个唐代社会中所受到的重视程度是仅次于吉礼的。与吉礼和嘉礼不同，凶礼所反映的问题，更多地集中于宗法关系。因此，从某种程度上来说，凶礼是五礼中最能表现早期礼制的基本特征的部分。

唐代凶礼的主要内容：丧葬、谥法、服纪、凶年振抚、劳问疾苦。

丧葬礼仪主要包括：初终、复、设床、奠、沐浴、袭、含、铭明旌、重、小敛、大敛、庐次、成服、卜宅兆、卜葬日、葬、卒哭、小祥、大祥、禫、祔庙。唐代丧葬礼仪的基本内容与前代相比并没有显著的变化，但是在唐代出现的有关丧葬礼仪的一些相关规定则是我们应该注意的。

唐代辍朝之礼，行于王公及一品至三品以上官员。唐初，闻丧之日即行辍朝之礼，后来逐渐延至数日以后施行，并形成定规。文宗时期，太常卿崔龟从提出应该恢复闻凶讯之日辍朝的奏请，中书门下上奏表示赞同，其事遂定。其后，中书门下又提出扩大辍朝范围的请求，“其留守节察防御经略等使及京辅刺史并请各据所兼宪官为例”①。此例一开，辍朝之礼日轻，滥施之势不可遏止。大和九年，文宗甚至又下诏丞郎卒，亦依照诸司三品官之例罢朝一日。

唐代官员丧葬，铭旌也有等级，三品以上官员的铭旌长九尺，五品以上官员的长八尺，六品以下官员的长七尺，皆书写某官封姓名之柩的字样。另外，唐代官员丧葬礼仪中还包括了有司护丧与给卤簿的规定。凡诏丧，一品高官由鸿胪卿护其丧事，二品官员则由鸿胪少卿负责，三品官员则由鸿胪寺丞护葬其事。四品以上的职事官、二品以上的散官以及在京任职的五品以上的职事官的丧葬，朝廷皆给卤簿。旧制，妇人无鼓吹。武德六年，平阳公主葬，太祖下诏加前后鼓吹。礼官上疏反对。高祖曰：“鼓吹是军乐也。往者，公主于司竹举兵，以应义军，既常为将，执金鼓，有克定功。是以周之文母，列于十乱。公主功参佐命，非常妇人之匹也，何得无鼓吹？宜特加之，以旌殊绩”②。由是

① 中书门下《覆辍朝例奏》，见《全唐文》卷九六五，影印本，北京，中华书局，1983。

②《葬》，见王溥：《唐会要》卷三八，北京，中华书局，1955。

开了妇人给卤簿的先例。至中宗时期，韦后专权，急于提高权威，也着手于礼仪制度，于是上言，要求自妃、主及五品以上母、妻，并不因夫、子封者，婚葬之日，特给鼓吹。这一提议也遭到左台侍御史唐绍的反对。直到睿宗平韦氏之乱，才重新审订卤簿仪制，除散官封至一品、职事官正员三品并驸马都尉以外，其卤簿一切权停。

唐代礼典中规定了送终明器的等级。但是风俗所尚，丧葬礼仪竞相奢侈，也是再所难免。开元二十九年，玄宗下诏减省丧葬奢靡之风，明令官员三品以上者明器由九十件减至七十件；五品以上者由原来的七十件减至四十件；九品以上由原来的四十件减至二十件；庶人先无定制，但是限制在十五件以内。其明器皆以素瓦为之，不得用木及金、银、铜、锡；其衣不得用罗锦绣画；其下帐不得有珍禽奇兽、鱼龙化生；其輀车不得用金银花、结彩为龙凤及垂流苏、画云气。即使别有优敕，也只许于本品数内十分加三，而不得别为华饰。此诏虽下，然厚葬成俗已久，很难变易。天宝以后，时局动荡，朝廷制度改易不定，实际效力也日渐减弱。虽然后世诸朝再三调整纠正，然厚葬为时尚所至，势不可挡，朝廷诏敕也成空文。值得注意的是，细观诸次调整的内容，限制在逐步放宽，其中未变更者，不过等级规定而已。

古代礼典《周礼》中还有专门的关于皇帝丧葬礼仪的规定，但是在唐代初期议定五礼次第，迁凶礼于第五的时候，李义府与许敬宗认为皇帝凶丧礼仪不宜由臣子所议论，遂删去礼典中《国卹》一篇，从此天子凶礼再无典籍可考。其后，凡遇皇帝丧葬之事，均临时采掇附比以从事。丧葬之后，也都讳而不言，因此，诸代皇帝的具体丧葬礼仪不可详查。《通典》中所记载的《元陵仪注》记述了代宗的丧葬仪式，《顺宗实录》中记述了顺宗的丧葬仪式，虽然具体细节无法考证，但依然使我们对唐代皇帝的丧葬仪式有了一个基本的了解。

唐代丧葬礼仪的内容还包括陵墓制度。唐初，高祖崩，群臣商定陵庙制度，初定山陵制度。至太宗崩，因九峻山山峰为坟，遂为故事。百官庶人的墓制也有详细的等级规定，除了茔地依照官员品级有严格的限制之外，墓前石碑的高度以及所用石人、石兽的数量也有规定。

谥号开始于周，至周公定礼，谥法也成为凶礼的重要内容。唐代以前，谥号一般只有一字，多者，也只二字而已。唐代以太常博士掌拟谥，凡王公以下，皆根据其功德而为之褒贬。无爵者称子，无官者称先生，小行则小名，大行则大名。赠谥之礼，行于柩前。唐人拟谥，崇尚多字，此风成于玄宗时期。唐初，谥号还不十分繁琐，帝王谥法亦如此。高祖李渊谥曰“大武皇帝”，太宗李世民谥曰“文皇帝”，高宗李治、中宗李显的谥号也都不过二字。及睿宗李旦卒，谥曰“大圣玄真皇帝”，唐代帝王谥号开始复杂化。至玄宗李隆基卒，谥曰“至道大圣大明孝皇帝”，谥号猛增至七个字。肃宗李亨卒，谥曰“文明武德大圣大宣孝皇帝”，又加二字，成为唐代诸帝初谥之最。

唐代帝王初谥之外，又有追谥。高宗时开始为父祖加谥，追尊高祖为“高祖神尧皇帝”，太宗为“太宗文武圣皇帝”。此例一开，后世诸帝效法，追谥之文也日渐繁琐。玄宗时，追谥高祖为“高祖神尧大圣皇帝”，后来又加号为“高祖神尧大圣大光孝皇帝”，太宗、高宗之谥号也屡经追加。唐代诸帝追谥之号最长的是宣宗，号为“宣宗玄圣至明成武献文睿智章仁神聪懿道大孝皇帝”，首尾共二十余字，几乎罗列了所有的溢美之辞。追谥之举，与古礼不合，因此也受到朝臣的反对。代宗时，颜真卿就曾上言指出诸帝谥号冗长之弊病，其议虽然颇受赞同，然而终不得遵行。事实上，颜真卿之议不得实行，唐人崇尚繁缛风气是最关键的障碍。类似的情况也出现在大臣拟谥号的时候，其激烈程度并不亚于前者，而所争的也只不过一字或二字而已。值得注意的是，大臣拟谥时趋于浮华的现象也日渐明显，除非大恶之人，一般都得美谥。谥法惩恶扬善之本旨，由此不得彰显。

唐代的五服制度，在太宗以前大体沿袭旧规。但是，在唐代逐渐完成的中国古代社会结构由家族向家庭的转变过程，使集中反映宗法制度的凶礼尤其是凶礼中的服纪制度的变化势在必行。贞观十四年，太宗对礼官说：“同爨尚有缌麻之恩，而嫂叔无服。又舅之与姨，亲疏相似，而服纪有殊，理未为得，宜集学者详议。余有亲重而服轻者，亦附奏闻。”① 唐太宗此话，表明了其修改服纪制度的意向。于是，秘书监颜师古献议，赞同太宗的意见，正式提出叔嫂、姨舅诸服的调整方案。遂由礼官议定：按曾祖父母旧服齐衰三月，今加为齐衰五月；嫡子妇旧服大功，今加为期；众子妇旧服小功，今与兄弟子妇同为

① 《服纪上》，见王溥：《唐会要》卷三七，北京，中华书局，1955。

大功九月；嫂叔旧无服，今服小功五月；其弟妻以夫兄亦小功五月；舅旧服缌麻，今加与从母同服小功五月①。贞观时期的针对妻族与母族的服纪制度的调整是唐代服纪制度调整的开始。其后，修礼官长孙无忌又上奏请求恢复古制曰："庶母，古礼缌麻，新礼无服。谨按庶母之子，即是己之昆季，昆季为之杖期，而己与之无服。同气之内，吉凶顿殊，求之礼情，深非至理。今请依典故，为服缌麻。"② 唐代对诸母服纪制度的调整由此开端。由长孙无忌的奏文中，我们可知，贞观时期所定的新礼中删除了庶母缌麻之古制，显庆中进行的服纪调整，不过是恢复旧制而已。然而，诸母服纪的调整并非仅仅是恢复古制。古制，父在为母止服一年。上元元年，皇后武则天上表，开始对父在为母服期之制提出异议，请求父在为母服丧三年。高宗下诏依行。按父在为母服期之制，其立足点在父尊于母。而武则天所言，虽然是唐代母服制度调整的继续，但是古礼的影响仍旧存在。尽管高宗勉强听从其意见，但是朝中论议却不能统一，直至垂拱年间，为母服丧三年之制才始编入格。至于开元五年，仍有大臣上疏，认为其事有紊彝典，请仍依照古礼为定。于是，玄宗下令对贞观以来的所改服纪制度进行重议。朝中大臣的意见明显分成两派：全力支持和维护贞观尤其是上元以来的服纪制度；反对这些新定制度。反对意见的主要倡议人是左补阙卢履冰，他上言指斥父在为母服丧三年乃武后乱制，不仅违背了"国无二君，家无二尊"的原则，而且也可能再次出现"妇夺夫政之败"③，因此，认为依古礼为当。由于提出了武则天乱制坏礼之说，以卢履冰为代表的反对意见似乎更具有说服力。开元七年，朝廷下诏服纪制度一依古制。然而，开元二十年，中书令萧嵩与学士等修改五礼之际，又议论请依照上元元年所定的父在为母齐衰三年之制为定。及《开元礼》颁行，终使贞观以来所定新制得以保留。

开元二十三年，玄宗又敕令礼官学士对服纪制度的不通之处再加修订。太常卿重提调整母族服纪制度之事，朝臣中又开始了激烈的争论，反对者更是重提卢履冰的意见，以为："贞观修礼，时改旧章，渐广渭阳之恩，不尊洙泗之

---

①《礼乐》，见《贞观政要》卷七，上海古籍出版社，1978。

②《服纪上》，见王溥：《唐会要》卷三七，北京，中华书局，1955。

③ 卢履冰：《再请父在为母服期疏》，见《全唐文》卷三三五，影印本，北京，中华书局，1983。

典”，致使“弘道之后、唐隆之间，国命再移于外族”。由于作为皇帝的玄宗明确支持贞观以来的服纪调整，此次争论的结果也就可想而知了。由此，诸母族所加之服，遂为定例。其后，又定诸母皆服三年之制。神龙元年，皇后韦后曾上表请天下士庶出母终者制服三年。后时局渐乱，此说终不得遵行。至天宝六年，玄宗下令申行此礼，而凡有母名者皆服三年。

凶礼中还规定了诸臣与庶民为皇帝所制之服，本服周者凡二朝哭而止；本服大功者，晡哭而止；本服小功以下，一举哀而止。皇帝三日听政，二十七日释服。这是玄宗以后的制度。太宗时，曾遗诏三十六日释服。概而言之，皆以日代月也。其余皇族之丧如皇后、太子等皆如是。

唐代凶礼中还包括凶年振抚的内容。唐制，凡四方及蕃夷有水旱蝗诸类灾害，皇帝当派使者持节至于其地，宣制振抚。使者南面，地方长官或蕃国主北面，再拜，遂授制书。

二、唐代礼制的社会文化意义

唐代不仅是礼制在制度规定上空前完善的时期，而且是礼制在更深、更广的层面上对政治、社会与文化产生影响的时期。

历朝历代的制礼作乐，其终极目的都在于政治。正如唐太宗所说：“揖让而天下治者，其惟礼乐乎?”① 礼的政治作用，即“安上治民”，在唐代不仅没有减弱，而且从新的角度得到了加强。唐代礼制对君主专制的确立和中国古代官僚政治日渐完善产生了巨大的影响。

礼制作为社会制度，不仅可以对社会施加影响，而且可以直接反映社会的变化。唐代丧礼中有关服纪制度的调整可以说集中地反映了当时社会关系的变化及其特征。唐代礼制之所以能够对政治产生作用，根本原因在于个体家庭的逐步普及，以血缘关系为特征、以父子关系为核心的旧式宗法关系向以政治关系为特征、以君臣关系为核心的宗法关系转化。与此同时，由于礼制与法制的合流，礼制对社会生活的干预能力也在日益加强。

---

①《颁示礼乐诏》，见《全唐文》卷六，影印本，北京，中华书局，1983。

礼乐制度是华夏文明的最重要的代表制度，不仅对社会的影响十分深远，而且集中反映了中华民族的民族精神。就唐代来说，礼乐制度作为中原文化精髓不仅在与民俗的相互渗透中不断丰富自己，使其更具有文化代表性，而且从社会文化心理的角度促进了国内各地区、各民族之间的文化认同，对中国古代文化大一统局面的形成和发展产生了深远的影响，对周边国家认识并吸收中国文化也起到了重要作用。

（一）大小传统的渗透

中国古代社会的文化传统并不像政治体制那样体现出高度的一元性。唐代及唐代以前，情况尤其如此。这种情况的存在，既源于社会文化的复杂性，也在于那一时期朝廷对社会的控制能力还不足以深入到每一个层面。而在唐代，由于对外交流的广泛，对周边少数民族及异国文化因素的吸收更增加了问题的难度。尽管这种交流与吸收不曾使中国传统文化发生本质性的变化，但已足够引起我们的重视。

虽然中国古代社会中上下层之间并不像中世纪的西欧那样存在严格的界限，但是，受过正统教育的士大夫阶层与绝大多数没有文化的农民之间显然有着巨大的差别。朝廷认可的礼仪制度即所谓的大传统与普通民众遵从的风俗习惯即所谓的小传统并不一致，而大小传统之间的冲突正是唐代礼制发展过程中重要的方面。

大小传统之间的对立的集中表现是礼制与习俗的对立，而鬼神信仰的差异正是礼与俗对立的重要方面。“君子以为文，百姓以为神”。以儒家思想为基调的士大夫阶层的意识形态中虽然承认鬼神的存在，但并不过分崇信。敬神如神在，士大夫之敬神，其本心仅在于“诚意不可不尽”而已①。因为在儒家传统思想中，“天下不可以力胜，神祇不可以亲恃”② 已经成为阐释神祇信仰的一项原则。也正是由此出发，以礼仪制度做为其标榜行事准则的士大夫阶层与笃信鬼神淫祀民俗的百姓是格格不入的。士大夫们鄙视、远离民俗之际，也极力排斥鬼神笃信之俗进入上层社会。随着礼与俗的对立冲突的发展，这种争论屡

---

① 吕温：《祭说》，见《全唐文》卷六三〇，影印本，北京，中华书局，1983。

②《纳谏》，见《贞观政要》卷二，上海古籍出版社，1978。

见不鲜。中宗宠幸方伎之士，秘书监李邕谏曰："术可致长生，则爽鸠氏且因之永有天下，非陛下乃今可得；能致神人邪，秦汉且因之永有天下，非陛下乃今可得；能致佛法邪，梁武帝且因之永有天下，非陛下乃今可得；能鬼道邪，墨翟、干宝且各献其主，永有天下，非陛下乃今可得。自古尧舜称圣者，臣观所以行，皆在人事，敦睦九族，平章百姓，不闻以鬼神道治天下。"① 虽然在五礼中，以祭祀为主的吉礼占据了最重要的位置，但是其"敬鬼神之礼，有祷祠祭祀，皆所以立不刊之典，而教人孝悌，非谓能为祸福而求益"②。礼典中祭祀之本义显然是区别于民间祭祀鬼神的意图的。

士大夫的这种态度自然有利于大传统的发展与延续。但是，礼制可以影响社会，同时也不得不接受社会习俗的影响。在唐代以前，中原礼制一直在中央政权的推动下，进行着影响民俗的努力，这是随着政治控制力的加强而逐步进行的。统治者通过推广礼制，确实收到了一定的移风易俗的效果，但同时也不得不承认"礼义不能兴行，风俗未能齐一"③，"闾里之中，罕知礼教"的社会现实④。事实上，唐代礼制在推广过程中所面临的问题不仅在于此，更在于一些原本不登大雅之堂的民间习俗逐渐渗入礼制，并获得了大传统的正式承认。

我们在现存唐代文献中可以见到大量的有关巫祝杂占、阴阳卜筮、谶纬图历、天象灾祥之类影响官方礼制的实例，由此引发的争论史不绝书，而朝廷为禁止此类现象所颁布的诏敕更是不胜枚举。据《册府元龟·帝王部》记载，仅玄宗开元年间就曾在开元二年、开元十四年以及开元二十七年，三次下诏敕禁绝左道民俗"诳惑士庶"。代宗大历二年所发诏敕中还详细规定了奖惩办法，并对官吏的职责进行了严格的要求，"其州府长吏县令本判官等，不等捉搦，委本道使具名弹奏，当科贬黜。两京委御史台切加访察，闻奏准前处分"⑤。但是，在我们关注朝廷对民俗的禁绝的同时，我们还应该注意到另外一个现象，即这些诏敕之中在两个方面有所保留：其一，对合于礼者如民间婚礼丧葬必需者予以保留；其二，对官方行为予以保留。前者告诉我们，民间习俗与官

①《李邕传》，见《新唐书》卷二〇二，北京，中华书局，1975。

② 李蹊：《敬鬼神议》，见《全唐文》卷八〇三，影印本，北京，中华书局，1983。

③《谏诤部·规谏九》，见《册府元龟》卷五三二，北京，中华书局，1982。

④《郑神佐女传》，见《旧唐书》卷一九三，北京，中华书局，1975。

⑤《帝王部·发号令三》，见《册府元龟》卷六四，北京，中华书局，1982。

方礼制之间并没有严格的界限；后者则使我们认识到，在朝廷行用的巫祝杂占、阴阳卜筮、谶纬图历、天象灾祥之类既不禁绝，便不能不对民间产生影响。这些现象没有被禁绝，只是被限制在一定的范围之内。其根本原因在于，上述现象实际上正是礼制的源泉之一，在一定程度上更是礼制延伸出来的一个部分。

唐代礼制与习俗之间的冲突与渗透，确切地说，习俗得以进入朝廷影响礼制的一个重要的途径是通过官僚尤其是礼官的推崇来实现的。而作为传统礼制代表的礼官竟然也以俗入礼，这恰恰证明了礼与俗之间的密切联系。玄宗推崇老子，好神仙事，广修祠祭，靡神不祈。少习礼学的王玙“专以祠解中帝意，有所禳祓，大抵类巫觋”①，被擢迁为太常博士，而汉代以来丧葬时用纸钱的民俗也因王玙而进入朝廷。肃宗立，王玙又以祠祷见宠，累迁太常卿，后以中书侍郎同中书门下平章事，位列宰相。史书记载：王玙托鬼神致位将相，当时以左道进者纷纷出焉。

王玙的例子不仅向我们展示了民间习俗渗入官方礼仪的渠道，而且显示了这种渗透所造成的影响。事实上，类似的事例绝非仅此。在唐代与传统礼制思想相左的礼官比比皆是，不可能不对礼制的制定、改造与实施产生影响。

谈到礼制与习俗之间的相互影响，绝不能忽视宗教在其中所起到的作用。宗教不仅吸收了大量的民俗，而且以有组织的行为与大传统进行抗衡。道教产生于中国本土，与传统文化密不可分，因此，道教习俗与中国传统礼制的相互渗透较易进行。而唐以老子为始祖，进而列其为正式的祭祀项目，其祭祀仪式也大体遵循道教规程，道教习俗对唐代礼制的影响由此可知。佛教却大不相同。自东汉以来传入中国的佛教习俗与中国官方礼制之间的互相渗透是尤为引人注目的。尽管佛教传入中国以后，历经数世纪的演变，其中国化的特征在唐代已经表现得十分明显，却仍然与中国传统文化保持着一定的距离。从汉晋到隋唐，在如何对待佛教的问题上一直打了几百年的笔墨官司。唐高宗时，曾在朝廷中进行过有关僧尼是否应致拜于君亲的讨论，参加者达数十百人之多。在这场争论中，持肯定与持否定意见的双方的观点都有其道理。在各不相让之

---

①《王玙传》，见《新唐书》卷一〇九，北京，中华书局，1975。

际，唐高宗只好用折衷的方式来加以处理，下诏令僧侣跪拜父母而不必跪拜君主。这份诏文向我们展示了两种对立的思想极不自然的结合，而跪拜父母却置君主于不顾，则包含着更加难以克服的矛盾。对于崇尚家国一体的唐代伦理观念来说，这种折衷只是一种权宜；但对于社会现实来说，其结果是佛俗的广为流行，同时对官方所遵行的礼制本身也产生了巨大的影响。当忌日斋僧、忌日度佛、忌日行香、忌日断屠之类的佛事活动逐渐由民间转移到朝廷时，传统的礼制吸收这些因素便成为可能。

佛教信仰以及佛俗的流行，尤其是在官僚士大夫阶层中的盛行，自然会就其所言所行，在社会和官方礼仪中造成一定的影响。然而，大量的例子也告诉我们，唐代礼制对佛教因素的吸收尚未达到使二者融为一体的程度，吸收进来的某些因素甚至没有得到礼典的正式承认，因此，双方的斗争还将继续下去。但是，从中我们可以认识到，大传统由于吸收了小传统的因素而日益丰富并更具代表性。实质上，大传统的形成正是一个不断吸收小传统的过程。

（二）区域文化的沟通

中国古代文化赖以生存与发展的地理环境的特点可以用双重封闭来加以概括。这是一个由若干个相对封闭的小面积空间组成的相对封闭的大面积空间。这种双重封闭的地理环境一方面使文化的发展与延续具有稳定性，易于形成并保持传统，另一方面则使各地区之间的往来受到限制。其结果是中国古代文化呈现出区域文化色彩杂陈的局面。

从某种意义上来说，中国古代文化的发展的基本动因来自于国内各区域文化之间的交流。区域文化既是中国文化的源泉，同时又是其走向统一的障碍。中国文化的形成与统一经过了曲折而漫长的道路。需要特别指出的是，当以儒家思想为核心的中原文化开始形成并逐步扩大其影响范围的时候，区域文化之间的沟通便不再是平分秋色，而是一个主次分明的发展过程。在这一过程中，中原文化不仅扩散到了其他区域，而且吸收其他区域文化的因素丰富自己，使自己更具有代表性，并证明自己具有作为中国文化主体的资格。在这个过程中，作为中原文化最具有代表性的制度的礼乐制度所起的作用几乎是无法替代的。

而值得我们注意的是，礼乐制度的推行和普及，不仅是士大夫阶层所言所行的潜移默化的影响，也是地方官员的着力推行的结果。唐玄宗时，裴耀卿曾就边州外郡不识礼乐的情况上表请求朝廷采取措施，表称："圣朝制礼作乐，虽行之自久，而外州远郡，俗习未知。徒闻礼乐之名，不知礼乐之实。窃见乡饮酒礼颁于天下，比来惟有贡举之日，略有其仪。闾里之间，未通其事。"① 由此可知，即使在礼乐制度相对完备的盛唐时代，边州外郡不知礼乐的情况也确实较为严重，与京师之地礼乐兴盛、"四方是则"的地位相距甚远。也正因此，从现存的唐代文献中，我们可以找到许多唐代地方官推广礼乐、化导民众的实例，尤其是在南方文化相对落后的区域，其例尤多。从中我们可以看出，在区域文化沟通的过程中，地方官吏在推广教化、普及礼乐方面所做的工作，确实起到了不可替代的作用。

但是，由地方官吏出面推行礼乐，其中行政权力干预的成分不浅，正说明礼乐制度的推广并非易事，尤其是在区域文化差别较大的情况下，强制往往是不可避免的手段或方式；另一方面，我们也发现即使是由地方官吏所进行的教化行为，其成就也未必如文献所记载的那样卓著，即使有行政权力甚至法律条文作后盾，也不能保证一定收到预期的效果，尤其是不能保证效果的巩固。例如，文献中有关许多地区民风的改变，都有重复的记载。尤其是建州一地，初唐，张文琮立礼条，易风俗；中唐，常衮立学兴文，风俗为之一变；及晚唐，李频又以礼法设教。而唐代以后所出的建州一带的方志，仍有"尚淫祀"之类的记载。由此观之，中原礼乐为其他地区所接受是一个漫长的历程，也是一个艰难的历程，既非朝廷的一纸礼文可以实现，亦非某位良牧的一时善政可以包办。

与此同时，我们也看到了相反的情况，在边州外郡逐步接受中原礼乐的时候，中原地区的民风也同样存在许多问题。特别是邹、鲁之地，孔、孟之乡，竟然因李正已割据五十年而出现"人俗顽骜，不知礼教"② 的局面。而此正说明，所谓中原文化，随着区域文化的沟通，已经逐步转变为中国文化的代名

① 裴耀卿：《请行礼乐化导三事表》，见《全唐文》卷二九七，影印本，北京，中华书局，1983。

②《曹华传》，见《旧唐书》卷一六二，北京，中华书局，1975。

词，脱离了它原有的地区含义；而区域文化的沟通，从此也就不再仅仅是中原文化的扩散，亦不仅仅是其他区域对中原的效仿，而是中原文化作为一种实体与理念，循序渐进地为全国各地所接受。在这一过程中，先进与落后、前进与倒退同时并存。

区域文化的先进与落后，只是相对而言的。过分强调某一地区的作用，不仅会使我们把区域文化的沟通过程简单化。而且会使我们对中国文化的统一过程做过于泛泛的理解。必须指出的是，唐代既是中原文化的鼎盛时期，同时也是中原文化迅速向其他地区推进的时期，而其他区域文化对中原文化的影响亦不可避免。尤其是随着南方经济的发展，其文化实力逐渐提高，中国文化的南方特色也日趋明显。当然，南方特色的日趋明显并不意味着中原文化失去了主导地位。无论从哪一个角度，我们都可以说，唐代是南北文化交汇的关键时期之一，是中国文化发展史上重要的一页。

（三）民族关系的融合

在中国古代史上，汉族与其他少数民族之间的冲突史不绝书。与此同时，交流与融合也在自觉或不自觉地进行。冲突与交流同时存在，同时发挥作用。实际上，冲突本身就是一种交流方式。尤其值得注意的是，我们所认识的中国古代文化大一统局面的形成过程，不仅仅是大传统的推广，也不仅仅是中原文化的延伸，更不仅仅是汉族文化的流播。无论在哪一个层次上，交流都是双向的。

中国古代的统一王朝对周边少数民族一般都采取比较宽厚的政策，这对民族融合自然是十分有利的。不过，民族间的矛盾并不容易消除。在唐代，周边少数民族对汉族地区的袭扰经常发生，而且往往造成严重的后果。就汉族来说，认为“夷狄者，同夫禽兽，穷则博噬，群则聚麀。不可以刑法威，不可以仁义教”① 者，仍然大有人在。认为夷狄“人面兽心，非我族类，强必寇盗，弱则卑服，不顾恩义，其天性也”②，亦大有人在。因此，对少数民族学习汉族文化始终存在着两种对立的意见：一者是周代所实行的政策，周边各族朝谒之后即回原地，不得识中原礼教；一者是汉魏时期的主张，征求各族子弟为

---

①《窦静传》，见《旧唐书》卷六一，北京，中华书局，1975。
②《突厥传上》，见《旧唐书》卷一九四上，北京，中华书局，1975。

侍，使袭衣冠、筑室京师，得习汉族文化。直至唐代，这一争论仍然没有结束。天授三年，薛谦光为左补阙，因为周边少数民族多遣子入侍见识礼乐，上疏反对，认为“三王是而汉魏非”，“拒边长而征质短”① 的主张，更以老子所曰“国之利器，不可以示人”为其心理基点。薛谦光的言论反映了人们对汉魏以来民族政策的变化及其所带来的负面影响的担忧，而这种担忧又主要集中在少数民族对汉族文化的熟悉上。尤其是少数民族对汉族文化典籍的需求，令许多人感到不安。

金城公主下嫁吐蕃之后，曾向唐朝廷请文籍四种，与此同时，渤海国也遣使求写《唐礼》等书。唐朝廷内部就是否赐书一事展开了讨论。虽然吐蕃与渤海最终都得到了所求的典籍，但人们的疑虑并未消除。

但是，中原文化的传播并不仅仅像人们想象中的诗书文籍的传行那样简单。少数民族自身对吸取汉族文化也怀有同样的担忧。事实上，少数民族了解并吸收汉族文化尤其是礼乐制度，不仅在认识上存在问题，在实践中也并非易事。如《邵氏闻见后录》卷八记载：初，回纥风俗朴厚，君臣之等不甚异，故众志专一，劲健无敌。自有功于唐，唐赐遗丰腆，登里可汗始自尊大，筑宫室以居，妇人有粉黛文绣之饰，中国为之虚耗，而虏俗亦坏。如，耶律德光，践汗中土而有之。且死，其母犹不哭。抚其尸曰：“待我国中人畜如故，然后葬汝。”盖谓之华夷者天也。有或反此，非其福也。

对汉族统治者来说，“使（夷狄）渐陶声教，混一车书，文轨大同”②，是永远不会放弃的理想。自唐太宗用温彦博之议，收突厥余众于内地以来，“其酋首至者皆拜为将军、中郎将等官，布列朝廷，五品以上百余人，因而入居长安者数千家”③。进入内地的少数民族人士在朝廷的鼓励下，不仅可以参与各种礼仪场合，“赴封禅之礼，参玉帛之会”④，而且可以从官学中直接接受礼乐教育，“执于干羽”，“事于俎豆”，所受影响自然十分深刻，所谓：“知而往学，彼蓬麻之自直，在桑葚之怀音，则仁岂远哉！习相近也。”⑤ 正是在这样的情

---

①《谏诤部·规谏九》，见《册府元龟》卷五三二，北京，中华书局，1982。

② 裴光庭：《金城公主请赐书籍议》，见《全唐文》卷二九九，影印本，北京，中书华局，1983。

③④《突厥传上》，见《旧唐书》卷一九四上，北京，中华书局，1975。

⑤《令蕃客国子监观礼教敕》，见《全唐文》卷三四，影印本，北京，中华书局，1983。

况下，内地的少数民族人士中出现了一些遵循汉族礼仪的人物，其中堪称典范的是李光弼、李光进、李光颜。李光弼的祖先是契丹的酋长，后入内地，李光弼幼持节行，及长，丁父忧，终丧不入妻室。又有李光进与其弟李光颜，本是河曲部落稽阿跌之族。李光进兄弟少以孝睦出名，及居母丧，三年不归寝室。这些少数民族人士能够如此严格地遵循汉族礼仪，究其原因，还是在于久居内地，受到汉族礼仪的熏染。也恰恰是由于这样的因素，边疆地区的地方官吏推广汉族礼乐教化更容易收效，尤其是在汉族与少数民族杂居的地区。

在少数民族逐步接受汉族礼仪的同时，少数民族习俗于潜移默化之间也逐渐对汉族文化产生影响。尤其是乐舞百戏，风靡一时。唐代燕乐之中，本来就吸取了异域异族音乐的成分。其目的无非是显示大一统王朝之内平等宽容的民族政策，所谓“俾华夷之风不隔，羁縻之义在兹”①，但是，“胡风”的流行程度已经远远超过了这一范围。唐玄宗嗜好羯鼓，他曾经令人弹琴，但是未及终曲就赶走弹琴者，急呼“取羯鼓来，为我解秽!”《春渚纪闻》中这样评价此事：“噫！羯鼓，夷乐也；琴，治世之音也。以治世之音为秽，而欲以荒夷洼淫之奏除之，何明皇耽惑错乱如此之甚!”事实上，唐代君主痴迷于胡乐者，绝非唐玄宗一人。上行下效，在唐代前期，胡俗的盛行已经达到了令朝臣恼怒的程度。因此，维护传统礼乐制度的士大夫们开始反对胡俗的流行。神龙初，清源县尉吕元泰上疏说道，“安可以礼义之朝，法胡虏之俗”②，反对天子诸王尽习胡俗；中宗末年，考功员外郎武平一又就此事上疏，要求凡胡乐备四夷外，一皆罢遣③。吕元泰与武平一的谏言都未被中宗采纳。到了唐玄宗时期，张说又重提此事，再上疏谏，玄宗从之，为下诏禁止。不过，尽管如此，仍难以将其一一禁绝。中原礼仪与异域胡俗之间的冲突，绝非是“节以礼乐，示以兵威”就可以迅速解决的。冲突的结果必然是相互融合，但是，毫无疑问，这一结局的出现需要一段漫长的历程。

---

① 刘公舆：《太常观四夷乐赋》，见《全唐文》卷七一三，影印本，北京，中华书局，1983。

②《谏诤部·规谏九》，见《册府元龟》卷五三二，北京，中华书局，1982。

③ 武平一：《谏大飨用倡优媟狎书》，见《全唐文》卷二六八，影印本，北京，中华书局，1983。

（四）华夏礼仪的传播

严格地说，唐代是中原文化的鼎盛时期，真正的全国范围内的文化大一统局面还没有最终降临。但是，中国文化的基本格局已经形成，不仅以中原为依托迅速向全国各地扩展，而且开始对周边国家产生日益深远的影响。以中国文化为核心的东亚文明圈即由此进入了一个新的发展阶段。在这一过程中，礼制同样也发挥了重要的作用。

谈到唐代礼制对周边诸国的影响，朝鲜半岛的例子最为典型。自魏、晋以来，高丽国势渐强，开始逐步向辽东扩张，由此而引起的冲突史不绝书。与此同时，文化上的交流也在逐步发展。《旧唐书·东夷传》中就曾记载：高丽使者请求到国学观看释奠与讲论的事情。其后又请《唐礼》一部并杂文章，武则天命令大臣写《吉凶要礼》并于文馆词林采其词涉规诫者，勒成五十卷以赐之。正是在这样的礼学交流的过程中，华夏礼乐流播于国外。值得一提的是，在战争时期，交流仍未中断。高宗时期，平定高丽，唐礼对朝鲜半岛的影响也大为增强。刘仁轨在百济“颁宗庙忌讳，立皇家社稷”。在和平交流与军事冲突的交替进行中，唐代礼制日渐深入地影响着朝鲜半岛。及至北宋，其国人对礼乐的掌握程度已使中国士大夫们相当赞赏。

实际上，深受唐代礼制影响的国家和地区不仅仅是朝鲜半岛。在日本以及东南亚，我们可以轻而易举地观察到唐代礼制的痕迹。这些痕迹不仅反映出一种影响，而且代表着一种认识，代表周边国家对以礼乐为核心的中国文化的崇尚，这是东亚文化圈得以形成与发展的主要依据。

第八章

唐代文化建设与文化创造传播主体

一、文化教育管理机构及职能

隋代废除北周的六官官制，建立以尚书、门下、内史三省以及尚书省六部为核心的朝政机构。尚书省下设吏部、礼部、兵部、都官、度支、工部六曹，六曹长官与左右仆射共称为八座，其下分辖 36 个侍郎，负责朝廷日常行政事务，编制为 54 人。门下省编制 191 人，内史省编制 44 人。唐代承隋制，以三省六部为核心（详见附表）分中书、门下和尚书三省。尚书省下设吏、户、礼、兵、刑、工六部，每部下设四司，共 24 司。另设有九寺（太常、光禄、卫尉、宗正、太仆、大理、鸿胪、司农、太府）、五监（国子监、少府、军器、将作、都水），实际上是接受尚书省指令的下级事务机构。三省、六部、九寺、五监再加上御史台，共同构成一个完整的朝政决策—执行—监察系统，是唐朝核心的政权机构。此外，还有秘书、殿中、内侍三省、东宫等宫廷管理机构。

上述各主要机构还有一些下设部门，其中也包含一部分文化管理职能的机构。以下分别加以介绍：

秘书省——掌管皇家图籍档案的机构，除设有秘书监、少监、丞等官职外，还设立秘书郎掌管皇家的经、史、子、集四部图书的抄写收藏，校书郎负责校雠典籍。下分著作、太史二局。

太史局（又称司天台）——乾元元年（758 年）改称司天台，长官司天监，从三品。一度归秘书省管辖，负责观察天文历法修订等。机构庞大，有历生 36 人，装书历生 5 人，天文观生 90 人，天文生 60 人，漏刻生 360 人，太子率更寺漏童 60 人，共 661 人。

著作局——隶秘书省，专掌史职。有著作郎 2 人，佐郎 2 人，主管撰碑志、祝文、祭文、传记等。

崇文馆——掌图书经籍，教授学生。由东宫詹事府下的左春坊管辖。内有洗马，掌经史图籍；文学，掌四部书；校书，掌校雠经籍；正字，掌刊正文字。

司经局——掌校刊经史，同上，属东宫管辖。

集贤殿书院——隶属中书省。开元十三年改丽正修书院。职责是文献管理、撰述文章，兼为皇帝推荐人才，做顾问应对之事。收藏大量图书，供皇帝、宰相及官员参考，具有皇家图书馆性质。

弘文馆——隶属门下省。置于武德四年（621 年）正月，初名修文馆。从文职官员中挑选“贤良之士”，其中五品以上官员为弘文馆学士，六品以下为直学士，另有学生 30 人。职责是“掌详正图籍，教授生徒，朝廷制度沿革，礼义轻重皆参议焉”。是一个文献管理机构。

史馆——初属门下省，后隶中书省，负责国史的修撰。设立于贞观三年（629 年）。有修撰 4 人，令史 2 人，楷书 12 人，写国史楷书 18 人，楷书手 25 人，典书 2 人，亭长 2 人，掌固 4 人，熟纸匠 6 人，修撰实录和起居注，是史馆例行的文献工作。

礼部——隶尚书省，掌礼仪、祭祀、贡举之政令。

翰林院——掌制诏书敕和四方表疏批答，也有藏书八千余卷。翰林学士独无所属，表明地位特殊，是“待诏”之所。凡天子有词学、经术、合炼、僧道、卜祝、艺术、书弈诸事，待诏顾问。开元二十六年（738 年），始以翰林供奉改称学士。安史之乱后，权任加重，曾被视为“内相”，无品秩，也无独立官署，不重资历，重文才。

国子监——初期隶属太常寺，贞观二年（628 年）析出另置国子监，为中央教育机关。设有国子学、太学、四门馆、律学、书学、算学，皆有博士、助教。国子学招收三品以上贵族子弟入学，博士 5 人，正五品上，助教 5 人，从六品上。太学招收五品以上官员子弟，博士 6 人，正六品上，助教 6 人，从七品上。四门馆招收一般官员子弟以及有才能的平民子弟，博士 6 人，从七品上，助教 6 人，从八品上。主要研习儒家经典。设有律学、书学、算学三个馆，是培养专门人才的学校，招收一般官员子弟及平民子弟入学，学生人数分别为 50、30、30 人。

太子有三公三师，诸王有侍读，分侍讲、侍读、侍文、侍书四种。包括经义、儒学、文辞、书法诸种。

亲王国内设学官长、丞各 1 人。

后宫有尚仪局司仪 2 人，正六品，典籍 2 人，正七品，掌籍 2 人，正八品。后宫内人主要由诸内教教授，内容包括儒家经典、文史、道、律、算、诗、棋等众艺。内侍省宫闱局有小给使学生 50 人，是附属于皇族之中的宦官教育。

地方州县中，州级官员司功参军掌祭祀、礼乐、学校、选举。

经学博士，以五经教授学生。

县级官府中，有博士、助教掌教授学生。

开元二十六年正月敕云：“天下州、县，每乡一学，仍择师资，令其教授。”（《旧唐书》卷九《玄宗纪下》）州县学的生员数也有规定，上郡 60 人，中郡 50 人，下郡 40 人，上县 40 人，中县 30 人，下县 20 人。（《旧唐书》卷一八九上《儒学传》）开元年间，根据地方等级不同，有所变动，全国总计有生员 60710 人（《通典》卷一五，《选举三·历代制下》）。“令天下州、县、里别置学”（《资治通鉴》）卷二一四），将学校设置至乡、里一级，意味着教育的大普及。这对繁荣文化与国民素质的提高都有重要意义。

长安宫廷乐舞，还有一些专设的管理与教习机构：

太乐署——属太常寺。设令 1 人，从七品下；丞 2 人，从八品下；乐正 8 人，从九品下。太乐令“掌教乐人，调合钟律，以供邦国之祭祀飨燕”①，负责对乐舞艺人的训练和考绩，以供奉宫廷需用的雅乐和燕乐，所领乐工、舞郎、音声人多达 11500 余人。机构在皇城太常寺内。

鼓吹署——属太常寺。设令 1 人，从七品下；丞 3 人，从八品下，另有府史、乐正多人。鼓吹令“掌鼓吹施用调习之节，以备卤簿之仪”②。专管帝后出行时仪仗中的鼓吹音乐，所领乐工、音声人也在数千人之多。也设在太常寺内。

教坊——直属宫廷，以中宫为使率领。为宫廷燕乐艺人的教习所，下设内教坊一处，外教坊两处。先习雅乐，开元以后典领燕乐。主要教习和演奏俗乐（燕乐）以及称为“新声”的一些流行的音乐歌曲。

梨园——设置于开元二年（714 年），为唐代皇家的高级音乐舞蹈教习所，专习“法曲”及各种舞蹈与乐器技艺，并担负着演奏玄宗谱写新作品的任务。有男女艺人 300 人。

乐官院——置于宪宗元和年间，当时梨园已废，于是在西城太平坊，东城广化里各置乐官院一所，“以承梨园之业，专主音乐”③。

上述文化机构，是唐政府执行文化教育政策的主要部门，同时也是推助文化学术建设的主要部门，其主要职能有：

第一，文献典籍的积聚与管理。

上述一些文化管理机构和弘文馆、史馆、集贤院、秘书省收藏有大量的书籍，成为著名的官家藏书机构。武德九年九月，“太宗初即位，大阐文教，于弘文殿聚四部群书二十余万卷”④。

---

①《太乐署》，见《唐六典》卷一四，北京，中华书局，1992。

②《职官志三》，见《旧唐书》卷四四，北京，中华书局，1975。

③ 崔令钦撰，任半塘笺订：《教坊记笺订》，279 页，上海，中华书局，1962。

④ 王溥：《唐会要》卷六四，北京，中华书局，1955。

在安史之乱以前，史馆所藏唐代史书就有“国史一百六卷，开元实录四十七卷，起居注并余书三千六百八十二卷，在兴庆宫史馆，并被逆贼焚烧”①。玄宗开元九年幸东都时，“集贤院四库书总八万一千九百九十卷。经库一万三千七百五十三卷，史库二万六千八百二十卷，子库二万一千五百四十八卷，集库一万九千八百六十九卷”②。

“集贤殿书院，学士、直学士、侍读学士、修撰官，掌刊缉经籍。凡图书遗逸、贤才隐滞，则承旨以求之。谋虑可施于时，著述可行于世者，考其学术以闻。凡承旨撰集文章、校理经籍，月终则进课于内，岁终则考最于外”③。可知集贤院的主要任务是文献管理。

第二，教授生徒，传播文化。

弘文馆既是一所藏书机关，又是一所贵族学校。在该馆就读的学生称为弘文生，一般只招收京官职事三品以上、中书门下侍郎及皇亲国戚等子孙。由讲经博士及诸学士授课。与崇文生（崇文馆内学生）一样一般通过科举入仕，考试比一般庶民子弟要求低一些。

国子监是中央教育机关，门下省的弘文馆、东宫崇文馆、崇玄馆（隶宗正寺）皆为官方学校，少数民族贵族子弟及留学生也有一定比例，太医署、太卜署、司天台等还有专门教授医药、卜筮、天文历法等知识的机构，与国子监中的算学、律学、书学三馆，都相当于专门技术学校，培养专门人才。天宝九年(750 年）又置广文馆，设博士及助教，专门培养国子学中专攻进士科的学生。

第三，制订政策，开展文化交流，开展多种形式文化活动，丰富文化内涵。唐前期，弘文馆与集贤院政治色彩比较浓，“朝廷制度沿革，礼仪轻重，皆参议焉”。许多宰相都带馆职，“唐制，宰相四人，首相为太清宫使，次三相皆带馆职，弘文馆大学士、监修国史、集贤殿大学士，以此为次序④。

与皇帝亲近的是内廷备顾问的馆阁学士，他们向执政者提供学术顾问、秘书和文学侍从。这些馆阁有时充当学校以及图书编纂的中心，包括 621 年建立

① 王溥：《唐会要》卷六三，北京，中华书局，1955。
② 王溥：《唐会要》卷六四，北京，中华书局，1955。
③《百官志二》，见《新唐书》卷四七，北京，中华书局，1975。
④ 宋敏求：《春明退朝录》上卷，北京，中华书局，1980。

的修文馆（后改弘文馆），639 年建立的崇文馆，725 年建立的集贤院，738 年建立的翰林院。

美国学者包弼德认为，学者们从几个方面获益于这些机构设制：他们获得了接触皇帝和参政的机会；他们获得了一个记录和制定皇室、朝廷的行为的角色；通过馆阁，他们教育朝廷官僚的子孙，因此使学术共同体传承不灭。①

第四，音乐文化艺术的管理与中外交流。

隋唐时代的音乐，特别是唐代的音乐，对后代影响较大，其管理机构设置有很多值得借鉴之处，这里做些专门介绍。

隋代“太常寺”下设有“太乐署”（雅乐）、“清商署”（俗乐）和“鼓吹署”（礼仪音乐）作为一级音乐管理机制。隋初，宫廷燕乐（因常用于宫廷宴会燕通宴上而得名，后也泛指隋唐新兴起的音乐）置七部乐：① 国伎（西凉伎）；② 清商伎；③ 高丽伎；④ 天竺伎；⑤ 安国伎；⑥ 龟兹伎；⑦ 文康伎。隋炀帝时增益为九部乐。到唐高宗时，十部乐向“坐部伎”（在堂上坐着演奏）和“立部伎”（在堂下站着演奏）转化，即向大型的综合性乐舞转化。原来的音乐机构有太乐署、鼓吹署和教坊，至玄宗开元二年（714 年）大加扩充，除宫中设内教坊外，又在长安和洛阳各设外教坊，由宫中派内使（宦官）直接管理。另设有“梨园”培养乐工。“玄宗既知音律，又酷爱法曲，选坐部伎子弟三百，教于梨园，声有误者，帝必觉而正之，号‘皇帝梨园弟子’。宫女数百，亦为梨园弟子，居宜春北院”②。因此，唐代音乐至唐玄宗时达到鼎盛，形成了吸收国内各民族和外来音乐因素的新的乐舞。中经变乱，屡有兴废。到唐宣宗时，太常乐工仍有 5000 余人，俗乐 1500 余人。长安的大寺院里平时还设有“戏场”，大中年间（847—859），“戏场多集于慈恩（寺），小者在青龙（寺），其次在荐福（寺）、永寿（寺）”③。隋唐时期的音乐在宫廷及政府的大力扶持提倡下有很大的发展，吸收了很多的外来乐舞，许多著名的艺人和乐师也来自外族或外国；又由于中外文化交流的频繁，唐代的乐舞、曲调等远播中

---

① 详见［美］包弼德：《斯文：唐宋思想的转型》，刘宁译，85 页，南京，江苏人民出版社，2001。

②《礼乐志十二》，见《新唐书》卷二二，北京，中华书局，1975。

③ 钱易：《南部新书》戊，北京，中华书局，2002。

亚、东亚诸国，丰富了各自的文化内容。

二、文化传播方式与类型

文化传播的范围和程度大抵受到几个条件的制约，如：交通的发达、传播工具的发明与改进、政治清明与文化开放等。唐代的交通，从十道到十五道，驿路十分发达，加上与西域交往、海外交流的频繁，都为发达的交通创造了条件。杜佑《通典》记载："东至宋、汴（商丘、开封），西至岐州（宝鸡），夹路列店肆待客，酒馔丰溢。每店皆有驴赁客乘，倏忽数十里，谓之驿驴。南诣荆、襄（江陵、襄樊），北至太原、范阳（北京），西至蜀川、凉府（武威），皆有店肆，以供商旅。远适数千里，不持寸刃。"① 这一段史料传达给我们几条信息，反映出当时社会的商业繁荣、社会治安的良好以及交通的便利。四通八达的交通网络的形成还与唐代的藩镇制度密切攸关。做为一级地方组织，各藩镇与中央政府的紧密联系及各镇之间的信息沟通都依赖于交通的便利与信息传递的及时，正如方汉奇等先生所说，"唐代报纸的孕育和发展，是和唐代邸务和藩镇制度的发展紧密联系的"②。交通的发达的确构成了文化传播的首要条件。

其次，传播工具发明与改进也使得文化传播较以前变得容易和频繁。纸张自东汉发明以来逐渐实现其正规用途，雕版印刷技术在唐后期趋于成熟，科举考试中的行卷温卷风气强化了文化传播的内涵，使其更具有文化大传播的意义。

至于唐代文化的开放性特点，前人已多有描述，本卷导论中也有较详细的论述。葛兆光描写道："初、盛唐是中国古代从来未有过的一个风流、浪漫与自信的时代。"③ 章培恒、骆玉明先生在《中国文学史》一书中写到唐代社会的特征：一方面，魏晋南北朝数百年中儒学衰弱，多种思想并存，这种局面不

---

① "历代盛衰户口"条，见杜佑：《通典》卷七，影印本，北京，中华书局，1984。

② 方汉奇、宁树藩、陈业劭等主编：《中国新闻事业通史》，第一卷，34页，北京，中国人民大学出版社，1992。

③ 葛兆光：《道教与中国文化》，169页，上海人民出版社，1987。

是短时期可以改变的；另一方面，唐代社会的民族、文化等总体上都不是单一的，政治上也存在着地主阶级内部的各种利益集团，要建立单一的思想统治那就缺乏必要的基础了。所以，唐代的思想界，就显得较为自由活泼。政治清明、思想开放也在某种程度上为文化的广泛传播，为多种异样的文化融合交流提供了广阔的历史舞台。

唐代的文化传播大抵由官方传播、士人传播和民间传播三种类型构成①。

官方传播主要通过进奏院、驿传系统以及邸报、开元杂报、进奏院状、露布、榜文等媒体，起居注、实录、时政记等也构成了官方主要的文化传播手段。

在唐代，士人文化传播主要借助于语言与文字，前者的作用体现在交友、远游、拜谒等活动中，后者的功能展示于通信、题诗、著述等行为上。传播的内容不外乎经籍、诗文、政事与时务四个方面②，主要通过诗歌广泛传播，此外，还有书信、著述、题壁等等。

歌谣谚语是民间文化传播中常见而通用的传播形式。敦煌藏经洞中大量发现的变文是民间传播的独特文本。内容主要有佛经故事、历史传说、当世要闻等三类，它是借鉴俗讲的形式而发展起来的一种民间传播的讲唱文本。产生于盛唐，发展于中唐，全盛于晚唐五代。它韵散相间，图文并茂，成为唐代民间文化传播中颇具特色的一种。

唐代文化传播中最重要的表达符号与传播符号是文字，而文字中最主要的传播内容是诗歌。唐诗因唐代文化传播的广泛和多样性而促进了自身的繁荣。唐诗的广泛传播，因具有了一定的社会物质基础。雕印技术发展、科举制度发达成型、文化政策的开放、交通发达、人际交流广泛等等诸多的条件使其成为一种鲜明的文化现象和典型的文化特征。唐诗的题写、传抄等文字形态，也就成了唐诗文化传播中最常见的、最普遍的方式与形态。题写包括的范围十分广泛，如题屏、题柱、题楹、题扉、题壁、题石、题树等③。罗宋涛先生在《唐人题壁诗初探》一文中指出："基本上，诗人题壁，目的就在于传播；而将这一意图表现得最明白、最强烈的是寒山、元稹、白居易几个人。元、白二人更

①② 李彬：《唐代文明与新闻传播》，北京，新华出版社，1999。

③ 马承五：《唐诗传播的文字形态与功能》，载《华中师范大学学报》，1998 (1)。

互相将对方的诗作，大量题壁、题屏，以扩大宣传，企图以联系的方式，增进传播的效果。……题诗于壁是唐诗传播重要的一环，也是促进唐诗兴盛的因素之一。”① 唐朝为传播唐诗还出现了诗筒、诗板（牌）、诗瓢等。这些多样的传播介质与工具使唐诗成为家喻户晓、老少皆宜的文学表现形式，沟通了文人士大夫间的交流与联系，加上唐代文化的高度开放与繁荣，也促进了文化总体上的进步与超越前朝，形成了一定的文化创造群体与学术派别。

三、文化群体与学术派别

书籍作为人类所创造的文化积累的载体，是创造者与读者、接受者之间的中介。而创造者与读者往往是一种复变的互动关系，创造者首先作为接受者去接受先前已有的创造成果并进行再创造，接受者又根据自身的主观需要、知识水平、社会地位等因素，使创造成果的接受过程带有自己理解体认的主体痕迹，这个不断重复演进过程构成了书籍的产生、流传过程。这个过程的承担者主要是一批文人学者，他们构成了创造传播学术文化的群体。下面就具体研究唐代社会文化的创造群体的构成特点、类型、社会功能及其局限。

唐代学校教育较为发达，文化普及程度较高②，据徐松《登科记考》著录推算，唐代科举各科考生不少于 55000 余人。“这些人是一个可观的文化知识层，他们既能著书立说，又能传播文化，为文献典籍积累提供了深厚的社会基础”③。唐六部二十四司的郎官都是中央政府中的文职官员，仅据赵钺、劳格《郎官石柱题名考》，计有 4159 人，自玄宗至唐亡，供奉翰林者计 260 多人，此外加上各馆院博士、学士、直学士、大学士、修书详正学士等，估计唐代从事高级文化工作的人员至少不下千人④。《全唐诗》收诗人 2837 人，合王重民等《全唐诗外编》共计 3211 人，去重约有 3000 人，《全唐文》收录 3042 人。由上述数字看，唐代从事文化创造与传播工作的人数斐然可观。他们以不同的

① 《唐代文学研究》第 3 辑，89 页，南宁，广西师范大学出版社，1992。

② 西州高昌县宁昌乡厚丰里十二岁的义学生卜天寿抄有《论语》一部，历来作为典型例证。其他已如前述。

③④ 详见吴枫：《试论唐代文献的构成》，载《古籍整理研究学刊》，1985（1）。

政治和社会地位、学术水平共同创造了丰富繁荣、缤纷多彩的唐文化。

唐代学术文化发展的一个特点，便是出现了一批以学术师承交往为方向的专门性的学派的学术活动。翰林学士院备顾问、草拟诏告文书等职能的出现表明了知识专家们在社会中和政权结构中的地位有所提高，学术地位部分地独立于人的等级身份，加上科举这一形式上平等的考选制度的确立，使知识分子阶层的人数和地位有所提高和扩大，代表这一阶层利益的言论、学说、思想相继不同程度地涌现。宋明理学实质就是知识分子群起后对新学说的建树，虽然它的内容是以传统儒学为中心取向。

随着学术的分化发展，具有相同或相近艺术或科学风格，信仰基本一致的人才因子，在几乎相同的时代背景和社会生活条件下，往往产生某些共同的特征，类似的思维方式、价值准则和趋于一致的追求目标。唐代科举盛行，大批文人士子投门干谒、求知己，往往在考前或考后结识一批同类，逐渐形成学派。开元中大学士张说常与徐坚评议当代文士的文章优劣，诸如李峤、崔融、薛稷、宋之问、富嘉谟、阎朝隐、韩休、许景先、张九龄、王翰等，皆有品评，互为臧否。再如柳璨专纠当代史家刘知几《史通》讹失，别为一卷，号《柳氏释史》传世。在不断的交往中，文人们自由组合为各种关系，高士廉、薛道衡、崔祖浚结为忘年之好；华阳人杨纂与琅琊人颜师古、敦煌令狐德棻相友善；薛登与徐坚、刘知几常讨论文史，纵横古今；开元中韦陟、王维、崔颢、卢象等唱和友善；李谟为开元中吹笛第一高手，独孤生与之讨论笛法，遂使之拜服；大诗人杜甫一生游踪海内，相识几遍天下。郑世翼撰有《交游传》颇行于时。一时间以文词连誉者甚众，诸如初唐四杰（王勃、杨炯、卢照邻、骆宾王）、北京三杰（富嘉谟、吴少微、谷倚）、竹溪六逸（李白、孔巢父、韩沔、裴政、张叔明、陶沔）、大历十才子（卢纶、吉中孚、韩翊、钱起、司空曙、苗发、崔峒、耿沣、夏侯审、李端）、天宝时人语“殷（寅）颜（真卿）柳（芳）陆（据）、萧（颖士）李（华）邵（轸）赵（骅）”，以及文章四友（杜审言、李峤、崔融、苏味道）、吴中四士（贺知章、刘昚虚、包融、张旭）、庐山四友（杨衡、符载、崔群、宋济）、咸通十哲（许棠、张乔、喻坦之、剧燕、任涛、吴罕、张蠙、周繇、郑谷、李栖远、温宪、李昌符，谓之十哲，实十二人）等等。

《授经图》
隋 展子虔 绢本设色
纵30.1厘米 横33.7厘米
台北『故宫博物院』藏

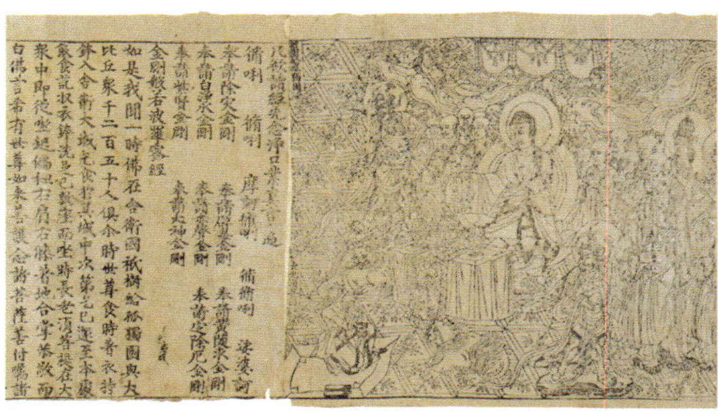

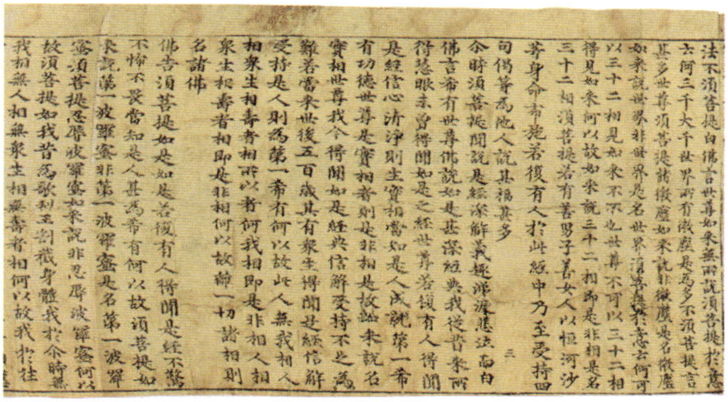

这是发现于敦煌千佛洞的《金刚经》(局部)，印刷于唐咸通九年（868年），是世界上现存最早的、标有确切日期的雕版印刷品，现藏大英图书馆

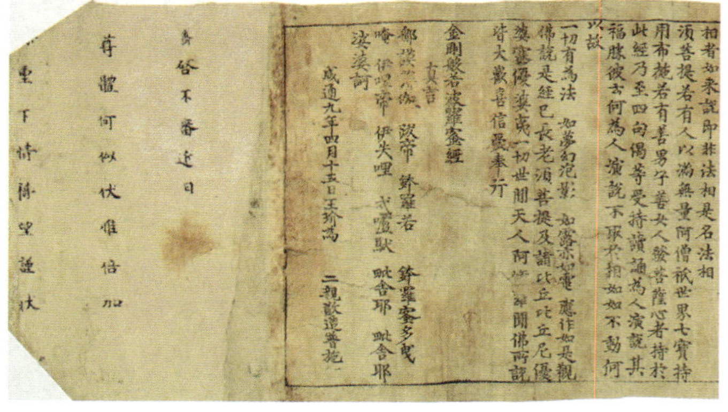

过华清宫

杜牧

长安回望绣成堆，
山顶千门次第开。
一骑红尘妃子笑，
无人知是荔枝来。

《韩熙载夜宴图》
五代・南唐
纵28.7厘米　横335.5厘米
现藏北京故宫博物院
唐末进士韩熙载避乱逃到南方，此图描绘了他在家中举行夜宴的情景

局部

除了这种自愿交往和他人比附连称外，官方举行一些文化活动也有利于人才之间的交往和形成相近风格的学派。像开设各种馆院等教学研究机构，主持三教论衡、诗文唱和等活动，以及官修实录、正史、类书、族谱等也有利于学术交流。如武则天命张昌宗、李峤、宋之问等 26 人分门撰集《三教珠英》；李贤召张大安等 7 人共注范晔《后汉书》；吕向、吕延济、刘良、张铣、李周翰等《文选》“五臣注”；孟简、刘伯刍、归登、萧免等就礼泉佛寺共译《大乘本生心理观经》等，皆有利于互相发现共同特征以形成学术派别。

他们以文会友、以书相知、赋诗酬唱、以酒助兴、歌舞为乐，这类活动造成某种学术影响和思想影响。他们又往往是地域性甚至是全国性学派或思潮形成的基础。

唐代文人群体自然以长安为据点，这一方面和科举考试有关。但是，盛唐以后，文士们多在江、淮一带聚会，尤以扬、润、苏、杭、越为他们宦游的热点。

唐代学派的成团现象，以文学、艺术、史学领域为多，他们有比较切近的目标，形成没有组织形式的宏观发散式人才群体。诗歌创作中形成的田园山水诗派、边塞诗派、清淡诗派、以及风格相近的大历十才子诗歌，山水画中的南北派，楷书中的颜、柳、欧三大派等，规模不一，特点有异。并有横向交往，像杜甫与诸丹青国手切磋画马技艺并每有赠诗。史学中的学派更为典型。据《史通・自叙》篇提到，刘知几有徐坚、朱敬则、刘允济、薛谦光、元行冲、吴兢、裴怀古等几个学友，除裴怀古外，其余六人皆参史局。同时代的司马贞与刘是学术上的论敌，两人论难之文，载《文苑英华》论议文类。当时韦巨源、杨再思、宗楚客、萧至忠等人皆以宰相监修国史，不学无术，刘氏不服，以辞职相抗衡，提出“五不可”，反对设馆修史以揭露监修弊端①。刘知几与这几位同好不断交换意见，并持有接近共同的观点，他们事实上曾形成一个史学上的流派。这个学派有共同的主张和目标，表现有二：一是提出直笔宗旨，吴兢、徐坚都提出直笔主张，朱敬则、刘允济也都把直笔作为选择良史的重要标准。二是主张“独断”之学。王元感注经稍存己意，祝钦明等人讥其掎摭旧

① 朱杰勤：《中国古代史学史》，138、139 页，郑州，河南人民出版社，1980。

义，魏知古、徐坚、刘知几、张思敬雅好疑闻，每为元感申理其义，反对章句之学。《史通·辨职》篇更明确提出一家独断之学是自古的优良传统。元行冲等成《礼记义疏》五十卷，张说指责其“与先儒第乖，章句隔绝”，元著《释疑》一文以答之。这是唐代真正具有创新精神和进步思想的一个学派。

重诗文的社会氛围趋使人们几乎同时思考一类问题并调整治学方向，使学术目标接近，而形成大大小小的学派，正因这种成团现象，减少了来自外在的阻力，促进了学术的发展。然而，其他学科特别是自然科学方面却少有学派的存在，仍以私人传授或个体独立的学术活动为主，或依官方的需要而有不同的治学倾向。

唐代学派的另一特点是形成以学术类别为核心的人才团聚的基本模式，它往往是学派形成的强力剂。学术精英、学术权威的活动能够吸引更多的人往此汇聚。典型的如药王孙思邈，屡召不仕，独以采方医病为业，当时名士宋令文、孟诜、卢照邻皆师事之，特别是孟诜，受益最大，并多有继承，著有《食疗本草》三卷，为我国第一部饮食疗法方面的专著。萧颖士更为知名，尹征、王恒、卢异、卢士式、贾邕、赵匡、阎士和、柳并等皆执弟子礼，以次授业，号萧夫子。又以推引后进为己任，如李阳、李幼卿、皇甫冉、陆渭等数十人，皆经其举荐，人称萧功曹。又尝兄事元德秀、而友殷寅、颜真卿、柳芳、陆据、李华、邵轸、赵晔，天宝时人语曰：“殷颜柳陆，萧李邵赵。”与他交游的还有孔至、贾至、源行恭、张有略、族弟季遐、刘颖、韩拯、陈晋、孙益、韦建、韦收等，又与李华齐名，世称“萧李”①，其学术网络可谓庞大。再如后期的韩愈，韩氏引致后辈，为举科第，多有投书请益者，时人谓之韩门弟子。韩本人曾从独孤及、梁肃等游学，与柳宗元、刘禹锡等相互推重，李观、欧阳詹为其同榜朋友，当时名人张籍、樊宗师、李贺、孟郊、李翱、皇甫湜、贾岛等皆为其弟子，名列门墙的尚有卢仝、刘叉、沈亚之等，同时又与十六七位道士和尚诗文往来②，此即是明显的学术权威分层结构。这种不以政治等级身分而以学术地位为聚核点的倾向，是学术派别形成的一个标志。

能够反映这种学派兴起的是后期书院的出现。唐书院，异于后代，是官方

---

① 均见《旧唐书·文苑中》，北京，中华书局，1975。

② 陈克明：《韩愈述评》，第五章《韩愈师友关系》，北京，中国社会科学出版社，1985。

藏书和校书机构，聚集了一批名流学者，形成一个学术中心。但其功能与后来意义的书院有所不同。据《嘉庆四川通志》记载，遂宁县张九宗书院建于太宗贞观九年（635 年），唐时私学书院已有十二所。这与魏晋以来佛教徒每依山林名胜建立丛林勤修禅道而形成的禅林制度有关系。此外唐代多有隐逸之士，居名山大川，聚徒讲学，也有助于书院的形成。后来的宋、明、清书院，便有了以一院为一学术派别的倾向。

也应看到，唐代学派的出现仅局限于很小的学术领域，大多数学术仍受官方左右和支配。与学派群体创造传播文化的功能互补的私人传授，仍占很大比重。唐代许百姓任立私学，因而私人传授仍很盛行。像曹宪聚徒讲授《文选》；王恭教授乡间，弟子数百人；马嘉运退隐白鹿山，诸方来受业者千人。私人科技传授更成为科学文化传播的主要方式。此外家学传统也是唐代学术文化延续的一个重要方面，如李德林、李百药父子，姚察、姚思廉父子的家传史学；李播、李淳风、李谚、李仙宗四代皆长于天文历算，更是家学典型。类似例子不胜枚举。为使家学延续，很多学者自我封闭，不让技艺外传。以画家们为例，初唐杨丹作画时常用席遮蔽起来，怕别人学去；吴道子，绘画之精妙，“当有口诀，人莫知之”①。此皆表明唐代学术交往和文化发展中的局限。

学者群体的文化创造活动，对唐代学术发展有很大作用，往往影响士子百姓的趋尚。像蒋乂世以儒史称，“京师云《蒋氏日历》，士族靡不家藏焉”②。诗人李贺长于歌辞，当时文人多所仿效，所作乐府词数十篇。云韶乐工无不讽诵。张鷟下笔敏速，言颇恢谐，凡应八举，皆登甲科，文名更远播新罗、日本，每遣使入朝，必重出金贝购其文。至于李、杜、元、白的诗章更是妇孺皆知。当时长安少年都仿效元稹、白居易的元和体诗，二十年间，官署、寺观、驿站墙壁上无不题元白诗，王公、妾妇、牧童、走卒无不吟元白诗。白诗以其通俗，易为更多的读者接受。以诗歌为例，主要通过亲友传写、选本保存、学校取为教材、歌妓和乐工匠演唱等方面得到社会的传播，书肆出现并公开出售当代诗人的诗卷，更是诗歌传播社会化的真正标志。

---

① 冯立：《隋唐画家秩事》，19 页，西安，陕西人民美术出版社，1984。

②《蒋乂传》，见《旧唐书》卷一四九，北京，中华书局，1975。

四、文化传播者身份地位的变化

古代知识分子群体，不是做为一个独立的社会力量而存在，往往依附于某个社会政治实体。从先秦的养士和客卿制，秦汉的太学与后来的举孝廉，到隋唐的座主门生关系，皆不具有独立实体的自我意识。与之相伴的便是知识本位精神的缺乏，以统治者的个别言论做为自己的学问根基，反复为其论证。在学术界、知识界与文化界的关系中，不是以学术的本位研究来影响知识界，带动文化界。李淳风用他的科学知识为武则天上台找依据，刘孝孙可以穷半生的精力，为王世充撰《古今类序诗苑》。高次采辑历代忠臣贤士罹谗毁流放事为《辨谤略》，德宗怒贬之，后宪宗雅量，令沈传师等增广为《元和辨谤略》传世，统治者的一喜一怒都影响着学术成果的兴废。这也使知识分子多具以入世、载道为表现形式的消极文化参与意识。学术皆与经世有关，皆与朝廷大政相关，而得不到独立的发展。唐代文化传播还出现一个新现象，一些豪富也效皇族贵族等附庸风雅，延纳文士。如长安王元宝、杨崇义、郭万金等，皆国中巨豪，“各以延纳四方多士，竞于供送。朝之名僚往往出于门下，每科场文士集于数家，时人目之为‘豪友’”①。富豪子弟刘逸、李闲、卫旷，家世巨豪，而好接待四方之士，“疏财重义，有难必救”②，一些文人多靠他们的接济而入仕，也有一些文人得以继续从事学术活动。唐开科举，更吸引大批青年学子趋之若鹜，对唐人的心理状态产生影响③，以入仕为荣耀，走入仕参政的捷径。为科考服务的各种学术得到发展，而对其他学问则多鄙视。唐代绘画艺术较发达，张彦远《历代名画记》收录隋朝画家 20 余人，唐代画家 206 人，其中记载了一些画家的自卑心理。画马名手韩滉，“以绘事非急务，自晦其能，未尝传之”④。阎立本一代名家，晚年告诫其子：“吾少好读书，幸免墙面，缘情染

---

① 王仁裕：《开元天宝遗事》卷上，“豪友”条，上海古籍出版社，1985。

② 王仁裕：《开元天宝遗事》卷下，“结棚避暑”条，上海古籍出版社，1985。

③ 陈寅恪谈到：“唐代社会承南北之旧俗，通以二事评量人品之高下。此二事，一曰婚，二曰宦。凡婚而不娶名家女，与仕而不由清望官，俱为社会所不齿”。见《元白诗笺证稿》，上海古籍出版社，1978。

④《韩滉传》，见《旧唐书》卷一二九，北京，中华书局，1975。

瀚，颇及侪流。惟以丹青见知，躬厮役之务，辱莫大焉！汝宜深诫，勿习此末伎。”① 以入仕科考为急务，视绘画为末伎，时尚如此，其中酸苦，字字真言。广大知识分子竞相疲于科考，仕进愿望十分强烈，希望得到高官显望的推引，以千里马之驱求伯乐之识，像王勃《上绛州上官司马书》、《上李常伯启》，李白《上韩荆州书》，韩愈《上张仆射书》等，皆自视甚高，并提出自己的政治主张，怀有强烈的功名思想。知识的价值不由其他途径实现，只能靠仕进得到社会的承认，使得以学术师承交往为主体的学派规模甚小，形成不了庞然大势。文人以参政为终极关怀，视学术为工具，甚至以互相排斥为能，结为朋党，争夺狭窄的入仕之途。而一旦从政，文人便失去独立人格，做了政治上受人欺骗和自己欺骗自己的牺牲品。英国史家韦尔斯说得好：“任何社会真正思想进步的时期似乎是同一个超然独立的阶级的存在相联系的”，“这个阶级必须能够自由谈论而且容易交换思想”，“无论在什么时代，哪里有大胆的哲学或显著的科学进步的记载，必有一个知识的阶级”②。研究唐代乃至整个古代政治与学术文化的关系，探讨学派形成机制和发展规模，当是知识社会学的一个重要课题。

唐代正统的官方文化垄断不断被打破，到后期，民间文化有了很大的发展。唐代盛行科举制度，使大批寒素之士得以凭借科考而取得一定的社会政治地位，从而在一定程度上改变了政权人员结构。牛李党争在某种程度上可以说是世门与寒素之士对权力再分配的一次较量。大量代表知识分子阶层的文化出现，以唐诗为代表的文化得以广泛传播，学派产生、人才群体涌现，市民文化的发展等都反映着不同层次的内容，颇具鲜明特征。这也反映了唐代是传统文化发展历程中文化创造传播者身份地位发生变化、分层文化明显化的时期。

---

①《阎立本传》，见《旧唐书》卷七七，北京，中华书局，1975。

②［英］赫·乔·韦尔斯：《世界史纲——生物和人类的简明史》，吴文藻等译，631～632页，北京，人民出版社，1982。

第九章 文化传播载体的研究

一、隋唐文献典籍的积聚

隋朝统一中国，为文献典籍的集聚创造了条件。隋文帝开皇三年（583 年）秘书监牛弘上《请开献书之路表》，引述陆贾“天下可以马上得之，而不可马上治之”的道理，极言文献典籍对国家的重要作用，针对长期兵燹动乱、书籍散佚的状况，建议向士民征求民籍：“必须勒之以天威，引之以微利。若猥发明诏，兼开购赏，则异典必臻，观阁斯积，重道之风，超于前世，不亦善乎！”① 隋文帝采纳了牛弘的

① 《牛弘传》，见《隋书》卷四九，北京，中华书局，1973。

意见，乃于同年三月“诏购求遗书于天下”①，并“分遣使，搜访异本，每书一卷，赏缣一匹，校写既定，本还其主”②。由于采取了适当的行政手段和物质奖励相结合的政策，“民间异书，往往间出”③，“一、二年间，篇籍稍备”④，收到了很好的效果。

隋炀帝杨广“好学，喜聚逸书”⑤，他即位后，锐意收集图书，数年间使官府典藏数量达到了前朝未有的高峰，仅长安嘉则殿的藏书就达 370000 卷(包括副本)。郑樵《通志·图谱略》所谓“隋家藏书富于古今”，反映了当时这方面的盛况。

隋王朝不仅重视文献典籍的收集，而且在典籍的管理上实行了一系列积极的措施。一是组织大规模抄写，增加图书的副本。史载 589 年隋平陈后，接受了陈的全部藏书，鉴于这些书“多太建（陈宣帝年号，569—582）时书，纸墨不精，书亦拙恶”⑥，隋文帝在命人对这批书作汇总编次后，召天下工书之士，“于秘书内补续残缺，为正副二本，藏于宫中，其余以实秘书内、外之阁”⑦。隋炀帝更是重视增加藏书的副本，大业元年，他曾派秘书监柳言在长安嘉则殿组织了一次前所未有的藏书校写和编目活动，将秘阁藏书重新抄写 50 套副本，分别藏于西京和东都的各宫省官府，同时编纂书目⑧。《隋书·经籍志序》著录的《隋大业正御书目录》，当是这次活动的产物。二是分类藏书。隋王朝借鉴并发展了前人按经、史、子、集分类管理藏书的做法，并使它作为我国古籍主要分类法的地位得到了确定。“于观文殿前为书室十四间”，“东屋藏甲乙”即经部、史部两类书，“西屋藏丙丁”即子部、集部两类书。此外，隋政府的专业性典藏也很可观。隋炀帝时在东都内道场设佛、道典籍专藏，令人别撰目录，而且集魏以来古迹名画，在观文殿后构筑二台，“东曰妙楷台，藏古籍；西曰宝迹台，藏古画”⑨。三是按质管理。隋炀帝时，在分类藏书的基础上又按书籍的质量把秘阁藏书分为上、中、下三品，以书轴的色彩和材料为标志相区别，上品

---

①《高祖纪上》，见《隋书》卷一，北京，中华书局，1973。
②《封氏闻见记》卷二，北京，中华书局，1985。
③⑥⑦⑨《经籍志序》，见《隋书》卷三二，北京，中华书局，1973。
④《牛弘传》，见《隋书》卷四九，北京，中华书局，1973。
⑤《经籍志序》，见《旧唐书》卷四六，北京，中华书局，1975。
⑧《资治通鉴》卷一八二，大业十一年正月，北京，中华书局，1956。

用红琉璃轴，中品用绀（天青色）琉璃轴，下品用漆轴，分别藏在不同地方。唐韦述在《集贤注记》中曾记载："隋旧书用广陵麻纸写，作萧子云书体，赤轴绮带，最丽好。"① 由此，可见隋代对书籍质量的讲究。

除政府对文献典籍的重视外，隋代私家藏书也有所发展。当时藏书最多的要算高阳北新城人许善心（字务本），他曾任秘书丞，领导过校书。他利用所藏的"万卷旧书"，仿效阮孝绪《七录》编纂的《七林》，是正宗的古典目录学著作，具有较高的学术水平。

但是，隋王朝苦心经营集聚起来的大量典籍也未能逃脱战乱的厄运，隋末农民起义和各派政治力量为争夺政权的斗争，使大量文献典籍毁于兵火。618年，隋炀帝在广陵他的浴室中被宇文化及所杀，他在广陵长期聚集起来的大量藏书也被付之一炬，"其目中盖无一帙传于后代"②。西京嘉则殿370000卷藏书，到唐初仅存80000卷，而且其中不少是重本。

隋代是我国文献典籍史上的一个重要发展时期，它虽然短暂，但在文献典籍收藏上的长足发展和与之相适应的管理方面积极措施，直接开启了唐代文献典籍的兴盛局面。

618年，李渊建立唐朝。武德四年，秘书监令狐德棻"奏请购募遗书，重加钱帛，增置楷书，令缮写"，得到唐高祖李渊的支持，"数年间，群书略备"③。这是唐王朝第一次有组织地征集图书典籍。

武德九年（626年）九月，唐太宗李世民即位，他好学礼贤，对书籍的搜集、整理和收藏十分重视。登基伊始，他便"于弘文殿聚四部书二十余万卷，置弘文馆于殿侧，精选天下文学之士虞世南、褚亮、姚思廉、欧阳询、蔡允恭、萧德言等，以本官兼学士"，他们的一项任务就是"掌详正图籍"，即整理和研究文献典籍④。628年，唐太宗又以魏徵为秘书监，并调集了一批著名学者校定四部书，配有校人员20人，缮写人员一百人协助，由魏徵主持其事，"数年之间，秘府图籍，粲然毕备"⑤。后来，继魏徵担任这项工作的著名学者

① 《玉海》卷五二，南京，江苏古籍出版社、上海书店，1987。
② 王明清：《挥麈后录》卷七，引（唐）杜宝：《大业幸江都记》。
③ 《令狐德棻传》，见《旧唐书》卷七三，北京，中华书局，1975。
④ 《资治通鉴》卷一九二，武德九年九月，北京，中华书局，1956。
⑤ 《魏徵传》，见《旧唐书》卷七一，北京，中华书局，1975。

虞世南、颜师古，又“请购天下书，选五品以上子孙工书写者为书手，缮写藏于内库”①。由于唐太宗重视书籍的搜集，政府藏书规模迅速扩大，于是，“太宗于后苑作别馆，贮儒、释、道书数千万（卷）”②。在征购文献典籍的同时，629 年，唐太宗在禁中设立了专职修史机构——史馆，集中了当时全国第一流的学者修史，由宰相监修。朝廷还颁布了《诸司应送史馆事例》的法令，规定全国各主要官府的档案材料都要按时送到史馆，以备采录。由于有这些有利条件，贞观年间，修撰的史书不仅数量大，而且门类多，有前朝史、本朝史、正史、别史、典志史、地志史、类书等大批著作，仅正史就修成了八部，占“二十四史”的三分之一，且具有较高的历史和学术价值。唐初，在大规模征集、整理古籍的基础上编撰的《隋书·经籍志》，是继《汉书·艺文志》之后我国现存的第二部史志目录。全书总计收录了经、史、子、集四部及道经、佛经存亡书籍六千五百二十部，五万六千八百八十一卷。中宗、睿宗时鉴于当时经籍多缺的情况，也曾派遣一些有学识的官员四处搜访图书。

开元年间，社会安定，经济繁荣，唐玄宗李隆基励精图治，自然重视文献典籍的搜寻和整理。开元三年（715 年），唐玄宗曾命崇文馆学士褚无量、昭文馆学士马怀素整理宫中藏书。开元七年又下诏“公卿士庶之家，所有异书，官借缮写”，并设立了搜访图书的专官“括访异书使”③。为了配合这次搜书、校书和抄书，“太府月给蜀郡麻纸五千番，季给上谷墨三百三十九丸，岁给河间、景城、清河、博平四郡兔千五百皮为笔材”④。由此可见这件事工作量之大和朝廷的重视。抄好的书分藏东西京两都，“甲乙丙丁四部书各为一库，置知书官八人分掌之。凡四部库书，两京各一本，共一十二万五千九百六十卷，皆以益州麻纸写。其集贤院御书：经库皆钿白牙轴，黄缥带，红牙签；史书库钿青牙轴，缥带，绿牙签；子库皆雕紫檀轴，紫带，碧牙签；集库皆绿牙轴，朱带，白牙签；以分别之”⑤。两都所聚书籍，以甲、乙、丙、丁为次，分列经、史、子、集入库。从此有了我国古籍以经、史、子、集分类的制度，有了

---

①④《艺文志序》，见《新唐书》卷五七，北京，中华书局，1975。

②《玉海》卷一六五，江苏古籍出版社、上海书店，1987。

③《经籍志上》，见《旧唐书》卷四六，北京，中华书局，1975。

⑤《经籍志下》，见《旧唐书》卷四七，北京，中华书局，1975。

“四库”之称。据说，当四部书完成时，唐玄宗“令百官入乾元殿东廊观之，无不骇其广”①。从唐初至唐玄宗时期，经过百余年的集聚，开元年间，唐王朝官藏图书达七万余卷。(据《新唐书·艺文志序》开元书目著录五万三千九百十五卷；另唐人撰述的二万八千四百六十九卷，再加以整理补充，共录三千二百七十七部，五万二千零九十四卷，另唐人撰述旧志不著录者二万七千一百二十七卷。此外，佛经、道藏二千五百部，九千五百卷。)《文献通考·经籍考总序》称唐代“藏书之盛，莫盛于开元”。可惜天宝十四年（755年）发生的安史之乱，使长安、洛阳两京遭受多次浩劫，政府藏书也受到严重损失，“乾元旧籍，亡散殆尽”②。

安史之乱平定之后，唐朝诸帝力图重振政府藏书，屡次下诏购募书籍。唐肃宗回到长安后就曾议聚书之事，至德二年（757年），修史官、太常少卿于休烈建议“令府县招访，有人别收得《国史》、《实录》”，“得一部，超授官资，得一卷赏绢十匹”③。代宗时，宰相元载曾“奏以千钱购书一卷，又命拾遗苗发等使江淮括访”④。文宗时，曾下诏令秘阁搜采遗书，日令添写，到开成初年，内库藏书已达五万六千四百七十六卷。僖宗时又增至十二库，总计七万余卷。然而，唐朝末年社会动乱，政府藏书再次遭到劫难。唐僖宗广明二年，黄巢起义军攻入长安，战火中“内库烧为锦锈灰”（韦庄：《秦妇吟》），“曩时遗籍，尺简无存”⑤。后来，政府虽重为购集，仅得二万余卷。

唐代私人藏书有很大的发展，出现了一些著名的藏书家，特别是在东、西两京，藏书超过万卷的不少。如苏弁“聚书至二万卷，手自雠定，当时称与秘府埒”⑥；韦述“蓄书二万卷，皆手校定，黄墨精谨，内秘书不逮也。古草隶贴、秘书、古器、图谱无不备”⑦；韩王李元嘉“聚书至万卷，又采碑文古迹，多得异本”⑧；柳公绰“家有书万卷，所藏必三本，上者贮库，其副常所阅，

---

①②⑤《经籍志上》，见《旧唐书》卷四六，北京，中华书局，1975。
③《于休烈传》，见《旧唐书》卷一四九，北京，中华书局，1975。
④《艺文志一》，见《新唐书》卷五七，北京，中华书局，1975。
⑥《苏弁传》，见《新唐书》卷一〇三，北京，中华书局，1975。
⑦《韦述传》，见《新唐书》卷一三二，北京，中华书局，1975。
⑧《李元嘉传》，见《旧唐书》卷六四，北京，中华书局，1975。

下者幼学焉”①。曾与肃宗、代宗、德宗均有较深交往的邺侯李泌藏书达三万余卷，并参照政府藏书用不同颜色的牙签将其收藏的书籍按经、史、子、集分类存放，称之为“邺架”，著名文学家韩愈有诗赞曰：“邺侯家多书，插架三万轴，一一悬牙签，新若手未触。”② 有的藏书家为管理和检阅的方便，还对私人藏书编目，如《贞观政要》的编撰者吴兢家有藏书一万三千四百六十八卷，他就自己所藏书编成了《西斋书目》一卷，这是我国古代私人藏书编目的开端。

五代十国时期，社会动乱，但也有一些政权很重视文献典籍的搜集和收藏。如后唐庄宗同光年间（923—925），政府征募民间藏书，规定献书三百卷的授以官衔。后汉乾祐中，礼部侍郎司徒调上书请开献书之路，凡以三馆亡书来献者，“计其卷帙，赐之金帛。数多者，授以官秩”③。后周世宗（954—959）时期，社会比较安定，再次征募书籍，对献书者悉加优赐，并选派常参官 30 人从事藏书的校刊整理工作。南唐建都金陵，这是当时经济文化较发达的地区，对书籍的积聚也比较重视。唐后主好儒学，宫中藏书万卷。宋开宝八年（975 年）宋兵攻城将陷时，后主下令将藏书全部焚毁，于是“万卷珍帙，付之一炬，荡然无遗”④。

二、唐代文献典籍的构成特点

书籍做为体现文化成果的载体，反映着文化的内容和人类思想、行动的痕迹，是文化创造者与接受者转化联系的中介，构成一类认识客体。从书籍的产生和流传情况，可以映现时代文化的内涵，其各部类的构成特点同样能够印证学术文化发展的总体状况。本节即从唐代文化典籍的构成上来对学术发展做进一步的说明。

我国现存文献典籍，总数在 8 万种以上，其中地方志约 1 万种。医学文献

---

① 《柳公绰传》，见《新唐书》卷一六三，北京，中华书局，1975。
② 《送诸葛觉往随州读书》，见《韩昌黎集》卷七，台北，华正书局，1982。
③ 《经籍考一》，见《文献通考》卷一七四，北京，中华书局，1986。
④ 《南唐世家》，见《宋史》卷四七八，北京，中华书局，1985。

约 15000 千种，农学文献约 2000 种，数学书籍 1000 余种，天文类 500 余种，艺术类有 1500 余种；吕澄《新编汉文大藏经目录》各部共收 2086 种，中华书局新刊，任继愈主持整理的《中华大藏经（汉文部分）》所收总数约有 4200 余种，明《正统道藏》及万历《续道藏》合计收有 1476 种；从四部构成上，据吴枫先生统计：经部达 3900 余种以上，史部约 5000 余种，子部 6000 种左右，集部约 8000 种①。以上这些是中国文献典籍的大体分布数字。

唐代是典籍积聚繁盛时期。唐初编《隋书·经籍志》共分 47 类，14466 种，89666 类。唐时存在的典籍，旧志著录为 45 类，3060 部，51852 卷。新志著录 44 卷，2438 家，3277 部，53094 卷，又唐人著述旧志不录者 1390 家，27127 卷，另佛道藏共 2500 部，9500 卷②。其中的唐人著述，据唐释圆照《贞元新定释教目录》载武德元年至贞元七年（618～800 年）共译佛经（包括史传等著述）435 部，2476 卷，加上遗漏的注疏、纂集、史地编著、目录等及贞元后著述，唐人佛学著述不下 500 种。隋代道书总目共 377 部，1216 卷，唐开元中编《三洞琼纲》收 3744 卷（或曰 5700 卷），代宗大历中又及七千卷。新志著录唐道学书目 173 种，号加长安太清宫、亳州太清宫、天台山、江州冲阳观等处所藏，去其重复，可得唐人道书近 250 种。新志著录唐人著作可考者约计 2284 种③，加上《册府元龟》、《玉海》、《宋史·艺文志》等书补遗，可推知唐人著述约 2500 种。

唐人著述中两大宗，一是佛道书约 750 种，约占总数 30%，一是诗文集，《全唐诗》录诗共 48900 多首，加上补遗约 50000 首以上，《全唐文》收文 18488 篇，合约 20000 篇。两唐志录唐人别集约 630 种，明胡震亨《唐音癸签》载唐人诗集 545 种，总约别集 700 种，约占总数 28%。两大类合计约占唐人著述的 58%，由此可见唐诗之盛和佛道的社会影响。以下各类据表加以说明。④

（1）本表主要参据《旧唐书·经籍志》、《新唐书·艺文志》。旧志多据《群书四部录》和《古今书录》，以开元以前文献为主，新志据以增补，新志所

① 吴枫：《中国古典文献学》，100～120 页，济南，齐鲁书社，1985。

②《经籍志序》，见《旧唐书》卷四六，北京，中华书局，1975。

③④ 附表六：两唐志著录唐人著述总目录。

录唐人著述多于旧志者，多为开元以后书，两者参照，可以比较唐前后期著述之不同，及后期新创著作的概貌。

（2）经部书籍中，唐代较前代增益较多的是易、礼、春秋、小学、乐诸类，较少者为尚书、诗、论语诸类，经纬（谶纬）类无增。唐承南朝文风，也重易、三礼之学①，并对世事变易多加留意，春秋学亦盛，而以通论三传的为多。唐时音乐舞蹈兴盛，记教坊、乐府、琴谱之书亦众。隋炀帝烧书，阴阳谶纬类烧毁殆尽，唐求务实，不断禁迷信，谶纬之书绝少。检讨律度声韵之书随诗赋之兴也多起来。唐初《五经正义》的撰定，经学完成总结工作，研究注释经学的著作渐少。唐人著作中经学类最少，占总数（2284 种）的 9.45%，远不及其他三部。

（3）史部书中，正史、杂史、仪注、刑法、谱牒、地理类增益较多。唐代的“汉书学”很盛，两唐志收汉书著作 31 种，唐代的占 17 种，而以颜师古注《汉书》影响最巨。表明唐人对汉代的推崇和比附汉朝的现象盛行。唐代史学出现官撰，而私人著述中关于当代史的也很多。唐学者在预修起居注、实录等书时，可以居家或在任所撰修，因而多利用丰富的资料私撰当朝史，表明经世致用倾向。其中当代史在正史杂史类中有 22 种，《大唐新语》等笔记 49 种，事迹类 49 种，此外有关当朝典制、礼俗与传记传奇等反映市民生活的著述更多。唐代政治制度有所变革，制度体史书相继出现，开始打破以人物为中心的史书体裁，反映这些时代内容的御史台记、登科记、集贤注记、翰林志以及律、令、格、式、格后敕等类书纷呈涌现。开元以后随着统治阶级对社会控制的加强，反映传统伦常思想的列女孝友等方面的书多起来，诸如王琳妻韦氏《女训》，宋若莘《女论语》等。地理事关国计民生和边防需要，统治者多所瞩目。太宗子魏王李泰置文学馆，集学者撰《括地志》开其端，李吉甫《元和郡县图志》集其大成，后期地理学著述多达 55 种之多。唐以西北军功起家，尤重自己政治地位的稳固，反复修撰谱牒，以抬高皇族的地位。其中官谱有 14 种，家谱 43 种，此皆为南北朝门阀制度的遗风余绪。唐代中外文化交流频繁，

---

① 赵翼：《廿二史札记》卷二十，“唐初三礼汉书文选之学”条，北京，中华书局，2008。

中外交通发达，记述周边各少数民族及相邻各国历史、风俗、物产的行记也较多，如裴矩《西域图记》三卷、范传正《西陲要路》三卷、韦弘机《西征记》①、辩机《西域记》十二卷、玄奘《大唐西域记》十二卷、顾愔《新罗国记》、吕述《黠戛斯朝贡图传》等。

(4) 子部书，释道、小说家、医术、历算、杂艺术、儒家等类较多，释道无庸多述，儒家著作难与匹敌，前期增 16 种，后期增 40 多种，表明后期儒学上升趋势，而法家、名家、墨家、纵横家等少有著述。唐后期文学发展的一大现象便是传奇小说的大量出现，反映出市井文学的发达，前期少有著述，开元后激增至 83 种以上。天文历算素为历代统治者所重视，各种星占、星宿图、象历书甚多，从先秦至清历代历法总目约 102 种，唐有 16 种，约占 15.6%。唐代数学书很少。有隋末唐初人王孝通《缉古算经》，他如龙受益《算法》、江本《一位算法》、陈从运《得一算经》等皆亡佚，仅成书于 770 年左右的韩延一部算书，因冠以《夏侯阳算经》而幸存，大都是以解决实际工程技术问题的代数学，表明传统致用理性所造成的学科发展的畸轻畸重。与传奇小说异质同构的反映市井生活的占卜相面宅墓以及记载赌博、下棋、风俗百图、书画等方面的书籍增加较多。医学本草等书较其他自然科学书籍增加较显著，新志著录此类共 120 种，唐人新增即达 82 种，占 68%。

(5) 集部书中，多收录唐人诗文总集与别集。诗集据胡震亨收载有 545 种，唐人自编的唱和集合选集等有 27 种之多，文集当不下 200 种，评述诗风诗品诗格的有 18 种。仅诗文集类所增唐人著述即占总数（约 2284 种，其中佛道不全）的 55%左右，可见唐代诗文之盛与文学文化的极致发展。

由以上各部类、各类科著述分布可见唐代学术发展的倾向和总体知识构成特点。

唐代学术发展中一个值得注意的现象是反映唐代文化水平的大量综合性著述的出现。今举要如下：

---

①《韦弘机传》载：(弘机）使西突厥，册拜同俄设为可汗。会石国叛，道梗，三年不得归。裂裾录所过诸国风俗、物产，为《西征记》。（见《新唐书》卷一〇〇，北京，中华书局，1975。）另《旧唐书·良吏上》作“裂裳”。

突出反映这一问题的是《五经正义》的撰定。太宗令孔颖达等 26 人参预撰定复审和刊正。注疏多本南北朝儒生义疏，如《尚书正义》、《毛诗正义》本于刘焯、刘炫；《春秋正义》本于刘炫；《礼记正义》本于皇侃；只《周易正义》不言所本，实本于郑玄。将东汉以来诸儒异说，统于一家做为标准本。与此相辅的是颜师古考定五经文字，陆德明《经典释文》则详列各经本异同，保留汉魏六朝诸经音训。上述著作真正完成了六朝经学的总结性工作，为向宋学传统的过渡做了充分的准备。诚如包弼德先生所指出的，《五经正义》首先是对学术传统的清理，这些学术传统建立在对文明生活至关重要的经典文献之上，并且将南北方的阐释传统融合为一。简单地讲，它以综合、区分次第以及总结的方式，将一个内容丰富的传统变成单一的一组著作。它是一种经学内容的百科全书①。

隋朝虽享国时短，却编了多部大型类书，像《长州玉镜》、《玄门宝海》等。唐代开始有大量类书出现，从《艺文类聚》、《北堂书钞》到《初学记》、《白孔六帖》、《文馆词林》、《芳林要览》，近 50 种之多。类书采择各种书籍中的有关资料，所收上自天文，下至地理，旁及社会生活、科学技术、文化生活，举凡人间学问，世上知识，以类相从，无所不收，是具有百科全书性质的古典文献，是知识密集型书籍，如《北堂书钞》引书 800 余种、《艺文类聚》引书 1431 种②。类书的大量出现，表明知识和信息量的增大，分门别类加以整理排比、供人阅读成为社会的需要，这是学术文化发展的结果。唐初承袭南朝文风，诏告文书等皆用骈文，加上科举取士，士子无不致力于文学，因此供士人省时减力作诗文取材之用的类书大量出现。有些文人幼年学文，即得力于类书，唐初“文选学”的兴盛也为其佐证。类书以小的篇幅容纳大量的知识，具有小百科全书的性质，成为各阶层人士的案头清供，同时也表明了唐人学问中重综合的特点。他如批判史学的名著《史通》对前代史书源流体例、编撰方法、史官的建置沿革以及史家才能的认识；《政典》、《通典》、《会要》等典制体史书的创例；《元和郡县图志》对正史地理志的拓展；十部算经对传统数学

① ［美］包弼德：《斯文：唐宋思想的转型》，刘宁译，85～86 页，南京，江苏人民出版社，2001。

② 参见吴枫：《中国古典文献学》，125～127 页，济南，齐鲁书社，1985。

的整理注释；《唐新本草》、《千金要方》、《外台秘要》等对古今方论药物的大范围收罗（三书分别收方论5300首、6000余首和药物850种[①]）；以及《法苑珠林》《三洞珠囊》等释道类书等，都充分表明了唐人对前代学问分门别类的总结归纳和重综合类比的思维特点。日本天长八年（832年）成书的《秘府略》一千卷，是中国传入日本的书籍的总集，便深受唐代类书编撰方法的影响。

唐人治学重视博通的倾向同样为一侧证。唐人治学多以博闻多识为高，以遍览群书为胜，并由此受人尊敬[②]。徐文远释经，遍举先儒异论，分明是非，乃出新意以折衷。王元感注经稍存己意，祝钦明、郭山恽、李宪等便斥其掎摭偏重，而独守先儒章句。此与宋儒发挥义理有所不同。而且唐学者多是各门学问兼通，像大画家阎立本父亲阎毗，不但精于工艺精造，而且"善丹青，号为臻绝"，立本深受其影响[③]。天宝中广文馆博士郑虔，善绘山水和虫鱼，对天文、地理、军事、医药和音律都很精通；吕才留心阅读阴阳、方伎、舆地、历史等方面书籍，尤长于乐律研究。在唐人的著述上，也反映出这一特点。像王方庆生平著述二十七种之多，既有《礼记正义》、《孝悌录》、《续世说新语》，又有《园庭草木疏》、《八体书苑》等；刘禹锡既有哲学著作和诗文集，又有医书《传信方》；吕才活到65岁（600—665），著书17种，如果从25岁算起，则平均两年多时间就有一本书问世，不仅著有《隋纪》、《阴阳书》、《姓氏谱》，也有《青乌子》、《葬书》、《玄珠录要》等，可见其博通。这些都表明唐人总体知识构成中这种重综合轻分析、重类比轻演绎的特点，在治学中的博与约的关系上，博通有余而约简不足，学术研究中的分化不够，而且往往习文的理科方面的著述少，从理的却有大量诗文传世，表明了重文的治学倾向。

疑古风气和创新精神的出现以及人才群体和学派的形成，同样证明了唐代学术的发展和唐人智力水平。两宋的疑古风气渊源有自，唐已初露端倪。《五经正义》中对于孔子删诗、《尚书·尧典》、《尚书·舜典》、《周礼》、《两戴

---

① 据麦群忠、魏以成：《中国古代科技要籍简介》，144～173页，太原，山西人民出版社，1984。

② 诸如柳璨以其博奥，人称"柳篋子（《旧唐书本传》）；王彦威通悉典故，宿儒硕学皆让之（《旧唐书本传》）；他如遍览群书的沈传师、杨瑄、徐坚、张鷟等（分别见《旧唐书》各本传）。

③ 冯立：《隋唐画家轶事》，23页，西安，陕西人民美术出版社，1984。

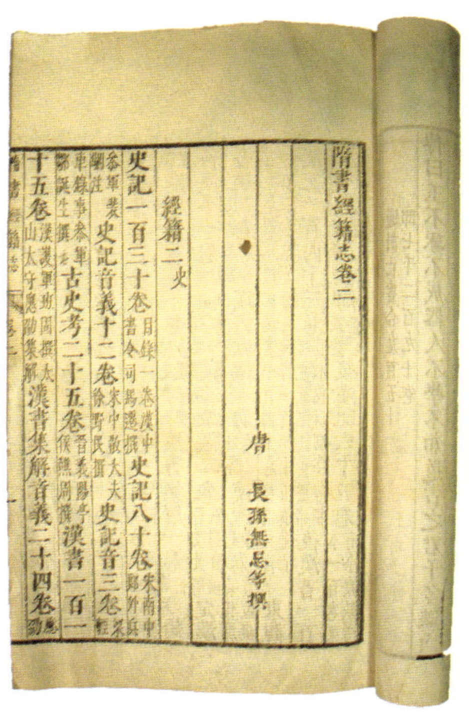

隋書經籍志卷二

唐 長孫無忌等撰

經籍二 史

史記一百三十卷 目錄一卷漢中書令司馬遷撰 史記八十卷 宋南中郎外兵參軍裴駰注 史記音義十二卷 宋中散大夫徐野民撰 史記音三卷 梁輕車錄事參軍鄒誕生撰 古史考二十五卷 晉義陽亭侯譙周撰 漢書一百一十五卷 漢護軍班固撰太山太守應劭集解 漢書集解音義二十四卷 應劭

《隋书·经籍志》书影

史通序

大泌山人李維楨撰

夫自二儀既判垂玄象之文萬彙化生彰紀事之實蒼頡沮誦以前造物代爲敷揚山川曲爲攄寫何必人抽金匱之藏世擅

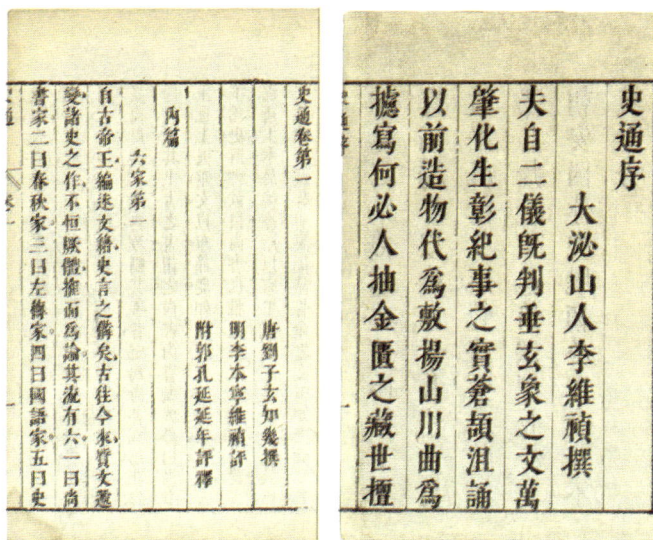

史通卷第一

唐劉子玄知幾撰

明李本寧維楨評

附郭孔延延年評釋

內篇

六家第一

自古帝王編述文籍外篇言之備矣古往今來質文遞變諸史之作不恒厥體榷而爲論其流有六一曰尚書家二曰春秋家三曰左傳家四曰國語家五曰史

《史通》书影

唐代造皮纸工艺

敦煌217窟　西方净土变一角　盛唐

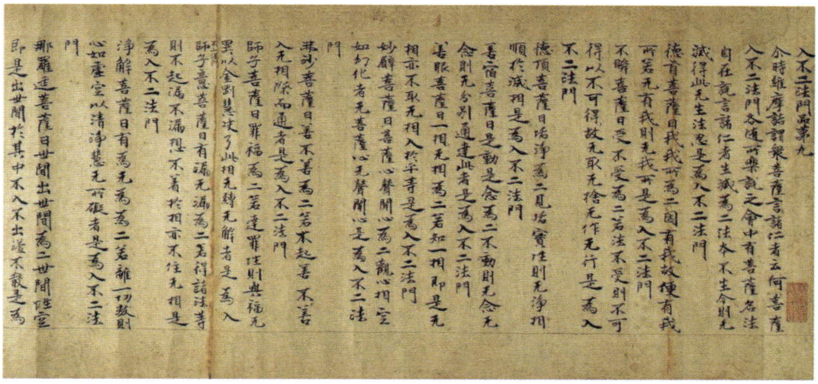

入不二法門品第九
尒時維摩詰謂衆菩薩言諸仁者云何菩薩
入不二法門各隨所樂説之會中有菩薩名法
自在説言諸仁者生滅爲二法本不生今則无
滅得此无生法忍是爲入不二法門
德首菩薩曰我我所爲二因有我故便有我
所若无有我則无我所是爲入不二法門
不眴菩薩曰受不受爲二若法不受則不可
得以不可得故无取无捨无作无行是爲入
不二法門
德頂菩薩曰垢淨爲二見垢實性則无淨相
順於滅相是爲入不二法門
善宿菩薩曰是動是念爲二不動則无念无
念則无分別通達此者是爲入不二法門
善眼菩薩曰一相无相爲二若知一相即是无
相亦不取无相入於平等是爲入不二法門
妙臂菩薩曰菩薩心聲聞心爲二觀心相空
如幻化者无菩薩心无聲聞心是爲入不二法
門
弗沙菩薩曰善不善爲二若不起善不善
入无相際而通達者是爲入不二法門
師子菩薩曰罪福爲二若達罪性則與福无
異以金剛慧決了此相无縛无解者是爲入
師子意菩薩曰有漏无漏爲二若得諸法等
則不起漏不漏想不著於相亦不住无相是
爲入不二法門
淨解菩薩曰有爲无爲爲二若離一切數則
心如虚空以清淨慧无所礙者是爲入不二法
門
那羅延菩薩曰世間出世間爲二世間性空
即是出世間於其中不入不出不溢不散是爲

敦煌文书

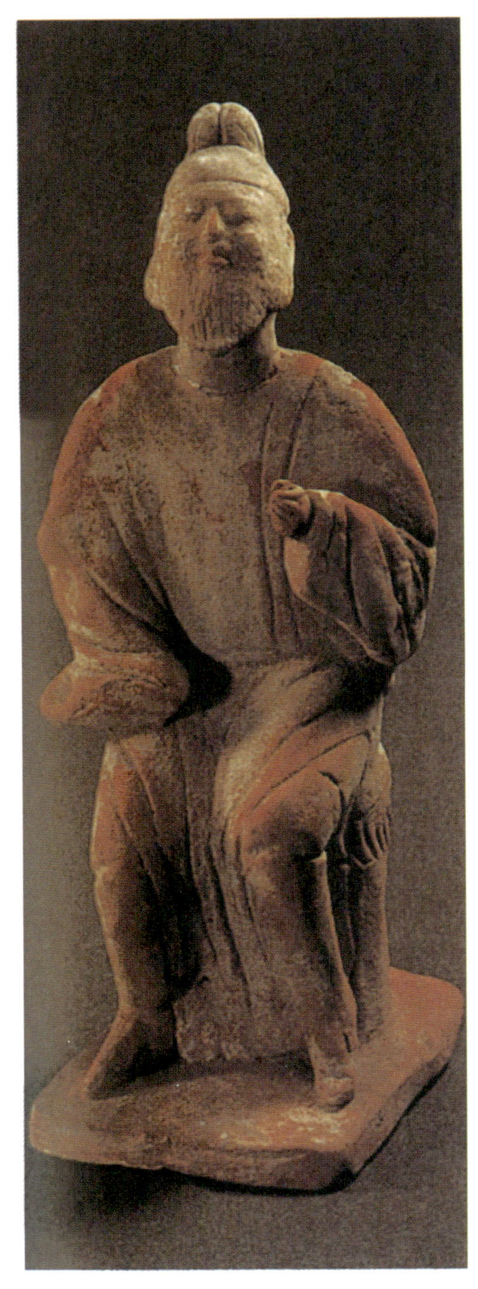

唐说书俑

记》、《谷梁传》之不可信等，都有大胆议论，敢于疑经；《史通》的《疑古》、《惑经》、《申左》诸篇，直怀疑到尧、舜、禹、汤、文武、周公、《论语》、《春秋》，对于三传并言其非，认为《孝经》郑注、《老子》河上公注、子夏《易传》、李陵《答苏武书》等都是伪造的①；对宋代影响最大的啖助、赵匡不信三传，舍传求经，独自抒己之意，得到韩愈、柳宗元的赞同，这种创新精神，实开宋学风气之先。这种创新还表现在医学中妇科和饮食疗法的开创，史学中的理论批评专著《史通》和典制体史书的创例，自然科学中僧一行等子午线的测定和浑风仪的制造，以及哲学上韩愈等儒学新命题的提出和刘禹锡、柳宗元对天人关系的新论证等等许多方面。

三、文化典籍类型研究

提到隋唐时期的文献典籍，便不能不提到文献学史上一部重要的集成性的著作——《隋书·经籍志》，它是《汉书·艺文志》创例之后的又一部重要著作。“隋志”不仅从形式上，更从理论上确立了中国古代著录文献典籍的基本方法——经、史、子、集四部分类法，这是我们今人了解古代学术文化内涵，“辩章学术、考镜源流”的基础。高宗显庆元年（656 年）完成的《隋书·经籍志》基本上应是魏征所撰，纪述隋朝一代藏书之盛，还兼述六朝时代典籍流通状况，这些内容都在“总序”中有所反映。“总序”既介绍了典籍的搜集、整理，又说明了典籍的款式和收藏，还特别交待了获得隋藏书及其目录的情况。结尾强调分为经史子集四部正是为了维护王朝统治的需要，“夫仁义礼智，所以治国也；方技数术，所以治身也。诸子为经籍之鼓吹，文章乃政化之黼黻，皆为治之具也”②。说得十分明白，表明四部分类法的经世致用职能以及传统学术为政治服务的功利色彩。四部里面还有大序，各类还有小序，重点阐述各部类典籍的性质、源流、演变及分部、类的原则，文中还有“注”，或为作者简介，或为著录典籍的介绍，包括内容、卷数、残缺、亡佚等方面的情

① 《唐人辨伪集语》序，见顾颉刚主编：《古籍考辨丛刊》，张西堂辑点，北京，中华书局，1955。

② 《经籍志一》，见《隋书》卷三二，北京，中华书局，1973。

况，有的还可以从中了解书籍的流通和存亡情况。如“通计亡书，合四千一百九十一部，四万九千四百六十七卷”，可以计算出注文内著录了“梁有”而隋亡的书一千零六十四部，一万二千七百五十九卷，反映了六朝时期典籍流传和存亡情况，对于今人研究汉魏到隋唐典籍积聚很有参考价值。也可以从中看出那一时代崇尚的学术情况，隋唐时哪些著作流传广，研究的人多，哪些典籍被人忽视而少有新作，正像我们今天研究当代的畅销书和流行语，古代文献作为一个载体正为我们提供了这样一个包罗宏富的蓝本。

如果再进一步具体分析唐代著作中的内容结构，仍可见传统文化特征在其中的表现。仅以两部类书为例——

《文苑英华》分 38 类，收录 2200 多位作者的作品近 20000 篇，其中 90％为唐人作品。在类目排序上，是天、地、人事，人事中首为帝王及有关的应制、朝会、祭祀、行事、文治、武功等，然后是各种技艺、器用、服制，最后为花鸟虫鱼等。该书收诗 10063 首，其中天地自然方面为 1010 首，与帝王行为有关的歌吟为 1322 首，省试 459 首，有关宗教 1066 首，而有关人事交往寄赠酬和送行留别悲悼等情感交流方面为 4045 首，占 40％左右，表明传统重人事重人际交流的文化特征。再如《教坊记》所录唐代曲名，概分三类：其中自然方面 53 首，人事方面 233 首，动植物 40 首，同样说明了这一问题。

“政治的秩序和典籍的秩序是同一的，一个统一的文化是一个道德的文化。”“典籍传统是文明的道德——文化遗产，精通这一遗产的人对政治的统一是必不可少的。”包弼德先生在分析唐初学者们编纂的《隋书·经籍志》所透露的政治伦理思想时发出的议论是颇有见地的①。

类书内容结构和类目比重最能说明传统文化重人事的伦理倾向。可举贞观十年成书的《艺文类聚》为例，该书分天、岁时、地、州、君、山、水、符命、帝王、后妃、储宫、人、礼、乐、职官、封爵、治政、刑法、杂文、武、军器、居处、产业、衣冠、仪饰、服饰、舟车、食物、杂器物、巧艺、方术、内、灵、异、火、药香草、宝玉、百谷、布帛、果、木、鸟、兽、麟介、虫、祥瑞、灾异共 46 部，727 子目，约百万字。

---

①［美］包弼德：《斯文：唐宋思想的转型》，刘宁译，87～90 页，南京，江苏人民出版社，2001。

类目结构中透露出伦理中心主义原则，表现封建传统文化特有内容的符命、帝王、后妃、圣贤、忠孝、郊丘、宗庙、社稷、封禅等皆列为专题，且占重要地位。排序上体现封建伦常和实用的特点，没有逻辑层次，更多的只是主题并列（尽可能辑录一切与主题有关的内容，拼凑成“语汇大全”）和同态反复（对纲常礼教的重复论证和对天地万物附着于人事的聚焦映现），不是先下定义然后外延划分，更不注意客观物质世界的内容①。再从具体内容上看，自天地岁时始，表明敬天崇德的农业社会思想和对天人关系的重视，然后是帝王、后妃、储宫储部，由政治地位来决定知识分层中的先后顺序。依次为人部，举凡人情体态等占 21 卷（全书百卷，为五分之一强），然后是与调节人际关系有关的礼乐、职官、刑法诸部，再下是与人事密切相联的衣冠器物技艺等实用工艺。灾异祥瑞也占有相当的比重。而与科学、生产生活有关，稍具科学内容的部分则仅于产业、方术部中有些许反映，自然物类等皆附着于人（如草木、虫禽、舟车、器物、居处等部），为人服务，致用倾向十分明显。自然与人事不分，很少有科学内容。类书是官修各种书中最能代表传统学术文化特征的一种②。

重综合类比，对事物的模糊笼统认识，不求形似，但求近似，一切以善为准，以尽善为终极评判，唐代人的这种思维特点颇能代表传统中国人的一般特征。这种直观的把握和致用倾向带来了学术文化中对人文的看重和对物理的轻视。从深层的文化意义看，这种文化特征又反转铸造了传统中国人的思维模式。

四、文化传播的其他载体

如前所述，唐代的文化传播类型主要分为官方的、士人的和民间的三种传

① 西方百科全书的顺序为天文学、几何学、算学、物理、植物、动物、生理、心理、而后法、政府、国家管理、历史、音乐等，有一个逻辑的和历史的一致，从中可看出认识客观世界的轨迹。

② 葛兆光：《七世纪前中国的知识、思想与信仰世界》（第四编第七节以《艺文类聚》、《五经正义》、《隋书·经籍志》等书为分析的文本，对此问题有精彩的论述，可以参照），上海，复旦大学出版社，1998。

播类型。无论是哪种传播类型，都代表和反映了人们的行为、思想和意识以及人类生活的变迁与传播。以文字载体形式留存下来的大量典籍文献已为今人研究工作提供了极大的便利，使我们对唐代文化总体的风貌有一个概括的了解。从严格意义上讲，尚需对其他的文化传播载体所揭示的唐人的思想状态、社会心理与习尚、社会文化现象等加以细密考辨，才能得出更为真切全面的结论来。

姚福申先生曾梳理了唐代的新闻传播活动，以露布、条报、进奏官报、邸报、榜文等为主①，对我们探讨唐代文化传播提供了重要的参考。兹将其他的文化传播载体分几类予以探讨：

（1）进奏院状报、条报、露布、榜文及驿传等官方传播形式。

（2）书信、题作、交游等士人传播类型。

（3）歌谣、谚语、俗讲、口碑相传等民间传播形式。

（4）敦煌经卷文书、写本、塑像、浮雕、壁画、变文等文物文献资料。这部分内容涵盖三种传播类型，又因已成显学，涉及史地、美术、建筑、乐舞、宗教、文学、语言文字、科技、版本目录等多门学科，反映的文化内涵十分丰富，相关研究成果甚多，不再详加探讨。下面只研讨前三个方面。

在唐代的官方传播方式中，进奏院一直是新闻传播史研究的一个重点，据李健超先生考订，唐代设在长安的进奏院至今可考的有53家②。方汉奇先生指出进奏院的职能“既为所代表的地方呈递章奏，下达文书，办理需要和政府中枢各部门请示汇报联系交涉的各项事宜，也为地方了解、汇集和通报各项政治消息”③，不外乎向朝廷禀报有关事项和向藩镇传递有关的信息。进奏院状是官方公文、诏诰、奏折等传播手段之外的重要传播方式，是进奏官向地方藩镇传报朝廷讯息的地方一级信息通报。王凤超先生甚至认为：“这是现存的中国最古老的报纸，也是现存的世界上最早的报纸。——唐朝藩镇派驻首都或行在的进奏官编发的报纸叫‘进奏院状’，它是进奏官向藩镇传报朝廷消息的地

① 见《唐代新闻传播活动考》，载《新闻大学》，1982总（5）。

② 徐松撰，李健超增订：《增订唐两京城坊考》，西安，三秦出版社，1996。

③ 方汉奇、宁树藩、陈业邵等主编：《中国新闻事业通史》第1卷，37页，北京，中国人民大学出版社，1996。

方一级官报”①。

露布起源于魏晋，作为从地方传至中央的报捷文书，只是一个简单的信息传布。隋文帝登基后，将露布一事纳入王朝的传播系统，使之规范化、礼仪化、精致化，从而使露布成为隋唐时代官方新闻传播网络中的重要一环。“开皇中，（文帝）乃诏太常卿牛弘、太子庶子裴政撰宣露布礼。及九年平陈，元帅晋王（杨广），以驿上露布。兵部奏，请依新礼宣行。承诏集百官、四方客使等，并赴广阳门外，服朝衣，各依其列。内史令（宰相）称有诏，在位者皆拜。宣讫，拜，蹈舞者三，又拜。郡县亦同”②。到了唐代，还为中书令宣读露布制定了一套相当繁琐的礼仪。至此，露布已不仅仅是由前方将帅发回朝廷，它还需经最高权力当局审核，乃至改写润色，然后颁行天下，已成为正式的官方发布的信息。露布也成为文人学士们显露才华挥洒文采的用武之地。

与露布作为一种上行公文不同，檄书则是君主或统帅发布的一种下行文告。隋文帝开皇八年（588 年），杨坚在大举发兵讨伐陈国之前，曾向江南地区散发了三十万纸的诏书，陈列陈后主二十恶。30 年后，隋末义军李密也曾发布一篇历数隋炀帝十大罪状的檄文。而唐代最有名的当属骆宾王的那篇《代李敬业檄天下文》（684 年）。

在印刷技术尚未普及应用的条件下，露布与檄书是传播最为广泛、受众最多、影响最大的新闻传播手段之一。

对古代人来说，交通是信息得以流通传播的唯一通用形式。在人类发明电报之前，除了烽火、信鸽等原始方式外，通信就等同于交通问题。唐代的交通，包括道路、桥梁、车船、旅舍、驿传等，其中最富传播意味的还是驿传一项，由驿路、驿站、驿卒、驿马、羽檄、符节等内容构成。整个唐代的官方传播网络，就是由驿传支撑起来的。驿传，基本上是由驿路和馆舍组成，一般“三十里置一驿”③，唐代极盛时“天下驿凡一千六百三十九所，”其中水驿二百六十个，陆驿一千二百九十七个，水陆兼驿八十六个④。驿传的功能有传递公文、大宗物资转运、人员往还、各种信息流通等。

---

① 王凤超：《中国报刊史话》，304 页，北京，商务印书馆，1991。

②《礼仪志三》，见《隋书》卷八，北京，中华书局，1973。

③ 见杜佑：《通典》卷三三，影印本，北京，中华书局，1984。

④《驾部郎中》，见《唐六典》卷五，北京，中华书局，1963。

因大中九年进士孙樵写有《读开元杂报》一文，开元杂报被新闻史专家们视为中国最早的报纸。本来做为地方向中央政府传递捷报的露布，至隋唐时成为正规的礼仪活动，成为官方传播系统中重要一环，成为上行文书中的一种①。属官方公报，每日公布，为单本“榜示”，而不具有批量散发的功能。它与烽燧、榜文、檄书等一样构成官方传播政治军事信息的主体，在印刷技术尚未普及应用的条件下，成为传播最为广泛、受众最多、影响最大的传播手段。而传说中的唐代有名的诗人宰相张九龄用一只名叫“飞奴”的信鸽传信，更是各国文明中先后都经历过的一段传播史的过程②。

士人（知识分子与官吏）间的文化传播，主要借助于语言和文字，前者体现在交友、远游、拜谒等活动中，后者体现在通信、题诗、唱和、著述上，而这些都通过著述与文献典籍流传下来，提供给今人以为研究的载体和文本。这里重点分析一下前者。士人之间的交往与口碑相传，多记录于唐人的史料笔记杂著，有“一日名动京师，三日传满天下”③ 的说法。诗歌作为唐代普遍流传的一种文学表现形式，充分展示了士人传播的深度和广度，留下了很多脍炙人口的诗传典故。士子雁塔题名、曲江饮宴、文人墨客交游往来等大量地展示了文化传播的无限魅力。他如尺犊书信、笔记小说、各类题作都是印刷技术尚未普及之前的一种较为实用的传播方式，因其传播的广泛，而促进了诗歌的繁荣。

民间传播最为普遍的是口耳相传以及民间集会中的集中传播。韵文成为便于记诵的主要技术手段，所以歌谣民谚成为最初集结的文字。唐太宗为了解民间疾苦和百姓的意愿，曾于贞观八年颁布诏令，派文武大员十三人巡游各处采风，征集民谣。《全唐诗》卷八七四至八七八便收录了采集到的唐人歌谣与俗谚。俗谚民谣内容包罗更广，代表了民间文化的丰富内涵。作为唐代民间传播独特的俗讲与变文，宣传佛教义理，演义历史人物、世俗风情，成为后世民间说唱文学的先声。这一面向社会底层民众的传播越来越普及，影响更为广泛，推进了文化的开放和向纵深发展。

---

① “凡下通上，其制有六：一曰奏抄，二曰奏弹，三曰露布，四曰议，五曰表，六曰状；皆由（侍中）审署申覆而施行焉。”见《旧唐书》卷四三，北京，中华书局，1975。

② 详见王仁裕：《开元天宝遗事》卷上，上海古籍出版社，1985；［美］谢弗：《唐代的外来文明》，吴玉贵译，72页，北京，中国社会科学出版社，1995。

③ 辛文房：《唐才子传》卷七，“赵嘏”条，哈尔滨，黑龙江人民出版社，1986。

第十章
大一统下的开放文化

一、唐王朝的文化控制

唐王朝是一个政治上统一的大国，又是一个文化政策极为开明、开放的王朝。一般地讲，列国纷争的乱世对文化的自由发展是有利的，如春秋战国时期，社会动荡，百家争鸣，文化学术高度繁荣；而大一统的王朝因其在各方面追求一体化，以维护其“一统”的局面，这必然制约文化的多元发展。但唐王朝不仅在政治上保持了长时期的统一，而且在文化上以博大的胸怀兼容并包，创造了中国文化史上绝无仅有的“盛唐气象”。

唐王朝文化政策的开明首先表现在宗教政策的宽容上。

宗教在文化的整体结构中处于重要的地位，对宗教所采取的政策直接反映了政府的文化态度。有唐一代，虽然不同时期、不同的君主由于不同的原因，对儒学及释、道各有所偏重，武宗甚至一度灭佛，但就总体而言，基本上始终推行三者并行政策，任其自由发展，从而形成了“三教争衡”的局面。

儒学在汉代确立了“独尊”的地位，在魏晋南北朝时期，受到佛道二教及玄学思潮的冲击而一度丧失此种地位。而至唐代，经高祖、太宗的大力提倡，开始振兴。唐初统治者大力提倡儒学，把尊儒崇经、推行仁义之道作为治国之根本，并采取了一系列复兴儒学的措施，取得了良好的社会效果。史载，唐高祖“颇好儒臣”，武德元年，即着手恢复学校，“置国子学、太学、四门生，合三百余员。郡县学亦各置生员”①。武德二年，高祖下诏：“兴化崇儒”，表彰周、孔②，高祖曾亲临国子学释奠，听诸生讲解经义。太宗“锐意经术”，贞观二年，他宣称：“朕今所好者，惟在尧、舜之道，周、孔之教，以为如鸟有翼，如鱼依水，失之必死，不可暂无耳。”③ 表明了他对儒学大力提倡、尊崇的态度。他首先确立了作为儒学创始人孔子的地位。贞观二年，太宗“诏停周公为先圣，始立孔子庙堂于国学，稽式旧典，以仲尼为先圣，颜子为先师，两边俎豆干戚之容，始备于兹矣。是岁大收天下儒士，赐帛给传，令诣京师，擢以不次，布在廊庙者甚众”④。贞观四年，令全国州县立孔子庙。贞观十一年，尊孔子为宣父，并在兖州修庙，“给户二十，充享祀焉”⑤。此外，太宗还多次褒奖前代通儒子孙，特加引擢，贞观二十一年又诏以左丘明等二十一位大师配享孔子庙堂。他们虽师承不同，流派有别，但太宗皆能广纳博采，兼容并蓄，这一方面反映了经学要求统一的趋势，另一方面也表明了唐太宗尊崇儒学的博大胸怀。

在崇儒的同时，道教在唐代上层统治者中格外得宠。道教是中国土生土长的宗教，也正因为如此，它与中国的广大民众密切相关，在一定程度上反映了

---

①《资治通鉴》卷一八五，高祖武德元年五月，北京，中华书局，1956。

②《儒学上》，见《旧唐书》卷一八九上，北京，中华书局，1975。

③《慎所好》，见《贞观政要》卷六，上海古籍出版社，1978。

④《崇儒学》，见《贞观政要》卷七，上海古籍出版社，1978。

⑤《褒崇先圣》，见王溥：《唐会要》卷三五，北京，中华书局，1955。

中国传统文化的本质特征，鲁迅先生即认为，“中国根柢全在道教”①。原始道教多与谶纬迷信相纠葛，在民间社会影响极大。但南北朝以后，道教经过改造也朝着贵族化的方向发展，与上层统治阶级发生了密切联系，成为巩固阶级统治的工具。李唐本出自夷狄，因李姓，便攀援道教创始人老子李聃为先祖，另外，早在李渊父子初起兵太原之时，即得到当时著名道士王远知、楼观道士岐晖的大力帮助。王远知称李渊为真龙天子，自己假托老君之名，称太原起义是受天命。岐晖则称誉李渊为“真主”，并为李渊反隋筹集粮资。以此李家族系被神化，门第得以提高，此举深得李渊欢心，登位后对道教大力推仰，亲谒老君庙，号称祭祖。太宗沿袭高祖崇道政策，称自己是李老君之后裔，钦定道士、道姑之地位在僧尼之上。高宗更加封太上老君为“太上玄元皇帝”，以《老子》为上经，列为科举考试内容，对天下士子必修老庄之学影响很大。唐玄宗时有抑佛崇道的举措，道教更是乘势大兴。唐玄宗一再给太上老君追加尊号，如“大圣祖玄元皇帝”、“圣祖大道玄元皇帝”、“大圣祖高上大道金阙玄元天皇大帝”等等，使老子的宝座金光熠熠。封道家人物庄子、文子、列子、庚桑子为真人，其书为“真经”，亲为作注，颁行天下，令天下士子家藏一本，贡举人加试老子策，并主持纂修3744卷的《三洞琼纲》，天下道观达1687所。东都洛阳的玄元皇帝庙“山河扶绣户，日月近雕梁”②，气派格外宏大。天台山、茅山、华山、青城山、王屋山等名山幽谷无不香雾缭绕、仙乐不绝。

与道教相类似，唐代诸帝真正信仰佛教者并不太多，他们普遍崇佛兴法，大力支持佛教，主要是出于政治上的考虑。唐高祖未作皇帝时就笃信佛教，称帝后建寺还愿，设斋行道。贞观三年，唐太宗舍通义宫为尼寺，自称是“菩萨戒弟子”，以皈依三宝佛门，并下《为战阵处立寺诏》，为当年各战阵之所修建寺庙，以超度亡灵。他下敕颁发《佛遗教经》，鼓励大臣出家为僧，在《大唐三藏圣教序》中对高僧玄奘赞誉备至。唐高宗为其母祈福，曾下令修建大慈恩寺，超度僧众三千人，请三藏法师玄奘任大慈恩寺住持，在寺内另设翻经院。武则天为了篡唐革命，更是对佛法崇弘有加，她自称佛教虔诚弟子，自加尊号为“金轮圣神皇帝”。广颁《大云经》于天下，令诸州皆建大云寺，度僧千人，

---

①《鲁迅全集》第9卷，285页，北京，人民文学出版社，1958。

② 杜甫：《冬日洛城北谒玄元皇帝庙》，见《全唐诗》卷二二四，北京，中华书局，1979。

并亲自主持《华严经》80卷的翻译。禅宗渐兴后，武则天又礼请禅宗北派领袖神秀入宫，敬跪问道。又恭请禅宗南派领袖慧能进京，未果，遂将其得法袈裟弄到京都，供养于宫中道场之中，对之推崇备至。在东都洛阳，武则天在龙门大规模开窟造像，她命僧徒薛怀义造夹纻大佛像，其规模之大，一个小拇指上就能站下数十人。唐玄宗时代国势强盛，经济繁荣，佛教活动也异常活跃。玄宗曾请密宗的不空法师为其授灌顶仪式，从而成为菩萨戒弟子。借助帝王的扶持，佛教在初盛唐扶摇直上。京畿长安，寺庙众多，城中坊里也大都设立了寺庙，其中规模大者，“穷极壮丽”，“土木之役仅逾万亿”①，日本高僧圆仁在其《入唐求法巡礼行记》中说：“长安城里，一个佛堂院，可敌外州大寺”。长安城里佛塔林立，造型优美，风格各异：大雁塔雄伟巍峨，小雁塔俊秀婀娜，善导塔玉玉亭亭……长安城内僧众“街东街西讲佛经，撞钟吹螺闹宫廷”②，春风得意，不可一世。举世闻名的卢舍那大佛高17.14米，端坐正中，神王、金刚、菩萨、弟子侍立左右，如众星拱月，气势宏伟，望之森然起敬。唐朝诸帝，除武宗外，对佛教的态度基本上是扶植和利用为主。在中国佛教史上，唐代是佛教的全盛时期，宗派林立，高僧辈出，经籍浩繁，皆与唐政府对佛教采取宽容、支持、保护的政策有关。

尽管唐代有时重释道而轻儒，有时隆道儒而抑佛，有时扬儒佛而排道。但总体观之，其政策仍不失为三者并重、三者并奖和三者并用。

唐代统治者尊道、礼佛、崇儒，更鼓励三教自由展开辩论。德宗贞元年间，三教论辩于麟德殿。“始三家若矛楯然，卒而同归于善”③。三教并行不悖，不仅有力地促使儒、佛、道相互吸取，而且造成一种开放的文化心态：人们不以一教为尊，亦不必以自己的信仰去屈从于一尊意志，从而造成一股比较自由的空气。

唐朝文化政策的宽松还表现在文学艺术上。一代英主李世民与以魏征为首的儒生官僚集团积极鼓励创作道路的多样性。他们虽然对六朝淫靡文风强烈不满，而强调文艺的经世功能，但并未推行文化偏至主义，并未以强硬手段重质

① 《鱼朝恩传》，见《旧唐书》卷一八四，北京，中华书局，1975。

② 《华山女》，见《韩愈集》，79页，长沙，岳麓书社，2000。

③ 《徐岱传》，见《新唐书》卷一六一，北京，中华书局，1975。

轻文，重道制艺，而是仍然鼓励“纯文学”、“纯艺术”的发展。太宗论文学，盛赞陆机“文藻宏丽”；论书法，“心慕手追”王右军；论音乐，呼应嵇康之论，认为“声无哀乐”，“悲悦在于人心，非由乐也”①。魏征对江淹、沈约等人的文学成就多有肯定，以为他们“缛彩郁于云霞，逸响振于金石，英华秀发，波澜浩荡，笔有余力，词无竭源。”他平实地分析南北文学之短长，提出了“各去所短，合其两长”的卓越见解②。如此文艺思想与文艺政策，自然推动文学艺术生动活泼地向多方向发展，而不是僵死地囿于政教一隅。

自由的文化氛围使知识分子养成了一种狂放的性格。在士人的诗中，儒学圣贤可以成为被嘲弄的对象。李白曾狂歌：“我本楚狂人，凤歌笑孔丘”；“儒生不及游侠人，白首下帷复何益。”年轻的杜甫作诗曰：“儒术于我何有哉，孔丘盗跖俱尘埃。”当世君主则不被放在眼里，李白竟敢“长安市上酒家眠，天子呼来不上船”，倒是君主要屈尊“降辇步迎”。

唐代社会风气开放，思想制约相对薄弱，文化氛围相对宽松，使唐代文化人的艺术创造力得到自由的发挥，从而赋予唐文化以“充实而有光辉”的气质。

二、文化的交融与合流

唐代文化是在承继了汉魏文化传统及两晋南北朝以来学术思想新发展的基础上，逐渐发展并形成统一的文化系统的。从文化形态的角度看，即从文化现象和自然环境的关系来看，唐代地域辽阔（前期东到大海，西达咸海，东北至黑龙江以北至外兴安岭、库页岛一带，南及南海），造成了南北东西自然景观的明显差异，从而形成了不同的文化活动背景。山水、土质、植被、气候等自然环境制约和影响着人类文化欲求及民族特征，从而形成了不同的区域文化系统，即同类文化按一定的关系形成的一种不可分割的有机联系的整体。从地域、民族特征来看，作为综合统一的唐代文化系统，大致可以分为以下三个区域系统：

---

①《礼乐》，见《贞观政要》卷七，上海古籍出版社，1978。

②《文学传序》，见《隋书》卷七六，北京，中华书局，1973。

（1）北方游牧文化区。这一区域指长城以北以西的地区，包括从东北沿蒙古高原到西北宁夏北部、甘肃北部、新疆至藏北高原。其地貌特征主要为沙丘、高原和草原，气候为温带大陆性气候，通常称为北方草原区。此地居民为胡民族系统，以从事畜牧业和其他狩猎活动为主。反映到文化上，他们逐水草而居，过着不稳定的游牧生活，住穹庐、毡帐、蒙古包，男女喜穿绑腿和马靴，以“紧窄”的胡服为特征，好作摔跤、赛马、射箭与游戏，饮食以肉食和奶制品为主，其文学艺术也多反映水草放牧、驰逐狩猎、荒漠和冰天雪地的情景。如“大漠沙如雪”“山南山北雪晴，千里万里月明”的沙漠风光，“跑沙跑雪独嘶”的驰马场景。

（2）中原旱作农业文化区。其地包括黄河流域，即秦岭—淮河以北至长城以东以南地区。其地貌主要为黄土高原、草原、沙漠，气候较北方温暖湿润，以种植粟黍等旱作物、农作物为主。此地居民为华夏民族后代——汉族，他们过着定居生活，居住在木栏建筑房屋中，服饰以“宽松肥大”为特征，饮食以面食为主。此地区是唐代政治文化经济中心，文化艺术融合了许多外来文化，达到了相当高的水平，但在思想文学艺术上仍以“儒教经典文化”为主，形成“河朔词义贞刚，重于气质”的“北方文风”。

（3）南方水田农业文化区。此区包括秦岭—淮河以南地区，以湖泊川泽为主要地貌特征，气候以亚热带季风气候为主，还包括热带气候，多种植水稻，栽桑养蚕。居民多为南迁的汉族和东南的闽越少数民族系统，过着定居生活，居住在土木式的建筑中，服饰以“宽松、轻薄”为主，饮食以大米为主。文学艺术作品也多以反映江南风光、农家悠闲的生活为主。此区自然条件优越，手工业商业相当繁荣，因而文化也达到了相当高的水平。继承南朝的浮丽文风，形成了“江左宫商发越，贵于清新”的“南方文风”。

在唐代，这三个文化区域之间的联系空前加强，唐政府不断往少数民族地区派遣官吏、驻扎军队，与少数民族联姻，促进了同各少数民族之间友好贸易往来和文化交流。在频繁的接触之中，各区域文化系统便逐渐融合，如“百川汇海”，在思想方式、生活方式上走向一致，形成了一个统一的文化系统。唐文化以中原地区的儒家文化为中心，吸收了边地各民族及外域文化中的有用因素，而少数民族地区又大多归附于唐朝，接受其统治，接受了汉文化中的先进内容，南北文风在相互排挤中又相互融合，最终便形成了以汉文化为中心——以农业经济为本位、以儒家思想为骨干的博大的文化特征。

唐王朝建立之后，迅速发展，日益昌盛，声威远被四方。太宗时平定了强大的东突厥，安定了北边；西破吐谷浑，与吐蕃建立起甥舅关系，重新打通了隋末一度封闭的丝绸之路。高宗时，拓宇至咸海之滨，在广大的中亚腹地建立起都督府和羁縻州。唐王朝成为当时世界上最先进、最发达的政治、经济、文化中心。边疆诸族与内地密切交往，不少人入居中原；四周远近诸国慕风向化，往来报聘，络绎不绝。其间文化的交流与融合更是广泛而兴盛。另一方面，唐王朝对推进这种文化的交流和接受外来文化采取了十分积极、主动的态度。唐太宗明确表示："自古皆贵中华，贱夷狄，朕独爱之如一。"① "我今为天下主，无问中国及四夷，皆养活之。不安者我必令安，不乐者我必令乐。"②唐玄宗即位后有诏令说："我国家统一寰宇，历年滋多，九夷同文，四隩来暨。夫其袭冠带，奉正朔，禺禺然向风而慕化，列于天朝，偏于属国者盖亦众矣。我则润之以时雨，炤之以春阳，淳德以柔之，中孚以信之，玄风既同，群物兹遂。"③ 究其原因，首先是由于南北朝时期民族的大规模迁徙与融合，大为削弱了民族间的偏见，而唐王室本身即有鲜卑族血胤，是一种以汉族为父系、鲜卑族为母系的混血的新汉族。类似情形在唐朝官僚中亦不少见。这种民族背景与社会环境使得唐朝统治者较少民族偏见。另外，隋唐继六朝民族融合之后，以胡汉混杂的血统拥有天下，建立的是多民族统一的国家，现实政治状况也要求改变歧视、排斥少数民族的态度；而兴盛的唐王朝对与外域的交流更有强国的自信心。最后，中华民族自古以来就有仁爱天下、招徕四夷的传统，隋唐时期频繁密切的地区、民族间的交往更加发扬了这一传统。

隋唐王朝的民族政策和宗教政策一样亦开放、宽松，与边疆诸少数民族积极开展友好往来。特别是唐前期，对少数民族较少歧视，各民族间的经济和文化联系更加紧密了。所有这些都促进了民族的融合，促进了多民族统一国家的巩固和发展，加速了民族之间的文化交流。

---

①《资治通鉴》卷一九八，贞观二十一年五月，北京，中华书局，1956。

②《帝王部·来远》，见《册府元龟》卷一七〇，北京，中华书局，1982。

③《放还诸蕃宿卫子弟诏》，见《全唐文》卷二六，影印本，北京，中华书局，1983。

东北的渤海自建立政权后，在政治、经济、文化等方面都与唐王朝发生了密切的联系。渤海的使节不断入唐，并派大量学生到长安太学学习汉文化。渤海的官制完全模仿唐朝，如中央设三省六部，与唐朝的三省六部完全一样，甚至连官吏的服色，也与唐朝一致。此外，渤海向唐朝朝贡的物品有貂皮、海豹、鹰、马、麝香、人参等，唐朝的回赐物品则以丝绸和金银器皿为多。在吉林敦化近郊发现的渤海《贞惠公主墓碑》，立于渤海宝历七年（780 年），和内地的碑制及文体相同。

东界与渤海毗邻、居住在漠北的回纥族，与唐朝的关系也很密切。安史之乱爆发后，回纥曾两次派兵助唐平叛。唐肃宗曾将幼女嫁给回纥毗伽阙可汗，在内地经商的回纥商贾也与汉族通婚。唐后期，回纥与内地贸易频繁，有专设的马市，回纥人用马、骆驼、兽皮换取唐朝的丝织品和茶叶等。据大历十四年（779 年）的统计，回纥常住长安的商贾竟达千数人。8 世纪中叶以后，回纥可汗开始修建城郭及宫殿，这说明回纥族受唐文化的影响，开始由游牧生活走向定居。回纥诗人坎曼尔写的《忆学字》诗称："古来汉人为吾师"，记述了唐代各族之间相互学习的生活情景。

居住在我国西北漠南的突厥族，于贞观四年（630 年）被唐兵大败后，突厥贵族连同家属近万家入居长安，其首领颉利可汗被唐政府封为右卫大将军。武则天神功元年（697 年），唐政府送给突厥谷种四万斛、杂彩五万段、农器三千件、铁四万斤，可见突厥人已从汉人学习农业。开元十五年，唐朝在西受降城（今内蒙五原西北）开设互市，每年用绢帛几十万匹买突厥之马以补充军骑，这项贸易对双方都很有利。

西域各族如高昌、焉耆、龟兹、疏勒、于阗等，与唐朝的经济文化联系极为密切。内地汉人迁徙西域定居的也很多。唐政府对西域地区进行有效管辖后，这里的军政机构、土地、赋役、户籍制度都同内地趋于一致。唐朝曾在天山南麓大兴屯田，使内地先进的生产技术和丝织品、金铁器物不断传入西域。西域商人到内地经商的也很多，主要集中在陇西的武威、张掖及长安等地。隋唐两代输入西域的蚕丝，无论是质量上还是数量上都超过了前代。另外，内地的书籍如《论语》、《史记》、《汉书》、《神农本草》等，在西域广为流传。吐鲁番文书中曾发现 12 岁小学生卜天寿于景云元年（710 年）手抄的《论语郑氏注》残卷，还附有唐朝学童的识字课本《千字文》数句。西域文化对唐朝文化的影响也很大，如西域音乐的输入对唐乐就有较大的促进作用，唐太宗所定十部乐中，就有龟兹乐、疏勒乐、高昌乐等。在绘画方面，于阗画家尉迟跋质那和尉迟乙僧父子来内地，传布了凹凸画法，对唐朝大画家吴道子、李思训等都有较大的启发。此外，西域的葡萄及其酿制技术也传入内地，丰富了内地人民的物质生活。

西南吐蕃王朝与唐王朝时战时和，但总体而言，友好仍是主流。文成公主远嫁松赞干布，两国结成“甥舅之国”。金城公主再嫁尺带珠丹，进一步巩固了友好关系，“遂和同为一家，天下百姓，普皆安乐”①。双方往来频繁，从634年至846年的213年间，双方遣使达191次。文成公主入藏时，带去了内地的蔬菜种籽、精致的手工艺品、纺织技术和内地的文化，后又送去蚕种、造酒、造纸、造墨的工匠。金城公主入藏时，带去许多工匠艺人，还有数万匹丝织品和一个龟兹乐队。唐代的历法、算学、医学、文学、音乐等在西藏广为流传。开元十九年，唐朝应吐蕃请求，在赤岭（今青海日月山）一带开设互市场所；元和十五年在陇州（今陕西陇县）再设互市，双方经济交流活跃。吐蕃的马匹、牛、药材等地方特产是交换唐货的主要货物。吐蕃的贵族子弟被送至唐朝的国立学校学习诗书，出现了一批精通汉文的吐蕃学者，对汉藏文化的交流起了较大的作用。

南诏建立政权后，其政治制度、军事编制、土地政策都极力效仿唐朝，促进了当地奴隶制向封建制的发展。开元二十六年（738年），唐玄宗册封南诏首领皮逻阁为云南王，汉族文化和科技大量传入南诏。南诏派大臣子弟到成都就学，前后多达数千人。他们回国后，卓有成效地发展了本地区的文化。南诏的建筑工艺受唐朝的影响很深，著名的大理崇圣寺三塔，造型与西安的小雁塔基本一致。太和三年（829年）双方交恶，南诏军攻陷成都，曾俘掠许多织工入南诏，使此后南诏的丝织品竟可与唐媲美。

此外，隋唐王朝与台湾地区（当时称流求）也保持着一定的联系。隋炀帝曾两次派人到过流求：一次是大业三年（607年），派羽骑尉朱宽和海师何蛮

---

①《吐蕃传上》，见《旧唐书》卷一九六上，北京，中华书局，1975。

到流求“求访异俗”；一次是大业六年，派武贲郎将陈稜和朝请大夫张镇周率军万人，从义安（今广东潮州）出发抵达流求。史载：“流求人初见船舰，以为商旅，往往诣军中贸易。”① 这说明当时大陆和流求经常有商船往来，否则不会将出访船队（实际上是出征）误作商旅。此后，大陆人民不断往台湾定居，两岸的经济文化联系日益密切。

隋唐两代，特别是唐朝前期，通过与边疆各族的友好往来，促进了内地经济文化的发展；同时，繁荣的隋唐经济和灿烂的隋唐文化也对周边各族产生了深远影响。隋唐开放、宽松的民族、外交政策，反映了隋唐时期中国国力强盛的民族自信心和文化优越感，也体现了唐朝统治者“长鲸吸百川”似地吸收外来文明的博大胸怀。

胡、汉文化相融合产生了明显的文化效应，其中最突出的是作为游牧民族的胡文化将一股豪强侠爽之气注入作为农业民族的汉文化系统内，起到了“补强剂”和“复壮剂”的作用。胡汉文化相融合的文化效应也相应得到最为充分的释放，造成整个唐文化中弥漫着一股氤氲的胡气。李白高吟“酒后竞风采，三杯弄宝刀。杀人如剪草，剧孟同游遨”②，大有胡人强梁气概。王勃名句“无为在岐路，儿女共沾巾”，亦大有北朝刚健之气。诗人王维亦吟道：“少年十五二十时，步行夺得胡马骑。射杀中山白额虎，肯数邺下黄须儿。”③ 诗风劲健侠爽，大有胡风。胡气氤氲，使唐文化热烈多彩，充满了生命活力和蓬勃的创造力。

三、文化开放下的观念与心态

唐代文化的全面开放造成了多方面的社会效应。首先，开放的文化造成民族异己心态的淡漠和华夷观念的松弛。华夷之辨由来已久，所谓“非我族类，其心必异”，从而以华夏为尊，以夷狄为贱，造成民族之间的隔阂和排斥。唐代则不然，鲁迅曾言：“汉唐虽然也有边患。但魄力究竟雄大，人民具有不至

---

① 《陈稜传》，见《隋书》卷六四，北京，中华书局，1973。

② 《白马篇》，见《李太白全集》上册，280 页，北京，中华书局，1977。

③ 王维：《老将行》，见《全唐诗》卷一二五，北京，中华书局，1979。

广目天王像
唐　绢本设色
高45.5厘米　宽16.0厘米
广目天王是四大天王之一，据说他能以清净天眼观察护持世界，故名

吐鲁番文书（残卷）

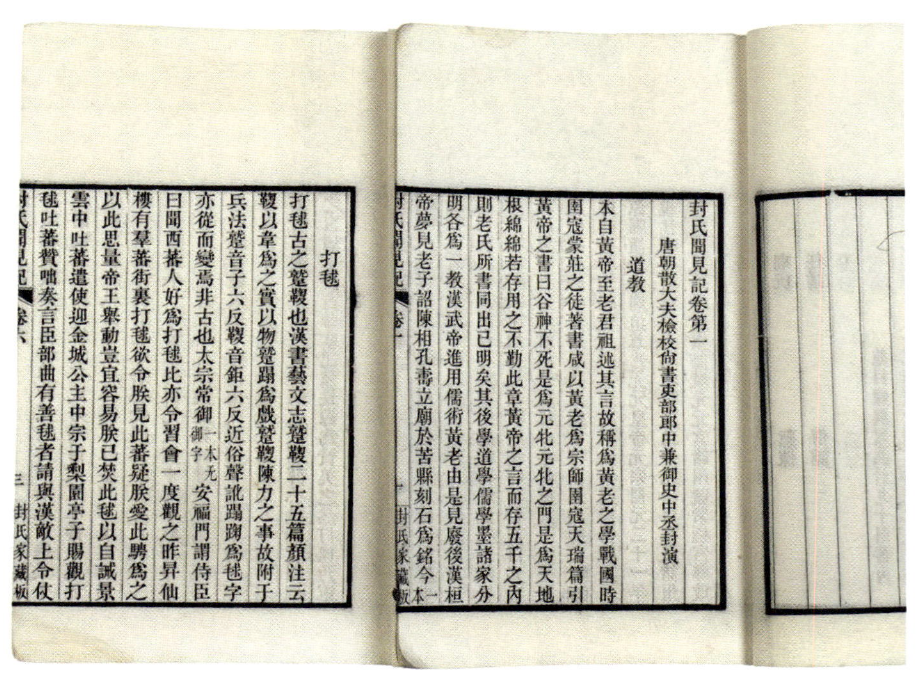

封氏聞見記卷第一

唐朝散大夫檢校尚書吏部郎中兼御史中丞封演

道教

本自黃帝至老君祖述其言故稱爲黃老之學戰國時園寇莊之徒著書咸以黃老爲宗師園寇天瑞篇引黃帝之書曰谷神不死是爲元牝元牝之門是爲天地根綿綿若存用之不勤此章黃帝之言而存五千之內則老氏所書同出已明矣其後學道學儒學墨諸家分明各爲一教漢武帝進用儒術黃老由是見廢後漢桓帝夢見老子詔陳相孔壽立廟於苦縣刻石爲銘今一本

封氏聞見記　卷一　一　封氏家藏板

打毬

打毬古之蹵鞠也漢書藝文志蹵鞠二十五篇顏注云鞠以韋爲之實以物蹵蹋爲戲蹵鞠陳力之事故附于兵法蹵音子六反鞠音鉅六反近俗聲訛蹋蹴爲毬字亦從而變焉非古也太宗常御一本无御字安福門謂侍臣曰聞西蕃人好爲打毬比亦令習會一度觀之昨昇仙樓有羣蕃街裏打毬欲令朕見此蕃疑朕愛此騁爲之以此思量帝王舉動豈宜容易朕已焚此毬以自誡景雲中吐蕃遣使迎金城公主中宗于梨園亭子賜觀打毬吐蕃贊咄奏言臣部曲有善毬者請與漢敵上令仗

封氏聞見記　卷六　三　封氏家藏板

《封氏闻见记》书影

三彩宝相花洗
唐
高6.3厘米　口径25.8厘米
陕西三原出土
现藏三原县文物保管所

舞伎联珠柄八棱金杯
唐
高6.4厘米　口径7.2厘米　重380克
陕西西安南郊何家村窖藏出土
现藏陕西历史博物馆

鎏金仰莲荷叶纹银碗
唐
通高8厘米　口径16厘米
足径11.2厘米　重223克
陕西扶风法门寺地宫出土
现藏法门寺博物馆

葡萄花鸟纹银香囊
唐
通高4.5厘米
陕西西安南郊何家村窖藏出土
现藏陕西历史博物馆

菱格柿蒂纹双面锦
唐
长15厘米　宽9.5厘米
新疆吐鲁番阿斯塔那墓出土
现藏新疆维吾尔自治区博物馆

绛色印花女裙残片
唐
长140厘米　宽14厘米
新疆吐鲁番阿斯塔那墓出土
现藏新疆维吾尔自治区博物馆

三彩女立俑
唐
高44.5厘米
陕西西安墓葬出土
现藏陕西历史博物馆

三彩女坐俑
唐
高47.5厘米
陕西西安墓葬出土
现藏陕西历史博物馆

唐彩绘胡装俑

唐代胡人乐

三彩骆驼载乐俑
唐
通高66.5厘米　长42厘米
陕西西安鲜于庭诲墓出土
现藏中国国家博物馆

于为异族奴隶的自信心，或者竟毫未想到，凡取用外来事物的时候，就如将彼俘来一样，自由驱使，绝不介怀。”① 唐人对“尊华攘夷”之辨多逾越而淡漠，他们改而信奉“敬万物”与“育万类”。太宗称：“自古皆贵中华贱夷狄，朕独爱之如一，故其种落皆依朕如父母。”② 太宗时，边疆诸族归化，共拥戴太宗为“天可汗”，绝不是偶然的。唐代在与异族接触时表现出更多的自信。唐太宗曾批评“隋炀帝性好猜防，专信邪道，大忌胡人”，而认为“君天下者，惟须正身修德而已”③。他将归降的突厥人“置于内地，去京不远”，对“诸部落首领来降者，皆拜将军中郎将，布列朝廷，五品以上百余人，殆与朝士相半”④。唐中宗对夷族亦主“诚信”、“宽仁”，称“朕于西夷，亦信而已，来无所拒，去无所留”⑤。进出自由，去留听便，有唐一代大体如此。

开放的文化下，唐人的婚姻观亦极为开放。没有排斥异族，“无取杂种”的顾忌，而是大力提倡与胡族通婚。唐太宗的祖母独孤氏、母亲窦氏和他的皇后长孙氏都是鲜卑人，当时统治集团中这类胡汉结合的家族很多，民族偏见自然淡薄。高祖 19 女，女婿近半数为少数族。公主和亲据史书可考者 23 次，且不视为屈辱之事。中唐之后，胡汉联姻进一步普遍到社会底层。《东城老父传》载：元和年间，“北胡与京师杂处，娶妻生子，长安中少年有胡心矣。”《通鉴》贞元三年云：“胡客留长安久者，或四十余年，皆有妻子。”这无疑是人们华夷观淡化的表现，甚至连有些日本的留学生，如辨正、羽栗吉麻吕、高内弓、大春日净足等人都在唐朝娶妻生子。由此亦可见唐人在婚姻观上的开放。在开放的文化下，唐政府大量选用民族之人做官。其人数之众，族别之多，任事之广，都是少有的。据有人统计，有唐一代，异族宰相就有 24 人，来自 15 个民族。将军、节度使更是多不胜数，以致于《新唐书》专门立了《诸夷蕃将传》。而任用外国人，如日本的晁衡、新罗的崔志远、大食的李彦升、波斯的卑路斯父子等，更是尽人皆知。据《唐六典》载，与唐朝往还的“异国藩邦”，盛时有 300 余国，少时亦有 70 多国。可见唐代政治的开放和民族异己心态的淡漠。

---

①《坟·看镜有感》，《鲁迅全集》第 1 卷，北京，人民文学出版社，1958。

②《资治通鉴》卷一九八，贞观二十一年五月，北京，中华书局，1956。

③《慎所好》，见《贞观政要》卷六，上海古籍出版社，1978。

④《安边》，见《贞观政要》卷九，上海古籍出版社，1978。

⑤《赐突厥书》，见《全唐文》卷一七，影印本，北京，中华书局，1983。

开放的文化下唐人观念与心态第二个突出点是礼法观念淡薄。朱熹说："唐源流出于夷狄，故闺门失礼之事不以为异。"① 隋王朝所承继的北周本是汉化的鲜卑勋贵的政权。隋文帝杨坚的父亲杨忠和唐高祖李渊的父亲李昺都出身于北周府兵八柱国的武川镇军官之家。八柱国之一的独孤信长女嫁北周明帝宇文毓为后，四女嫁李昺，七女嫁杨坚，杨坚女又嫁周宣帝宇文赟。可见，北周、隋、唐皇族本为婚姻，隋唐王室都有鲜卑人的血统。类似的情形颇为流行，如北魏陆丽、陆定国父子皆娶双妻，"嫡妾不分"，北周时还有五后并立的情况②。北方胡族人的性观念少礼法约束。"女儿自言好，故入郎君怀"（《幽州马客吟歌辞》，见《古乐府诗集》卷二五）；"朝朝围山猎，夜夜迎新妇"③。随着民族融合的加深，此种习俗亦随着胡人入主中原而播扬于内地，"素族名家，颇多乱杂"④。魏晋南北朝时期，此风仅流行于北地，隋唐一统后，则流贯于整个南北社会。唐人野史笔记中，男女"乘间欢合"、"相许以私"，夫妻婚外偷情，"不相禁忌"的记载随处可见。唐皇室中"乱伦"之事也屡见不鲜，武则天本为太宗之才人，高宗招为昭仪，后更立为皇后；杨玉环本为玄宗的儿子寿王之妃，玄宗夺为己妃。凡此种种，皆与"胡文化"影响唐人礼法观念淡薄有关。在性观念上，唐人较少伪饰与畸形。男女"瓜田李下之疑，唐人不讥也"⑤。无论是高雅的情爱与风流，还是低俗的淫乱，唐人不但见于生活，而且可入于疏奏，形诸诗文，公之于众。武后广置面首，秽乱宫廷，朱敬则谏之曰："嗜欲之情，愚智皆同，贤者节之，不使过度。则前圣格言也。"⑥ 帝王"伪宠"之私事，臣子公言不以为忌，实属罕见。褚遂良也一再为官员妻室"淫秽"辩护，说什么"存其大体，而略其细微，掩其家室，而用其才能"，并以之为人伦教化之本⑦。文人骚客以狎妓为时尚，白居易、元稹皆与名妓来往频繁，而一向以卫道士著称的韩愈也私养小妾二人。可谓流风所及，虽贤士不

---

①《历代类》，见朱熹：《朱子语类》卷一一六，北京，中华书局，1994。
②《后妃传》，见《北史》卷一三、一四，北京，中华书局，1974。
③ 高昂：《征行诗》，见《太平广记》卷二〇〇，北京，中华书局，1985。
④《郑义传》，见《魏书》卷五六，北京，中华书局，1974。
⑤《白公夜闻歌者》，见《容斋三笔》卷六，上海古籍出版社，1973。
⑥《张易之传》，见《旧唐书》卷七八，北京，中华书局，1975。
⑦《再谏五品以上妻犯奸没官表》，见《全唐文》卷一四九，影印本，北京，中华书局，1983。

免。宋代官僚对此又惊异又赞叹："可见当时郡政多暇，而吏议甚宽，使在今日，必以罪去矣。"① 清人赵翼亦作诗云："风流太守爱魂销，到处春游有翠翘。想见当时疏禁纲，尚无官吏宿娼条。"（《题白香山集后》）上行下效，民间青年男女偷情，"乘间合欢"，其母竟认为"才子佳人，自应有此"②。此时妇女的贞操观虽在理论上仍受到推崇和提倡，但实际上亦较为淡薄。离婚再婚，不以为耻，离合反复，习以为常。据有人统计，包括肃宗朝在内的唐前期诸帝人公，再嫁者 23 人，三嫁者 3 人。民间甚至有"今日得离书，明日改醮"的说法③。

开放的文化下唐代文人言无禁忌，论说著作，无有禁区。这一点与明清时期的文网繁密形成鲜明的对照。南宋人洪迈说："唐人歌诗，其于先世及当时事，直辞咏寄，略无避隐。至宫禁嬖昵，非外间所应知者，皆反复极言，而上之人亦不以为罪。"进而感叹"今之诗人不散尔"④。这确也是肺腑之言。众所周知，"宫禁嬖昵"事关君王隐私与形象，历来为文人禁区，不可轻言，而唐代则允许文人"反复极言"，可见其开放与少禁忌。唐代文人敢于"暴露"时弊，远胜于"歌颂"。而令人惊异的是善写讽刺诗与小品的作者们不但没有因所谓影射、诬蔑、攻击而横遭贬杀与禁绝，而且还受到某种赏识与欢迎。白居易的乐府诗"规讽时事，流入禁中"，宪宗"风而悦之，召入翰林学士"⑤。他的《长恨歌》讽刺玄宗荒淫误国，《琵琶行》倾诉不平与悲愤，宣宗看后亦毫不介意，在白居易死后，宣宗曾作诗追念云："童子解吟长恨曲，胡儿能唱琵琶篇。文章已满行人耳，一度思卿一怆然。"⑥ 情真意切，推崇备至。由此亦可见唐代确为"不忌之时"，士人的忌讳心态是相当的淡漠了。

---

① 龚明之：《中吴纪闻》，上海古籍出版社，1986。

② 见晁采诗，《全唐诗》卷八〇〇，北京，中华书局，1979。

③ 刘肃：《大唐新语》卷三，北京，中华书局，1984。

④《唐诗无讳避》，见《容斋续笔》卷二，上海古籍出版社，1978。

⑤《资治通鉴》卷二三七，元和二年十一月，北京，中华书局，1956。

⑥《吊白居易》，见《全唐诗》卷四，北京，中华书局，1979。

第十一章 中外文化交流

一、世界文明区与隋唐文化

按照文明形态理论，文明是研究世界历史的最小单位。基于不同的地理环境、经济形态、文化传统，整个世界历史可以划分为若干文明。斯宾格勒将其划分为八大文明，即古典文明、印度文明、巴比伦文明、埃及文明、中国文明、阿拉伯文明、墨西哥文明以及西方文明。后来汤因比在此基础上划分得更细更碎，近 30 个。但不管怎样划分，中国文明都在其中占有非常重要的地位。在这诸多的文明中，中国文明是唯一没有断裂的、绵延久远的文明。

处于中国文明发展繁荣鼎盛期的唐代文化，在世界文化史上的重要性是中外学者所公认的。公元7世纪前后，在西亚阿拉伯半岛上，当伊斯兰教创始人穆罕默德及其后继者“哈里发”以“圣战”为名，相继攻陷麦加、耶路撒冷与亚历山大城，建立起横跨亚、非、欧三洲的阿拉伯大帝国的时候，在东亚大陆，杨隋和李唐前后相继，开疆拓土，军威四震，建立起东临日本海、西至中亚细亚的隋、唐王朝。在空前壮阔的历史舞台上，中华文化腾跃而起，金光熠熠，风行万里。7至9世纪的隋唐文明是当时世界文明的中心。美国学者爱德华·麦克诺尔·伯恩斯等著的《世界文明史》中，把唐时的中国比喻成为泰山压顶的巨龙①。英国学者乔·威尔斯在其《世界史纲》“中国的隋唐时代”一章中说：“在整个第七、八、九世纪中，中国是世界上最安定最文明的国家……在这些世纪里，当欧洲和西亚敝弱的居民，不是住在陋室或有城垣的小城市里，就是住在凶残的盗贼堡垒中，而许许多多中国人，却在治理有序的、优美的、和蔼的环境中生活。当西方人的心灵为神学所缠迷，而处于蒙昧黑暗之中，中国人的思想却是开放的、兼收并蓄而好探求的。”② 可见，在当时世界的整个文明结构中，唐文明实是整个世界文明的重心，是当时世界历史演进的总动脉，不了解唐代的文化，是不能了解当时的世界大势和世界历史的。

唐代文化的缤纷灿烂，赢得了中外人士的一致赞美和倾慕。中国人一向将唐代作为中国社会的鼎盛时期，而饱醮笔墨，尽情讴歌，并引以自豪。梁启超曾将中国史分为“中国之中国”时期，“亚洲之中国”时期及“世界之中国”时期三个阶段。由秦到清，两千多年间，中国是整个亚洲历史舞台的主角。在19世纪西方资本主义势力进入东亚地区以前，东亚世界作为一个相对封闭的文明区域，在地理上以中国本土为中心，在文化上以中国文化为轴心，形成了包括中国、日本、朝鲜、越南在内的中华文化圈，与西方基督教文化圈、东正教文化圈、伊斯兰教文化圈、印度文化圈并称为世界五大文化圈。而中国文化圈的正式形成恰在隋唐时期。

国外人士亦对隋唐文化表示了极大的羡慕之情。当时有一位来中国礼偈的

① ［美］伯恩斯（Burns，E. M.）、［美］拉尔夫（Ralph，P. L.）：《世界文明史》第一卷，罗经国等译，358页，北京，商务印书馆，1987。

② 转引自冯天瑜等：《中华文化史》，624页，上海人民出版社，1990。

梵僧，曾作一偈，对中国的向往和留恋之情溢于言表：

天长地阔杳难分，中国中天不可论。
长安帝德谁恩报，万国归朝拜圣君。
汉家法度礼将深，四方取则慕华钦。
文章浩浩如流水，白马驼经远自临。
故来发意寻远求，谁为明君不暂留。
将身岂惮千山路，学法宁辞度百秋。
何期此地却回还，泪下沾衣不觉斑。
愿身长在中华国，生生得见五台山。①

孟子说："充实之谓美，充实而有光辉之谓大。"② 唐代便是当时中外哲人观念中"充实而有光辉"的文化繁盛时代。它疆域辽阔，极盛之时，东至库页岛，北至蒙古大漠，西至葱岭以西的咸海，南至印度支那。可谓"前王不辟之土，悉请衣冠；前史不载之乡，并为州县"③。它的民族政策开明，它以开阔的胸怀与多样化的怀柔—羁縻手段，建立了多民族大一统的王朝。在此范围内，唐天子不仅是汉民族的皇帝，而且被"诸蕃君长"共推为"天可汗"，负责裁决民族纠纷，成为诸族之共主。它的军事力量强大，府兵制的实行使兵农合一，战时兵源充足，耕时农时不误。它的行政机构完备，三省六部制的推行，有司各负其责，分权而又互相制衡，极大地提高了行政效率。它的法制完备，律令格式互为补充，形成自我完备之系统。它的经济繁荣，"忆昔开元全盛日，小邑犹藏万家室。稻米流脂粟米白，公私仓廪俱丰实。"在鼎盛国势的活力拥抱中，唐人的文化创造力得到了充分展现。隋唐文化因此成为当时世界上最辉煌灿烂的文明。

二、唐代的外来文明

唐文明是一个开放、博大的文明。唐王朝以前所未有的博大胸怀迎纳来自

① 巴黎藏敦煌伯 3644 号写卷《礼五台山偈一百十二字》，转引自冯天瑜等：《中华文化史》，624～625 页，上海人民出版社，1990。

②《孟子·尽心下》。

③《太宗遗诏》，见《唐大诏令集》卷一一，北京，商务印书馆，1959。

世界的各种文化成果，颇有鲸吞之势，从而也造成唐文化本身的博大与丰厚。美国学者谢弗所著《唐代的外来文明》一书，全面介绍了唐代的外来物品，计18类，170余种，举凡家畜、野兽、飞禽、毛皮和羽毛、植物、木材、食物、香料、药物、纺织品、颜料、矿石、宝石、金属制品、世俗器物、宗教器物、书籍等等①，涉及唐代生活的各个方面，生活所需，日常所用，几乎无所不包。但是，此书的范围多属物质性，在唐代，精神文化性的文明输入仍有许多，诸如宗教、科技、风俗等等，它们共同组成了丰富多彩的唐代文明。

唐代是个宗教宽容的朝代，当时有许多外来宗教在中国流行。祆教又称琐罗亚斯德教，公元前6世纪由波斯人琐罗亚斯德创立。由于其信奉的最高神祇为马资达，且崇拜火，故又名马资达教、拜火教。祆教是传入中国后中国人对它的称呼。它是一种以一神崇拜为核心的善恶二元论宗教，奉《阿维斯陀》（也称《波斯古经》）为圣书，尊奉阿胡拉·马资达为最高的善神，他代表着光明、生命、创造、秩序、真理等一切美好的品格。与善神相对立的一方是恶魔安格拉·曼纽，他象征着黑暗、污浊、破坏、虚伪、荒谬等一切恶行。该教教诲人们驱恶向善，崇尚光明。祭祀与礼仪活动主要有圣火崇拜、新生礼、洁净仪式、天葬等，不禁欲，不斋戒。起初该教仅在波斯东部流传，从大流士一世在位（前521—前485）到阿黑门王朝时期，该教成为波斯的国教，并得到迅速发展。公元前330年，亚历山大率马其顿大军攻占波斯，祆教遭到毁灭性的打击，祭司被杀，庙宇被焚。直到五百多年后的萨珊王朝统治时期（226—642），此教被奉为国教，得以恢复，并迅速崛起，极盛达数百年。7世纪初，阿拉伯穆斯林的军队进攻波斯，于637年攻陷萨珊王朝都城泰西封，祆教再次遭到沉重打击。波斯人在阿拉伯的统治下，被迫放弃原来的宗教信仰，改信伊斯兰教，祆教几乎在波斯绝迹。许多不愿放弃原有宗教信仰的波斯人，纷纷东逃。萨珊王朝时，祆教已传入中亚地区。据史籍记载，5至6世纪时，西域的康国、石国、安国、宗国、史国等均信奉祆教。516年，信奉天神、火神的滑国（昆都士）使者到建康，和梁朝通使；518年，波斯国通使于北魏，中国才知道波斯和滑国都信奉天神、火神。据《北史·宣武灵皇后胡氏传》载：北魏

---

① ［美］谢弗：《唐代的外来文明》，吴玉贵译，北京，中国社会科学出版社，1995。

灵皇后在临朝听政期间（516—527）曾敕令：“废诸淫祀，而胡天神不在其列。”这里的“胡天神”就是祆教的最高神马资达神。由此判断，该教传入中国内地当不晚于6世纪20年代。北齐、北周继续崇信祆教，鸿胪寺典客署下有京邑萨甫二人，诸州萨甫一人，萨甫后译萨保、萨宝，均出突厥文，意思是商队首领。安阳曾出土北齐石阙一对，每侧各有带口罩者手执香炉献祭，是早期祆教遗物。至隋唐之际，祆教开始流传，天山南麓的于阗、疏勒、焉耆、高昌诸国开始改信祆教。此时，西域与中原交往密切，贸易往来频繁，大批信仰祆教的西域人进入内地。另外，波斯商人沿丝绸之路来到内地，进行贸易活动，并长期侨居中原，他们和西域人一起把祆教带入中原一带。据韦述《两京新记》和宋敏求《长安志》的记载，唐代长安、洛阳两都，就有多处祆祠。隋代并置萨保，对祆教徒加以管理。《隋书·百官志》卷二八规定：“雍州萨保为视从七品”，“诸州胡二百户已上萨保为视正九品。”隋时长安、洛阳都有萨保。

唐代长安城中祆祠共有五处：布政坊、醴泉坊、普宁坊、靖恭坊和崇化坊。洛阳会节坊、立德坊和南市西坊也有祆祠，凉州亦有祆神祠。长安布政坊祆祠建于621年，时间最早。同年并置官管理，视流内正五品萨宝，视从七品萨宝府祆正，视流外勋品萨宝府祆祝，四品萨宝率府，五品萨宝府史。萨宝、祆正都以信教侨民充任。按规定，不论两京或碛西诸州的祆祠，都置官管理，每岁定时祭奉，禁止人民祈祭。

中唐以后，因吐蕃王朝向北扩张，西北部中西交通要道丝绸之路被战火隔断，波斯商人多取水路来华，从波斯湾出发，经孟加拉湾过马六甲海峡至南海，进入广州、扬州等沿海贸易中心。这些来华的“胡客”中，有的波斯人因阿拉伯征服波斯而改信伊斯兰教，有的则仍信祆教，或由伊斯兰教再改回祆教信仰。

祆教信仰在中国境内的流传，基本上局限在波斯或西域等来华的商人之内，中国人信仰者甚少。唐王朝对祆教采取扶植和支持的态度，唐太宗、武则天、肃宗等君王对祆教都有好感，致使唐初期、中期的祆教曾十分活跃，甚至有一部分信徒被唐王朝编入左右神策军。至德三年，广州的大食人和波斯人举行暴动，其中也有不少祆教徒。会昌五年（845年），武宗采纳道士赵归真建议，罢黜佛教，外来的祆教也一同被禁灭。祆教、景教和摩尼教徒还俗的共三千多人。黄巢起义军入广州后，曾杀掉大批西来宗教信徒，其中也有许多祆教信徒，这是对祆教的又一次致命打击。武宗之后，祆教已被排斥渐尽，唐末农民起义的冲击则使之几乎灭迹，但在内地个别地区及西北仍继续存在。北宋末张邦基《墨庄漫录》卷四载：开封城北有祆庙，庙祝姓史，世代为祝。家藏先祖补受牒文三通，最早的史怀恩，牒文在862年由宣武节度使令狐绹所给，自后世代为祝。西北地区，祆教仍是流行的宗教，高昌、于阗在10世纪时都有祆教寺庙。

另一种在唐代传入中土并广泛流行的西来宗教是景教。景教是基督教的一支聂斯托利派教会传入中国后中国人对它的称谓，其创立者叙利亚人聂斯托利在428～431年任君士坦丁堡大主教。此教系由追随聂斯托利的基督徒组成的宗教社会团体。它否认圣母玛利亚的神性，认为玛利亚是基督的人身之母，并不是“上帝之母”，因为基督既具有纯正的神性，也具有完整的人性，是神性和人性的精神统一。此说与主张耶稣一性论的埃及亚历山大里亚大主教观点相左，双方展开辩论。结果聂斯托利被罢免大主教职务，435年被宣布为异端，驱逐出境，聂斯托利及其信徒只得流亡波斯。498年，聂派教徒在波斯召开宗教会议，成立独立的基督教会，自称“东方女儿”。他们向中亚和西亚传播教义，翻译希腊科学、哲学著作。在中亚，基督教早在塞琉西亚大主教阿奇亚时，已在411～415年成立了赫拉特大主教区，撒马尔罕大主教区也在503～520年成立，这些教区都曾兼管中国教区的传教。至于中国大主教区的传教则在635年以后。据罗马和中国的个别史料记载，基督教于西晋或北魏时已传入中国。如3世纪末罗马作家安诺比斯的《斥异端》列举耶稣福音已传至中国、印度；另有人认为4世纪时新疆米兰的寺院挂有基督教壁画，可能即为最早的中国境内的基督教教堂。但因缺乏其他史料的佐证，不足为凭。还有的学者根据出土的隋代碑铭《翟突娑墓志》，推断隋时景教已传入中国内地。但此说仅为猜度，仍缺乏翔凿的证据。

明熹宗天启五年（1625年），陕西西南的周至县发现《大秦景教流行中国碑》一块。碑文字迹清晰，共32行，1780字。作者是唐德宗时景教教士景净，曾任“中国教父”、“乡主教”、“长老”等，教名亚当。碑文的序文首先简略地叙述了景教基本教义，着重记述了景教传入中国及其发展的过程，后面简短的颂词是对唐太宗、高宗、玄宗、肃宗、代宗和德宗扶植景教的颂扬。这块碑文是目前研究景教初传中国最为重要的文献。另外，敦煌文书中亦有七种有关唐代景教的文献。其中《大秦景教三威蒙度赞》是景教黄籍的汉译本，《大秦宣元本经》《志玄安乐经》《序听迷诗所经》等六部，是主要阐述景教教义的中文著作。这些文献对研究景教的思想具有重要的参考价值。

根据《大秦景教流行中国碑》的记载，唐贞观九年（635 年），大秦国（东罗马帝国）大德（主教）阿罗本“占青云而载真经，望风律以驰艰险”，到达唐朝西京长安。阿罗本受到唐太宗的热情接待，太宗曾派丞相房玄龄率仪仗队到长安西郊迎接，迎入宫内，并允准阿罗本在皇家藏书楼翻译景教典籍以及在宫内宣释教义。太宗听了景教福音乐，“深知正直，特令传授”，并于贞观十二年（638 年）下诏在长安义宁坊造大秦寺一所，度僧二十一人。不久，唐太宗还同意把自己的肖像画在景寺墙壁上。唐王朝对阿罗本的支持，为景教的传播打开了方便之门。

唐代长安义宁坊之外，尚有醴泉坊的景教寺。宋敏求《长安志》说是波斯王军路斯在 677 年要求建立的。景龙中（707—709）宗楚客将此寺圈入宅地，于是将景教寺改移至布政坊西南，祆寺之西。洛阳修善坊，也有波斯寺，高宗时在各州分别建寺，阿罗本为镇国大法主，统管全国景教事务。景教活动已波及全国，景教寺也在主要州府相继建立。据景教碑文记载，此时的景教已是“法流十道，国富元休，寺满百城，家殷景福”。从武则天操纵并执掌朝政至睿宗在位期间，景教失去了唐王室的支持，受到佛教的攻击和排斥，曾一度衰落，后仰赖“僧首罗含、大德及烈”等西来教士，“其振玄纲，俱维绝纽”，景教教会才勉强维护下来。

玄宗嗣位后，宗教政策再次宽松，景教传教士也随之活动起来，携“奇器异巧”朝贡玄宗，以取得王室对景教的支持。史载，开元二年（714 年），“波斯僧及烈等广造奇器异巧以进”①。开元二十年（732 年），“波斯王遣首领潘那密与大德僧及烈来朝。授首领为果毅，赠僧紫袈裟一副及帛五十疋，放还蕃”②。玄宗命宁国等五王亲至景教寺院受洗礼，建立坛场，还召集景教教士

①《谏诤部・直谏》，见《册府元龟》卷五四六，北京，中华书局，1982。
②《外臣部・褒异》，见《册府元龟》卷九七五，北京，中华书局，1982。

入宫“修功德”，天宝四年（745 年）九月，玄宗下诏令：“波斯经教，出自大秦。传习而来，久行中国。爰初建寺，因以为名。将欲示人，必修其本。其两京波斯寺，宜改为大秦寺。天下诸府郡置者，亦准此。”① 景教在中国内地的传播逐渐进入兴盛阶段。

安史之乱暴发后，肃宗仓皇继位于灵武，对景教仍施以扶植政策，在灵武等五郡重新建寺。此时大食、回纥率军入援平叛，王舍城（巴尔克）人景教僧伊斯随军来华，供职于朔方节度使郭子仪麾下。相传郭子仪也是景教的信仰者。伊斯因得与肃宗亲近，在军中充当谋士。官至金紫光禄大夫、同朔方节度副使，试殿中监，赐紫袈裟。灵武五郡景教寺的重建，伊斯出力尤多，“能散禄赐，不积于家”，每年集合五郡景教寺僧徒于灵武、加以布施。伊斯的事迹引起长安大秦寺僧景净的赞美，“愿刻洪碑，以扬休烈”，于是在 781 年立碑颂扬。代宗继位后，对景教也极为推崇，耶稣圣诞日还送香赐馔，以表示他的庆祝。碑云：“每于降诞之辰，锡天香以告成功，颁御馔以光景众。”德宗即位后，对景教也取尊崇态度，碑文称他：“惟新景命，化通玄理，祝无愧心。”

景教碑建立于 781 年。记述了从唐太宗到德宗 150 年间景教传入中国内地的情况。顺宗以后的传播情况不详。长庆四年（824 年）舒元舆作《唐鄂州永兴县重岩寺碑铭》，称：“合天下三夷寺，不足当吾释寺一小邑之数也。”② 此处，“三夷寺”即指景教寺、祆教寺、摩尼教寺，三者加起来还没有一个小镇的佛寺多，可见当时的景教传播非常有限。

按照中古印度史家阿尔·比鲁尼的叙述，景教僧职最高的是总主教，下有大主教、主教、大德。在景教建碑以前，唐代传播该教共有三次高潮。第一次高潮是在高宗时（650—683），景教在全国流传，阿罗本因功由大德晋升大主教（镇国大法主）；第二次高潮是 744 年大德僧佶和到长安，改称大秦寺，以重振旗鼓；第三次高潮是 757 年伊斯到灵武，重新收拾残局，景教在陇右、河西为之一振。代宗时景教又一度发展，巴格达景教总主教蒂摩太（778—824）时，曾颁布任命大卫为中国大主教的文书。

会昌五年（845 年）秋，唐武宗颁发灭教谕令，针对的主要是佛教，但景

① 《大秦寺》，见王溥：《唐会要》卷四九，北京，中华书局，1955。

② 见《全唐文》卷七二七，影印本，北京，中华书局，1983。

教也未能免遭大难，史载此年“大秦穆护等祠，释教既已厘革，邪法不可独存，其人并敕还俗，递归本贯充税户，如外国人，送还本处收管”①。景教遭受灭顶之灾。唐末黄巢军入广州，杀掉15万伊斯兰教、犹太教、景教、袄教教徒，景教从此在中国内地绝迹，直到元代时基督教才重新传入中原。

唐代景教徒除在中国传教，参与镇压安史之乱的军事行动之外，还进行译经。这从敦煌发现的文书中可略窥一斑。敦煌鸣沙山石窟发现的景教经文抄本有五六种，《景教三威蒙度赞》、《宣元至本经》、《志玄安乐经》、《一神论》、《一天论》、《世尊布施论》等。《敦煌石室遗书》中《尊经》原跋说：“谨案诸经目录，大秦本教经都五百卅部并是贝叶梵音。后召本教大德僧景净译得以上卅部，卷余大数具在贝叶皮夹，犹未翻译。”这说明景净在当时已译成汉文30部。景净又曾和迦毕试高僧般剌若（或译般若）合译佛经《六波罗蜜经》六卷，圆照《贞元释教目录》记述两人据胡本（吐火罗语）转译，由于般若“不娴胡语，复未解唐言，景净不识梵文，复未明释教，虽称转译，未获半珠。”德宗于是指定景净重译。从敦煌发现的景教典籍来看，景教借用了大量佛典名词，如“妙有”、“慈航”、“世尊”、“僧”、“大德”、“功德”等，同时也附会道教之言，如“无欲无为”、“能清能净”等，又强调儒家忠孝二道。这表明景教在传播过程中曾借助儒、释、道以扩大影响，同时也预示了景教中国化的趋势。总之，除新疆以外，唐代景教在中国内地传教从635年至878年，前后凡244年。历时不可谓不久，它的传播对中国古代文化产生过一定的影响。

摩尼教也是在唐代传入中国，并得到一定程度的发展。摩尼教是3世纪时波斯人摩尼（216—277）创立的宗教。摩尼教受袄教、佛教、基督教等宗教思想影响较重，其教义以“二宗三际”论为根本。“二宗”即“光明”与“黑暗”二本原，是太阳存在的两个敌对的质体，光明是绝对的善，黑暗代表绝对的恶。“三际”即世界创造之前、之后、终末的三个阶段，称“初际”、“中际”、“后际”。戒律主要是“三封”、“十戒”。口封（不吃酒肉、不妄语）、手封（不暗作坏事）、胸封（不淫欲）为“三封”；“十戒”指不拜偶像、不谎语、不贪、

① 《武宗本纪》，见《旧唐书》卷一八上，北京，中华书局，1975。

不杀、不淫、不盗、不诈、不二心、不惰。每日四次祈祷，实行斋戒和忏悔。主要经典有《彻尽万法根源智经》、《净命宝藏经》、《秘密法藏经》、《证明过去经》、《大力士经》、《律藏经》和《赞愿经》七部。

摩尼教产生时正是琐罗亚斯德教作为国教统治波斯的时期，摩尼教被看作宗教异端而遭到排斥，仅在波斯东部民间秘密流布。由于在波斯境内遭受迫害，摩尼教遂向西很快传到罗马帝国统治下的美索不达米亚地区，进入叙利亚、阿拉伯北部和埃及，抵北非，又经罗马进入意大利和高卢南部。

摩尼教传入中国在唐高宗延载元年（694 年），“波斯国人拂多诞持《二宗经》伪教来朝”①，武则天被这位摩尼教徒的广博学识所折服，遂力排众议，留其在宫中课经。开元十九年（731 年），这位拂多诞传教师奉唐玄宗敕令撰《教法仪略》，阐述摩尼教义和仪礼。开元七年（719 年），“吐火罗国支汗那王帝赊，上表献解天文人大慕阇。其人智慧幽深，问无不知”。并请玄宗接见慕阇本人，以便当面询问天文义理和摩尼教法，以印证其学识才艺。“望请令其供养，并置一法堂，依本教供养”②。开元二十年，唐玄宗下敕令，禁止中国人信仰摩尼教，但对波斯和西域等“胡人”则不加限制，任其自由信仰。这说明当时已有不少华人信仰此教。

摩尼教在中国的传布是靠了回鹘的势力。据《九姓回鹘可汗碑》的记载：回鹘登里可汗在 762 年十一月助唐击败史朝义，占领洛阳，763 年三月离洛阳回国。在洛阳时，可汗受到外籍摩尼法师的教化，不再信佛，改奉摩尼教，回国时将睿息等四名摩尼僧带走。摩尼教得到可汗的支持，回鹘才普遍信奉该教，称为明教。回鹘兵助唐剿叛后，摩尼教也借助回鹘的势力在唐王朝身价倍增。大历三年（768 年）六月二十九日，代宗发布敕令，允许回鹘摩尼师在长安设置寺院，并赐额“大云光明”。大历六年正月，代宗再敕令于荆、洪、越等州各置“大云光明寺”一所。信徒皆白衣白冠。796 年，回鹘又派摩尼 8 人到长安。到了 807 年正月，采用回鹘使者的建议，在洛阳、太原置摩尼寺三所。于是二京之外，北自太原，南至洪（南昌）、越（绍兴），都有摩尼寺；新疆境内，吐鲁番盆地也是摩尼教的传播中心。

---

①《佛祖统纪》卷三九。

②《外臣部・朝贡四》，见《册府元龟》卷九七一，北京，中华书局，1982。

摩尼教仰仗回鹘的支持得以在中国内地流传，840 年回鹘被黠戛斯所破，唐朝下嫁回鹘可汗的太和公主久留不归，唐与回鹘关系恶化，842 年唐决定封闭荆、洪、扬、越诸州摩尼寺。843 年三月太和公主回到长安，唐朝便将长安、洛阳、太原三处摩尼寺庄宅钱物全部点检没收，进而下诏杀戮摩尼师，仅长安就有七十多名女摩尼教徒被杀，存者发配各地，死者大半。会昌五年灭佛，摩尼教再度受到牵连。从此，摩尼教在中国一蹶不振，彻底禁断。五代以后，摩尼教仅在福州、泉州、太原等少数几处流传，成为民间秘密宗教。

唐时传入中国的另一种西来宗教是伊斯兰教。伊斯兰教由阿拉伯人穆罕默德于 7 世纪初创立，是世界三大宗教之一。630 年，穆罕默德征服麦加，建立了政教合一的国家。穆罕默德很早就指示他的信徒："要寻求学问，即使它远在中国，也应力求实现。"穆罕默德关于中国的知识，很可能是从那些活跃在红海的景教徒和控制着阿拉伯半岛贸易的波斯祆教徒得来的。伊斯兰教创立不久，便开始向中国传播。

关于伊斯兰教传入中国的具体时间，目前学术界仍有分歧，但一般认为是唐高宗永徽二年（651 年）。据《旧唐书 · 高宗本纪》和《册府元龟》的记载，永徽二年，大食（阿拉伯）始遣使朝贡于唐，学术界多以此作为伊斯兰教传入中国的开端。

伊斯兰教传入中国的路线主要有两条：一是陆路，由西亚经波斯、阿富汗、中亚河中地区、天山南北及河西走廊直至唐都长安，即传统的"丝绸之路"；二是海路，由波斯湾与阿拉伯出发，经孟加拉湾过马六甲海峡至南海而达广州、泉州、扬州等地。

唐代伊斯兰教徒主要是一些阿拉伯、波斯及其他外国商人、士兵及使节。史载：自永徽二年至贞元十四年的 148 年间，大食遣使来唐达 39 次之多，可见唐与西亚诸国的交往是相当频繁的。这些来华的西土"蕃客"与华人混杂而住，仍保持着自己民族的伊斯兰教信仰。安史之乱中，各族来华穆斯林曾参与平叛。乱后唐政府允许他们世居华夏，可与中国妇女通婚。天宝之后，留居长安的胡贾蕃兵人数之众，竟成为沉重的财政负担。他们"皆有妻子，买田宅，举质取利，安居不欲归。命检括胡客有田宅者停其给，凡得四千人，将停其给”①。这些人除个别被授封官职外，大多编入左右神策军。

唐朝境内的穆斯林多集中聚居。由于他们都是客居中国的中亚或西亚人，并不是中国本土的穆斯林，其宗教生活和世俗习俗多沿袭原来样式，没有太多变革。怛罗斯战役中被俘往中亚的杜环在其《经行记》中曾对当地穆斯林的生活有所描述：

> “大食一名亚俱罗，其大食王号暮门，都此处。其士女瑰伟长大，衣裳鲜洁，容止闲丽。女子出门，必拥蔽其面。无问贵贱，一日五时礼天。食肉作斋，以杀牲为功德。系银带，佩银刀。断饮酒，禁音乐。人相争者，不至击殴。又有礼堂，容数万人。每七日，王出礼拜，登高坐为众说法，曰：‘人生甚难，天道不易。奸非劫窃，细行慢言，安己危人，欺贫虐贱，有一于此，罪莫大焉。凡有征战，为敌所戮，必得生天。杀其敌人，获福无量。率土禀化，从之如流。法唯从宽，葬唯从俭。……不食猪狗驴马等肉。不拜国王父母之尊，不信鬼神，祀天而已。”

到五代时，由于侨寓华夏的蕃客久居不归，多与华人通婚，内地出现了一批“土生波斯”，沿海则形成了一个“蛮裔商贾”阶层。他们仍沿习祖辈的传统，信仰伊斯兰教，保持着与汉人不同的风俗习惯。同时，随着伊斯兰教影响的扩大，生活在天山南北的一些民族，由原来信仰摩尼教、景教、祆教、萨满教、佛教而逐步改信伊斯兰教，成为一批为数众多的穆斯林。

上述祆教、景教、摩尼教、伊斯兰教皆源于西亚与中亚，以中国而言，属西来宗教。这些西来宗教在隋唐时期广泛传播于中国内地，对中国古代文化有较大影响。

来华的景教师大多拥有丰富的知识和经验，他们继承希腊文化，特别精通希腊医学和医术，他们以自己精湛的医术赢得唐朝统治者的信任。这对唐代宫廷和民间流行的巫术代医等迷信行为造成一定冲击。例如开元二十八年（740年）冬，玄宗之兄久病不愈，景教僧人崇一进宫行医，疗效甚佳，得到唐王室的赞扬。另外，景教的传播对中国西北少数民族的语言学也有直接或间接的影

①《资治通鉴》卷二三二，贞元三年七月，北京，中华书局，1956。

响。例如，维吾尔文系仿叙利亚文而成。元时蒙古文又仿维吾尔文而成。在科技方面，景教徒为传教的需要，常朝贡所谓“奇器异巧”，它实际上在一定程度上代表着当时罗马机械技术方面的最高成就。

伊斯兰教作为中西文化交流的桥梁，对中西文化的传播作出了巨大贡献。阿拉伯国家的天文、历算、建筑、医学等皆通过伊斯兰教传入中国，“回回历法”曾在中国沿用四百年之久。伊斯兰教传入中国，对我国许多少数民族尤其是回族的宗教信仰、文化习俗以及日常生活均有直接而显著的影响。祆教和摩尼教的传入对内地及西北各少数民族地区的文化影响也很大，特别是善恶二元论的宗教教义和伦理道德，对中国人崇善避恶的道德观念之形成以及崇尚光明的民族心理之形成，都有一定影响。

除宗教文明外，隋唐时期还大量输入印度、阿拉伯、拜占廷等国家的科学知识。首先是天文学，天文学在唐代的发达和印度观星明（即天文学）的输入难以分开。《隋书·经籍志》记载的印度天文历算书籍译成中文的有：《婆罗门舍仙人所说天文经》21 卷、《婆罗门竭伽仙人天文说》30 卷、《婆罗门天文》1 卷、《摩登伽经说星图》1 卷、《婆罗门阴阳算历》1 卷、《婆罗门算法》3 卷、《婆罗门算经》3 卷，共 7 种 60 卷。其中以《婆罗门天文》著作时间最晚，是 7 世纪初期作品。历数方面，译成中文的有《婆罗门算法》3 卷、《婆罗门阴阳算历》1 卷、《婆罗门算经》3 卷。另外，《通志·艺文略》录有《西门俱摩罗秘术占》1 卷，是西天婆罗门俱摩罗的占星术。唐代盛行阴阳风水，源出于美索不达米亚的迦勒底，经由印度传入中国。

唐前期天文学各派争鸣，在华印度天文学家参与其中，并且是有力的推动因素。当时，印度天文学家侨居长安的有迦叶、瞿昙和俱摩罗三家。迦叶氏中有迦叶志忠和迦叶济，他们分别担任右骁骑将军知太史事、及泾原大将试太常寺卿。瞿昙氏家四代服务于唐代司天台一百多年，其中瞿昙悉达贡献最大，与僧一行齐名，开元天宝间习称瞿昙监。瞿昙罗先后编制《经纬历》、《光宅历》，瞿昙谦著有《大唐甲子元辰历》。代宗时太史阁掌有三家天竺历，特别以瞿昙氏为准，和本国历参照使用。《经纬历》的演算对李淳风制作浑天仪、外层六分仪、中间三辰仪、内层四游仪、用三层仪测定黄道经纬、赤道经纬和地平经纬有重要参考价值，对其所制《麟德历》所用定朔法是个重大改进。另外瞿昙

丝绸之路上的商旅

虞弘墓石椁　隋

此处是典型的祆教图案：两个半人半鸟的神护卫着火坛，表现了对圣火的崇拜和歌颂

高昌古城出土的摩尼教旗幡

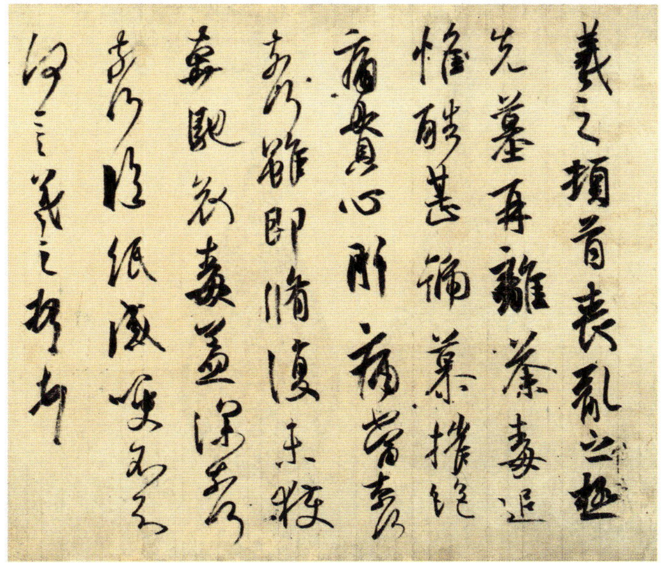

《丧乱帖》
唐摹本
纵28.7厘米　横63厘米
现藏日本宫内厅

日本正仓院藏唐代药物

日本正仓院藏唐五弦琵琶

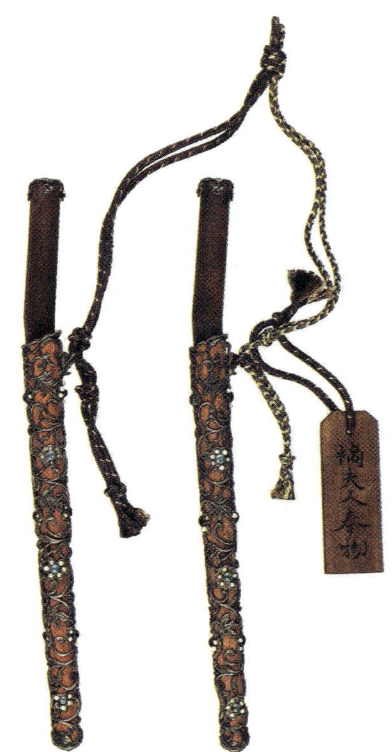

日本正仓院藏唐刀

悉达翻译的印度《九执历》运用很广，一行制《大衍历》也曾参照《九执历》，九曜的说法亦由此输入。《大衍历》颁行后，政府仍参用《九执历》，通行于民间。印度历法在好几个世纪中一直是中国天文学家参考的蓝本。建中年间，曹士芀作《七曜符天历》即取则于印度《九执历》。印度的占星学经由中亚粟特传入中国。唐代占星学留下的著作，有759年北天竺沙门不空译、弟子杨景风注释的《文殊师利菩萨及诸仙所说吉凶时日善恶宿曜经》、794年西天竺沙门金俱吒译《七曜禳灾诀》，以及题为一行撰的《梵天火罗九曜》、《七曜星辰别行法》。719年，吐火罗国支汗那王进献通解天文的大慕阇到唐。第二年，罽宾国遣使到唐，带来天文经一夹。737年，东天竺国三藏达摩战又奉占星记梵本诸方到长安。贞元中又有都利（吐火罗）术士李弥乾从西天竺传来的占星术《都利经》、《聿斯经》共2卷。唐人对这些外来的天竺历经亦深有研究，如青罗山人布衣王希明撰有《都利聿斯经歌》1卷，待诏陈辅著《聿斯四门经》1卷，即是。

唐代医学发达，同时对外国医学，特别是印度、拜占廷医学亦进行了广泛的吸收。医学是佛教徒的必修科目，来华传教译经的印度佛教高僧大都兼通医术。他们在来华传教的同时，也把印度的医学知识带入中国，据《隋书·经籍志》载，当时在中土流传的印度医方有：《龙树菩萨药方》4卷、《西域诸仙所说药方》23卷、《西域婆罗（门）仙人方》3卷、《西域名医所集要方》4卷、《婆罗门诸仙药方》20卷、《婆罗门药方》5卷、《龙树菩萨养性方》1卷。在古代，医学的发展常和帝王酷好丹术之士、以求长生不老的欲望相伴随。唐代诸帝多迷信丹药，在请教本土道家的炼丹术士之外，也多方向印度术士寻求灵药，以求长生不死，只是很少成功。但为了满足唐宫廷需要，各种奇方秘药也相继从吐火罗、天竺等地传入。印度的眼科十分先进，龙树即擅长医眼，其医术也很早传入中国。眼疾、头痛的医治和前额刺血疗法在印度古已有之。刘禹锡有《赠眼医婆罗门僧》："三秋伤望眼，终日哭途穷；两目今先暗，中年似老翁。看朱渐成碧，羞日不禁风；师有金篦术，如何为发蒙。"拜占廷医生善治眼疾和痢疾，并且能应用穿胪术。唐高宗的侍医秦鸣鹤曾在683年给高宗治头重目黯病，刺百会、脑户二穴，出血，于是高宗又得重见光明。这种方法或来自大秦医生，或从景教医生处借鉴而得，和拜占廷人"能开脑出虫以愈目眚"

极为相似。希腊的医术传到巴克特里亚、流入犍陀罗，又从印度传入中国。667年，拜占廷人向唐高宗馈赠底也伽。底也伽是一种万能解毒剂，原是公元前3世纪初科洛丰的尼卡特使用的一种用来医治各种动物咬伤引起的中毒的解毒药。后来经不断改制，成了一种万能解毒药，疗效奇特，高宗时传入中国。阿拉伯医方传入中国的也很多。《千金要方》、《千金翼方》及《外台秘要》等有关医籍中均有记载。《千金翼方》中记载有悖散汤，一名牛乳补废破气方，用牛乳三升，荜茇（胡椒）半两末之，煮而成汤。此方据载即来自波斯或大秦。阿拉伯伟大的医学家拉齐斯（865—925）著有《医学集成》一书，是世界医学宝库中的经典之作。拉齐斯曾协助过到他那里访问的中国学者阅读希腊名医盖伦的巨著，这位中国学者曾用速记法将阿拉伯语译文加以记录，带回中国。另外还有许多进口药物不断输入中国，给中国的医药宝库增添了许多新药与新方。

唐时中国外来的建筑式样多与宗教有关，比如石窟的开凿，舍利塔的建筑，皆与佛教的传入有关。太原天龙山石窟、洛阳龙门石窟都是唐初石窟艺术的杰作。特别是塔的建筑，式样繁富，风格独特，系将印度四方座基或半圆形的窣堵婆加以创造性的演变，从而形成中国所特有的造型美观、千姿百态的佛塔，流行的式样有楼阁式、密檐式和窣堵婆式塔。唐代楼阁式佛塔多是模仿初期木塔的形式，代表遗迹有西安大慈恩寺的大雁塔、兴教寺的玄奘塔、香积寺塔。唐代密檐式砖塔的代表有西安荐福寺的小雁塔、大理崇圣寺千寻塔。据传来自中天竺的高僧善无畏身怀绝技，在长安菩提院铸铜塔，“手成模范”、“人皆称叹”，其形制乃是印度式的窣堵婆。另外，山西五台山佛光寺后山唐代墓塔是国内现存最早的窣堵婆式塔。南京摄山栖霞寺舍利塔，初建于隋文帝仁寿元年（601年），五代南唐再度修建，是现存舍利塔中最精美的大理石八角五级石塔。伊斯兰教建筑遗存最早的是广州怀圣寺的光塔，唐代称怀圣塔，塔无等级，直耸高空，顶上标一金鸡，随风转动，每年五、六月，外籍伊斯兰教徒便在天明前登上塔顶，祈求信风，以盼望远方的航海者能顺利安全到来。光塔是前来广州经商的伊斯兰教徒所建，成于八、九世纪，宋代称为番塔，是中国较早修建的外国建筑之一。另外在造船、熬糖法等方面也吸收了许多外来文明。①

① 以上参见沈福伟：《中西文化交流史》，第4章，上海人民出版社，1985。

唐文化以博大的胸怀、以“长鲸吸百川”之势广泛吸纳域外文化，从其他文化系统中采撷精化，其规模之巨大几乎无所不包。总括输入唐代中国文化系统中的外来文化，可以分为三支：① 中亚；② 西亚；③ 南亚。但其间隐蔽的文化背景则要广阔得多。实际上，中亚、西亚、南亚文化只是中国文化与更为广泛的世界文化交流、融汇的中介，以之为媒介，当时世界各主要文明都直接或间接地与中国文明发生了接触。如当时西亚珊萨王朝时期的波斯文化与拜占廷文化，它们本身就接受了古代埃及、亚述、希腊、罗马文化以及芨多王朝时期的印度文化、古代北方欧亚大陆的游牧文化，从而使唐文化具有“世界文化”的性质。

不过需要注意的是，唐文化在与世界文化进行大交流并广为摄取外来文化时并未失其原本的中国文化本位的特征。这是因为：第一，域外文化虽然大量输入中国文化系统，深切浸染着唐人的文化生活和习俗，但这种影响仅仅及于唐文化的非核心部分，并没有达到并改变唐文化的内核，即当时的价值观念、伦理观念体系以及包括各种制度在内的社会组织层面，都没有因为外来文化的影响而发生改变，而是始终保持其本土文化的主体性。第二，唐文化在以博大的气度宽容、开放的同时，还以一种“拿来主义”的态度选择和改造外来文化，吸收其中与中国文化有亲合力的因子，而将那些与中国文化格格不入的成分扬弃掉。唐时印度佛教的全面本土化便是中华文化吸收、消化外来文化而没有丧失自身主体地位的典型。

隋唐时期南亚佛教的全面本土化是在其本身高度发展的基础上展开的。一方面，此时期的佛教已摆脱初入时依傍道教的局面，开始以集大成的姿态在教理上综合、融摄众说，以形成本身的一统。另一方面，此时期佛教寺院经济的高度发展为佛教理论的创造与发挥以及集大成宗派的出现奠定了雄厚的经济基础。在此基础上，佛教开始了中国化的历程。佛教的中国化是一个长期而渐进的过程，而其基本的完成则以中国佛教由印度佛教主张“心性本净”到转而张扬“心性本觉”为标志。两者的区别在于“心性本净”虽指众生之心本来是清静的，但这种清净需要通过刻苦的修炼来保持；而“心性本觉”则指众生本来就觉悟，具有天然的佛性，我心即佛，佛即我心，人人都可以通过顿悟“立地成佛”。这种区别实际上也就是慧能“顿悟”和神秀“渐悟”的区别。谢灵运认为“华人易于见理，难于受教，故闭其累学，而开其一极；夷人（此外当指印度人）易于受教，难于见理，故闭其顿了，而开其渐悟”①。此言一针见血地指出了两个民族不同的思维特点。一个求顿了直悟见理，直指人心，一个求渐悟累学，重修炼功夫。孔子之说“述而不作”，以经载道，与禅宗“不立文字”、“直指人心”一脉相承。由“心性本觉”的命题出发，天台、华严、禅、净土等有中国特色的诸教派莫不适应中国传统的思维特点，大倡“见悟成佛”的方便法门，以投其所好。天台宗的成仙成佛，禅宗的“不立文字”，净土宗的一心念佛，莫不以其“易行易悟”的特性而体现出典型的中国式性格。另外，此时期中国佛教的各宗派也开始在价值取向上由印度佛学“出世”和寻求个人“解脱”转为中国佛学的“入世”“普济众生”，即由“出世”的小乘转为“入世”的大乘。慧能主张“勿离世间上，外求出世间”②，体现了其由出世而入世的价值指向。佛教的中国化具有普遍的典型意义，它揭示了外来文明在中国的命运，也为我们研究文明的交流与融合提供了绝好的范式。

三、唐代文化对周边各国的影响

公元 7 至 9 世纪，在世界历史舞台上，唐文化以前所未有的强大文化张力，雄视亚欧，成为当时世界上文化从高势能区向低势能区辐射的中心。其影响所及，首先达于东亚，包括日本、朝鲜、越南在内的东亚地区。由于在地理上邻近中国，而在文化程度上又较中国落后，它们自然首先成为唐文化的对外辐射的整合性区域。正是在隋唐时期，在地理上以中国本土为中心，在文化上以中国文化为轴心，形成了包括中国、日本、朝鲜、越南在内的，以汉字、儒学、中国式律令、中国式科技、中国化佛教为基本要素的“中华文明圈”。

另外，繁荣、深厚的唐文化不仅深刻地影响了东亚的文化面貌，而且将其光辉辐射到此外更远的地区。其流光所及，达于远西。唐文化强劲的对外辐射力，有力地推动了世界文化的发展进程，在世界文化史上留下了巨大而永不可磨灭的痕迹。

---

① 《辨宗论》，见《广弘明集》，影印本，上海古籍出版社，1991。

② 敦煌本《坛经》。

（一）唐文化对朝鲜半岛文化的影响

中国与朝鲜世为唇齿相依的友好邻邦，两国之间的文化交流可溯源至久远的时代。早在古朝鲜时期（前 5 世纪至前 1 世纪中叶），儒学和汉字便输入朝鲜。三国（高句丽、百济、新罗）时期（前 1 世纪中叶至 7 世纪中叶），朝鲜三国从不同渠道大规模汲纳中国文化：高句丽从陆路传入儒学，以汉儒的典章制度为重点；百济从海路传入中国南方文化，吸收了六朝多种多样的学术文化；新罗则通过高句丽和百济间接地吸收中国文化。

至隋唐时，朝鲜半岛正处于"三国时代"后期，当时三国积极向唐遣送留学生，入长安国子学学习中国文化，高祖时，唐朝曾派道士到高句丽讲《老子》，高句丽国王亲自听讲，参加者达数千人。新罗统一朝鲜全境后，更以唐制为立国轨范。新罗贞德王三年，即唐贞观二十三年（649 年），明令服唐衣冠，第二年，奉唐正朔。这是新罗以唐为立国楷模的象征。在政治制度上也仿效唐朝，中央仿唐尚书省设执事省，综理国政，下设位和府（掌人事）、仓郡（掌租税）、礼部（掌教育礼乐）、兵部（掌兵马）、左右理方府（掌律令）、例作府（掌工事），一如唐尚书省的六部。此外，又仿唐之内侍省置内省，仿唐的御史台置司正府。在学校制度上，新罗亦仿唐制置国子学，设儒学科和技术科，其"教授之法，以《周易》《尚书》《毛诗》《礼记》《春秋左氏传》《文选》，分而为之业"①。并设读书出身料，考试以《左传》《礼记》《文选》《孝经》为准。汉文典籍早已传入半岛，新罗时代更为普及。贞观二十年（646 年），新罗遣使求《晋书》。垂拱二年（686 年），新罗王金政明遣使求《礼记》并杂文章。武后令所司写吉凶要礼并《文馆词林》，采其词涉规诫者，勒成五十卷赐之②。当时中原文人的作品，创作出来后很快就传到新罗，并受到极大的欢迎和重视。如萧颖士，新罗使者至，称"东夷士庶，愿请萧夫子为国师"③；张鷟以词学知名，新罗使者必以金宝购其文④；周昉的画，"新罗国有

① 金富轼：《三国史记》卷三八〇，北京，中国社会科学出版社，1990。
②《蕃夷请经史》，见王溥：《唐会要》卷三六，北京，中华书局，1955。
③《萧颖士》，见《太平广记》卷一六四，北京，中华书局，1985。
④《张荐传》，见《新唐书》卷一六一，北京，中华书局，1975。

人于江淮尽以善价收市数十卷将去”①。公元 747 年（景德王六年），新罗国子学改为大学监。大学设博士助教若干人，讲授儒学和算学。儒学以《论语》、《孝经》为必修，《周易》、《尚书》、《毛诗》、《礼记》、《春秋左传》和《文选》为选修。算学以中国《缀学》、《三开》、《九章》、《六章》为教材。朝鲜古代没有文字，流行的是汉文。有新罗时代起，创造了汉语和新罗语混合的语文“吏读”（又称“吏道”）。这种语文实词多用汉语，虚词用汉字记音，语法是朝鲜语。此文字一直行用到 20 世纪初的李朝末年。新罗向唐派出大批留学生，公元 840 年（开成五年），鸿胪寺籍其告哀使者、质子及学生满者还国，凡 105 人。这些“登唐科第语唐音”的留学生回国后，广为传播儒家文化，对新罗文化有较深入的浸润。唐玄宗曾赐新罗王诗：“衣冠知奉礼，忠信识尊儒”。金大问自唐归国，以汉文著《花郎世记》等。著名的崔致远本是新罗庆州人，12 岁入唐求学，18 岁登进士第，在唐为官。光启元年（885 年）以唐节使身份回到祖国，拜侍读兼翰林学士，守兵部侍郎，知瑞书监，后曾出使唐廷。其所著《桂苑笔耕集》20 卷，收其在中国所作诗文，具有相当高的艺术水平。公元 644 年（文武王四年），“新罗遣人熊津学唐音乐。时唐军留镇熊津，中国声音器物多随以来，东方华风，自此益振”。此外，新罗的姓氏制度与民间节日都具有深厚的中华文化遗痕。新罗时期的佛教，更是在中国佛教的直接影响下展开的。

朝鲜是汉传佛教的主要流行地区之一，自新罗统一半岛至第三十六代惠恭王时代（765—779）是朝鲜佛教发展的全盛时期。隋立国后，三朝使者即曾请舍利归国，起塔奉养，并有学人前来求法。著名者如高句丽僧慧灌曾就学于吉藏门下，返国后转赴日本，大弘三论宗。唐建国后，高句丽荣留王（618—641 年在位）亦曾派人前来中国求佛法。唐代佛教史上的许多著名人物是新罗人。如慈藏于贞观十年（636 年）来华，十二年至长安，十六年归新罗，大弘教法，世称“海东孔子”；义湘是华严宗二祖智俨的弟子，被尊为“海东初祖”；神昉则是三藏法师玄奘门下四高足之一；新罗王孙园测亦曾受学于玄奘，后为西明寺大德，弟子中有胜庄、道证等，著名于时；明朗唐初来华，学杂密，回

① 《周昉》，见《太平广记》卷二一三，北京，中华书局，1985。

国后创海东佛印宗；神行于北宗普寂门下志空得法，传北宗禅，道义、洪陟等传南宗禅。此外，在高句丽荣留王时代还从唐传入《老子》与道教，曾改佛寺为道馆，优遇道士，接着宝藏王也崇信道教。宗教的传播是文化传播中的一个非常重要的方面，伴随着宗教的对朝鲜的输出，中国多方面的文明成果也输入朝鲜，并在其地产生巨大影响。

（二）唐文化对日本文化的影响

日本与中国一衣带水，两国之间的友好往还早在汉魏时期即已开始。中国先进的文化与生产技术源源不断地输入日本，成为日本发展本国文化的重要借鉴与推动力。隋唐时代，中日文化交流更是进入了历史上的黄金时代。日本对摄取大唐文化成果采取积极主动的态度，早在600年即向中国派出了第一批遣隋使，此后自大业三年（607年）至乾宁三年（896年）的近三百年间，日本共派出遣隋使4次，遣唐使18次，使团规模一次或达五六百人之众。7世纪初，圣德太子仿效中国制度，以儒学思想为指导，推行“推古改革”，革新的初见成效，使日本国统治者更坚定了移植中华文化的信心。公元608年，日本国国王接见隋朝使节，声称：“我闻海西有大隋，礼义之国，故遣朝贡，我夷人僻在海隅，不闻礼义……冀闻大国惟新之化。”① 由此可见，这种遣隋遣唐使团的使命与其说交好上国，勿宁说是学习礼仪制度与文化，以作建国楷模。唐朝建立以后，政制的完备、军事的强盛、文化的发达都呈现出罕有的壮观，日本国统治者对唐文化景慕万分。推古天皇三十一年（623年），自唐回国的留学僧惠齐、惠光等人上奏朝廷云：“大唐国者，法式备定，珍国也，常须达。”② 朝廷接受这一建议，开始派遣唐使。

日本社会在大陆文化的强烈影响下飞跃进步。公元645年，大臣中臣镰足和中大兄皇子推翻当权的豪族苏我氏，拥立孝德天皇即位，实行“大化革新”，在政治、经济、文化等诸领域展开了一系列改革。中央设立二官、八省、一台，地方设国、郡、里三级政权；土地收归国有，实行班田收授法和租庸调法；此后又制定法律、立卫府与军团以及防人制度。此次改革所采取的措施及

①《倭国传》，见《隋书》卷八一，北京，中华书局，1973。

②《日本书纪》，“推古天皇三十一年”条。

律令制度，皆以唐制为蓝本。而主持改革的中臣镰足和中大兄皇子都是曾入唐留学的南渊请安的学生。正如明治维新以“西泽化”为最高理想一样，大化革新以“中华化”——亦即唐化为最高理想。由于这次革新，日本的政治、经济发生了全面变革，迅速形成为封建国家。

日本的立国思想以儒家经典为本。大化革新后，立太学与地方学校。太学设明经道和经传道等科目，学习汉文儒经、《史记》、《汉书》及《文选》等。开元年间留学生吉备真备携回《唐礼》130卷，对完善日本的典章制度影响很大。参照了汉字的偏旁部首，吉备真备创制了片假名，学问僧空海创制了平假名，成为行用至今的日文字母。

唐文化对日本的影响涉及文学、科技、建筑、宗教等诸多方面。在文学方面，中国诗文风行日本，特别是《文选》与白居易的诗在日本流传甚广，促使日本的汉文学也兴盛起来，出现了空海、小野管、都良香等有名的汉诗人。8世纪中叶日本编成第一部汉诗集《怀风藻》，以后陆续编成《凌云集》、《文华秀丽集》、《经国集》。另外还出现了专门研究中国古典诗歌的经典论著，即空海的《文镜秘府论》。在日僧圆仁的《入唐新求圣教目录》中，除著录大量的佛典之外，还有《白家诗集》6卷、《社员外集》2卷、《李张集》1卷，《两京新记》3卷等。可见中国文学在日本流传、影响相当广泛。

在艺术方面，许多中国乐器如琴、笙、竽、笛、琵琶、箜篌等都自中国传入日本，在日本宫庭舞乐中，大唐乐和百济乐、新罗乐等同样是其中的组成部分。在日本今传《信西古乐图》中，有《唐舞绘》一卷，其中载有唐《秦王破阵乐》、《兰陵王》、《拔头》、《苏莫者》等舞乐形象。日本古代的猿乐，又称甲乐，是一种歌舞、伎艺和滑稽表演相结合的艺术形式，即是由唐散乐演变而成，以后又发展为能乐与狂言。而直到今天仍在流行的歌舞会，又是从能乐和民间歌舞发展而来的。日本的绘画与雕塑亦留有浓厚的唐代风格。现仍保存于日本奈良正仓院的天平宝胜四年（天宝十一年，752年）的鸟毛立女屏风，即完全是唐代仕女画的风格。在奈良、平安时期，日本也同唐代一样，流行二王（羲之、献之）书体。自唐返国的留学生与僧侣，携回了大批书法碑帖，奠定了日本书法的基础。日本社会各阶层皆深受唐文化的浸染，他们吟哦唐诗，雅好唐乐，发展唐绘，行唐礼，服唐服，食唐果，用唐式餐具，唐风大为盛行。

在科技方面，日本历法沿用唐历，唐朝制订的新历，日本原封不动地加以采用。吉备真备回国时携带了刚制成不久的僧一行的《大衍历经》、《大衍历立成》及测影铁尺、铜律管等。中土的药材、香料（部分属外来）和医药知识也传入日本。鉴真赴日就带去《鉴上人秘方》1卷。中国的丝织品及金银器、瓷器等工艺品也大量输入，同时其制作技术也相随输入，如仿唐三彩而有奈良三彩。日本孝谦天皇时曾刻印《陀罗尼经咒》，其时间约相当于唐大历五年（770年），此为存世最早印刷品之一，早于唐咸通九年（868年）雕印之《金刚经》，不过此项印刷技术则是从唐土传入的。

日本奈良时代的平城京，其建筑风格模仿唐长安城，同时也参照了洛阳城。城东西约5.9公里，南北约4.8公里，呈长方形；宫城在北部正中，有朱雀门大街贯穿南北，分为左京和右京；两京各有东西与南北街道隔成坊，亦有东、西两市，布局与唐长安城极为接近。城中的建筑物也深受唐代的影响，如内里（宫室）、东大寺、法隆寺的布局，都是建筑物在中间，周围绕以回廊，与长安麟德殿的格式相一致。留唐的学问僧亲眼见到长安等地佛寺的壮观，回国后模仿在平城京建立寺院，如著名的大安寺就是依据长安西明寺的图样建造的，至今仍保存完好。为鉴真和尚所建的唐大招提寺，更完全保持了唐代寺院的风格。日本佛教各宗本山的建筑都对其有所借鉴，并进而影响到世俗建筑。

汉地佛教对日本佛教的影响也很大。隋唐时期，中国佛教宗派发达，日本来华僧人从中国传习了高度发达的佛教学术，进而在本国创建重要的佛教宗派。隋时日本即派僧旻、清安、惠隐、广齐和灵云、惠云等前来求法，此后渡海留唐求法高僧络绎不绝。奈良时代共有六个佛教宗派传入日本，即三论宗、法相宗、华严宗、律宗、成实宗和俱舍宗。日本三论宗的创始人是慧灌，他本是高丽人，公元625年去日本，在飞鸟元兴寺弘扬三论义法而创此宗。留日的江南人福亮曾就学于慧灌，又入唐参谒吉藏；其子法名智藏，也出家入唐游学，门下英才倍出。其中道慈入唐从学于吉藏再传弟子元康，他在唐18年，回国后仿长安西明寺建大安寺，为当时日本最宏丽的寺庙。慧灌、智藏、道慈为日本三论宗正传。道严为玄奘弟子，归国后为日本法相宗初传，后又有智通、智达、受学于玄奘、窥基，为日本法相宗二传。再后新罗沙门智凤等入唐，又赴日大弘宗义，为日本法相宗三传。智凤的再传弟子玄昉在唐20余年，蒙授紫衣，归国时携回经论5000余卷。中土华严宗人道璿应日僧荣璿、普照之请东渡，为日本华严宗初传。鉴真东渡弘扬律宗，在日本始开登坛授戒制度，为日本律宗初祖。此外，《成实论》、《俱舍论》也传入日本，并形成宗派。以上为奈良时代佛教向日本的输入情况。进入平安时代后，日本继续派遣僧俗留唐生。日本佛教界的龙象最澄与空海于贞元二十年（804年）泛海入唐求法，最澄回国后于比叡山创日本天台宗，空海回国后在高野山建日本真言宗。最澄法裔圆仁于开成三年（838年）入唐，游学十年，回国后登叡山，盛弘台、密二宗。他在唐经历了“会昌灭佛”，回国后将其经历写成《入唐求法巡礼行记》，是研究当时佛教及中日关系的重要史料。以后最澄的再传弟子圆珍亦入唐，携回大量经卷法物。唐末五代，往来中日之间商舶甚多，入唐求法者仍继而不绝。作为汉传佛教的一支，日本佛教在自身发展的过程中，虽然形成了自己的民族特点，创立了一些日本独有的宗派，但其所依据的经典则为汉文佛经，故而其面貌亦不能不受汉传佛教的影响。

（三）唐文化对“中华文明圈”以外国家的影响

唐文化对“中华文明圈”以外诸国的影响，由于其辐射距离增大以及双方文化的巨大差异，其力度要远逊于东亚诸国。就内容来看，主要集中于科技与工艺品等表层方面，很少能进入政治结构、伦理思想、思维方式等深层中去，其影响相对也要比东亚稀薄得多。但有几大发明如造纸术、印刷术、火药等的输出，其对世界的影响却远非其他文化能比。公元751年，唐帝国与大食在中亚恒罗斯城发生军事冲突，唐军失利，大批士兵被俘，其中有不少造纸、纺织等行业的工匠。大食人利用他们在撒马尔罕设立造纸作坊，开始造纸，后来造纸术从撒马尔罕经巴格达、大马士革以至开罗、摩洛哥，于12世纪中叶传入欧洲。中世纪的欧洲流行以羊皮作为信息的物质载体。据估计，生产一本羊皮纸的《圣经》至少需要三百多张羊皮，文化信息的传播因载体的限制，范围狭小，中国坚韧而又便宜的纸代替了昂贵的羊皮纸和薄脆的埃及草纸，成为便捷、实用的书写、印刷工具，为当时欧洲的教育、政治、商业等活动的蓬勃发展提供了便利的条件。正如西方学者德克·卜德所指出：“纸对后来西方文明整个进程的影响无论怎样估计都不会过分。”①

在唐王朝与阿拉伯世界的文化交流中，中国道家的炼丹术大量西传，由阿拉伯而至欧洲。史载，早在魏晋时期，中国的炼丹术已西传埃及。唐代金丹道教盛行，炼丹术发达，西来商胡多热衷此道，如文学家李珣的弟弟、波斯侨民李玹“暮年以炉鼎之费，家无余财，唯道书药囊而已”②。他们将此术西传，被大食炼丹家查比尔、拉齐斯等学习，炼丹用的硝石传入大食，被称为“中国雪”。中国炼丹术的西传间接推动了近代化学的发展。西方学曾高度评价中国炼丹术的世界意义。《西巴论集》说：“中国炼丹术的基本思想，经印度、波斯、阿拉伯和伊斯兰教西班牙向西推进的结果，传遍了整个欧洲。葛洪的理论和方法，甚至他所用的术语，在他以后的几个世纪中，普遍地被这些国家的炼丹家所采用。……如果我们承认炼丹术是近代化学的先驱，那末中国炼丹术原有的理论，便可看作制药化学最早的规范”。③

中国与南海及南亚诸国的交通水陆并用。其交流主要通过商业贸易尤其是以民间贸易为主。近年来的海上考古，发现由中国的广州经南海、南洋、南亚，到西亚、非洲、欧洲，中国的陶瓷经海路大量西传，与陆上“丝绸之路”相对应的，在海上实际还有一条“陶瓷之路”。宋朱彧《萍洲可谈》称：“汉威令行于西北，故西北呼中国为汉；唐威令行于东南，故蛮夷呼中国为唐。”在与南亚印度的文化交流中，最早在中国创立的十进位记数法直接推动印度数学产生了位值制数码，即现代通用的印度—阿拉伯数码的前身。李约瑟指出：“在西方后来所习见的‘印度数字’的背后，位值制早已在中国存在两千年了。”“中国的计算人员和星官为印度人发展只需要九个符号的计算方法开辟了道路。”他高度评价道：“如果没有这种十进位制，就几乎不可能出现我们现在这个统一化的世界。”④

隋唐时期，北传（汉传）佛教实现了中国化，同时以独立的形态开始外

---

① ［美］德克·卜德：《中国物品西传考》，孙西译，见《中国文化研究集刊》第 2 辑，358 页，上海，复旦大学出版社，1985。

② 黄休复：《茅亭客话》卷二，文渊阁四库全书本。

③ 转引自冯文瑜等：《中华文化史》，632 页，上海人民出版社，1990。

④ ［英］李约瑟：《中国科学技术史》第 3 卷，322～333 页，北京，科学出版社，1975。转引自冯天瑜等：《中华文化史》，632 页，上海人民出版社，1990。

传，除日本、朝鲜之外，也达于西亚，开始双方佛教关系的双向交流时期。隋仁寿二年（602 年）朝廷敕彦琮译《舍利瑞图经》和《国家祥瑞经》为梵文，合成 10 卷，赐王舍城沙门①。这是现今所能见到的中土译华为梵的最早记录。玄奘大师在去天竺取经求法的同时，也把中国文化传入印度，当时印度国内对中国已有相当了解，许多国家都能歌中国的《秦王破阵乐》，它们对中国“常慕风化，东望已久。山川道阻，无由自致”②。玄奘回国后，将《道德经》、《大乘起信论》译为梵文。王玄策出使印度时将其带入印度，并把道教礼仪传播到迦摩缕波国即今阿萨密地方，以至于此地至今仍留有影响而流传玄风。中国僧人还向南海诸国传播中土佛教文化。公元 7 世纪中叶，唐僧人明远赴交趾，又到过诃陵（在瓜哇）等国。后来越南的佛教在中国的影响下发展起来，其禅宗前派、禅宗后派都是在中国禅宗直接影响下建立的宗派。

总之，唐文化对周边各国多有影响，只是影响因地理的、民族的、宗教的等多方面的原因而有所不同。中国文化对“圈外”诸地区诸民族的影响不能产生像在“圈内”那样大，其在各该民族文化中也不可能留下更鲜明的痕迹。毕竟从本质上讲，当时的中国还处于“亚洲的中国”时期，其影响的进一步扩大还有待于将来。

四、国际文化都市——长安的个案研究

城市是一个文化圈的内核所在，是文化圈的文化势能集结之处和文化能量辐射的中心。而作为城市最高形式的都城更是一国文化之网的中心纽结，在某种意义上，可以被视为其精神风貌的缩影。隋唐长安城便以其博大和精细活现着中华文化的魂魄，流眄着那个时代特有的神韵和壮阔的时代精神。

隋文帝建国之初，以西汉的故都长安为首府，位置在今西安西北的汉城一带。开皇二年，因此城规模狭小、布局零乱、水质咸卤等诸多原因，无法适应大国都城发展的需要，遂命著名政治家高颎和杰出的建筑大师宇文恺等人在该城东南的龙首原上主持营造新都，时称大兴城。其名之由来，一说因杨坚在后

---

①《彦琮传》，见《续高僧传》卷二，台北，文殊出版社，1984。

②《大唐西域记》卷一〇，上海人民出版社，1997。

周受封大兴公，故名；一说可能与太极殿所在地的大兴村有关。公元 618 年，隋灭唐兴，改大兴为长安，并进一步加以扩建。总城区面积达 80 多平方公里，人口近 100 万，雄踞当时世界诸都城的前列。

“那是一个需要巨人并产生了巨人的时代。”长安的总体设计者宇文恺便是可以与欧洲文艺复兴时期的艺术巨匠达·芬奇、拉斐尔、米开朗基罗等媲美的建筑艺术大师。宇文恺出身于显赫的豪门之家，父亲和兄长都曾是北周重臣。然而与父兄的志向不同，“恺独好学，博览书记，解属文，多伎艺”①。这一兴趣不仅使他在改朝换代的政治变革中保全了性命，而且使其在江山一统的政治局面中获得了机遇。他曾开凿广通渠，决渭水达黄河，以通漕运，又营建宏丽的东都洛阳。在世界建筑史上很少有人能像他那样幸运，能在这样一系列重大的建筑工程中起到至关重要的作用。而大兴——长安城的总体设计，更是他集前代都城建筑之得失经验，利用大兴地区六条丘陵（即所谓“六坡”）的自然特点，精心运思的毕生智慧的结晶。

根据多次考古发掘及隋唐长安城遗址的复原图，我们已可一睹这个世界性都市气象万千的总体布局。该城东西长 9721 米，南北宽 8651 米，周长 36.7 公里，面积 84 平方公里，相当于 10 个今日规模的西安城。它不仅大大超过了罗马、拜占庭的面积，而且比明清时代的北京还要大。因此，在相当长的历史时期里，它以无与伦比的规模享有“天下第一城”的美誉。根据唐制，全国设 26 关，其中有 12 关设在长安周围。这 12 关以长安为中心，形成辐条式的车马道路，以长安为中心的全国公路网由此辐射向全国各地，形成“条条大路通长安”的宏伟格局。清人顾炎武在其《日知录》中指出：“予见天下州之为唐旧治者，其城廓必皆宽广，街道毕皆正直。廨舍之为唐旧制者，其基址必皆宏敞。宋以下所置对弥近者制弥陋。”可以想象，在当时东依灞、浐、北临渭水的龙首原上，这座拔地而起的浩大建筑是多么的伟岸、壮观。

长安城不仅气势浩大，而且布局考究。整个城市的基本结构为正方形，由宫城、皇城、外廓城三部分组成，三重相依，层层递进。宫城位于全城北部的正中，以示坐北朝南，统摄天下的帝王气象。宫城的正中是皇帝起居、听政的

---

①《宇文恺传》，见《隋书》卷六八，北京，中华书局，1973。

太极宫，两侧则分别是太子居住的东宫和嫔妃居住的掖庭宫，其面积大约 4 平方公里，相当于明清紫禁城的 6 倍。宫城的南部比邻的是与宫城形状和面积相似的皇城。皇城内设有宗庙社稷、官署衙门，是文武百官办理政务的所在。宫城与皇城之间，有一个宽 441 米的街形广场，是皇帝检阅士兵和接受外国使节朝贺的地方。宫城的承天门与皇城的朱雀门，直至外廓城的明德门遥相对应，并以 150 米宽的朱雀大街将全城分为东西两部分。城内有东西大街 14 条，南北大街 11 条，把全城分隔成为 108 个排列整齐的坊里，为居民的居住区和商业区。城内有东、西两大集市，各为 1.1 平方公里，分别划成九九见方的“井”字格局，供各行各业的商人进行买卖交易。城内有 81 座僧寺、28 座尼寺，30 座道观、6 座女观，2 座波斯庙，4 座胡祆词，以及戏场、教坊、园林数处，整齐的槐树和飘逸的重柳掩映着金招银幌、绿瓦红墙。外围的城墙厚约 12 米，每面各设 3 门。真可谓雄踞虎视，气象万千。

作为一座具有典范意义的都城，长安既体现了尊卑有序的儒家思想，又融汇了道法自然的道家精神。帝王居住的宫城如同北极星周围的紫微垣，皇城象征着地平线上以北极星为圆心的天象，从东、西、南三面卫护皇城与宫城的廓城则象征着大周天。“象天设都”的构造，使天与人不仅在想象中，而且也在现实中相应相通，合而为一。巍峨的宫殿建筑于龙首原高地，地势的居高临下使皇宫更显得威势逼人，透露出皇权的至高无上和总括宇宙的精神追求。另外，长安城内的建筑布局亦体现着封建等级秩序，不同身份的人居住在不同居住区，高低错落、气势磅礴而又井然有条。那皇城外南北排列的 13 坊象征着 13 州，东西坊则比拟全国 10 道。朱雀街连通南北，宛如一条彩带，把天上的九野千门与地上的九州万户连成一线。宏大的规模、精细的布局与伦理观念和政治思想浑然融为一体。明德门是长安城的正门，它形制堂皇，气象雍容大方；与古罗马君士坦丁凯旋门相比，前者稳定、厚重、平展、端庄，后者追求沉重的震慑力量，展现出东西民族性格的差异。承天门是太极宫的正门，它威仪凛然，朴厚端庄。门前的广场规制宏大，面积远远超过古代与中世纪欧洲一系列著名广场。古罗马恺撒广场、奥古斯都广场、图拉真广场，意大利文艺复兴时期的罗马市政广场、圣马可广场，以及 17 世纪法国的协和广场、旺道姆广场，与唐代长安承天门外广场相比，皆相形见绌。

太宗执政后，在长安城北龙首原高地修建大明宫，作为太上皇李渊避暑之地。高宗、武后时，又进一步加以扩建，取代太极宫，成为此后唐代的政治中心。不计太液池以北的内苑地带，其遗址范围相当于明清故宫紫禁城总面积的三倍多。此处居高临下，俯瞰全城，形如龙首，易守难攻，是皇家居住和理政的理想场所。经过历朝营建，形成以含元殿、麟德殿、太液池为三大主体的建筑群。

大明宫正殿含元殿屹立于龙首原南沿，居高临下，色彩富丽堂皇，是有唐一代最为雄伟壮观的建筑群。大殿前面两侧构成双臂环绕式的翔鸾、栖凤二阁，殿前的龙尾道长达 70 余米，使含元殿气势开张，气派非凡；殿、阁均建于高台之上，以足够的高度来显示皇家的威严；伟岸的主殿与高耸的双阁之间以曲尺飞廊遥相连接，使整个建筑浑然一体。正所谓："左翔鸾而右栖凤，翘两阙而为翼，环阿阁以周墀，象龙行之曲直，夹双壶以鸿洞。"①

与含元殿开张的气势相比，麟德殿的规模更为宏大。大殿的台基宽 77 米，长 130 米，分为前、中、后三大殿。中殿为主殿，周围绕以回廊，并有东西对称的东亭、西亭和郁仪楼、结邻楼，总面积相当于明清太和殿的三倍。大殿取前后相连的三重式建筑形式，面阔 11 间，进深 17 间，给人一种气概卓然、浑厚、博大，深不可测之感，造成一种前朝未有、后朝不复多见的奇特的美。尽管昔日的麟德殿已不复存在，但仅从今日的复原图中，我们也不难发现其"九天阊阖开宫殿，万国衣冠拜冕旒"② 的盛大气象。

大液池位于大明宫的中后部、以波光船影、碧水红花的园林建筑与巍峨的含元殿和雄浑的麟德殿遥相呼应，并在地理上形成三角关系。如果说含元殿以气势开张的姿态显示着国家的威严，麟德殿以博大雄浑的气势显示着帝王的高贵，太液池则以富丽堂皇的景象显示了皇家的奢华。池水阔达 18 万平方米，池中有蓬莱仙岛，环池有亭台楼阁，因地制宜，因势利导地将自然的景象与人工的建筑结合起来，不追求对称严整而追求道法自然。

假如说太极宫以庄重严整见长，大明宫以雄伟壮丽见长，兴庆宫则以豪华绮丽见长。兴庆宫位于皇城之乐，为唐玄宗所建。宫内建筑多楼房，宫中遍种

---

① 李华：《含元殿赋》，见《唐文粹》卷一，文渊阁四库全书本。

② 王维：《和贾舍人早朝大明宫之作》，见《全唐诗》卷一二八，北京，中华书局，1979。

牡丹与各种花卉，花团锦簇。在这里曾演绎出无数千古传诵的风流故事，传递出盛唐独有的欢乐、纵情以及随意创造而又无比精妙的文化活力。

长安东南角的曲江池，是天子与百姓同乐的地方。每逢节日，皇帝嫔妃坐于紫云楼，朝廷百官宴会山亭，百姓聚于彩棚绸帐，花飘绣带，柳扶香风。科举放榜之后，新科进士在此宴集，为一年一度的人文盛会，此时曲江畔车水马龙，士民倾城纵观，几至空巷。

长安的市场百业俱兴，中外商贾云集。东西两市是长安城中最集中的商业区。市内店铺林立，商品琳琅满目。此外，至唐中后期，市场的经营突破了坊市的限制，市民居住的坊里也遍布小店铺，各种小贩提篮担担，走街串巷，络绎不绝。

唐朝人酷爱牡丹，牡丹被奉为唐代“国花”。国色天香，雍容华贵，暮春三月，“三条九陌花时节，万户千车看牡丹”。其中以大慈恩寺中的牡丹最为有名。《南部新书》载：“长安三月十五日，两街看牡丹，奔走车马。慈恩寺元果院牡丹，先于诸牡丹半月开；太真院牡丹，后诸牡丹半月开。”

长安的节日更是盛况空前，仅以元宵节为例，地上灯火通明，天上星月当空，“谁家见月能闲坐，何处闻灯不看来”，“月色灯光满帝都，香车宝辇隘通衢”。当此之时，“火树银花台，星桥铁锁开。暗尘随马去，明月逐人来。游技皆秾李，行歌尽《落梅》。金吾不禁夜，玉漏莫相催”①。唐初诗人骆宾王的《帝京篇》极言帝京的壮丽、恢弘：“山河千里国，城阙九重门。不睹皇居壮，安知天子尊？皇居帝里崤函谷，鹑野龙山侯甸服。五纬连影集星躔，八水分流横地轴。秦塞重关一百二，汉家离宫三十六。桂殿阴岑对玉楼，椒房窈窕连金屋。三条九陌丽城隈，万户千门平旦开。复道斜通鳷鹊观，交衢直指凤凰台。剑履南宫入，簪缨北阙来。声名冠寰宇，文物象昭回……”

长安成为当时世界一座具有典范意义的都城。它不仅成为当时周边地区和国家学习及摹仿的范本，而且成为后来各朝各代虽心驰神往却又不敢望其项背的楷模。据考证，当时我国东北建立的地方政权渤海国之上京龙泉府，在规划上便完全袭用了长安的格式；日本的平城京（今奈良市）、平安京（今京都市）

① 苏味道：《正月十五夜》，见《全唐诗》卷六五，北京，中华书局，1979。

也都是其具体而微的摹本。时至今日，我们在明、清两代留下的北京城，以及故宫、北海的建筑和设计上，都不难发现长安城、含元殿和太液池的历史投影。只是这些后来的摹拟之作，无论是在规模上还是在气势上，都无法与隋、唐的原作相媲美了。

长安是一座国际化的大都市，这种国际性首先表现在它拥有为数众多的侨居人口上。北朝以来，中亚侨民在长安的已日渐增多。唐初流寓长安的各族侨民中突厥人最多，已近万家，东西突厥平定以后，迁居长安的突厥人更多。中亚的昭武九姓国人移居的皆以国姓康、安、曹、石、米、何、史、穆为氏，每国的侨民各有特色，康国侨民多信仰摩尼教；安国人多信仰火祆教；曹国侨民多乐工、画师，著名的如曹姓的曹保、曹善才、曹纲三代均以琵琶演奏闻名一时；石国侨民善舞蹈，多摩尼教徒；米国侨民善乐，米嘉荣、米和郎世代皆以之闻名长安。

除中亚的昭武九姓外，波斯人来长安经商、旅居者更多。他们中的许多人因经商而成为巨富，操纵了长安的珠宝和香药市场，左右着部分商品的对外贸易。波斯的国王卑路斯及其王子泥涅斯因国亡，客死长安，为当时上层社会增添了诸多逸闻趣事。748 年勃律国王苏失利芝到长安，翌年护密国王罗真檀继至，稍后陀拨王子亦来华，受到唐王朝的接纳和优礼。他们皆因阿拉伯势力东侵，作为亲唐势力失利，请求唐朝支持，卒至久居长安。

隋唐时期，中印佛教交流频繁，印度的许多高僧因之而来华。他们以来华传播佛教教义、创立宗派、翻译经典为主，同时也传布医学、天文知识，以经商为目的者亦比比皆是。隋末古查拉特人达摩笈多，受中国文明吸引，东游来华。在来华的印度高僧中，波罗颇迦罗密多罗（一名光智）是最早的一位。接着有地婆诃罗、菩提流志在长安译经。开元时马赖耶拉人金刚智（华言光明）在长安、洛阳传布密教，影响更大。他和他的弟子北印度高僧不空，及再传弟子中印度人善无畏，都身怀绝技。其中善无畏曾和一行和尚合作译经，又交流工艺技术，制作铜塔，促进了中印文化交流。

长安朝廷内又多蕃将、蕃相，755 年唐玄宗采纳胡人出身的节度使安禄山的建议，以外族将领 32 人代汉将。异族将领大玺入主朝政，造成“近日中书尽是蕃人”① 的局面。

---

① 孙光宪：《北梦琐言》卷五，北京，中华书局，2002。

长安是亚洲各国学术交流的中心。外国来华使团中有许多著名学者和专门人才，他们在长安和中国僧侣、士大夫们互相交流，增进了解。长安的国学也是当时亚洲各少数民族和邻近各国贵族官僚子弟学习的场所。高丽、百济、新罗、日本等子弟入国学者达 8000 多人，成为中外文化交流的骨干。他们学成归国后，将唐朝的典章制度、文学艺术及科学技术带回本国，加以发扬光大。另外，旅居长安的各国祆教徒、摩尼教徒、景教徒、伊斯兰教和佛教徒，以及各国商人，对中外文化交流，尤其是中华文化的对外传播起了重大作用。此方面内容已见前述。

总计在长安 100 万总人口中，各国侨民和外籍居民占总数的 2%左右，如加上突厥后裔，其数可达 5%左右。长安成为各族人民聚居、各国侨民往来的熙熙攘攘的一座国际大都市。

长安的各国侨民既多，往来客商尤密，他们同时也把外域的文化带入长安，有多少个民族，就有多少种民族文化，长安不仅是一座侨民众多的大都市，而且是中外文化汇聚的大舞台。当时的胡乐、胡舞在长安极为盛行，左右着当时的长安乐坛。胡乐在北朝即受到上层社会的重视，唐初仍沿此风。乐府伶工仍多外国音乐世家，其中曹妙达、曹保等祖孙数代皆以琵琶著称，而米嘉荣、米和郎祖孙世代以善舞见长。曹、米两家成为长安城内世代名家的乐舞能手。康、安两国中的康昆仑、康遒、安叱为、安万善、安辔新亦为佼佼者。康昆仑在玄宗时住在长安街东，其琵琶号称第一手。安叱为在唐高祖时因善舞官拜散骑常侍。唐代十部乐中有天竺、高丽、龟兹、安国、疏勒、高昌、康国等七部皆属外来音乐。

长安盛行歌舞，舞蹈有健舞、软舞、字舞、花舞、马舞等多种。其中健舞中的阿连（辽）、拂林、柘枝、胡旋、胡腾来自西方，阿连舞来自黑海的萨尔马提，拂林舞来自拜占庭，柘枝舞、胡腾舞出自石国，胡旋舞出自康国。软舞中的苏合香原出印度，兰陵王出自中亚。

唐代的许多外来文明多通过西域经河西走廊传入中原，因此当时的长安濡染西域之风尚特别明显。乐舞之外，绘画、宫室、服饰、饮食、娱乐、居俗无不效法西域，有浓厚的西域色彩。

长安画坛因中亚凹凸画法的传入，引起很大变革。侨居长安的于阗画家尉迟跋质那、尉迟乙僧父子和康国画家康萨陀一起传入印度画法。尉迟乙僧所作佛画、人物画及花鸟画都充满异国情调，康萨陀擅长飞禽奇兽。西域画派不论在画法还是在画题上都对唐代绘画产生了深远影响。

唐长安的宫室建筑亦采用西亚风格和材料。唐玄宗模仿拜占庭建筑引水上屋、悬波如瀑的凉殿；天宝中御史大夫王鉷在太平坊私宅中自筑雨亭子，其技术皆来自西方。

另外，长安人在服饰方面盛行戴胡帽、衣胡服，在饮食方面吃胡食、喝胡酒，在娱乐方面乐于玩泼寒胡戏及波罗球戏，棋弈为大食的双陆，元宵节玩西域格调的灯彩。可以说，当时长安居民的整个衣食住行都染有浓厚的西域风采，胡气氤氲。难怪元稹在《法曲》中说："自从胡骑起烟尘，毛毳腥膻满咸洛。女为胡妇学胡妆，伎进胡音务胡乐。火凤声沉多咽绝，春莺啭罢长萧索。胡音胡骑与胡妆，五十年来竞纷泊。"

唐代长安以其博大的胸怀，接受着来自世界各地的各种文明。它是亚洲各国乐工、画师、舞蹈家、杂技演员和方士云集的大舞台，也是各国贵族、富商、武士和使者出入的大都市，又是佛教、祆教、基督教、摩尼教、伊斯兰教等诸多宗教传播的胜地。规模空前的统一和强盛，气派空前的宽容和摄取，铸成了唐人异彩缤纷的生活情调，同时也使长安成为名副其实的国际大都市。

结语

隋唐：中国古代文化的发展与整合

隋唐时期是中国古代文化发展的繁荣时期，是制度文化的逐步健全时期，是民族文化交融的频繁时期，是地域文化汇集的关键时期，是中外文化碰撞的独特时期。隋唐时期，我们看到的在国家一统、经济发展、军事强盛、社会安定、交通发达前提下形成的开放、博大、宽容、交流、摄取的文化心理和文化局面。这个时期，在中国古代社会文化的传承脉络上，是对前代文化内容的集成、对后代文化发展的开启时期。

隋唐文化以其繁荣的开放的景象吸引着今人的视线。然而，当我们惊叹、夸耀、标榜隋唐文化之际，我们也需要适当地从魂牵梦萦的盛唐气象中转移视线，更多地对这种文化发展现象进行横向的剖析、纵向的把脉。横向的剖析是对隋唐时期的文学、艺术、宗教、科学等诸多方面的情况进行分析，而纵向的把脉，则是对隋唐文化在整个中国古代文化发展历程中的地位给予评价和界定。由此，今人才能对隋唐文化的历史地位和发展特征有更为深刻的理解。

隋唐时期正是中国古代文化发展和整合的时期。国家统一，经济发展，商贸兴盛，城市繁荣，社会稳定，尤其是唐代的“贞观之治”“开元盛世”局面的出现，都标志着中国古代社会发展进入了全盛时期。正是在这一时期，中国古代的国家制度体系也在不断健全完善。隋唐两代，专制主义中央集权的政治体系更趋精密完善，三省制基本定型并为以后的历代王朝所效仿，科举制度臻于成熟，士族门阀已成明日黄花，庶族地主及其知识分子开始占据社会政治、经济、文化的主导地位，中央集权政治体制的经济社会基础扩大。作为人们社会生活的基本行为准则的礼制和法制更加缜密，礼法并施，一张一弛，成为规范人们思想行为的两只巨手。

国家制度体系的发展和完善在促动社会进步发展的同时也反应在隋唐文化的勃勃生机。隋唐时期，官方文化教育、管理机构的建立和完善，促使社会更多的层面开始接触文化，接受教育，文化传播的区域更为广泛。文化传播者——文人、伎艺人的身份地位的变化；朝廷上下对文献典籍——文化传播载体的重视和关注，都是文化传播的重要内容。印刷术的出现，朝廷诏令传播体制通道的完善，也是传达文化的重要内容。正是在此前提下，文化逐步全面进入广大民众中间。

隋唐文化正是中国古代发展的繁盛时期，各方面都呈现出炫目灿烂的景象，与此同时，隋唐时期也是中国传统文化的整合时期。中原文化不断外延，向全国各个区域传播，而南方文化不断崛起，区域文化的交流融合，促动了中国本身传统文化的不断充实。三教并列，促进文化融合与繁荣，儒家文化的充实，佛家文化的本土化，道家文化的摄取，各自丰富的同时，也是共同进步的过程。而传统儒学也在吸纳佛学、道学的合理因子的前提下发生了重大变革，理学开始发轫。韩愈、柳宗元倡导的古文运动将唐代的散文创作推向高峰，最终取代了骈文而成为文坛的主流。唐代诗坛流派纷呈，群星辉映，是中国古代文学史上最为辉煌的发展阶段。李白、杜甫、白居易各以其不同的创作风格、体裁和佳句名篇传誉后世。唐代的音乐、舞蹈、绘画、书法等艺术，也开一代之风气，领一代之风骚。隋唐文学艺术的发展，正是因为开放、宽容的文化心理，给予了文学艺术更多豪迈的神韵。

隋唐时期也是中外文化广泛交流发展的时期。中国文化积极向外传播，而外来文化也不断对中国文化产生影响。隋唐两代，尤其唐王朝是当时东亚乃至于世界的强国。她气度恢弘，疆域辽阔，国力强盛，声威文教远播四方。其典章、文教、科技不仅对国内少数民族影响巨大，而且也深深吸引了中亚、西亚、南亚、日本、高丽等大批留学生和遣唐使，华夏文明成为强大的文化辐射源。与此同时，外来的诸多因素也开始对中国的音乐、舞蹈、绘画等很多方面产生影响。大量的外来因素丰富了隋唐文化的色彩，也充实了其内容和品质，这种充实和丰富是后来王朝命运中永远不能再现的梦幻。

如果说横向的剖析可以让我们对隋唐文化的内涵有更为深刻的理解，那么我们所努力做到的纵向把脉却是今人认识隋唐文化不可缺少的前提。当我们惊叹于隋唐文化的发展尤其是盛唐文化的雍容气度的时候，我们事实上要注意到，从中国传统文化发展的角度来看，隋唐时期正是中华文化体系尤其是国家制度体系逐步健全的时期，这种尚未细致完善的阶段特征反映出比较发达的包容和吸收能力，其拿来并吸收外来因素的空间和机会还比较宽松，而其包容异己因素的社会文化心理仍然普遍。随着国家制度体系的不断完善细致，宋代以后，中国古代的文化发展也日趋稳定内向，其包容和吸收外来文化的能力也就随之减弱。

隋唐代文化的开放和整合，还不能忽视国力强盛的态势产生的影响力。在隋唐时期的中外关系方面，由于隋唐政权在对周边地区政权的战争以强者姿态出现，国家具有明显的自信，也更为注重对外交流和发展，不断向外传播自己的文化；朝廷和人民更是具有大度的气质，接纳和包容一切外来因素。宋代以后，随着国力的衰弱，尤其是四周强邻的出现，对外关系中的强势地位无法保持，国家的文化心理逐步趋向内在。

如果说，唐代建立的文化、制度体系的框架开始逐渐修整、细致、严谨的过程是唐代以后文化开放性逐步减弱的内在因素，那么中外关系中强势地位的丧失、周边强邻的出现则是国家心理逐步放弃开放趋向内敛的外在客观因素，逐渐丧失开拓精神的文化趋势则不可避免地成为唐代以后中国文化发展的心理基点。而这也正是我们全面认识隋唐文化在中国古代文化发展历程中重要地位的关键。

各类参考表

表一　　　　　　　唐诸朝宰相科举出身表

朝代	宰相数	科举出身人数	占比例数（%）
太宗	29	制举 1 人，秀才 2 人	6
高宗	47	明经 2 人，进士 8 人，对策擢第一人	23
武后	78	明经 11 人，进士 8 人，其他 2 人，制举 7 人	28
玄宗	34	明经 3 人，进士 8 人，其他 2 人，制举 7 人	58
德宗	35	明经 3 人，进士 12 人，其他 4 人	54
宪宗	29	明经 2 人，进士 16 人	62
文宗	24	明经 1 人，进士 19 人	83
宣宗	23	进士 19 人	82
僖宗	23	进士 19 人	82

据《新唐书·宰相世系表》、《唐会要》及两《唐书》诸传。

表二　　天宝十四载诸道户口分等表

等级	户口	道
1	口　千万以上 户　百万以上	河南道、河北道、江南道
2	口　三百五十万以上 户　六十万以上	关内道、剑南道、河东道
3	口　二百万以上 户　三十九万以上	山东道、淮南道
4	口　百万以下 户　三十九万以下	岭南道、陇右道

据《通典・食货典》。

表三　　唐代文化管理机构简表

性质	官署名称	职　　能	定　　员
教育	国子监	政府正统教育机构，有国子学、太学、四门学、律学、书学、算学六学，分大学与专科。	管理人员与教师等专业人员 150 人；学生 1410 人。
	弘文馆	教授生徒，试贡举。	学生 38 人。
	崇文馆	教授诸生，凡课试举授如弘文馆。	学生 20 人。
	崇玄馆	开元中置崇玄学，学生习业后准明经例考试。两京分设。	学生 100 人。
	太医署	有医学专门技术学校。	学生 85 人。
研究	弘文馆	校理图书，并参议朝廷制度沿革和礼仪规定。	专业及管理人员 53 人
	崇文馆	掌东宫经籍图书。	29 人
	集贤殿书院	刊缉古今经籍。辨明邦国大典；征集遗书，征求隐逸贤才；考核并申报有才学与治国方略者；并承旨撰集文章，校理经籍。	155 人
	史馆	修撰前朝史及当朝国史，实录、起居注、日历等。	44 人
		掌东宫四库书的缮写、刊缉、典校之事，并侍奉文字。	42 人
	翰林院	初有词学、经术、合炼、僧道、卜祝、术艺、书弈等方面的待诏，后期主要草拟诏告文书，直接参予朝政。	无定员

（续表）

性质	官署名称	职　　能	定　　员
服务	内教坊	按习雅乐，属内廷机构。	17 人左右
	习艺馆	教习宫人儒学、文学。	
	著作局	修撰碑志、祝文和祭文。	17 人左右
	司天台	唐代掌管观天文、定历法的常设机构。	各类人员约 1600 多人。
	崇玄署	掌京都诸观名数与道士帐籍斋醮之事。	官员 15 人
	两京郊社署	掌五郊、社稷、明堂之位、祠祀祈祷之礼。	两京官员共 138 人
	太乐署	掌调钟律，以供祭饗。	官员等 175 人
	鼓吹署	掌鼓吹施用调习之节，以备卤簿之仪。	25 人
	太医署	掌医疗之法。	专业及管理人员 246 人
	鸿胪寺	下有二署。典客署掌接待外宾之事；司仪署掌凶礼及丧葬仪式。	二署共 202 人

据《旧唐书·职官志》、《新唐书·百官志》及《唐会要》卷 57～67 制表。

表四　　各朝僧寺数目表

帝代	僧数	寺数	附注
隋朝	236200	3685	据《法苑珠林》卷一百。
太宗		3716	寺数据《续高僧传》卷五；佛教徒据道宣云不满七万。上详
高宗	60000 余人	1000	据《法苑珠林》卷一百
玄宗	僧 75524 尼 50576	5358	此据《新唐书·百官志》，应系玄宗时数。《唐六典》所举寺数即为 5358。但僧 3245 人，尼 1113 人
武宗	260500	大寺 4600 兰若 40000	此据《旧唐书》检毁之数

取自汤用彤：《隋唐佛教史稿》，52 页，北京，中华书局，1982。

表五　　　　　　　　　　唐代三教争衡时序表

时间地点	代表人物	争论内容	结　果	附　注
武德七年（624）二月丁巳国子学	儒：徐文远、陆德明 佛：慧乘、道岳 道：刘进喜、李仲卿	本因释奠而起，徐、陆论难风生，遍析其要。释问道大还是自然大，既大，何又法自然，李仲卿无以对。	儒者胜 逻辑争辩上释胜，高祖以“三教虽异，善归一揆”为结语。 排序：儒、道、释。	《新唐书·高祖本纪》《新唐书·儒林传》《集古今佛道论衡》卷丙
贞观十二年（638）太子承乾在弘文馆主持	儒：孔颖达 佛：慧净 道：蔡晃	慧净开讲《法华经》，晃与辩论，孔氏讥佛家无诤，净反讥君子不党。	释氏以其强辩独留美名。 排序：道、释。	《集古今佛道论衡》卷丙；释彦悰《护法沙门法琳别传》
显庆五年（660）八月十八日洛阳宫中	佛：静泰 道：李荣或有李玄植（儒）	辩《老子化胡经》	释胜。道理屈，论理浅。 排序：道、释。	《集古今佛道论衡》卷丁；《新唐书儒学·张士衡传》
开元中、内殿	三教各选100人。 释：利陟； 道：韦玎	定释道优劣	先挫叶净能、思明，陟攻玎为庶人，玄宗贬斥，道因政治干预而胜释。 排序：道、释。	赞宁《宋高僧传》卷十七《唐京兆大安国寺利陟传》
开元二十三年（735）八月癸巳、千秋节		讲论三教异同	三教调和、并列。	《册府元龟》卷37、《张九龄全集》卷九《贺论三教状》
贞元十二年（796）德宗诞日、麟德殿	儒：赵需、许孟容、韦渠牟 释：覃延、端甫		韦氏兼通三教，以三教归一为旨。 排序：道、释。	韦绚《宾客嘉话录》；《新唐书·韦渠牟传》
宪宗时			署辩章为三教首座。朝野皆调三教归一。	《宋高僧传·辩章传》

（续表）

时间地点	代表人物	争论内容	结　果	附　注
文宗元和元年（827）十月，降诞日、麟德殿内道场	儒：白居易 释：义休 道：杨弘元		白氏以义休明大小乘、通内外学，难为酬对，谨退，倡三教合一。 排序：道、释。	白居易《三教论衡》
宣宗大中三年（849年）诞日	儒：李贻孙、杨汉公 佛：知玄		知玄研习外典经籍百家之言，博通三教，为宣宗和文人们推重，宣宗并恢复天下所废寺。 排序：道、释。	《宋高僧传》卷六《唐彭州景山知玄传》
懿宗咸通中延庆节、实为咸通十一年（870）十一月十四日			伶人李可及诡称三教论衡分别引《金刚经》“敷坐而坐”，《道德经》“吾有大患，是吾有事；及吾有身，吾复何患?”《论语》“沽之哉，沽之哉！我待贾者也”三句来戏谑三教主为妇人	高彦休《唐阙史》卷下《李可及戏三教》

主要参考罗香林《唐代文化史》中《唐三教讲论考》一文。

表六　　　　两唐志著录唐人著述总目表

部类	旧志		新志			
	著录总数	可考唐人著作	著录总数	旧志不著录	可考唐人著作	新志增旧志数
易	78	23	88	11	38	14
尚书	29	3	33	4	10	7
诗	30	3	31	3	8	5
礼	104	13	96	16	29	18
乐	29	7	38	20	27	20
春秋	102	9	100	22	38	27

（续表）

部类	旧志		新志			
	著录总数	可考唐人著作	著录总数	旧志不著录	可考唐人著作	新志增旧志数
孝经	27	7	36	6	13	6
论语	36	4	37	2	6	2
经纬	9		9			
经解	27	4	26	10	14	10
小学	105	6	103	23	33	27
经总	575	79	440	117	216	146
正史	81	25	90	23	58	23
编年	55		48	19	20	
伪史	20	1	17		1	
杂史	102	3	107	68	78	75
起居注	41	8	38	3	12	4
实录			28		19	
诏令			11	11	12	
故事			43	16	19	
职官	21		26	29	35	
杂传	194	11	151	51	85	74
仪注	84	5	100	49	64	59
刑法	51	25	61	12	48	23
目录	18	5	22	12	20	15
谱牒	55	9	39	22	57	48
地理	93	10	106	53	65	55
史总	840	102	857	358	593	386
儒家	28	16	92	39	56	40
道家	125	31	174		101	70
释			40	74	142	
法家	15		15	3	4	
名家	12		12	3	1	
墨家	3		3			
纵横家	4		4		1	

（续表）

部类	旧志		新志			
	著录总数	可考唐人著作	著录总数	旧志不著录	可考唐人著作	新志增旧志数
杂家	71	9	75	34	43	35
农家	20	1	26	11	12	11
小说家	13		41	78	83	
天文	26	5	30	6	16	11
历算	8	29	75	19	51	22
兵书	45	4	60	25	33	29
五行	113	4	160	25	42	38
杂艺	18	2	20	16	58	56
类事	22	13	24	31	47	34
明堂经脉	26	2	35	2	7	5
医术	110	10	120	55	82	72
子总	753	126	967	507	779	423
楚辞	7		7			
总集		112	99	78	124	
别集	892	144	750	406	572	428
集总	899	256	856	484	696	428
总	3060	563	3277	1390	2284	1383

表七　　唐初中央机构表

<table>
<tr><td rowspan="7">皇帝</td><td rowspan="6">六部</td><td>中书省——掌邦国之政令</td></tr>
<tr><td>门下省——出纳王命，相礼仪</td></tr>
<tr><td>尚书省——典领百官，总庶政，统辖六部</td></tr>
<tr><td>秘书省——掌经典图书</td></tr>
<tr><td>殿中省——掌天子服御</td></tr>
<tr><td>内侍省——内侍奉，宣制令</td></tr>
<tr><td colspan="2">御史台——掌刑宪典章</td></tr>
</table>

（续表）

<table>
<tr><td rowspan="23">皇帝</td><td rowspan="9">九寺</td><td>太常寺——掌郊庙社稷礼乐</td></tr>
<tr><td>光禄寺——掌膳食酒宴</td></tr>
<tr><td>宗正寺——掌天子族亲属籍</td></tr>
<tr><td>卫尉寺——掌兵器武库</td></tr>
<tr><td>太仆寺——掌厩牧车舆</td></tr>
<tr><td>鸿胪寺——掌宾客及凶仪之事</td></tr>
<tr><td>大理寺——掌刑狱</td></tr>
<tr><td>司农寺——掌仓储委积</td></tr>
<tr><td>太府寺——掌财货贸易物价</td></tr>
<tr><td rowspan="5">五监</td><td>国子监——掌学校</td></tr>
<tr><td>少府监——掌百工伎巧</td></tr>
<tr><td>将作监——掌土木营建</td></tr>
<tr><td>都水监——掌水利航运桥梁</td></tr>
<tr><td>军器监——掌武器制造</td></tr>
<tr><td rowspan="8">十六卫</td><td>左右卫——掌宫禁宿卫</td></tr>
<tr><td>左右骁卫——职同左右卫，守宫城、皇城各门，宫内列仗</td></tr>
<tr><td>左右武卫——职同左右卫，宫内列仗</td></tr>
<tr><td>左右威卫——皇城东面分兵助铺，宫内列仗</td></tr>
<tr><td>左右将军卫——皇城西面分兵助铺，守京城苑城各门，宫内列仗</td></tr>
<tr><td>左右金吾卫——掌宫中及京城昼夜巡警</td></tr>
<tr><td>左右监门卫——掌宫禁门籍</td></tr>
<tr><td>左右千牛卫——掌侍卫及供御兵仗</td></tr>
</table>

表八 东宫官属机构表

<table>
<tr><td rowspan="11">太子</td><td rowspan="8">詹事府——掌东宫政令</td><td rowspan="3">三寺</td><td>家令寺——掌饮膳仓储</td></tr>
<tr><td>率更寺——掌宗族礼乐刑罚及漏刻之政</td></tr>
<tr><td>仆　寺——掌车骑仪仗</td></tr>
<tr><td rowspan="5">十率府</td><td>左右率府——掌兵仗仪卫</td></tr>
<tr><td>左右司御率府——职同左右率府</td></tr>
<tr><td>左右清道率府——掌东宫内外昼夜巡警</td></tr>
<tr><td>左右监门率府——掌诸门禁卫</td></tr>
<tr><td>左右内率府——掌东宫千牛供奉</td></tr>
<tr><td colspan="3">左春坊——掌侍从赞相，驳正启奏</td></tr>
<tr><td colspan="3">右春坊——掌侍从、献纳、启奏</td></tr>
<tr><td colspan="3">东宫内坊——掌东宫阁门之禁令，及宫人衣禀赐与之出入</td></tr>
</table>

主要参考文献

[后晋] 刘昫等. 旧唐书（全八册）. 北京：中华书局，1975.

[宋] 欧阳修. 新唐书（全十册）. 北京：中华书局，1975.

[清] 董诰等奉敕编. 全唐文（全十一册）. 北京：中华书局，1983 影印本.

[清] 黄寅等奉敕编. 全唐诗（全二十五册）. 北京：中华书局，1979 王全点校本.

[宋] 王溥. 唐会要（全三册）. 北京：中华书局，1955.

[唐] 杜佑. 通典. 北京：中华书局，1984 影印本.

[宋] 司马光. 资治通鉴. 北京：中华书局，1956.

[宋] 王钦若等编. 册府元龟（全十二册）. 北京：中华书局，1982.

[宋] 李昉等编. 文苑英华（全六册）. 北京：中华书局，1982.

[宋] 李昉等编. 太平御览（全四册）. 北京：中华书局，1985.

[宋] 李昉等编，太平广记（全十册）. 北京：中华书局，1985.

[宋] 宋敏求编. 唐大诏令集. 北京：商务印书馆，1959.

唐百家诗·初唐二十一家. 唐玄宗皇帝集. 北图藏本.

[唐] 欧阳询. 艺文类集（全四册）. 上海古籍出版社，1985.

[唐] 徐坚等. 初学记（全三册）. 北京：中华书局，1980.

[后晋] 刘昫，[宋] 欧阳询等. 唐书经籍艺文合志. 北京：商务印书馆，1956.

[宋] 计有功编. 唐诗纪事. 四部丛刊初编本.

[唐] 李吉甫. 元和郡县图志（全二册）. 贺次君点校本. 北京：中华书局，1983.

[唐] 刘知几撰、[清] 浦起龙释. 史通通释（全二册）. 上海古籍出版社，1982.

[清] 徐松. 登科记考（全三册）. 赵守俨点校本. 北京：中华书局，1984.

岑仲勉. 郎官石柱题名新考订（外三种）. 上海古籍出版社，1984.

[清] 徐松. 唐两京城坊考. 张穆校补，方严点校本. 北京：中华书局，1985.

[五代] 王仁裕等. 开元天宝遗事十种. 丁如明辑校. 上海古籍出版社，1985.

[宋] 王谠. 唐语林. 上海古籍出版社，1985.

[唐] 刘肃. 大唐新语. 北京：中华书局，1984.

[五代] 王定保. 唐摭言. 上海古籍出版社，1978.

[唐] 崔令钦. 教坊记笺订. 任半塘笺订. （北京）中华书局、上海编辑所，1962.

[唐] 李肇，赵璘. 唐国史补·因话录. 上海古籍出版社，1983.

[唐] 张彦远. 历代名画记. 秦仲文，黄苗子点校. 北京：人民美术出版社，1983.

[唐] 独孤及. 毗陵集. 四部丛刊初编本.

[元] 辛文房. 唐才子传. 王大安校订. 哈尔滨：黑龙江人民出版社，1986.

［明］胡震亨．唐音癸籤．上海古籍出版社，1984.
［清］赵翼．廿二史札记校证．王树民校证．北京：中华书局，1984.
［清］杜文澜辑．古谣谚．周绍良校点．北京：中华书局，1985.
吕思勉．隋唐五代史．北京：中华书局，1959.
吴枫，陈伯岩编著．隋唐五代史．沈阳：辽宁人民出版社，1984.
韩国磐等．隋唐五代史纲（修订本）．北京：人民出版社，1979.
朱绍侯主编．中国古代史．福州：福建人民出版社，1979.
范文澜．中国通史（第四册）．北京：人民出版社，1978.
傅乐成．中国史论集．台北学生书局，1985.
林天蔚．隋唐史新论．台北东华书局，1978.
李树桐．唐史新论．台湾：中华书局，1972.
罗香林．唐代文化史研究．上海：商务印书馆，1946.
韩养民．秦汉文化史．西安：陕西人民教育出版社，1986.
朱瑞熙．宋代社会研究．郑州：中州书画社，1983.
史金波．西夏文化．长春：吉林教育出版社，1986.
冯天瑜．明清文化史散论．武昌：华中工学院出版社，1984.
李泽厚．中国古代思想史论．北京：人民出版社，1985.
李泽厚．美的历程．北京：中国社会科学出版社，1984.
金观涛，刘青峰．兴盛与危机．长沙：湖南人民出版社，1986.
陈寅恪．唐代政治史述论稿、隋唐制度渊源略论稿．上海古籍出版社，1982.
顾树森．中国历代教育制度．南京：江苏教育出版社，1984.
陶愚川．中国教育史比较研究（古代部分）．济南：山东教育出版社，1985.
杨荣春．中国封建社会教育史．广州：广东人民出版社，1985.
孟宪承等编．中国古代教育史资料．北京：人民教育出版社，1983.
章柳泉．中国书院史话．北京：教育科学出版社，1981.
张正藩．中国书院制度考略．南京：江苏教育出版社，1985.
汪奠基．中国逻辑思想史．上海人民出版社，1979.

冯契．中国古代哲学的逻辑发展中册．上海人民出版社，1984．

中国哲学史稿．石家庄：河北人民出版社，1980．

曹聚仁．中国学术思想史随笔．北京：三联书店，1986．

任继愈主编．中国佛教史（第一、二卷）．北京：中国社会科学出版社，1981、1985．

中国佛教协会编．中国佛教（一、二）．北京：知识出版社，1980、1982．

吕澄．中国佛学源流略讲．北京：中华书局，1983．

汤用彤．隋唐佛教史稿．北京：中华书局，1982．

郭朋．隋唐佛教．济南：齐鲁书社，1980．

严北溟．中国佛教哲学简史．上海人民出版社，1985．

曹琦，彭耀编著．世界三大宗教在中国．北京：中国社会科学出版社，1986．

卿希泰．中国道教思想史纲（第一、二卷）．成都：四川人民出版社，1980、1985．

陈国符．道藏源流考．北京：中华书局，1985．

沈福伟．中西文化交流史．上海人民出版社，1985．

向达．唐代长安与西域文明．北京：三联书店．

刘节．中国史学史稿．郑州：中州古籍出版社，1984．

游国恩等主编．中国文学史．北京：人民文学出版社，1979．

钱冬父．唐宋古文运动．上海古籍出版社，1982．

程千帆．唐代进士行卷与文学．上海古籍出版社，1980．

吴志达．唐人传奇．上海古籍出版社，1981．

张锡厚．敦煌文学．上海古籍出版社，1983．

吴枫．中国古典文献学．济南：齐鲁书社，1982．

阎丽川编著．中国美术史略．北京：人民美术出版社，1980．

潘天寿．中国绘画史．上海人民美术出版社，1983．

冯立编著．隋唐画家秩事．西安：陕西人民美术出版社，1984．

祝嘉．书学史．成都古籍书店，1984．

沈知白．中国音乐史纲要．上海文艺出版社，1982．

叶大兵．中国百戏史话．杭州：浙江人民出版社，1985.

欧阳予倩主编．唐代舞蹈．上海文艺出版社，1980.

任半塘．唐戏弄．上海古籍出版社，1984.

［英］李约瑟．中国科学技术史第一卷（总论、第三卷数学）．北京：科学出版社，1975、1978.

杜石然等编著．中国科学技术史稿．北京：科学出版社，1985.

毕剑横．中国科学技术史概述．成都：四川社会科学院出版社，1985.

自然科学史研究所主编．中国古代科技成就．北京：中国青年出版社，1978.

赵璞珊．中国古代医学．北京：中华书局，1983.

北京中医学院主编．中国医学史．上海科技出版社，1978.

李迪．中国数学史简编．沈阳：辽宁人民出版社，1984.

［英］赫·乔·韦尔斯．世界史纲——生物和人类的简明史．吴文藻等译．北京：人民出版社，1982.

［英］W·C．丹皮尔．科学史——及其与哲学和宗教的关系．北京：商务印书馆，1975.

［英］麦唐纳．印度文化史．龙漳译．北京：中华书局，1948.

朱寰主编．世界中古史．长春：吉林人民出版社，1981.

张舜徽主编．中国古代学者百人传．北京：中国青年出版社，1986.

吕慧娟，刘波，卢达编．中国历代著名文学家评传（第二卷隋唐五代）．济南：山东教育出版社，1983.

李矢禾等编．历代名医传略．哈尔滨：黑龙江科技出版社，1983.

傅璇琮．唐代诗人丛考．北京：中华书局，1980.

范文澜历史论文选集．北京：中国社会科学出版社，1979.

何耿镛．经学概说．武汉：湖北人民出版社，1984.

中国文化研究集刊（第一、二、三辑）．上海：复旦大学出版社，1984、1985、1986.

陈正祥．中国文化地理．北京：三联书店，1983.

顾颉刚主编．古籍考辨丛刊（第一集）．北京：中华书局，1955.

左言东．中国古代官制．杭州：浙江古籍出版社，1985．

王通讯．宏观人才学．北京：人民出版社，1986．

陈麟书编著．宗教学原理．成都：四川大学出版社，1986．

刘少泉编著．人文科学要论．成都：四川大学出版社，1986．

［日］汤浅光朝．解说科学文化史年表．张利华译．北京：科学普及出版社，1984．

中华大藏经（汉文部分）．北京：中华书局，1984 影印本．

吕澄编．新编汉文大藏经目录．济南：齐鲁书社，1981．

［明］佚名辑．正统道藏（全 1120 册、1433 种）．台北艺文印书馆，1963 影印本．

蔡鸿生．唐代九姓胡与突厥文明．北京：中华书局，1998．

程蔷，董乃斌．唐帝国的精神文明——民俗与文学．北京：中国社会科学出版社，1996．

张国刚主编．隋唐五代史研究概要．天津教育出版社，1996．

李彬．唐代文明与新闻传播．北京：新华出版社，1999．

张永禄．唐都长安．西安：西北大学出版社，1987．

［美］谢弗．唐代的外来文明．北京：中国社会科学出版社，1995．

李斌城等．隋唐五代社会生活史．北京：中国社会科学出版社，1998．

白寿彝总主编．中国通史（第六卷）．上海人民出版社，1997．

刘健明编．黄约瑟隋唐史论集．北京：中华书局，1997．

后记

《中国文化发展史》隋唐卷是三人集体撰述的汇集。全书纲目与架构由李岩提出，并经主编龚书铎先生与各分卷撰著者加以丰富完善，以使全书各卷整体协调统一，又能体现各卷的时代特征和个性表述。其中，导论、第一章、第三章、第八章、第九章由李岩撰写；第二章、第四章、第五章、第六章由焦传斌承担；第七章、第十章、第十一章和结语由王美华完成。

本卷个别章节已经独立成篇在杂志上发表过，但作为一本著作，又经三人之手，为保证其各章节之间的逻辑关联以及表述的连贯性，李岩对全书作了统改与润饰。几经寒暑，往来切磋，终于可以付梓问世了。感谢龚先生一丝不苟的审定，感谢山东教育出版社陆炎女士的细致加工。

限于才学，敬请学界同仁和广大读者指正。

李　岩

2012 年 7 月于北京

图书在版编目(CIP)数据

中国文化发展史. 隋唐卷 / 龚书铎主编；李岩分册主编. — 济南 ：山东教育出版社，2013.6（2022.7 重印）

ISBN 978-7-5328-7933-5

Ⅰ. ①中… Ⅱ. ①龚… ②李… Ⅲ. ①文化史－中国－隋唐时代 Ⅳ. ①K203

中国版本图书馆 CIP 数据核字（2013）第 167986 号

总 策 划/陆　炎
责任编辑/王　慧
装帧设计/石　径

ZHONGGUO WENHUA FAZHAN SHI
SUI–TANG JUAN

中国文化发展史

隋唐卷

龚书铎　总主编

李　岩　主　编

主　管：山东出版传媒股份有限公司
出版者：山东教育出版社
地址：济南市市中区二环南路 2066 号 4 区 1 号　　邮编：250003
电话：(0531)82092660　　网址：www. sjs. com. cn
发行者：山东教育出版社
印　刷：山东临沂新华印刷物流集团有限责任公司
版　次：2013 年 6 月第 1 版
印　次：2022 年 7 月第 2 次印刷
规　格：787 mm×1092 mm　1/16
印　张：24.25
字　数：420 千
书　号：ISBN 978-7-5328-7933-5
定　价：60.00 元

(如印装质量有问题，请与印刷厂联系调换)
印厂电话：0539－2925659